中国社会科学院创新工程学术出版资助项目

日本经济与中日经贸关系研究报告（2019）

ANNUAL REPORT ON JAPANESE ECONOMY AND SINO-JAPANESE ECONOMIC & TRADE RELATIONS (2019)

中国改革开放40年与日本

全国日本经济学会
中国社会科学院日本研究所
主　编／张季风
副主编／李清如　叶　琳

社会科学文献出版社
SOCIAL SCIENCES ACADEMIC PRESS (CHINA)

图书在版编目(CIP)数据

日本经济与中日经贸关系研究报告. 2019 : 中国改革开放40年与日本 / 张季风主编. -- 北京 : 社会科学文献出版社, 2019. 5
（日本经济蓝皮书）
ISBN 978-7-5201-4778-1

Ⅰ. ①日… Ⅱ. ①张… Ⅲ. ①经济发展-研究报告-日本-2019②对外经济关系-中日关系-研究报告-2019 Ⅳ. ①F131. 34②F125. 531. 3

中国版本图书馆CIP数据核字（2019）第077339号

日本经济蓝皮书
日本经济与中日经贸关系研究报告（2019）
——中国改革开放40年与日本

主　　编 / 张季风
副 主 编 / 李清如　叶　琳

出 版 人 / 谢寿光
责任编辑 / 王晓卿
文稿编辑 / 李秀梅　李　博

出　　版 / 社会科学文献出版社 · 当代世界出版分社（010）59367004
地址：北京市北三环中路甲29号院华龙大厦　邮编：100029
网址：www. ssap. com. cn
发　　行 / 市场营销中心（010）59367081　59367083
印　　装 / 三河市东方印刷有限公司

规　　格 / 开　本：787mm × 1092mm　1/16
印　张：27. 25　字　数：408千字
版　　次 / 2019年5月第1版　2019年5月第1次印刷
书　　号 / ISBN 978-7-5201-4778-1
定　　价 / 168. 00元

本书如有印装质量问题，请与读者服务中心（010-59367028）联系

权威·前沿·原创

皮书系列为

“十二五”“十三五”国家重点图书出版规划项目

日本经济蓝皮书编委会

主要编撰者简介

张季风 男，1959年8月出生，吉林人，1982年毕业于东北师范大学外语系，1992年获东北师范大学日本研究所硕士学位，1999年获日本东北大学经济学博士学位。现为中国社会科学院日本研究所二级研究员、副所长，全国日本经济学会常务副会长。主要研究领域：日本经济、中日经济关系和区域经济。代表性作品有：《日本国土综合开发论》（专著，2004）、《挣脱萧条：1990～2006年的日本经济》（专著，2006）、《中日友好交流三十年（经济卷）》（主编，2008）、《日本经济概论》（主编，2009）、《不断扩展的东亚产业协作》（主编，2010，日文版）、《日本能源文献选编：战略、计划、法律》（编译，2014）、《日本经济结构转型：经验、教训与启示》（国家智库报告，2016）、《日本平成经济通论》（专著，2017），其他有关日本经济与中日经济关系论文100余篇。

吕克俭 男，1954年1月出生，辽宁大连人，1975年毕业于大连外国语大学日语系。曾任中国商务部亚洲司司长、中国驻日本使馆经济商务公使，现任全国日本经济学会副会长。主要研究领域：国际经济贸易、国际投资。代表性作品有：《亚太经贸事典》（合著）、《日本市场通览》（主编，2002）、《日本商务通览》（主编，2012）等。

李清如 女，1986年5月出生，山东人，2007年毕业于山东大学管理学院，2010年获山东大学管理学院管理学硕士学位，2014年获对外经济贸易大学国际经济贸易学院经济学博士学位。现为中国社会科学院日本研究所副研究员，全国日本经济学会秘书处学术部部长。主要研究领域：日本对外经济关系、日本税制改革等。代表性作品有：《全球价值链视角下的日本出口价值分解》（《日本学刊》2015 年第 3 期）、《日本消费税改革：增税抑或延期的两难困境》（《国际税收》2016 年 10 期）、《中日对“一带一路”沿线国家贸易隐含碳的测算及影响因素分析》（《现代日本经济》2017 年第 4 期）、《日本对非经济外交及其动态趋势分析》（《日本问题研究》2017 年第 5 期）、《日本对印度的经济布局：演变、动向及启示》（《东北亚学刊》2018 年第 1 期）、《对日本税制新近改革趋势的研究》（《国际税收》2019 年第 1 期）等。

叶　琳　女，1982 年 7 月出生，四川人，2005 年毕业于外交学院日语系，2007 年获外交学院国际关系研究所法学硕士学位，2011 年开始攻读外交学院国际关系研究所国际政治经济学专业博士课程。现为中国社会科学院日本研究所《日本学刊》编辑部副主任、编辑。主要研究领域：国际政治经济学、日本经济体制等。代表性作品有：《21 世纪初日本企业经营的制度环境变革分析》（《日本学刊》2010 年第 1 期）、《国际经济学导论》（合译，2011）等。

摘 要

2018年日本经济持续复苏，但势头趋缓。内需和外需形势均持续好转，失业率持续下降，设备投资恢复势头较强。2019年世界经济环境变得更加复杂，不确定性增强，国内经济亦存在诸多风险，日本经济复苏速度将会放缓，甚至存在重新陷入衰退的可能。2018年实现中日两国总理的互访，双边政治关系出现了突破性改善，中日贸易和日本对华直接投资继续保持正增长局面，“政温经暖”的态势更趋明显。随着中日关系的进一步改善，2019年中日经贸合作关系也将继续保持回升势头。

2018年是中国改革开放40周年，40年来中国经济取得了巨大成就，也给日本经济带来了机遇，拉动了日本经济的复苏，同时中日经贸合作也对中国的改革开放事业做出了贡献。本书以“中国改革开放40年与日本”为专题，从经济合作的角度诠释日本特别是日本企业对中国改革开放做出的贡献，以及中国经济的高速增长对日本经济复苏的促进作用，深入分析了中日经贸合作的双赢和多赢效果。

本书虽然以“中国改革开放40年与日本”为专题，但是，为了保持本蓝皮书内容上的连续性，依然在总报告中保留日本经济和中日经贸关系现状、问题及走向的分析内容，主要设有“热点追踪”、“中国改革开放40年与日本”、“中日贸易投资合作对中日经济的影响”、“中日第三方市场合作与物流、制造业合作”和“比较与借鉴”五个栏目。全书以总报告为基础，对日本经济和中日经贸合作的现状与面临的问题、未来走势进行了深入分析，在总体分析中国改革开放40年来，中日经济交流所带来的双赢效果的基础上，重点分析了40年来中日双边贸易、相互投资的历程以及特朗普推行贸易保护主义政策背景下的中日在第三方市场的合作，同时也对

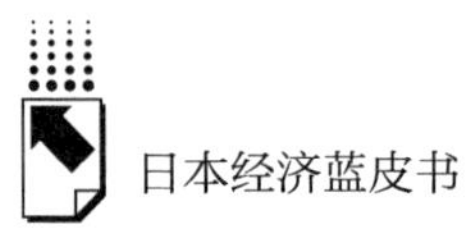

“一带一路”框架下中日之间的合作与博弈等备受关注的问题进行全方位的分析。

关键词： 日本经济　中日经贸关系　改革开放40年　投资贸易合作　中日第三方市场合作

目 录

Ⅰ 总报告

Ⅱ 热点追踪

Ⅲ 中国改革开放40年与日本

Ⅳ 中日贸易投资合作对中日经济的影响

Ⅴ 中日第三方市场合作与物流、制造业合作

Ⅵ 比较与借鉴

Ⅶ 附录

皮书数据库阅读**使用指南**

总 报 告

General Report

B.1

2018～2019年日本经济回顾与展望

张季风*

摘　要： 2018年日本经济持续复苏，但势头趋缓。内需和外需形势均持续好转，失业率持续下降，设备投资恢复势头较强。2019年世界经济环境变得更加复杂，不确定性增强，国内经济亦存在诸多风险，日本经济复苏速度将放缓。2018年中日两国总理互访，双边政治关系出现了突破性改善，中日贸易和日本对华直接投资继续保持正增长局面，"政温经暖"的态势更趋明显。随着中日关系的进一步改善，2019年中日经贸合作关系也将继续保持回升势头。

* 张季风，经济学博士，中国社会科学院日本研究所副所长、二级研究员，全国日本经济学会常务副会长，中国社会科学院日本研究所中日经济研究中心主任，主要研究领域：日本经济、中日经济关系、区域经济等。

关键词： 日本经济　改革开放40年　中日经贸关系

2018年，日本经济继续保持复苏势头，但与2017年相比增长速度明显放缓。由于源自美国的贸易保护主义抬头，全球经济不确定性增强，日本出口处于徘徊状态，加之国内洪水等自然灾害频发致使经济增速趋缓。尽管如此，国内股市仍维持较高水平，日元汇率平稳，企业效益坚挺，设备投资有所增加。在就业不断扩大的背景下，个人消费持续好转。截至2019年1月，“安倍经济学景气”持续了74个月，可能成为二战后日本最长的经济景气。① 2018年（日历年，下同）日本实际GDP增长率为0.7%，② 2018年度（财政年度，下同）的增长率还要等2019年1～3月的数据出炉后才能最终确定，估计可能实现0.9%左右的正增长。据日本内阁府的预测，2019年度实际GDP增长率可达1.3%，③ 民间智库和经济学家的预测值为0.7%左右，④ 不如政府乐观。总体来看，2019年的日本经济复苏速度将持续放缓，甚至存在重陷衰退的可能。

2018年中日经贸关系继续保持健康发展状态。中日双边贸易增长8.1%，低于中国对外贸易12.6%的增长率。作为中日经贸关系另一支柱的日本对华直接投资呈现出迅速恢复的局面，2018年投资总额高达38.1亿美元，同比增长16.5%，不仅高于2017年5.2%的增幅，更远高于当年中国实际使用外资3%的增长率。2018年中日双边经贸关系的持续改善，主要得益于双边政治关系的进一步好转。两国总理年内实现互访，完成了新时代中日关系的“双破冰”，给企业吃了“定心丸”，日本企业对中国政治经济局势预期向好，因此增加了对华投资力度。2019年6月G20

① 2019年1月29日日本内阁会议宣布。

② 内閣府『2018（平成30）年10～12月期四半期別GDP速報（1次速報値）』、2019年2月14日。

③『平成31年度の経済見通しと経済財政運営の基本的態度』、2018年12月18日。

④『ESPフォーキャスト』2019年1月調査。

峰会将在大阪举行，习近平主席将出席峰会，届时中日关系将出现新的高潮。

一　日本经济回顾与展望

（一）2018年日本经济回顾

1. 宏观经济：复苏明显放缓

2018年日本经济仍保持复苏局面，但势头明显放缓。不能不说，2018年日本经济的内外环境不如2017年。从国内环境来看，主要是自然灾害频发，以至于“灾”字当选为日本2018年度汉字。夏天的热浪、9月台风与地震等自然灾害给日本经济造成一定的冲击，导致2018年第三季度实际GDP出现大幅度下降。从国际形势来看，美国实施贸易保护主义，特别是美国对中国发动贸易战使世界贸易预期、世界经济预期受到负面影响，不确定性增强。由于内外形势复杂，而且面临着经济增长乏力的问题，尤其是进入下半年后国内自然灾害频发，中美贸易摩擦加剧等海外经济的不确定性有所增大，股市进入调整阶段，日本经济下行风险加大。如表1所示，2018年四个季度的实际GDP增长率分别为-0.4%、1.9%、-2.4%和1.9%，与2017年相比起伏较大，特别是7～9月受自然灾害影响出现了大幅度的负增长，10～12月有所回升但幅度并不大。名义GDP增长率与实际GDP相比稍高，但起伏一致，四个季度分别为-1.2%、1.6%、-2.1%和1.6%，前两个季度起伏不大，但第三季度出现较大幅度的负增长，第四季度又恢复正增长。2018年全年实际GDP增长率为0.7%，名义GDP增长率略低于实际增长率，为0.6%，与2017年（实际GDP增长率1.7%，名义GDP增长率1.5%）相比增幅明显下降。

2018年GDP平减指数为-0.1%，但较上年收窄，国内需求平减指数转为正值，为0.6%（见图1），这说明日本通缩的压力仍然存在，要实现通胀率2%还需要相当长时间。2018年的经济增长动力主要来源于内需的扩大，

表1　近年来日本主要经济指标的变化

	GDP 增长率(%)		民间设备投资(%)	企业营业收益(%)	完全失业率(%)	消费支出(两人以上家庭)(%)*	工矿业生产指数增减(%)	核心消费价格指数(%)	日经225种平均股价(日元)
	名义	实际							
2016 年度	1.0	1.2	2.6	10.0	3.0	-1.6	0.8	-0.2	19114.37
2017 年度	1.7	1.6	3.4	6.9	2.7	0.4	2.9	0.7	22764.94
2018 年 1 月	-1.2	-0.4	1.0	0.2	2.4	2.0	-4.9	0.9	23098.29
2 月					2.5	0.1	1.7	1.0	22068.24
3 月					2.5	-0.2	1.5	0.9	21454.3
4 月	1.6	1.9	2.5	17.9	2.5	-1.3	1.7	0.7	22467.87
5 月					2.2	-1.4	-2.1	0.7	22201.82
6 月					2.4	-1.2	0.6	0.8	22304.51
7 月	-2.1	-2.4	-2.7	2.2	2.5	0.4	-2.7	0.8	22553.72
8 月					2.4	2.8	1.8	0.9	22865.15
9 月					2.3	-0.5	-2.0	1.0	24120.04
10 月	1.6	1.9	2.4	7.0	2.4	1.0	5.4	1.0	21920.46
11 月					2.	0.3	4.8	1.2	22351.06
12 月					2.	1.9	4.7	1.2	20014.77

＊消费支出（两人以上家庭）数据为历年数据。

资料来源：『週刊エコノミスト』（経済データ）2018 年 12 月 25 日、内閣府『2018（平成 30）年 10～12 月期四半期别 GDP 速報（2 次速報值）』2019 年 3 月 8 日。

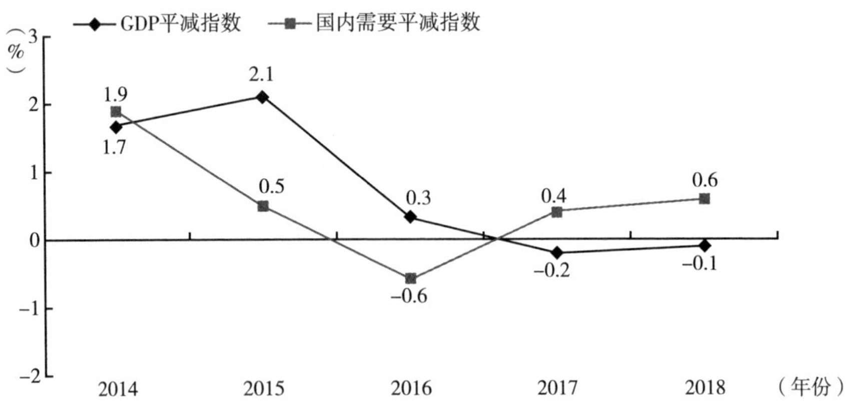

图1　日本 GDP 平减指数与内需平减指数变化

资料来源：内閣府『2018（平成 30）年 10～12 月期四半期别 GDP 速報（1 次速報值）』、2019 年 2 月 14 日。

如图2所示，内需对实际GDP的拉动达0.7%，换算为贡献率达100%，而外需对实际GDP的拉动为-0.0%，为负贡献；内需对名义GDP增长率的拉动更高达1.3%，而外需的拉动为-0.7%，也是负贡献。上述数据表明，内需扩大对刺激经济复苏发挥了主要作用。

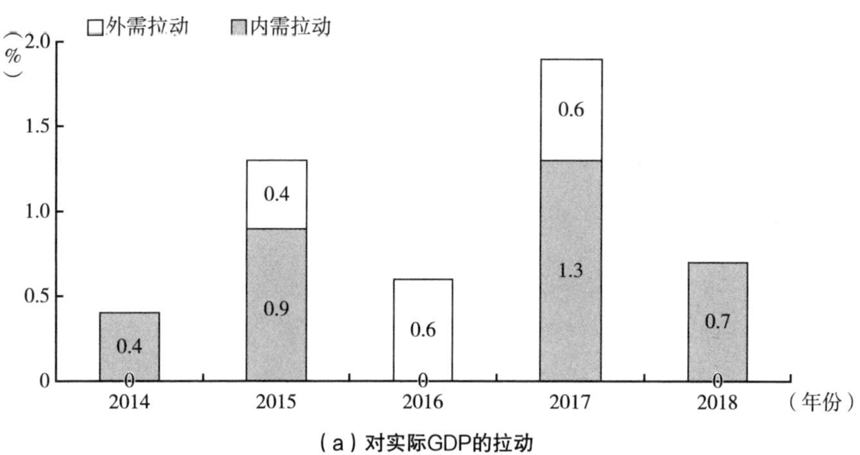

(a)对实际GDP的拉动

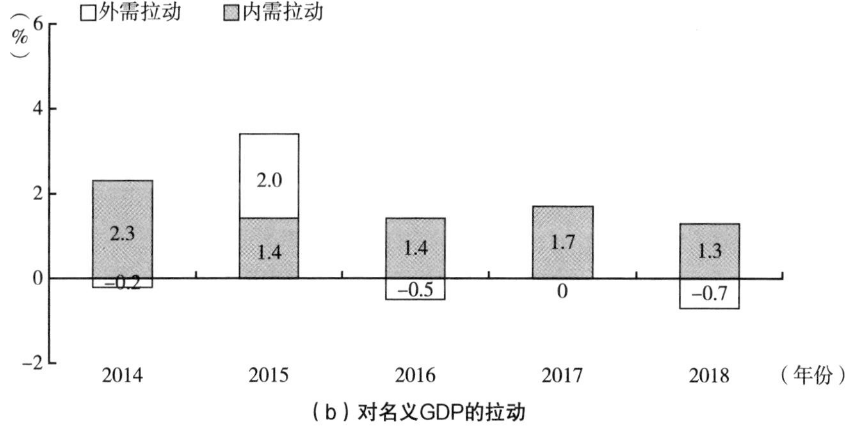

(b)对名义GDP的拉动

图2　2014年以来内需和外需对日本经济的贡献

资料来源：内閣府『2018（平成30）年10~12月期四半期别GDP速報（1次速報值）』、2019年2月14日。

股市是反映日本经济运行状况的晴雨表，近年来日经平均股价一直处于20000日元以上高位，成为日本经济景气的重要标志之一。从2018年的数

据来看，日经平均股价在1月、10月时隔26年跃上了24000日元的高点，但受全球股市下跌的影响，没有能够延续上涨行情，年末回落至20015日元，陷入疲软状态。尽管2018年全年股市有涨有跌，但基本维持横盘态势，同2017年日经股指上涨20%的行情不可同日而语。2018年股市走低与经济复苏势头放缓并肩而行，趋势一致。但汇市相对比较平稳，基本维持在1美元兑110日元左右，总体较上年稍有升值。

投资、消费和出口是反映宏观经济运行的重要指标，总体看，2018年“三驾马车”明暗相间，投资和出口表现良好，消费仍然低迷。先看民间企业实际设备投资，2018年四个季度增长率分别为1.0%、2.5%、-2.7%和2.4%，有起有伏，但基本处于正增长状态。从消费来看，实际民间最终消费支出，四个季度分别为-0.2%、0.6%、-0.2%和0.6%，有减有增，增长微弱，总体不及上一年。[①] 再看出口，四个季度的实际货物服务贸易出口分别为0.4%、0.4%、-1.4%和0.9%，基本处于零增长状态，较之上年明显缓慢，外需（出口-进口）对实际GDP为负贡献。以上数据表明，从经济结构看，尽管2018年内需对经济增长的贡献增大，但势头疲软，民间消费基本处于微弱增长和负增长，日本经济依靠外需拉动的基本格局并未发生变化，一旦外需减少，经济增长立刻下降。

需要指出的是，“中国爆买”对日本经济复苏的拉动依旧强劲。2018年中国赴日旅游人次持续增加，在日本国内的消费有增无减。据日本观光厅的统计，自2014年以来，中国访日游客几乎都以百万人次的速度逐年增加，2016年637.3万人次，2017年735.58万人次，2018年达到838万人次，与上年同比增长13.9%，占当年全世界赴日游客总人数（3119万人次）的比例高达26.9%。2018年中国游客在日消费1.537万亿日元，占访日游客在日消费总额（4.5万亿日元）的34.1%。[②] 1.5万亿日元，相当于日本名义GDP总

① 内閣府『2018（平成30）年10~12月期四半期別GDP速報（1次速報値）』、2019年2月14日。

② 国土交通省観光庁「訪日外国人消費動向調査2018年全国調査結果（速報）」、2019年1月16日。

额（548.5万亿日元）的0.27%，而日本2018年名义GDP增长率仅为0.6%，可见对当年日本经济的贡献率非常高，可以说"中国爆买"依旧是拉动日本经济复苏的重要力量。与此同时，众多的中国游客赴日旅游也加深了对日本的了解，不断扩大的人员交往也起到了促进两国关系迅速改善的积极作用。

2. 出口增幅下降，贸易收支再跌为逆差

日本既无资源也缺乏能源，只能依靠进口资源和能源在国内加工，然后出口海外市场以获取更大的利益，进出口贸易在日本经济中具有不可替代的重要意义，出口一直是日本经济的主要动力之一。第二次安倍内阁成立以后，出台了"安倍经济学"，其核心政策之一就是推行日元贬值政策，以提高日本企业的国际竞争力，扩大出口。在日元贬值的刺激下，2013年日本出口曾出现大幅度回升，但是随着日元贬值效果的减弱，日本的出口势头也逐渐下降，2016年甚至出现了7%的负增长。在世界经济复苏的拉动下，2017年出现11.8%的大幅度回升，但是随着世界经济的减速，2018年日本货物出口增速又明显放缓，出口总额为81.49万亿日元，同比仅增长4.1%。从出口品种上看，汽车增长4.1%，拉动0.6%；原动机增长7.4%，拉动0.3%；矿物性燃料增长16.8%，拉动0.2%。从出口地区来看，对中国出口15.90万亿日元，增长6.8%，中国取代美国成为日本第一大出口市场；对美国出口15.46万亿日元，增长2.3%，美国失去日本第一大出口市场的地位；对欧盟出口9.21万亿日元，比上年增长6.4%。[①] 日本对中国出口增长率高于日本对外出口总额增长率，这意味着日本对中国市场的依存度在提高，中国经济对日本经济的贡献率在不断上升。

毋庸置疑，世界经济减速是2018年日本出口增速放缓的主要原因，特别是美国大搞单边主义和贸易保护主义，导致日本对美出口增幅明显减小。2017年日本对美出口增长6.8%，而2018年仅增长2.3%，仅为上年增幅的三分之一。另一个原因恐怕与日元升值有关。自2013年日元兑美元汇率出现大幅度贬值后，近几年基本稳定在1美元兑110日元左右，但2016年平

① 財務省『報道発表 平成30年分貿易統計（速報）の概要』、2019年1月23日。

均汇率比上一年升值了 9.3%，结果导致当年日本出口大幅下降 7.4%。而 2017 年日元平均汇率基本维持在 112.33 日元的稳定水平，比上一年贬值了 3.1%，出口也随之出现 11.8% 的大幅度增长。与 2017 年相比，2018 年日元又有所升值，平均汇率达到 1 美元兑 110.50 日元，同比升值 1.6%，尽管升值微弱，但也打压了日本对外出口。

与出口相比，2018 年日本货物进口增长 9.7%，也低于上年增幅，总额为 82.69 万亿日元。从进口品种来看，原油进口增加 24.5%，拉动 2.3%；液化天然气进口增加 20.8%，拉动 1.1%；石油制品进口增加 34.3%，拉动 0.7%。从进口地区来看，自中国进口 19.18 万亿日元，增长 3.9%，中国继续保持日本第一大进口伙伴的地位；自欧洲进口 9.70 万亿日元，增长 10.8%，日本对欧贸易，无论出口还是进口都出现较大幅度的增长，这或许与日欧经济伙伴关系协定的签订有关；自美国进口 9.11 万亿日元，增长 11.4%，增幅明显高于日本进口总额的增长率，这也在一定程度上反映出美国对日施加压力迫使其自愿减少对美贸易顺差的实际情况。

2018 年日本出口虽然持续保持正增长，但贸易收支再次跌为逆差，逆差额为 1.2 万亿日元。其主要原因在于当年国际油价上涨幅度较大，据日本内阁府测算，2017 年日本原油进口价格为每桶 57.1 美元，而 2018 年上升为每桶 73.0 美元，增长 27.8%。[①] 由于国际油价上涨，用于进口原油和资源的费用剧增，进口增速高达 9.7%，其增幅是出口增幅的 2 倍以上，结果导致贸易收支重蹈逆差覆辙。2011 年东日本大地震发生后，核电站基本停机，为了弥补电力不足，日本不得不大量进口天然气和煤炭等化石燃料，结果导致贸易收支陷入逆差状态，且一直持续到 2015 年，此后由于国际油价下降，2016 年和 2017 年转为顺差。2018 年国际油价又有所上升，日本贸易收支也随之恶化，进口额剧增，也对宏观经济正常运行造成一定冲击。可见，国际油价的变化对日本经济影响非常之大。

值得关注的是，近年来日本的入境旅游业发展很快，入境游客需求逐年

① 『平成 31 年度の経済見通しと経済財政運営の基本的態度』、2018 年 12 月 18 日。

增加。2018 年访日游客达到 3119 万人次，比上年增加 19.3%，赴日游客消费达 4.5 万亿日元，比上年增加 17.3%。赴日游客人均消费额上半年较低，但下半年增长很快，远远超过上年同期。强劲的服务贸易收入使日本贸易收支得到改善，但并没有改变重陷逆差的局面。

2018 年贸易重陷逆差泥沼，也对日本国际收支平衡产生了负面影响。目前日本拥有海外净资产 328 多万亿日元，海外投资收益不菲，2011～2015 年主要依靠投资收入来弥补贸易逆差，使得经济收支顺差得以维持。2016 年和 2017 年扭转贸易逆差后，日本经常收支顺差迅速回升，但 2018 年再次受贸易逆差的拖累，使经常收支顺差大大缩水，据财务省的统计，2018 年经常收支顺差降为 19.9 万亿日元，比上年减少 13.0%，这是时隔四年的负增长。① 尽管如此，近 20 万亿日元的经常收支顺差依然数目可观，对日本经济的支撑作用仍不可小觑。

3. 私人消费有改善但依旧疲软

日本目前是世界第三大经济体，而在 2010 年之前保持世界第二大经济体 40 多年，早在 20 世纪 60 年代就成为 OECD 成员国，是世界主要发达国家之一。一般来说，经济越发达，个人消费占 GDP 的比重就会越大，日本也是如此，自 20 世纪 60 年代以来，个人消费占 GDP 的比重一直在 60% 左右。日本经济通常被称为出口导向型经济，但实际上出口只占 GDP 的 15% 左右，与欧美发达国家相差无几。综观二战后以来的日本经济增长，贡献最大的一直是个人消费。在高速增长期个人消费十分旺盛，支撑了日本经济的健康发展；而在泡沫经济时期出现了超出个人支付能力的超常消费，结果导致经济泡沫越吹越大，直至崩溃；泡沫经济崩溃后，个人消费骤然下降，此后基本处于萎靡不振的状态。2013 年日本政府出台“安倍经济学”政策，实施积极的财政政策和超宽松的货币政策，刺激股市回升，在资产效应的作用下，私人消费扭转了负增长局面，但由于受

① 財務省『2019 年国際収支速報』、2019 年 2 月 8 日、http：//www.jiji.com/jc/graphics? p = ve_ eco_ bop -。

2014 年提高消费税税率的影响，私人消费急剧下滑，两人以上家庭消费支出在 2014 年度、2015 年度和 2016 年度出现连续三年的负增长，2017 年勉强维持 0.4% 的正增长。2018 年依然保持缓慢回升的态势，第一季度和第二季度缓慢增长，第三季度受台风、地震等自然灾害的影响，个人消费急剧下降，第四季度自然灾害的影响几乎消除，因夏季异常酷热而上涨的蔬菜价格大幅回落，加之原油价格下降使消费者实际购买力大大提升，第四季度的个人消费一举从第三季度的 -0.2% 转为 0.6% 的正增长。另据日本总务省的统计，2018 年两人以上家庭消费月平均支出为 28.7 万日元，同比增长 0.3%，全部家庭的平均消费支出为 24.6 万日元，扣除物价上涨因素与上年同比持平，增长率为 0.0%。① 总体看，个人消费比上年有所好转，但依旧疲软。

其实，导致消费疲软的原因有很多，其一是发达国家提高个人消费的空间受限。作为发达国家的日本，其国民生活资料已经十分丰富，个人消费水平已达到相当高的水平，进一步上升的空间越来越小。其二是实际收入的下降。目前日本的状况是企业特别是大企业受"安倍经济学"日元大幅度贬值的恩惠，赚得盆满钵满，但企业的盈利并没有还原于社会，主要是用于企业留存，用于增加工资的部分很少。据日本厚生劳动省的统计，2015～2017 年职工名义工资虽有微弱上涨，但扣除物价因素的实际工资基本处于下降状态。② 2018 年职工人均月现金收入为 323669 日元，同比增长 1.4%，扣除物价上涨因素实际工资仅增长 0.2% 左右（见图 3）。实际工资虽然转为正增长，但增幅有限，所以对消费的拉动微乎其微；实际工资不增反降或者微弱正增长，消费支出低迷成为必然的结果。

4. 企业设备投资回升明显

设备投资是日本经济的主要动力之一，长期以来一直占 GDP 的

① 総務省統計局『家計調査報告（家計収支編）—平成 30 年（2018 年）平均速報結果の概要』、2019 年 2 月 8 日、https://www.stat.go.jp/data/kakei/sokuhou/tsuki/index.html#shihankih。

② 厚生労働省『毎月勤労統計調査 平成 30 年分結果速報』、2019 年 2 月 8 日、https://www.mhlw.go.jp/toukei/itiran/roudou/monthly/30/30cp/dl/pdf30cp.pdf。

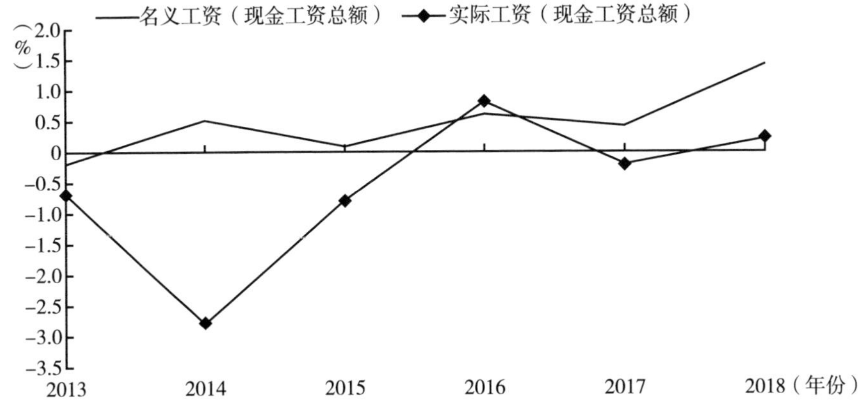

图3　日本名义工资与实际工资变化情况

资料来源：厚生劳働省『毎月勤労統計調查 平成30年分結果速報』、2019年2月8日。

14%左右，2018年上升至16%，达到近年来的最高点，这说明设备投资相当旺盛。2013年出台的“安倍经济学”设定的三年内设备投资额增加10万亿日元的目标如期实现。如图4所示，2015年设备投资达到80多万亿日元，与2013年的72万亿日元相比增加了10多万亿日元。从2013年至2018年，除2015年下半年、2016年出现下滑外，基本处于上升状态。在本轮设备投资的高潮中，为了解决和应对劳动力不足，对机器人、人工智能（AI）方面的投资较大。另外，为保障环境与社会可持续发展的ESG（环境、社会、治理）投资也迅速上升。据日本可持续投资论坛（JSIF）的统计，日本的ESG投资余额从2015年27万亿日元上升至2017年的137万亿日元，三年间增长了4倍多。[①] 由此可见，日本的企业设备投资不仅数量在增加，而且质量也在上升。2018年设备投资已达85万亿日元，从每季度的情况看，据内阁府（按实际GDP基准）统计，民间设备投资实际投资额四个季度分别增长1.0%、2.5%、

① 黒田一賢「ESG投資日本の運用残高は137兆円対話通じて企業に変革迫る」、『週刊エコノミスト』、2018年12月25日、80頁。

-2.7%和2.4%，[①] 除第三季度有些下降外，其余三个季度均为正增长，上升的趋势未发生变化。

图4　日本设备投资增长的变化

资料来源：日本政策投資銀行『設備投資計画調查』、2018年9月。

正因为2018年的设备投资比较强劲，设备投资占GDP比重达到16%，已经触碰“天花板”，再加上设备投资的周期影响，今后的投资势头可能会逐渐减弱，特别是2019年投资形势并不乐观。据日本内阁府统计，2018年12月设备投资先行指标（船舶、电力外的民需）机械设备订货额环比下降0.1%，已连续两个月下降，内阁府的基本判断从“改善中的徘徊”改为“原地踏步”；从行业来看，非制造业投资比较坚挺，但制造业在上个月大规模投资比较扎堆的反作用下大幅度减少。[②] 用于石油煤炭制品生产的锅炉、机电产品、计算机等订单下降显著，而通信机械和租赁业的建筑机械增长幅度较大，政府部门以及外需部门的订单为连续三个月的负增长。若从季度值来看，2018年10~12月机械设备订货额环比下降4.2%，为2.5888万

① 内閣府『2018（平成30）年10~12月期四半期別GDP速報（1次速報値）』、2019年2月14日。

② 「12月の機械受注0.1%減2カ月連続マイナス　基調判断は下方修正」、『産経新聞』2019年2月18日。

亿日元，这是时隔六个季度的负增长，预计 2019 年 1～3 月环比将减少 1.8%，可能出现连续两个季度的负增长。

（二）2019年日本经济展望

2019 年是日本的改元之年，作为“冰雪时代”的平成时代结束，作为资产运用扩大的“普通时代”的令和时代将要开始，[①] 再加上东京奥运会举办在即，消费可望出现扩大，存在一些“明亮”的因素，但 2019 年日本的经济增长也存在见顶回落的风险。原因有几方面：首先，从经济周期来看，世界经济在 2008 年金融危机后扩大的供需缺口基本消失，美国率先退出宽松政策，推进货币政策正常化的进程，经济增长进入了接近潜在增速的巡航状态；其次，美国的贸易保护主义、中美贸易摩擦的加剧、英国脱欧谈判一波三折久议未决等国际风险因素加大了经济前景的不确定性，给深度融入全球化的日本企业带来了较大的负面心理影响。另外，国内经济环境也存在诸多不确定性和风险。

1. 外部环境恶化，日本经济存在重陷衰退的可能

决定日本经济宏观经济走向的主要因素是世界经济和日本国内经济环境以及政策环境。2019 年和 2018 年有所不同，日本经济发展环境发生了变化。从国际环境来看，全球经济不确定性增强，增长速度将放慢。根据国际货币基金组织（IMF）《世界经济展望》，2018 年全球经济增长率按购买力平价（PPP）计算约为 3.7%，低于预期。估计 2019 年全球经济预期增长率可达 3.5%，美国经济增长率可达 2.5%，中国经济增长可达 6.3% 左右。[②]

始于 2018 年秋季的中美贸易战不仅是贸易战，而且是一场制度之战、技术之战、战略之战，由于中美两国分别是世界第二和第一大经济体，因

---

① 高田創「雪の時代平成が終わり資産運用拡大の普通の時代へ」、『週刊エコノミスト』2018 年 12 月 25 日、34 頁。

② IMF, *World Economic Outlook Update—Brighter Prospects, Optimistic Markets, Challenges Ahead*, January 2018.

此贸易战的影响远远超出了中美两国的范围，对全球经济的预期都产生了难以估量的负面影响。据 IMF 的估算，如果美国对中国出口的 5000 亿美元产品增加 25% 的关税，美国 GDP 将减少 0.9%，中国 GDP 将减少 0.6%，全球 GDP 总量将减少 0.4%，在这种背景下日本 GDP 将减少 0.5% ~0.7%。当然，在中美双方的共同努力下，剑拔弩张的中美贸易战在 2018 年 12 月有所收敛，中美贸易谈判正在进行当中，谈成的可能性很大，对世界经济的负面影响会逐渐收窄。但接下来，美国总统特朗普可能会对日本进行贸易方面的打压，这对日本经济会产生一定的负面影响。2017 年日本对美贸易顺差为 688 亿美元，是仅次于中国（对美贸易顺差 3752 亿美元）、墨西哥（对美贸易顺差 711 亿美元）的美国第三大贸易顺差国。众所周知，美国对第一大贸易顺差国中国正在进行激烈的贸易战，对第二大贸易顺差国墨西哥则通过修订北美自由贸易协定（NAFTA）增加贸易保护主义内容解决。接下来的目标就是日本。2019 年 4 月日美贸易谈判已经开始，但这种贸易谈判并不是日美两国 FTA/EPA 谈判，美国的主要目标是减少日本对美贸易顺差。据日本财务省统计，日本对美贸易顺差的产品中，汽车以及汽车配件约占 76.6%，所以这次日美贸易谈判具体来说就是使日本减少汽车及汽车零部件的对美出口，同时还要扩大美国农产品的对日出口。如果日本通过自主规制等方式将对美汽车出口减半，将直接导致日本 GDP 减少 0.5%，再加上波及效应，GDP 减少幅度还会增大。如前所述，考虑到美国贸易保护主义政策的影响，日本 GDP 的减少幅度可能合计达到 1.0% ~1.2%，为此也存在日本经济重陷衰退局面的可能性。①

2. 经济政策手段已经山穷水尽

从日本国内经济发展环境来看，目前日本经济仍处于上升通道。股市高涨、平稳，通缩有所收敛，失业率很低，经济运行状况好于 2012 年之

---

① 木内登英「米圧力の脅威 車の輸出規制、円高是正迫る米国　日本の景気後退の現実味」、『週刊エコノミスト』2018 年 12 月 25 日、28 頁。

前，实际 GDP 处于微弱的正增长。到 2019 年 3 月为止低水平的经济景气已经持续了 76 个月，成为战后日本最长经济景气，但是平均年增长率在 1.2% 以下，远低于伊奘诺景气（11.8%），也低于“小泉景气”（2%），而其政策代价是巨大的，旧“三支箭”已经将货币政策和财政政策用至穷尽。以货币政策为例，一方面，从量化质化宽松政策到负利率政策，再到长期收益曲线管理政策，收效甚微，特别是负利率政策已实施三年有余，效果并不明显，消费者物价增长率依然处于 0.5%～1.0% 之间，与日本银行提出的 2% 的目标相差甚远，更为严重的是根本看不到退出异常超宽松货币政策的“出口”。另一方面，由于借贷利差缩小，地方银行的收益明显恶化，金融界的不满情绪很强烈。[①] 看来 2% 的物价指标，近期难以实现，只能成为中长期目标。从财政政策来看，财政重建的第一阶段目标——基础财政平衡转为盈余的目标也一推再推，2013 年设定在 2020 年实现，2017 年推迟到 2025 年。由于其基础条件是年均实际 GDP 增长达到 2%、年均名义 GDP 增长率为 3.4% 左右，而 3% 的名义增长率在泡沫经济崩溃后近 30 年来几乎没有出现过，因此，即便到 2025 年也不可能实现基础财政收支盈余的目标。另外，由于增长率太低，这次战后最长的景气“没有实感”的特征更加明显，而且增长势头逐渐减弱，2017 年日本实际 GDP 增长率为 1.7%，2018 年为 0.7%，明显呈下降趋势，这说明本次景气已接近尾声。更大的风险在于，今后一旦外部经济环境恶化，国内经济形势出现危机，日本连应对的政策都没有准备好，可谓无牌可打、无计可施。

3. 提高消费税税率可能对日本经济产生的影响

国内的另一个风险因素是将要提高消费税税率。从国内来看，尽管做了充分的准备，但提高消费税税率仍有可能给日本经济带来一定冲击。

按照日本政府的政策安排，2019 年 10 月将消费税税率从现行的 8% 提

---

① 「見えぬ出口、副作用増大＝銀行界に高まる不満マイナス金利 3 年」、時事通信社、2019 年 2 月 16 日。

高至10%。从日本过去的经验来看，一旦提高消费税税率就会对个人消费带来沉重打击，特别是2014年提高消费税税率对日本经济的强烈冲击，人们记忆犹新。不过这次提高消费税税率只有2个百分点，增幅为25%，而2014年的增税是从5%提高至8%，幅度为60%，可见这次增幅远低于上次。另外，政府也汲取了2014年的沉痛教训，事前进行了充分的论证，也提出了许多应对之策，主要有以下几点。（1）对食品饮料等实施减税措施。从照顾低收入者的角度考虑，对酒类以外的食品、饮料和报纸实施减税制度。（2）减轻购买住宅、汽车的纳税负担。为防止扎堆消费和增税后消费骤减现象的发生，针对大件消费品的住宅、汽车的购买实施减轻税负的政策。（3）对无现金结算实行返还点数政策。为了推进无现金结算，减少经营成本，以经营资源较少的中小零售商为对象实行返还点数制度。（4）发放优惠商品券。针对低收入者和有0～2岁儿童的家庭发放可在一定期间内使用的优惠商品券，以直接刺激消费。（5）减轻幼儿教育、低收入老人的税负。从10月1日起实行幼儿教育无偿化，并且向低收入老人支付“靠养老金生活的老人援助金”。专门编制了规模为2.3万亿日元的补充预算以应对可能出现的冲击。尽管做了一定的准备，但也难保万无一失，提高消费税税率仍将对2019年的日本经济带来一定风险。

实施消费税增税政策，其原本的目的是要扩大财源，实现重建财政的目标，但事实上，据内阁府测算，本次消费税增税2个百分点，实施减轻税率、返还点数政策、幼儿教育无偿化等措施后，第一年财政收入仅增加0.24%，第二年增加0.23%，第三年增加0.23%，增量微乎其微，再加上其他优惠税制的实施都会导致财政赤字的进一步扩大，财政重建只能成一句空话。

当然，从政治因素考虑，2019年将要进行地方选举和参议院选举，根据政治经济形势的变化，也存在安倍首相继续推迟提高消费税税率时间的可能。

4. 国内经济形势“明暗相间”

如上所述，2019年内外环境都将比2018年严峻，在这种背景下，日本政府明确表示，还将坚持“没有经济增长就没有财政健全化”的方针，为实现600万亿日元的经济规模和财政健全化目标而努力，探寻可持续成长的路径，提高潜在经济增长率，优先实施“生产效率革命”。总体来看，2013年以来日本劳动生产率有很大提高，据日本生产性本部统计，日本每小时名义劳动生产率从2013年的4590日元提高到2017年的4870日元，年均增长6.1%，但在OECD富国俱乐部35个国家中排在第20位，总体只有美国的三分之二，仍有很大潜力。另外，2019年日本在吸收外国劳动力方面还将出台更宽松的政策。《关于扩大接收外国劳动力的出入境管理法修正案》于2018年12月8日在参议院通过，于2019年4月正式实施。自2008年以来，日本劳动力短缺的问题日趋表面化，接收外国人数量不断增加，据日本法务省的统计，在日外国劳动力已从2008年的45万人增加到2017年的128万，十年增加了1.8倍，新《出入境管理法》实施后，还将增加4万多人。日益扩大的外国劳动力大军会给日本经济增添活力，但也可能给日本带来一系列复杂的社会问题。

与此同时，日本还将继续推行地方创生、国土强韧化、女性活跃、劳动方式改革等政策，实现经济的良性循环，创造所有人都过上能实现自身人生价值的充实的“一亿国民总活跃社会”。但这些目标都是长期目标，对短期经济影响不大。2019年，日本迎来令和时代，在改元之年日本政府将举行明仁天皇退位、德仁天皇即位等一系列庆典活动，可在一定程度上促进消费，但对整个宏观经济的拉动很有限。东京奥运会场馆、配套设施等建设需求增大，公共投资也将维持较高的水平，这可在一定程度上刺激经济增长，但考虑到日本的社会基础设施和体育场馆已比较完善，因此场馆建设对日本经济的拉动也将很有限。

鉴于全球经济不确定性增强，出口面临困难，加之日本国内经济、政治以及社会也存在各种风险，设备投资已经触碰“天花板”、个人消费疲软状况难以扭转，2019年的日本经济存在重现衰退局面的可能，即便能维持复苏局面，其增速也将明显放缓。日本政府对2019年度实际GDP增长率和名义GDP增长率的预期值分别为1.3%左右和2.4%左右，日本央行比政府更悲观一些，预测实际GDP增长率为0.9%，而ESP跟踪调查预测平均值为0.7%，这说明民间经济学家对日本经济预期缺乏信心（见表2）。

表2　2018年度与2019年度日本经济预测

单位：%

	年中测算（2018年7月）		政府经济预期（2018年1月）		民间机构（2018年1月）		日本银行（2019年1月）	
	2018年度	2019年度	2018年度	2019年度	2018年度	2019年度	2018年度	2019年度
实际GDP增长率	1.5左右	1.5左右	0.9左右	1.3左右	0.7	0.7	0.9（0.9~1.0）	0.9（0.7~0.9）
民需贡献率	1.3左右	—	0.9左右	1.1	0.7	0.5	—	—
名义GDP增长率	1.7左右	2.8左右	0.9左右	2.4左右	0.7	1.6	—	—
消费者物价指数	1.1左右	1.5左右	1.0左右	1.1左右	0.9	1.2	0.8（0.8~0.9）	1.1（1.0~1.3）

资料来源：内閣府『平成31年度の経済見通しと経済財政運営の基本的態度（ポイント）』（2018年12月）、日本銀行『経済・物価情勢の展望』（2019年1月）。

我们利用世界银行采用的三个基本模型计算增长率，分别为最小二乘法、指数增长率法和几何增长率法。其中，最小二乘法通过拟合线性回归趋势线来进行估计，即

$$\ln Xt = a + bt$$
$$a = \ln Xo$$
$$b = \ln(1 + r)$$

这相当于复合增长方程的对数变换，即

$$Xt = Xo(1 + r)t. = Xo(1 + r)t. = Xo(1 + r)t.$$

在这个等式中，X是变量，t是时间，$a = \ln Xo$和$b = \ln(1 + r)$是需要估计的参数。① 本报告使用2019年4月最新因变量和自变量数据利用上述模型对日本实际GDP增长率进行了测算，得出的数值为0.8%。

① The World Bank，“Global Economic Prospects（January 2018）”，http：//www.worldbank.org/en/publication/global－economic－prospects#firstLink01648.

从中期来看，2020年的日本经济可能会继续保持一定复苏势头，国内主要是受东京奥运会的利好影响，场馆建设、基础设施建设、外国游客增加等会在一定程度上拉动日本经济上升，但在2021年有可能出现“后奥运萧条”。从历史上看，1964年东京奥运会第二年就曾出现过“后奥运萧条”，对日本经济造成较大冲击。当然由于经济发展阶段不同，日本即使再次出现新的“后奥运萧条”，其衰退的幅度也不会很大。日本经济的结构性问题并未得到解决，例如，日本央行可能在2020年寻求退出机制，但迫于国内外形势的变化，可能无果而终。长期财政债务负担有增无减，2025年基础财政收支盈余的目标也不可能实现，随着超老龄化社会的不断深化，社会保障金的缺口会越来越大，财政状况也将进一步恶化，同时也不得不取消2%通胀目标的实现期限。从中长期来看，不用说迎来未来“10年黄金期”，就连扭转慢性衰退的趋势都有一定难度。

二　中日经贸关系回顾与展望

过去的2018年正值中国改革开放40年，也是《中日和平友好条约》签订40周年，是中日经贸关系的重要节点。回首在中国改革开放的大背景下，40多年来的中日经贸合作从小到大，获得了巨大的发展。40多年来日本商界和企业通过中日经贸合作对推动中国改革开放的顺利进行做出了积极的贡献，同时也是中国改革开放的受益者。改革开放后，中国经济面貌发生了翻天覆地的变化，给日本企业和商界带来了无限的商机，日本企业在中国获取了巨大的经济利益。在经济全球化的时代，中日之间双边经济交往已经与世界经济和区域经济融为一体，成为构筑人类命运共同体的重要组成部分。

（一）中日经贸合作关系回顾

2018年的中日经贸合作出现了快速恢复，究其原因主要是得益于中日关系进一步改善带来的利好，同时与世界经济复苏、中国经济稳中有进、日本经济平稳增长也密切相关。倘若世界经济不发生大的变故，2019 年中日经贸合作还可能继续保持回升的局面。

1. 双边贸易

改革开放 40 多年来，中日双边贸易关系基本处于健康发展状态。中日经济互补性强，在市场规律的驱动下，通过长期的合作，夯实了稳固的基础。进入 21 世纪后步入快车道，贸易总额几乎每五年登上一个新台阶，2002 年超过 1000 亿美元，2006 年超过 2000 亿美元，2011 年超过 3000 亿美元。此后 2012 年由于日本政府挑起购岛闹剧等原因，中日关系急剧恶化，中日双边贸易也随之出现了连续五年的负增长。2017 年随着中日关系的改善，中日贸易额终于摆脱了负增长，2018 年继续保持正增长的态势。据中国海关总署统计，2018 年中日贸易总额为 3276.6 亿美元，同比增长 8.1%，其中对日出口 1470.8 亿美元，同比增长 7.2%，自日进口 1805.8 亿美元，增长 8.9%（见图 5）。日本居欧盟、美国、东盟之后，为中国第四大贸易伙伴；按国别计算，日本继续保持中国第二大贸易伙伴的地位。另据日本财务省统计，2018 年日中贸易总额为 3537.7 亿美元，较上年同比增长 7.4%，日本对华出口 1802.3 亿美元，增长 9.3%，自华进口 1735.4 亿美元，增长 5.5%。中国继续保持日本第一大贸易伙伴的地位，令人欣喜的是，2018 年中国超过美国成为日本第一大出口市场，日本对华出口占日本对外出口总额的 19.5%，超过美国 0.5 个百分点。

据日本财务省统计，2018 年，日本对华出口增幅较大的产品主要有：一般机械增长 17.4%（其中半导体制造设备增长 46.9%、矿山机械和建筑机械增长 28%）、化工制品增长 10.8%、运输机械增长 10.2%，这反映出中国经济稳中有进，对日本机械设备的需求依然比较旺盛。另外，日本对华出口食品尽管占比不高，但增长率高达 43%，也从一个侧面反映出中国人民生活水平迅速提高，对日本食品的需求日趋旺盛。而日本从中国进口的商品中，增幅较大且贡献率较大的有：化工制品增长 14.4%，原材料制品增长 7.2%，一般机械增长 6.4%，机电产品增长 1.6%，四者

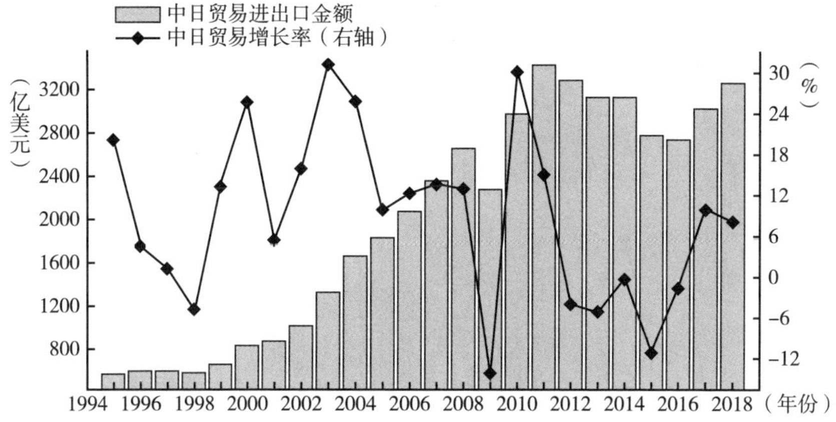

图5　中日双边贸易长期变化

资料来源：根据《海关统计》每年第12期数据绘制。

合计的贡献率为84.6%，[①] 这反映出日本经济复苏和中日间加工贸易合作持续回暖的实际情况。

2. 相互投资

1979年日本开始进行对华直接投资，从而开启了中日经济合作的新阶段。40余年来，在中国改革开放事业的强力推动下，日本对华直接投资发展迅速，早已成为中国主要的外资来源。综观40年来的日本对华直接投资，从20世纪80年代初的年均数千万美元，到90年代的年均30亿美元左右，再到2012年的73.5亿美元，虽然出过几次较大的起伏，但基本趋势是上升的。但是，与中日贸易同样，受中日关系恶化等原因的影响，2013～2016年日本对华直接投资出现了连续四年的负增长。随着世界经济的复苏和中日关系的改善，2017年日本对华直接投资终于转为正增长，2018年又出现了较高的正增长。据中国商务部的统计，2018年日本对华直接投资实际到位资金为38.1亿美元，同比增长16.5%，远高于2017年5.2%的增幅（参见图6）。日本排在中国香港、新加坡、中国台湾、韩国、英国之后，居第六位，比上年位次下降了一位，

① 財務省『報道発表平成30年分輸出確報、輸入速報9桁)』、2019年1月30日。

但从国别来看日本仍居第四位。截至2018年底，日本对华直接投资累计实际到位金额1120亿美元，居中国吸收外资来源地的第三位，从国别来看居第一位。

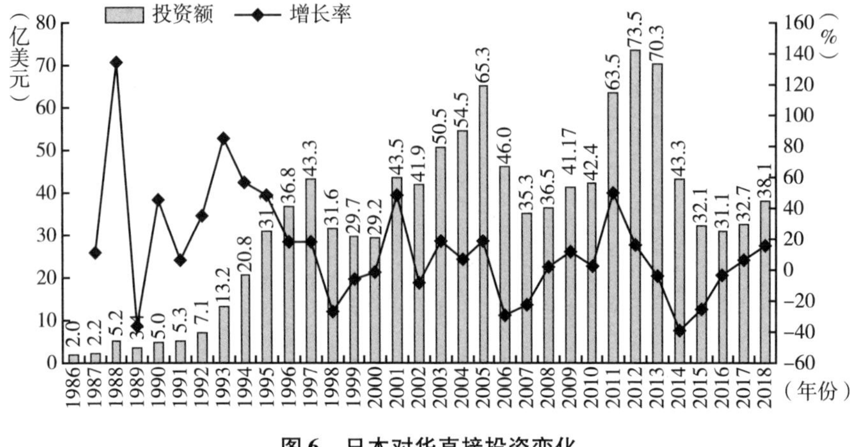

图6　日本对华直接投资变化

注：实际利用外资额，截至2008年的数据不包括经由避税地的对华投资，2009年以后的数据则包含经由避税地进行投资的金额。

资料来源：根据中国商务部网站数据绘制。

然而，与日本对华直接投资的迅速恢复相比，中国对日直接投资仍显逊色。自2017年中国对日投资出现46%下降后，2018年仍持续下降，但降幅明显收窄。据中国商务部统计，2018年，中国对日非金融类直接投资额为2.51亿美元，同比下降11.8%。2018年中国对日直接投资下降的原因有以下几点。第一，2018年中国非金融类对外直接投资总额按人民币统计下降1.6%，若按美元统计也仅增加0.3%，对日投资受其影响也呈现微弱下降。第二，2016年中国对日投资出现了217.0%的大幅增长，从一般投资规律来看，出现一两年的下降也属正常。第三，2018年日本经济明显减速，对外资的需求也相应减少。第四，由于美国挑起的中美贸易战影响企业的经济预期，日方接受外来投资的热情也受到影响。不过，日本市场成熟，经济资源特别是资金呈现出向“东京一极集中”的趋势，导致地方经济萎靡不振，因此日本经济落后地区也积极吸引外国直接投资。在中美经济摩擦不断深化的背景下，今后可望形成中国对日直接投资迅速发展的局面。

截至2018年底，中国对日累计直接投资存量为44亿美元，应当说这并不是一个很理想的数字。中国成规模对日直接投资始自2003年，15年间累计投资只达到区区44亿美元确实不多，特别是与日本对华直接投资（1120亿美元）的规模相比，非常不平衡。不得不承认，中国对日直接投资停滞不前，除了经济因素外，与日本经济社会的封闭性、排外性以及企业相互持股等企业经营惯行等有直接关系，同时也与两国的政治制度、价值观不同，美国因素的影响以及国民感情长期恶化密切相关。这些投资环境的彻底转变还需要相当长的时间。不过，随着中日关系的逐步改善，估计中国企业对日直接投资在2019年以及近几年可望出现较大的进展。

（二）中日经贸关系展望

1. 中日经贸合作短期、中期基本走向

中日经贸关系的走向主要取决于世界经济、中国经济、日本经济和中日关系等主要因素的变化。目前的数据表明，以上四种因素基本稳定和向好，这意味着2019年中日经济关系还将保持稳定甚至较快的发展。

第一，未来世界经济虽有变数，但复苏的大势不会逆转。从短期来看，来自美国的贸易保护主义使世界经济受到一定的影响，不确定性增强，但世界经济总体复苏的趋势并未发生逆转，如前所述，据IMF的最新预测，2019年的世界经济增长率可能高达3.5%。

第二，中国经济仍保持稳中有进的大趋势。近年来，受国内外经济环境的影响，特别是处于从重视数量向重视质量增长模式转换过程中，中国经济明显减速，但稳中有进的大趋势没有发生变化，中国政府对于来自国内和国际两方面的各种风险已有充分的估计和预案，2019年中国经济维持6.0%～6.5%的中高速增长应无悬念。

第三，日本经济在超宽松的货币政策和积极财政政策的刺激下，“安倍经济学景气”还将持续一段时间。2019年日经平均股价还可能保持20000日元高位，日元汇率保持较低的稳定水平，企业设备投资可能出现下降，但职工名义工资还会有所提高。针对提高消费税税率，日本政府做了比较充分

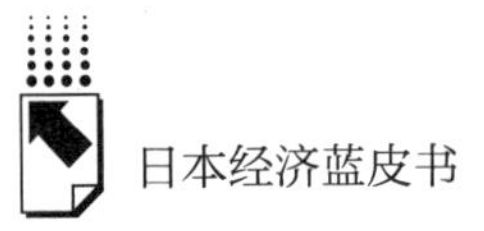

的准备，估计对经济的冲击不会太大，2019年日本经济复苏的速度会放缓，甚至可能出现衰退，但实际GDP维持0.8%左右的增长是可能的。

第四，影响中日经贸合作的另一个重要因素中日关系也从“趋稳向好”向“成熟稳健”的方向发展。2018年是《中日和平友好条约》缔结40周年，双方举行了一系列纪念活动，5月李克强总理访问日本，10月安倍首相访问中国，一年之内实现了两国总理的互访，将两国关系的改善推向了新的阶段。特别是在10月安倍首相访华期间，中日双方签署了包括双边本币互换协议、扩大服务贸易合作等在内的十余项合作协议，而且就中日两国在第三方市场合作签订了52项协议，总额高达180亿美元。2019年的主要任务就是双方积极落实已签署的协议，使协议内容落地生根、开花结果。2019年6月习近平主席将赴日出席大阪G20峰会，届时将把中日关系推向一个新的高潮。

除了以上利好因素外，中日经贸关系前一段时期（2012～2016年）长期处于低迷状态，从市场规律角度看，也应当出现一个较大规模的恢复。例如，中日双边贸易在2018年已达到3276亿美元，但距离高峰时期2011年的3429亿美元还有一定距离，特别是日本对华直接投资2018年虽然恢复到38亿美元，但距离高峰时期的2012年73.5亿美元还相差甚远，而中国对日直接投资也基本停留在每年2亿美元左右的低位，发展空间巨大。在外部环境趋好的条件下，2019年中日经贸合作可望迎来较快的发展局面。

从中期来看，影响中日经贸合作的各种因素会变得更加复杂。美国总统特朗普基于商人思维和“美国优先”“美国第一”的政策理念，会出台一些局部性的贸易保护主义政策，可能对世界经济带来消极影响或不确定性，但应该是有限的，逆全球化不会成为时代的主流。美国不断“退群”，为遏制中国，在多国协议中植入“毒丸”条款，逼迫他国选边站队，到处挥舞贸易保护主义大棒，连其盟友都不肯放过，这也必将引起日本的不满，进而加强同中国的经济合作。众所周知，2017年以来日本与中国的迅速接近也与日美关系的微妙变化密切相关。估计未来几年日美这种微妙关系还将持续下去，中美贸易战结束后，美国的下一个目标可能就是其第三大顺差国日本，届时日美关系会更加复杂。中日两国相互依存度很高，在经济全球化和国际生产网络、全球价值链、供应链已经形成的条件下，中日经济早已形成了“你中有我，我中有你”的局面。中国的中产阶层在不断扩大，对美好生活的追求日益提高，消费日益旺盛，而且对质量的要求也越来越高，越来越趋于多样化。随着中国经济的稳步恢复和实力的不断上升，中国将逐步从“世界工厂”转向“世界市场”，2018 年 11 月在上海举办的中国国际进口博览会就是一个重要标志。在这次“进博会”上有 460 多家日本企业参展，估计 2019 年的“进博会”还会有更多的日本企业参展，届时日本企业对中国市场的预期会进一步提高。中国的市场在不断扩大，早晚有一天成为世界最大的消费市场，日本企业不会放弃巨大的中国市场，而中国企业也会继续引进日本的高端技术和先进的管理经验，双方虽然在个别领域存在竞争，但互补性也将长期存在，中日经济合作的基本方向不会变化。

2. 未来中日两国重点合作的十大领域

关于未来中日两国的合作，可以说在任何领域的合作空间都很宽广。随着中国经济发展模式的转变，将更加注重质量发展，以下十大领域可能成为未来中日经贸合作的重点领域。

第一，在全球价值链中的合作。日本在全球价值链中处于上游，中国处于中下游，中日两国产业结构不同，互补性很强。直接投资与价值链合作密切相关，目前中日之间的相互投资很不平衡，日本进一步开放市场，促进中国对日直接投资还有很大潜力，通过扩大对日直接投资也可以强化中日两国在全球价值链、供应链的合作。

第二，节能环保、绿色低碳经济领域的合作。日本在环境保护、环境治理方面有过深刻的教训，也积累了丰富的经验。日本拥有世界一流的节能环保技术，中国拥有巨大的环保市场，中日两国环保领域的合作互补性强，基础牢固。治理环境是党中央确定的“三攻坚战”之一，在这一领域的中日合作前途无量。到目前为止，中日两国以“中日节能环保论坛”为依托，节能环保领域的合作取得了喜人的成果，今后还可以以雾霾治理、水质污染治理为重点继续推进合作。

第三，在世界前沿领域的合作。未来中日两国在信息产业，如大数据、互联网+、物联网、人工智能、机器人、自动驾驶汽车、智能城市以及生命科学、生物工程等世界前沿领域的合作方兴未艾。在这些新领域，中日双方各具优势，大多可实现水平分工的合作。

第四，共同应对老龄社会方面的合作。日本65岁以上的老龄人口已占总人口的28%，已进入超老龄社会，而中国的情况也不乐观，65岁以上的老人已达总人口的11%，虽然占比没有日本高，但总量已达1.7亿，超过日本总人口，中国已成为世界老龄人口最多的国家。日本在应对人口老龄化方面走在了中国的前面，积累了丰富的经验。今后中日两国在老人康养产业、医疗、看护、养老设施、老人观光等领域的合作空间十分宽广。

第五，乡村建设、现代农业、食品安全领域的合作。中国正在实施乡村振兴战略，而日本早在20世纪70年代就提出了“一村一品”“一县一业”等政策，在乡村建设、保护景观、保护绿水青山和发展现代农业方面积累了丰富的经验。另外，日本在提高农产品质量和农产品附加值方面也下足了功夫，十分注重食品安全，在食品安全质量标准方面也是世界最严格的。中日两国在这些领域的合作不仅互补性强，而且还具有战略意义。

第六，扩大观光旅游、现代服务业的合作。近年来中国赴日游客迅速增加，在日消费数额巨大，2018年已达1.5万亿日元，为日本经济复苏做出了积极贡献。但是随着中国游客的不断增加，日本的接待能力越来越显得不足，酒店、饭店等旅游基础设施、豪华巴士等都出现供给不足的问题，有待改善。同时，与中国赴日旅游达到838万人次相比，日本来华旅游人数却只有240万人次，十分不平衡，从中方来看，如何提高旅游环境和服务业水平是非常重要的课题。日本在发展服务业特别是现代服务业方面已达到世界一流水平，中日两国在这一领域的合作前景也十分乐观。

第七，财政、金融领域的合作。早在改革开放初期，中国就开始接受日本的日元贷款，在1998年亚洲金融风暴发生后中日两国又开始了区域性金融合作，与韩国、东盟各国共同发起“清迈倡议”，对稳定区域金融秩序发挥了重要作用。进入21世纪后，中国开始大量购买日元国债，2012年以后分别在东京和上海实现了人民币－日元直接交易，2018 年两国又签署了额度为 2000 亿元人民币的互换货币协议。加强双方的财政金融合作，对于防范金融危机、减少美元汇率风险和换汇成本、扩大本币影响力、推动本币国际化、分散世界金融风险具有重要的战略意义。随着中日关系的改善和深化，中日财政金融合作可望出现突破性进展。

第八，防灾减灾领域的合作。日本是自然灾害频发的国家，特别是地震、台风等灾害更为严重。也正因如此，日本在防灾教育、防灾减灾、抗震抢险、灾后重建等方面积累了丰富的经验，特别是在建筑物抗震标准方面十分严格，日本的经验很值得中国借鉴，双方在这一领域的合作也非常有前途。

第九，中日在第三方市场的合作。中国与日本在开拓第三方市场方面各具优势，日本在基础设施建设的技术、工程管理以及运营经验等方面具有比较优势。例如，仅就铁路而言，日本的铁路运输系统不仅具有优良的节能性，而且车辆的密闭性高，可以针对隧道、高架等进行小规模设计，能够有效降低运营成本。在对铁路系统的管理上，日本具有安全性高、运行时刻准确度高等特点。而中国在资金、成本、企业决策力及部分特殊领域技术上具有比较优势。中国是亚投行的主要出资股东，资金实力雄厚；与发达国家相比，中国拥有更低的基础设施建设成本（原材料、零部件及人工成本）；中国的高速铁路、高寒铁路、高原铁路、重载铁路技术迈入世界先进行列。另外，在“一带一路”框架下的中日经济合作已经开始收获成果，例如“日中欧”海铁联运的正式启动，日本企业已经尝到甜头，这要比海运大大节省时间和成本。总之，第三方市场合作为中日双方经济合作开辟了新领域，可望取得“三赢”和“1＋1＋1＞3”的多赢效果。

第十，中日两国在各种区域合作机制中的合作。2018 年日本在区域合作方面取得了重大进展，最为抢眼的是完成了 CPTPP 谈判，并于 2018 年 12 月 30 日生效。CPTPP 是一个重要的水平很高的自贸区协定，也是第一个由日本主导的自贸机制，这对日本来说，其政治意义甚至大于经济意义。2018 年 7 月完成了日欧 EPA 谈判并于 2019 年 2 月 1 日生效。CPTPP 与日欧 EPA

生效后，两者合在一起使日本的自贸区覆盖率达到36%。近年来，日本还在积极推进 RCEP 和中日韩 FTA 谈判。从目前日本选择的顺序来看，排在首位的是 CPTPP 的扩容，接下来是 RCEP 谈判，排在最后的是中日韩 FTA。不过，随着国际局势的变化，特别是随着中日关系的进一步改善，日本原来设定的线路图也存在改变的可能性。

总之，中日经济关系走出长期低迷的泥潭后，2018 年又迈出全面恢复坚实的一步。2019 年伴随着习近平主席的访日，中日关系的改善可能出现一个新的高潮。中日关系的进一步改善，为中日经贸合作铺平了道路，今后中日经贸关系将会更加紧密，如中美贸易战能得到妥善处理，未来两年中日经贸关系可望出现全面恢复。随着中国改革的进一步深化，中国经济正在由注重高增长转为注重高质量发展，这为中日经济合作提供了新的机遇。中国在新时代实现中国梦的过程中，需要得到国际社会的合作，当然也需要日本的合作。中日两国分别为世界第二大经济体和第三大经济体，对世界经济影响巨大，加强中日务实合作、促进地区和世界经济的繁荣，是中日共同的责任。展望未来，中日经贸合作可能还会遇到各种挑战，但前途是光明的。

热点追踪

Hot Issues Tracking

B.2

日本货币政策运行及展望

刘　瑞*

摘　要： 2018年日本银行继续坚持超宽松货币政策。4月，日本银行取消2%通胀目标实现期限，7月推出强化推进超宽松货币政策的政策框架。在国际经济形势不确定性增大的同时，日本面临经济周期下行预期加大、消费税增税等问题。在欧美央行转变方向、政策或趋于宽松背景下，日本银行政策指向呈宽松政策长期化特征，旨在提升物价预期，支持经济自律性增长。今后宽松货币政策面临国债市场流动性低下、金融机构盈利水平降低以及政策退出风险等问题。

关键词： 量化质化宽松政策　通胀目标　退出机制　金融体系风险

* 刘瑞，经济学博士，中国社会科学院日本研究所研究员，全国日本经济学会副秘书长，主要研究领域：日本金融、中日金融制度比较等。

作为“安倍经济学”“第一支箭”，自2013年4月黑田东彦执掌日本央行起，超宽松货币政策的力度和规模持续升级，在政策目标、工具选择和调控方式等方面进行多种尝试，但物价水平仍未见起色。黑田总裁最初提出两年内实现2%通胀目标，但经过六次延期后，2018年4月，日本银行不再设定2%通胀目标的实现期限。[①] 2018年7月，货币政策委员会宣布实施宽松货币政策新举措。

一　2018年日本金融政策调整举措及评价

2018年7月，为提升通胀预期、发挥前瞻性指引功能、保持供求缺口持续在正值区间运营，日本银行进一步表示要强化宽松货币政策力度，出台“加强推进超宽松货币政策的政策框架”。[②]

（一）超宽松货币政策新举措内容

为实现物价稳定目标、增强政策框架可持续性，日本银行货币委员会宣布通过引入前瞻性指引工具，引导市场利率预期，并维持长短期利率操作。其主要内容有三个方面。

一是出台政策利率的前瞻性指引。为消除2019年10月消费税增税可能产生的负面影响，在一段时期内维持目前极低的长短期利率水平。

二是继续维持长短期利率操作框架。首先仍将短期政策利率保持在-0.1%水平，但适用于负利率的资金规模减小。其次，10年期国债收益率仍维持在0左右，但允许国债收益率在正负0.2%范围内波动，提升了央行对利率波动的容忍度。再次，日本银行不再硬性坚持80万亿日元的长期国债购买增量，仅以此作为大致指标，进行灵活的弹性购买。

---

① 日本銀行『経済・物価情勢の展望』、2018年4月、http://59.80.44.98/www.boj.or.jp/mopo/outlook/gor1804b.pdf。[2019-02-22]

② 日本銀行「強力な金融緩和継続のための枠組み強化」、2018年7月31日、http://www.boj.or.jp/mopo/mpmdeci/state_2018/k180731a.htm/。[2019-02-22]

三是日本银行维持上市交易基金（ETF）、不动产投资信托（J－REIT）购买规模，即分别保持每年6万亿日元和900亿日元购买量，同时适当增加购买灵活度，增加东证ETF购买比例。

（二）政策评价

从表面上看，此次政策调整方向似乎并不明确，即一方面考虑超宽松货币政策副作用，容许长期国债收益率曲线波动范围增大，另一方面继续承诺利率保持极低水准。因此，金融市场出现货币政策“从紧说”与“宽松说”并行的看法。

事实上，日本央行货币政策委员会内部也存在争议。从内容上看，此次调整既不是强化金融宽松政策举措，也不代表非传统货币政策向正常化转变。日本银行预测2018～2020财年实际GDP分别为1.5%、0.8%、0.8%，核心CPI分别为1.1%、1.5%和1.6%，离2%通胀目标尚有距离。如果日本银行坚持以2%为目标，宽松政策将不得不长期化，负面效应将增加。因此，此次调整可以理解为减少副作用而进行的政策微调，是一种暂时的应急措施。

经过六年多超宽松货币政策实践，目前日本银行政策体系设计内容复杂，甚至被称为“四次元金融政策”，即数量、质量、负利率及长期利率诱导四大工具共同发挥作用。[①] 究其原因，在于黑田总裁就任后的种种政策试错。一是数量方面，日本银行大量购买国债，但其效果短暂，呈一过性特征。二是负利率环境下对金融机构盈利性的挑战远远超出预想。三是在发挥预期在通胀决定机制的作用时，相比于前瞻性预期（forward－looking expectations），与过去或现实物价具有较强相关性的适应性预期（adaptive expectation）对日本物价影响更大，如长期通缩下物价持续低迷、电商发展引发网购增加从而导致物价走低等，均成为日本银行分析的通胀目标迟迟未能实现的成因。今后，2%通胀目标能否作为货币政策之锚成为关注焦点。

① 熊谷亮丸「日本経済の現状とその課題と提言」、『月刊資本市場』、2019.01（No.401）。

二 日本银行超宽松货币政策效果

（一）资产负债表规模扩张

数量扩张是日本银行宽松货币政策的重要举措。观察日本银行资产负债表，从规模看，2018 年末资产高达 552 万亿日元，比“安倍经济学”实施时的 2012 年增加 2.5 倍（参见表 1）。从结构看，日本银行在大量购买国债的同时，大幅增加风险资金投入。其中，长期国债、交易所交易基金（ETF）最具代表性，截至 2018 年末，这两项资产购买规模分别是 2012 年末的 5.1 倍和 15.7 倍。

表 1 日本银行资产负债表变化

单位：万亿日元

年份		2012	2013	2014	2015	2016	2017	2018
资产	长期国债	89	142	202	282	361	419	456
	CP	2.1	2.2	2.2	2.2	2.3	2.2	2.0
	公司债	2.9	3.2	3.2	3.2	3.2	3.2	3.2
	ETF	1.5	2.5	3.8	6.9	11.1	17.2	23.5
	J-REIT	0.11	0.14	0.18	0.27	0.36	0.45	0.50
	贷款支持基金	3.3	9	24	30	41	50	47
资产合计		158	224	300	383	476	521	552
负债	银行券	87	90	93	98	102	107	110
	准备金账户	47	107	178	253	330	368	389
负债合计		158	224	300	383	476	521	552
基础货币		138	202	276	356	437	480	504

注：数据均截至各年末。

资料来源：日本銀行「金融経済統計月報」、http://www.boj.or.jp/statistics/pub/sk/data/sk1.pdf。[2019-03-04]。

（二）基础货币大幅增加，但增幅减弱

在公开市场操作中，央行通过购买资产、增加基础货币从而调节货币供应量。2018 年末日本基础货币发行量为 504 万亿日元，规模为 2012 年末的

3.7倍，但增速减缓。从图1看出，基础货币年比增长率趋缓，2014年3月年比增长54.8%，2018年末仅为4.8%。与此同时，货币存量M2基本持平，在一定程度上体现出大规模刺激政策趋于稳定。

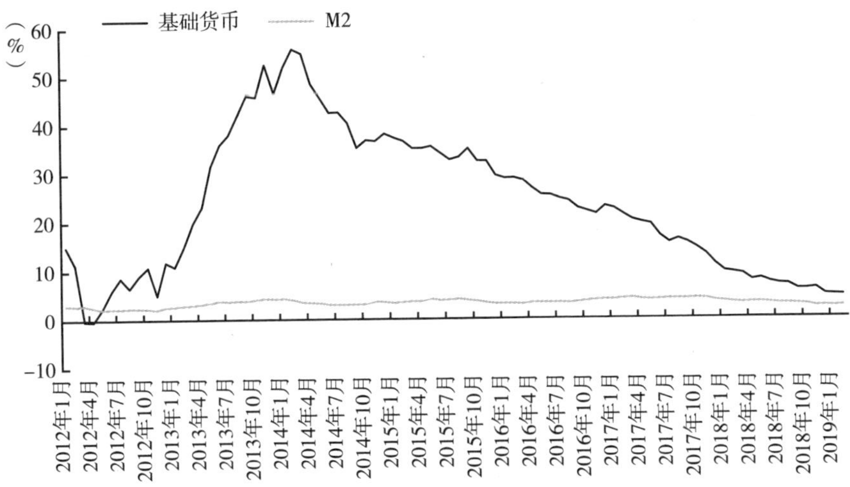

图1 日本银行基础货币、货币存量年比增长变化

资料来源：日本银行统计月报。

（三）物价指标有所改善，但仍不稳定

日本通货紧缩、物价低迷状态长期持续，至今已长达20年之久。因此日本银行第一要务在于尽快摆脱长期通缩。观察下述四个物价判断指标，即消费物价指数（CPI）、供需缺口、GDP平减指数和单位劳动成本，可以看出“第一支箭”超宽松货币政策实施以后，物价有改善迹象，但仍不处于持续稳定状态。

截至2018年12月，日本综合消费物价指数（CPI）连续26个月增长（参见图2）。2018年CPI同比增长1%，扣除生鲜食品的核心CPI增长0.9%，但扣除生鲜和能源后的核心CPI仅增长0.4%，说明日本物价受能源价格影响较大，并非需求增加。

从图3看出，供需缺口于2017年第一季度时隔六个季度转为0.1%的正

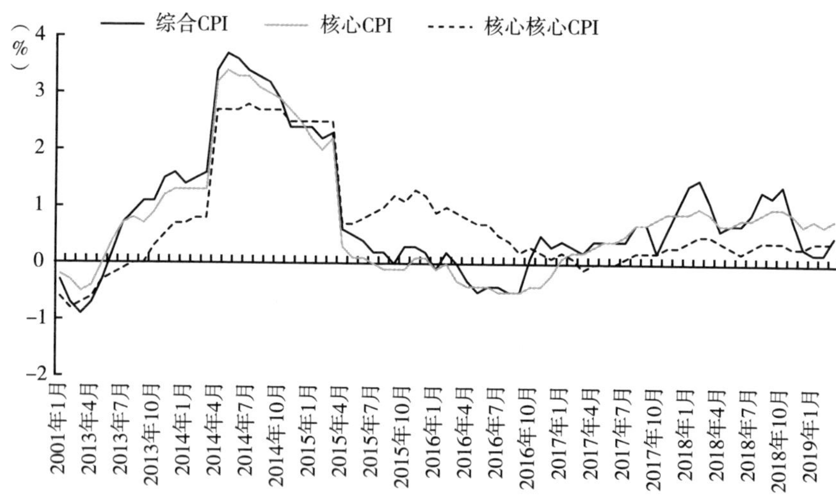

图 2　日本消费物价指数增长情况（以 2015 年为基数）

资料来源：日本総務省統計局「消費者物価指数」。

增长，但 2018 年第三季度再次转为负值，2018 年增幅仅为 0.2%，增幅呈缩小趋势。GDP 平减指数于 2017 年第三季度时隔四个季度同比转为 0.2% 增长，但从 2018 年第二季度起，连续三个季度呈负增长，物价上升压力较大。

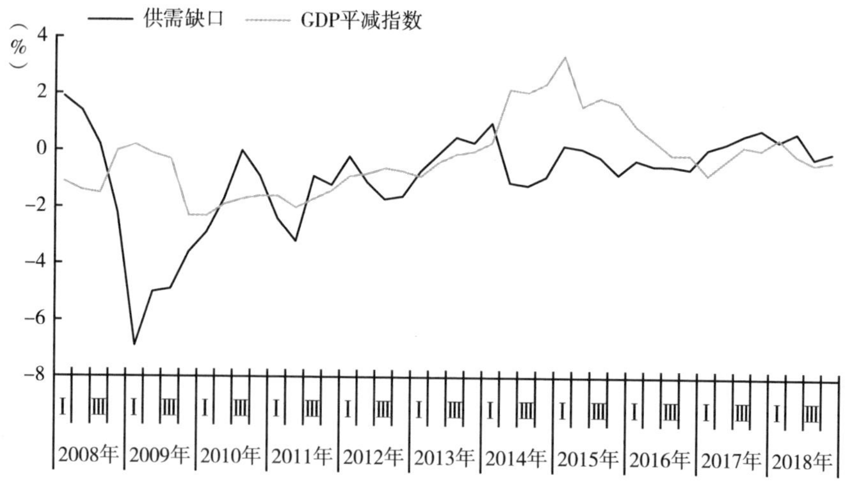

图 3　日本供需缺口和 GDP 平减指数变化

资料来源：日本内阁府统计资料。

从图 4 可以观察判断物价的第四个指标即单位劳动成本的变化。2017 年日本单位劳动成本年比为负增长，2018 年则高达 2.24%，反映出劳动力不足导致工资成本上升的现状。

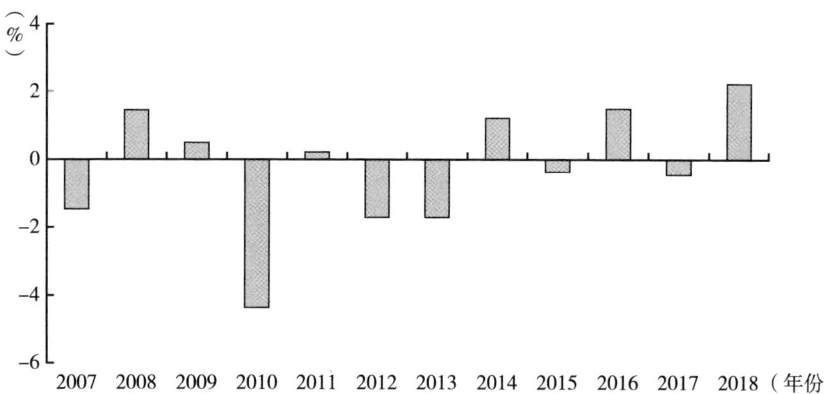

图 4　日本单位劳动成本年比变化情况

资料来源：OECD Data，unit labour costs；https：//data. oecd. org/lprdty/unit - labour - costs. htm。[2019 - 03 - 06]。

从上述指标可以看出，日本经济虽不处于通缩状态，但并不意味着日本已彻底挣脱通缩。虽然目前日本经济处于二战后最长经济周期的上升期，且日本银行不再设立实现目标的期限，但仍以实现 2% 通胀目标为政策指向，继续执行超宽松政策。

三　政策风险及课题

超宽松货币政策的长期化，对金融市场及金融机构副作用加大。

（一）国债市场流动性低

此次政策调整扩大了长期利率变动区间，这项举措有利于提高国债市场流动性，更易进行国债交易以及调整持有规模。事实上 2018 年日本新发行

的10年期国债市场零交易时间达8天,[①],零交易发生频度远高于之前年份。[②] 其中，有两天零交易出现在2018年7月底政策调整后，这两天中8月29日新发行的2年期、5年期、40年期国债也未能成交，10月22日新发行的2年期、5年期和30年期国债也零交易。

究其原因，主要有两个方面。一是日本银行过度介入金融市场，破坏国债市场运行规律。从国债保有结构来看，从2013年起日本银行每年实施80万亿日元长期国债购买计划，2018年12月末日本银行共持有478万亿日元国债，占国债总量的42.99%，远高于2012年12月末“第一支箭”超宽松货币政策实施前的11.94%。与此同时，存款性金融机构持有国债占比仅为15.07%，远低于2012年12月末的38.21%,[③] 日本银行成为债券市场主力军，作为长期利率和通胀预期风向标的10年期国债市场流动性弱化。

二是2016年9月实施长短期利率调控政策，10年期国债收益率调控在0左右，对投资者而言，对冲交易或套利交易机会减少，国债魅力下降。

当然，零交易现象增加，主要反映的是市场交易主体之间的供需，并不一定意味着国债立刻出现市场流动性大幅降低问题，但是如果维持目前的市场环境，交易主体仍控制在日本央行，其他机构投资者的交易量将无法扩张。

（二）金融机构收益率降低

目前1年期到8年期国债收益率均处于负利率水平，债券市场交易量减少，影响债券市场的功能。而中短期债券是银行资产配置的活跃区间，过低的利率导致存贷差减小，金融机构尤其是以利差为主要收入来源的地方银行收益减少。2018年下半年（4～12月）地方银行决算结果表明，在东京证券交易所上市的79家地方银行及第二地方银行，纯利润仅为6938亿日元，同

---

① 具体日期为：3月13日、5月28日、5月31日、6月11日、6月13日、7月4日、8月29日、10月22日。

② 其中2001～2013年每年0天，2014～2016年每年1天，2017年2天。

③ 日本銀行「資金循環統計」、http：//www.boj.or.jp/statistics/sj/sjexp.pdf。［2019－04－01］。

比减少16%；超过80%的地方银行经营受到影响，其中62家收益减少，3家银行陷入赤字状态。据估算，2018财年（2018年4月~2019年3月）地方银行纯利润仅为8768亿日元，环比减少9.5%，连续两年跌破1万亿日元。[①]

大型银行也无法独善其身。大型银行2018年下半年决算结果显示，三井住友、瑞穗、里索纳等三家金融集团最终收益同比减少，[②] 其主要原因除了超低利率长期化的影响，2018年下半年股票、债券市场环境恶化也给它们的资产运营带来冲击。为减少经营成本、提高效率，三菱UFJ、瑞穗、三井住友等三大金融集团公布减量计划，预计通过数字化、人工智能方式，在今后十年合计削减超过3万人的业务量。2020年春季三大银行招人计划仅为1680人，为2009年以来的最低值，不到2016年峰值的三分之一。[③]

在人口减少及老龄化背景下，地方经济持续低迷，与大都市圈经济差距拉大。地方金融机构通过建立持股公司、业务全面合作、合并重组等方式“抱团取暖”。但值得注意的是，地方金融机构合并可能导致市场份额过大，反垄断审查力度强化。如位于长崎县的福冈金融集团和长崎十八银行经过两次延期，最终于2018年8月获得日本公平交易委员会批准，得以进行业务合并。这主要因为两家银行合并后，其市场份额将近占长崎县总量的七成，与日本现行的《反垄断法》形成冲突。

（三）政策退出风险

2018年末日本银行拥有552万亿日元资产，超过日本2018年548.9万亿日元名义GDP总量，而央行资产占名义GDP之比在2007年雷曼冲击前仅为13%，在2013年3月黑田总裁就任前为33%。日本央行在政策退出时面临很大挑战，如日本银行自身的财务状况、对金融市场的冲击、对财政重

① 「地銀3行、赤字転落4~12月 低金利で収益力限界」、『日本経済新聞』2019年2月15日。

② 「市場変調、金融下ぶれ　減益・赤字相次ぐ　4~12月期」、『朝日新聞』2019年2月5日。

③ 「3メガ銀、新卒採用が急減」、」、『朝日新聞』2019年4月3日。

建的影响等。

从资产结构看，日本银行通过购买 ETF 等风险资产，对提振股市起到了重要作用。2012 年末安倍第二次内阁执政以来，股市形成连续六年上涨的“安倍经济学行情”。在中美贸易摩擦加剧、英国脱欧复杂化等背景下，2018 年末日经平均股价最终收盘价为 20014.77 日元，比 2017 年下跌 12.1%，时隔七年再次下滑。但从价格来看，日本股市仍保持强劲势头。与 2012 年末相比，日经平均股价上涨 92.5%；2018 年 10 月 2 日，日经股价早盘直冲 24448.07 日元，当天收盘价 24270.62 日元，均创 27 年新高。

一方面，股市上涨源于日本企业的高收益。2018 年第四季度企业销售额为 371.6 万亿日元，同比增加 3.7%，[①] 连续九个季度增长。[②] 虽然由于劳动力不足、人工费增加等因素，企业经常利润[③]同比减少 7%，时隔十个季度转为负增长，但其规模仍达 19.5 万亿日元，处于历史第八高位。另一方面，日本银行在股票市场存在感进一步增强。截至 2019 年 3 月末，日本银行作为 23 家上市公司最大的股东，以及 49.7% 的上市公司排名前十位的大股东，持有超过 28 万亿日元 ETF，相当于东证主板市场市值的 4.7%。据《日本经济新闻》预测，2020 年末日本银行将超过日本政府养老基金（GPIF），成为日本股市最大的股东。[④] 日本银行支撑股市虽然可能带来财富效应，但这些股票“完全脱手将需要 100 年”，[⑤] 有损市场规则。而且经济下行、股票下跌不仅对日本银行自有资本造成影响，还将动摇央行信用。

---

① 財務省「四半期法人企業統計調査概要」、https://www.mof.go.jp/pri/reference/ssc/results/2018.10-12.pdf。[2019-03-15]。

② e-Stat「法人企業統計調査：時系列データ」、https://www.e-stat.go.jp/stat-search/files?page=1&layout=datalist&toukei=00350600&tstat=000001047744&cycle=2&tclass1=000001049372&second2=1。[2019-03-15]。

③ 经常利润（Ordinary Profits）=营业净利润+营业外收入-营业外费用=销售额-销售成本-销售及行政支出。

④「日銀、日本株の最大株主に、来年末にも公的年金上回る」、『日本経済新聞』2019 年 4 月 16 日。

⑤「出口の見えない迷路をさまよう日銀のETF買入れ」、『週刊金融財政事情』2019 年 1 月 21 号。

人口老龄化急速推进，社保费用持续增加，导致日本财政负担加剧。截至 2018 年末，以国债和借款为主的日本政府债务首次突破 1100 万亿日元，总额达 1100.5 万亿日元，2018 财年预计将达 1151.4 万亿日元，占 GDP 的 196%。① 作为财政重建的重要指标，实现基础财政收支（primary balance，以下简称 PB）盈余一直是日本政府经济政策的目标。从 1991 财年起，日本 PB 持续赤字，其黑字化目标多次延期。2018 年 6 月，日本政府通过《经济财政运营及改革基本方针 2018》，将实现财政盈余愿景再次从 2020 财年推迟至 2025 财年。② 内阁府 2019 年 1 月的测算结果显示，在经济增长前提下，2025 财年 PB 虽有 1.1 万亿日元赤字缺口，但与 2018 年 7 月的测算相比，形势大为好转，赤字减少 1.3 万亿日元。财政收支盈余将于 2026 财年实现，比 2018 年 7 月的测算提早一年。③

2019 年 1 月的测算结果强调了 2019 财年预算中相关财政支出改革的成效，其前提为从 2021 财年起不增加临时支出项目，同时在经济增长情境下，2020 年前期实际 GDP、名义 GDP 应分别增长 2%、3%，2018 ~2023 年日本名义 GDP 增长率则达到 3.4%。但回顾经济发展历程，泡沫经济崩溃以来日本实际 GDP 徘徊在 1%，名义 GDP 从未超过 3%，财政重建前景黯淡。

在日本银行超低利率环境下，安倍政府并未真正面对财政重建的紧迫性，从 2013 财年起发行国债规模每年超过 30 万亿日元。但如果日本经济摆脱通缩时，财政重建尚未实现，伴随货币政策回归正常轨道，利率上升，国债利息占财政支出的比重将大幅上升。如果利率提升到 2%，2025 财年的国债利息费将超过目前占比最多的社保费用，④ 财政状况堪忧。⑤

---

① 财務省「国債及び借入金並びに政府保証債務現在高（平成 30 年 12 月末現在）」、2019 年 2 月 8 日。https：//www. mof. go. jp/jgbs/reference/gbb/3012. html。[2019 -03 -15]。

② 内閣府「経済財政運営と改革の基本方針 2018」、2018 年 6 月 15 日、https：//www5. cao. go. jp/keizai - shimon/kaigi/cabinet/2018/decision0615html、[2019 -03 -15]。

③ 内閣府「中長期の経済財政に関する試算」、2019 年 1 月 30 日、ttps：//www5. cao. go. jp/keizai3/econome/h31chuuchouki1. pdf。[2019 -03 -15]

④ 「「金利版 2025 年問題」、成長で国債費膨張」、『日本経済新聞』2018 年 2 月 2 日。

⑤ 根据财务省 2017 年 1 月 25 日测算，利率上升 1%，包括利息费在内的国债费将上升 3.6 万亿日元；利率上升 2%，国债费将增加 7.3 万亿日元。

目前日本银行虽然没有明确的政策退出时间表，但在现实操作中，央行购买国债规模呈缩减趋势。2016 年 9 月日本银行实施长短期收益率曲线调控方式后，持有长期国债份额超过 40%，因此无须实施每年新增 80 万亿日元国债的购买目标，便可将长期利率控制在零左右的目标区间。2018 年央行新增长期国债购买量减少至 37 万亿日元，不到参考目标值一半，虽然有观点将此种做法称为“隐蔽式退出”（stealth tapering），但日本银行长期国债余额高企、大量购买 ETF 以及实施负利率政策等举措，与货币政策正常化相距甚远。

四　货币政策展望

目前全球经济面临多种不确定性：美国经济发展势头能否持续；欧洲各国能否维持财政扩张局面；中国以质带量，经济增速减缓；中美贸易摩擦长期化，导致日本经济增产、出口渠道受阻。加之日本国内将于 2019 年 10 月实施消费税增税，2018 财年日本经济增速减缓，日本银行和内阁府调低了 2018 财年实际 GDP 预期，均为 0.9%，低于 2017 财年 1.9% 的增长率。

从长期看，日本深层次结构问题严峻，如老龄少子化及劳动适龄人口减少、财政负担加剧、潜在经济增长率低下等，但作为“第三支箭”的经济增长战略并未有所作为。在政策选择上，日本银行非常规货币政策空间有限。

伴随美国实行单边保护主义对中日欧等经济体的贸易方面施压，全球经济风险增大。政策层面，美国、欧洲国家等开始对原本设定的货币政策正常化或从紧政策进行调整，欧洲央行决定启动新一轮定向长期再融资操作（TLTRO），美联储也表示停止加息和缩表计划。由于美日两国的利差缩小，日元升值预期增加。为避免日元急速升值导致经济减速，日本银行虽然取消 2% 通胀目标的实现期限，但仍以 2% 为目标，货币政策也将继续维持超宽松基调。

但与此同时，超宽松政策长期化风险更值得重视。目前，政界、学界对是否维持 2% 通胀目标争议很大。一方面日本银行以欧美为样本，坚持设定 2% 通胀目标，将其视为国际标准，以便在经济衰退时腾挪政策应对空间。另一方面，考虑到政策退出风险，部分学者提出“OK 原则”，即物价上升 1% 即恢复常规的政策退出战略。

2019 年 10 月，日本政府将再次实施消费税增税，根据货币政策的前瞻性指引，宽松的金融环境将可能持续至增税对经济影响明确之时。在物价稳定、经济回升时，超宽松政策应得以调整，如长期利率变动区间进一步扩大、提高长短期利率、减少长期国债购买规模、减少风险资产（ETF、J-REIT）购买等。同时，日本应注重提升潜在经济增长率，促使经济实现自律性复苏，从根本上解决通缩和债务问题。

B.3
2019年度日本税改大纲及对日本经济的影响

李清如*

摘　要： 2019 年度日本税制改革涉及消费税、个人所得税、法人税等多个主要税种。其中，消费税增税仍是日本税制改革的核心议题。为缓解 2019 年 10 月消费税增税对经济的冲击，日本政府制定了一系列应对措施，包括引入优惠税率、汽车相关税大幅减税、住宅贷款个税扣除进一步扩充等。此外，法人税和国际税收等也是 2019 年度日本税制改革的重要内容。

关键词： 日本税改大纲　消费税　法人税　国际税收

2018 年 12 月，日本政府公布 2019 年度税制改革大纲，并于 2019 年初提交国会审议。① 根据税改大纲，2019 年度日本税制改革主要有以下几个要点。一是消费税税率预定于 2019 年 10 月由现行的 8% 提高至 10%，为缓解消费税增税可能造成的景气下滑和消费低迷，日本政府将实施一系列应对措施，重点是汽车和住宅领域的大幅减税。二是在法人税改革方面，通过税收

---

* 李清如，经济学博士，中国社会科学院日本研究所副研究员，全国日本经济学会理事，主要研究领域：日本对外经济关系、日本税制改革。

① 此处“年度”是指财政年度。日本财政年度自当年 4 月 1 日至来年 3 月 31 日，2019 年度即 2019 年 4 月 1 日至 2020 年 3 月 31 日。

优惠，鼓励企业加大研发投资和设备投资，设立特别法人事业税，对地方财政收入进行再分配。三是在国际税收制度方面进一步完善和强化。[①]

一 消费税增税及其应对措施

日本消费税自1989年开征以来，一直是日本税制改革的热点议题。日本社会各界围绕消费税增税的问题，展开了激烈的讨论。按照日本税改计划，2019年10月，消费税税率将由现行的8%提高至10%。这是继1997年4月（税率由初始的3%提高至5%）和2014年4月（税率由5%提高至8%）两次增税后，消费税自开征以来的第三次增税。

（一）消费税税率由现行的8%提高至10%

根据2012年日本《社会保障与税制一体化改革大纲》，日本消费税税率将分两次由当时的5%提高至10%。第一次为2014年4月，先由5%提高至8%；第二次为2015年10月，再由8%提高至10%（参见图1）。但是，出于经济形势和政治因素等的考量，在2014年4月实现按期增税，即税率提高至8%之后，日本政府两次推迟了税率提高至10%的时间，第一次是延期一年半推迟至2017年4月，第二次是再延期两年半推迟至2019年10月。经此两次延期，日本社会各界对消费税的关注度不断提高，消费税增税及其应对措施也成为2019年度日本税制改革中最显著的内容。

鉴于前两次消费税增税对经济景气和民间消费造成了较大的冲击，为缓解此次增税的负面影响，日本政府制定了一系列应对措施。首先是税率方面，在2019年10月消费税税率提高到10%的同时，导入优惠税率制度，对符合规定的食品饮料和新闻报纸仍然实行8%的税率。这一政策的主要目的在于减轻消费税增税对居民基本消费品的影响。

---

① 財務省「平成31年度税制改正の大綱」、https：//www. mof. go. jp/tax_ policy/tax_ reform/outline/fy2019/31taikou_ mokuji. htm。

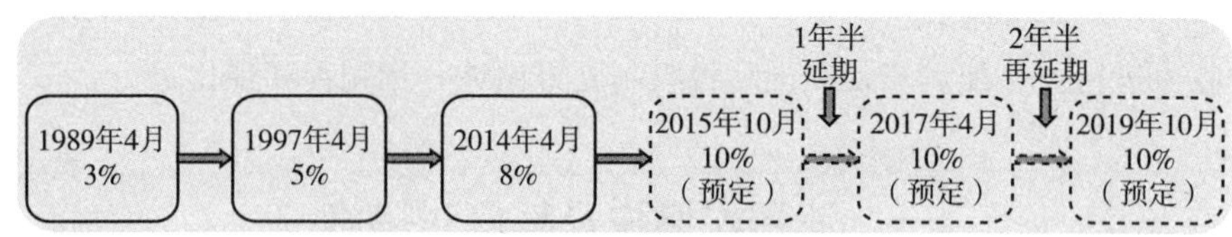

图1　消费税增税历程

其次，在2019年度日本政府预算中，设置总额为2万亿日元的特别预算用于增税缓冲对策，包括在使用非现金结算方式时按一定比例返还点数用于下次消费、向低收入家庭发放附加优惠商品券等。①

最后，在2019年度日本税改大纲中，针对消费税增税后购入的汽车和住宅，日本政府制定了一系列减税措施，旨在预防增税后民间消费的迅速冷却，刺激大型消费的增长，维持宏观经济的稳定。据日本政府测算，消费税增税后单一年度汽车和住宅相关税的减税额度将达到1670亿日元。② 时隔五年半的消费税再增税，配合汽车和住宅领域的大幅减税，使得2019年度日本税制改革将呈现出“大增大减”的特征。

（二）汽车相关税大幅减税

作为消费税增税的应对之策，汽车和住宅领域的减税是2019年度日本税制改革大纲的重点内容。这一减税政策在汽车领域表现为汽车保有环节和购置环节的相关税减税，在住宅领域则表现为住宅贷款个税扣除进一步扩充。

在具体操作层面，汽车领域的减税涉及两个主要税种。一是对汽车保有期间每年征收的“汽车税”，按照汽车排量的大小，进行相应的减税，减税对象为2019年10月消费税增税后购入的汽车。每辆车每年减税额度

① 財務省「平成31年度予算」、https：//www.mof.go.jp/budget/budger_workflow/budget/fy2019/index.html。

② 「車・住宅で1670億円減税消費税増税対策で」、『日本経済新聞』、https：//www.nikkei.com/article/DGXMZO38928260U8A211C1MM0000。

在1000日元至4500日元之间，排量越小，减税幅度越大。根据这一政策，排量在1000cc以下的小型车，每年减税4500日元；排量在1000cc至1500cc之间的，减税4000日元；排量在1500cc至2000cc之间的，减税3500日元；排量在2000cc至2500cc之间的，减税1500日元；排量在2500cc以上的，减税1000日元。这是自1950年日本设立“汽车税”以来的第一次减税。①

二是将汽车购置环节一次性征收的“汽车购置税”，在2019年10月后改为以油耗为基准的“环境性能比例税”，税率为汽车价格的0～3%，即油耗越低，税负越轻。而且在消费税增税后的一年内，税率较基准水平下调1%，即税率最高为汽车价格的2%。

（三）住宅贷款个税扣除进一步扩充

与中国的个人所得税专项附加扣除相类似，日本住宅贷款也是个人所得税的扣除项目之一。有所不同的是，中国是以符合条件的住房贷款利息支出在纳税人综合所得应纳税所得额中进行扣除，而日本是按住宅贷款余额的一定比例在个人所得税应纳税额中扣除。②

按原日本税法规定，住宅贷款余额的1%可以在个人所得税应纳税额中扣除，最长扣除期限为10年，最高额度为每年40万日元。此次日本税改针对这一政策进行了扩充。在扣除期限上，将扣除期限延长三年，即最长为13年，且在延长的三年间，最高扣除总额为住宅购入价格的2%，这意味着消费税税率由8%升至10%所增加的那部分购房支出，在个人所得税中进行了补偿。

---

① 「10月消費増税へ対策厚く与党大綱、車・住宅など減税」、『日本経済新聞』、https://www.nikkei.com/article/DGXMZO38952320U8A211C1MM8000。

② 关于中国个人所得税专项附加扣除的相关规定，参见《中华人民共和国个人所得税法》、《国务院关于印发个人所得税专项附加扣除暂行办法的通知》（国发〔2018〕41号）、《国家税务总局关于发布〈个人所得税专项附加扣除操作办法（试行）〉的公告》（国家税务总局公告2018年第60号）。

二　法人税改革及中央地方财政关系调整

通过减税政策鼓励企业加大设备投资和研发投资，从而促进经济增长，提升创新水平，是近年来日本法人税改革经常采取的方法。在2019年度日本税改大纲中，对法人税的减税政策进行了扩充，进一步加大在研发投资和设备投资方面的税收优惠力度。同时，设立特别法人事业税，将原有的一部分地方税进行国税化，从而对中央和地方财政关系进行再调整。

（一）扩大研发投资税收优惠

为鼓励企业进行研发，日本税法规定研发投资的一定比例可以在法人税中进行扣除，即税额扣除 = 研发成本 × 税额扣除率。同时，为了鼓励企业每年增加研发投资，还设置了研发增减比例，用以衡量当年度研发投资与以往年度研发投资相比的增减程度，并将税额扣除率与研发增减比例相关联，研发投资增量越多，税额扣除率越高。① 这样，不仅刺激企业进行研发，还诱导企业每年增加研发投资，从总量和增量两个方面进行把握。

根据原税法规定，如表1所示，设置5%的临界点，按研发增减比例超过5%和低于5%的不同情形分别使用不同的公式计算税额扣除率，税额扣除率的上限为14%，下限为6%，研发增减比例越高，税额扣除率越高。举例说明，如果企业当年度研发成本较以前年度提高5%（即研发增减比例为5%），则计算得出的税额扣除率为9%，说明企业当年度研发成本中的9%可以在法人税中扣除，假设企业研发成本为1000万日元，则能够扣除的法人税额为1000万 × 9% = 90万元。如果研发增减比例提高，例如提高到10%，则根据公式计算出的税额扣除率为10.5%，说明企业当年度研发成本中的10.5%可以在法人税中扣除。反之，如果研发投资较以前年度有所

---

① 研发增减比例的具体计算公式为：研发增减比例 = （当年度研发成本 - 以前三个年度研发成本平均值）/以前三个年度研发成本平均值 × 100%。

减少，税额扣除率也会随之降低。例如企业当年度研发成本较以前年度研发成本减少5%（即研发增减比例为-5%），则计算得出的税额扣除率将降为8%。

表1　2019年度日本税改大纲对企业研发投资税额扣除的规定

	原规定			新规定		
	研发增减比例	税额扣除率	税额扣除上限	研发增减比例	税额扣除率	税额扣除上限
大企业	超过5%	9%+（研发增减比例-5%）×0.3（上限为14%）	法人税额×25%	超过8%	9.9%+（研发增减比例-8%）×0.3（上限为14%）	法人税额×25%
大企业	低于5%	9%-（5%-研发增减比例）×0.1（下限为6%）	法人税额×25%	低于8%	9.9%-（8%-研发增减比例）×0.175（下限为6%）	法人税额×25%
中小企业	超过5%	12%+（研发增减比例-5%）×0.3（上限为17%）	法人税额×35%	超过8%	12%+（研发增减比例-8%）×0.3（上限为17%）	法人税额×35%
中小企业	低于5%	12%	法人税额×25%	低于8%	12%	法人税额×25%

注：新规定的适用期间为2019年4月1日至2021年3月31日，在此之后大企业研发投资税额扣除率的上限将由14%下调至10%。

资料来源：財務省「平成31年度税制改正の大綱」、https://www.mof.go.jp/tax_policy/tax_reform/outline/fy2019/31taikou_mokuji.htm。KPMG Japan，“KPMG Japan Tax Newsletter: Outline of the 2019 Tax Reform Proposals”，https://assets.kpmg/content/dam/kpmg/jp/pdf/2018/jp-en-tax-newsletter-201812.pdf.

2019年度日本税改将临界点由5%提高到8%，按研发增减比例超过8%和低于8%的不同情形分别设置公式计算税额扣除率，使得税额扣除率对企业研发投资增量更加敏感（参见表1和图2）。例如，按新规定，如果企业研发增减比率为5%，则计算得出的税额扣除率为9.4%，较原规定提高了0.4%；如果企业研发增减比率为-5%，则计算得出的税额扣除率为7.6%，较原规定降低了0.4%。这说明，研发投资税额扣除的额度更加依赖于企业研发投资的年度增长程度，政策导向更倾向于鼓励研发增量。

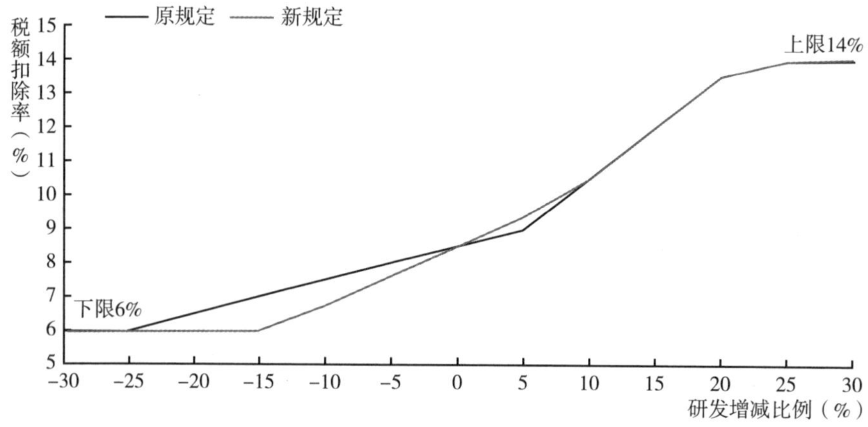

图 2　企业研发投资税额扣除率的变化（大企业）

资料来源：根据表 1 公式计算。

（二）鼓励中小企业设备投资

为鼓励中小企业进行设备投资，提高营业能力，激发经济活力，日本税法中专门针对中小企业设备投资设置了相应的税收优惠制度，包括 1998 年开始实施的中小企业投资促进税制，2014 年开始实施的商业、服务业、农林水产业中小企业活力增强税制，2017 年开始实施的中小企业经营强化税制等。2019 年度日本税制改革主要针对以上三项中小企业税制，将优惠政策的适用期间延长两年至 2021 年，并且将适用条件进一步明晰和规范（参见表 2）。

其中，中小企业投资促进税制是指中小企业购置特定机械设备时可以进行税收减免，包括 30% 的特别折旧或 7% 的税额扣除。这里需要说明的是，税额扣除和特别折旧是日本法人税税收减免的两种主要方式，税额扣除是指直接在法人税应纳税额中进行扣减，特别折旧则是将固定资产折旧费提前计提至当期，从而减少当期应纳税所得额，进而减少法人税应纳税额，两者操作的环节不同，但都能起到税收减免的效果。

表2　2019年度日本税改大纲对中小企业设备投资税收优惠的规定

	中小企业投资促进税制	商业、服务业、农林水产业中小企业活力增强税制	中小企业经营强化税制
适用期间	1998年6月1日～2019年3月31日 ↓ 1998年6月1日～2021年3月31日	2013年4月1日～2019年3月31日 ↓ 2013年4月1日～2021年3月31日	2017年4月1日～2019年3月31日 ↓ 2017年4月1日～2021年3月31日
追加条件	/	通过战略性投资提高营业能力，经特定机构认定，企业经营状况改善，年营业额或营业利润提高2%以上	适用对象为特定的能够提高企业营业能力的设备，对适用对象的范围进一步明确和规范
特别折旧	特别折旧30%	特别折旧30%	全额折旧
税额扣除	取得价格×7%	取得价格×7%	取得价格×7%
税额扣除上限	三项合计为法人税额的20%		

资料来源：財務省「平成31年度税制改正の大綱」、https：//www.mof.go.jp/tax_policy/tax_reform/outline/fy2019/31taikou_mokuji.htm。KPMG Japan，“KPMG Japan Tax Newsletter：Outline of the 2019 Tax Reform Proposals”，https：//assets.kpmg/content/dam/kpmg/jp/pdf/2018/jp－en－tax－newsletter－201812.pdf.

商业、服务业、农林水产业中小企业活力增强税制是指这些产业中的中小企业为改善经营环境而进行店铺整修等设备投资时可以进行税收减免，包括30%的特别折旧或7%的税额扣除。此次税改还限制了适用这一优惠税制的中小企业的范围，规定中小企业应通过战略性投资实现营业能力的提高。具体条件是，经特定机构认定，企业经营状况得到改善，年营业额或营业利润提高2%以上。

中小企业经营强化税制是指中小企业购置能够提高生产经营能力的特定设备时可以进行税收减免，包括固定资产全额折旧或7%的税额扣除。此次税改还将适用该税制的设备范围进一步明确和规范。

（三）特别法人事业税的设立及中央与地方财政关系的调整

日本法人税分为国税和地方税，其中，国税税种为法人税，地方性税种主要包括法人事业税和法人住民税。由于企业大多分布在大城市，企业缴纳的地方税收入也相应地向大城市集中，造成大城市和其他地区的财政收入不均衡。此次日本税改将属于地方性税种的法人事业税中的一部分分离出来，设立特别法人事业税（国税），由中央政府征收，再由中央财政向地方财政进行分配，其目的是协调财源，增强中央财政的调配能力，促进大城市和地方平衡发展。

在具体操作层面，调低原有的法人事业税（地方税）税率，按企业资本金规模设置适用的特别法人事业税（国税）税率，将减少的法人事业税吸收进来，由中央财政按地方人口数向各地方财政进行再分配，同时限制东京这种人口众多且财力充沛的大都市在再分配过程中的接收额度。这样一方面将一部分地方税收划归国税，增强了中央财政的掌控力；另一方面将东京等大都市的一部分地方财政收入挤压出来，向其他地方分配。

在这一政策下，约三成的法人事业税（地方税）被吸收到新设的特别法人事业税（国税）中。在再分配过程中，东京都、大阪府和爱知县（名古屋市所在地）的地方财政将会减收，而琦玉县、千叶县、神奈川县等地方会有数百亿日元规模的增收。其中，东京都所受的影响最大，法人事业税的国税化将使东京都税收收入减少4200亿日元。如果加上以前年度税改时已经确定的法人住民税的地方再分配部分，东京都向地方转移税收合计将超过9000亿日元，相当于失去总税收收入的两成。①

三　国际税收制度的完善与强化

近年来，国际税收是日本税制改革的重点，每年度均有所涉及，主要内容是在“税基侵蚀和利润转移”（base erosion and profit shifting，BEPS）项目下，对日本的国际课税规则进行调整。

① 「税制改正－暮らしどう変わる－」、NHK NEWS WEB、https：//www3. nhk. or. jp/news/special/zeisei2019/。「東京から地方へ税再配分9千億円愛知・大阪も減収」、『日本経済新聞』、https：//www. nikkei. com/article/DGXMZO38951720U8A211C1EA4000。

BEPS是二十国集团（G20）领导人在2013年9月圣彼得堡峰会委托经济合作与发展组织（OECD）启动实施的国际税收改革项目，其目的是修改国际税收规则，遏制跨国企业利用国际税收规则存在的不足以及各国税制差异和征管漏洞，在全球范围内规避纳税义务、侵蚀各国税基的行为。[①] 经过两年的准备工作，OECD于2015年10月发布“BEPS项目15项行动计划”成果报告，并在当年11月举行的G20安塔利亚峰会上得到G20领导人批准。[②] 2017年6月，67个国家和地区的代表在位于法国巴黎的OECD总部共同签署《实施税收协定相关措施以防止税基侵蚀和利润转移（BEPS）的多边公约》，中国和日本均为该公约的首批签署方。[③]

2019年度日本税制改革中的国际税收制度改革，主要是在BEPS行动计划的框架下，对利息扣除规则做出调整。由于利息支出在计算应纳税所得额时予以扣除，跨国集团可能通过支付利息转移利润而造成税基侵蚀问题，因此应对利息的过度扣除做出规范。日本于2012年导入“过度利息支付”税制，限制利息费用的税前扣除比例。此次日本税改根据BEPS行动计划的建议对“过度利息支付”税制做出一定调整。

根据此前的规定，过度利息支付仅适用于关联方，即对“向关联方净支付利息”这一项限制税前扣除比例，而新规定将向第三方支付的利息也纳入管控范围，对包含向第三方支付利息在内的“净支付利息”进行税前扣除限制。[④] 税前扣除限制的依据是企业息税折旧及摊销前利润，即可以税前扣除的利息费用=息税折旧及摊销前利润×固定扣除率，不可以税前扣除的利息费用=净支付利息-息税折旧及摊销前利润×固定扣除率。固定扣除率

① 国家税务总局：《国家税务总局发布OECD/G20税基侵蚀和利润转移项目2015年最终报告（中文版）》，http://www.chinatax.gov.cn/n810219/n810724/c1836574/content.html?from=singlemessage。

② 国家税务总局：《中国等67国共同签署BEPS多边公约，深化国际税收合作》，http://www.chinatax.gov.cn/n810341/n810780/c2664986/content.html。

③ 国家税务总局：《中国政府签署〈BEPS多边公约〉》，http://www.chinatax.gov.cn/n810341/n810780/c2663914/content.html。

④ 具体含义为，向关联方净支付利息=向关联方支付利息费用总额-对应利息收入总额，净支付利息=支付利息费用总额-利息收入总额。

的设置是《BEPS 行动计划——对利用利息扣除和其他款项支付实现的税基侵蚀予以限制》的关键环节，根据该行动计划，此次日本税改将固定扣除率由原先的50%下调为20%（BEPS 建议为10%～30%），即可以税前扣除的利息费用为息税折旧及摊销前利润的20%，超出的净支付利息不得在应纳税所得额中扣除，但可以在以后七个年度的未占用抵扣限额的范围内进行扣除。

四 对日本经济的影响

（一）财政困境难以摆脱

日本消费税设立和增税，是基于日本财政状况不断恶化这一深刻背景。早在20世纪70年代，石油危机爆发之后日本经济增速放缓，原有的以直接税为主体的税收制度显露弊端，财政收支开始恶化，财政赤字不断扩大。为增加财政收入，当时的日本政府提出设立消费税的构想，但以失败告终。直到1989年，日本消费税才以3%的税率正式登上日本历史舞台。此后日本朝野和社会各界围绕消费税增税争论不休，数任内阁因此折戟，包括1997年提出财政重建计划而将消费税税率由3%上调至5%的桥本内阁，其选举失利和内阁解散也有消费税因素。进入21世纪之后，日本少子老龄化加剧，社会保障费不断膨胀，国债连年增发，财政收支形势日益严峻，缓解财政压力已经成为刻不容缓的问题。2012年，日本朝野终于达成一致，“社会保障与税制一体化改革”相关法案成立，将消费税改为特定目的税，税收收入全额作为社会保障财源。基于这一法案，消费税税率于2014年上调至8%。

由此可见，日本消费税增税的主要目的，是改善日本财政状况，特别是缓解社会保障费不断扩大而造成的财政压力。此次消费税增税，税率由8%提高到10%，预计产生增税收入5.7万亿日元。根据原计划，增税收入中的约1万亿日元用于补充社会保障费，约4万亿日元用于偿还为筹集社会保障费而发行的赤字公债及利息，从而缓解财政压力、促进财政重建。但是，2017年10月，出于政治等因素的考虑，安倍政府决定变更消费税收入用途，将增税收入的一部分改用于幼儿教育无偿化和大学教育无偿化等。这样一来，消费税增税填补财政赤字的功能将被大大削弱。

这一后果在2019年度日本政府预算中得到体现。[①] 根据政府预算，在消费税增税产生的5.7万亿日元收入中，1.7万亿日元用于幼儿教育和大学教育无偿化，以及育儿支持政策；1.5万亿日元用于社会保障的充实和医护人员待遇的提高；2万亿日元用于增税的缓冲政策（非现金结算返还点数和附加优惠商品券等）；此外，对食品饮料和新闻报纸实行8%的优惠税率将从增税收入中扣减0.5万亿日元。至此，增税收入被全部分配，并没有剩余额度可供偿还赤字公债及利息。不仅如此，如前文所述，为缓解消费税增税的冲击，对汽车和住宅相关税收大幅减税，加之社会保障费继续扩大，2019年度日本财政支出预算达到101.5万亿日元，首次突破100万亿日元，创历史新高，其中税收难以弥补的部分，需要发行新国债32.7万亿日元进行填充。财政支出扩大，政府债务增加，消费税增税又难以起到减轻财政压力的作用，基于这样的形势，日本财政困境很难得到缓解。

（二）经济景气恐遭冲击

1997年和2014年的两次消费税增税，均对日本经济造成一定程度的打击。特别是2014年4月消费税税率由5%提高到8%之后，日本私人消费急剧下降，虽然进入2015年之后开始逐渐缓和，但并没有显现出较大起色。2015年第一季度至2018年第三季度，各季度私人消费环比增长率平均仅为0.02%。[②] 私人消费占日本GDP的比重约为六成，私人消费不振，将对日本

---

① 財務省「平成31年度予算」、https://www.mof.go.jp/budget/budger_workflow/budget/fy2019/index.html。「2019年度一般会計予算案101.5兆円　消費税対策で大台突破」、『毎日新聞』、https://mainichi.jp/articles/20181217/k00/00m/010/194000c。「2019年度予算案を閣議決定一般会計101兆4564億円、初の100兆円超え－」、『日本経済新聞』、https://www.nikkei.com/article/DGXLASFL20HSU_R21C18A2000000/。

② 日本内閣府「平成6年1～3月期～平成30年7～9月期2次速報値（平成23年基準）（2018年12月10日）」、https://www.esri.cao.go.jp/jp/sna/data/data_list/sokuhou/files/2018/toukei_2018.html。

整体经济造成很大的负面影响。

此次为缓解消费税增税对经济景气的影响，日本政府采取了一系列措施，但是这些措施的实际效果尚存疑问。如前文所述，此次的应对措施主要包括总额约2万亿日元的非现金结算返还点数和附加优惠商品券等增税缓冲政策，以及汽车和住宅领域的大幅减税政策。但是，在2014年增税前，日本政府也曾进行过多次测算，并实施了总规模达5.5万亿日元的补充预算用于增税应对措施，但增税后经济所受的冲击仍然超出了预测。[①] 此外，像附加优惠商品券这样的政策并不是第一次提出，此前日本政府也曾实施过，但并没有达到预期效果。而与非现金结算返还点数相类似的政策，2015年日本政府就作为消费税对策提出过，当时的政策是对饮料食品的消费税进行返还，但由于操作复杂、手续繁多、返还有限、老龄人口难以适应等诸多原因，这一政策被撤回。

消费税增税之所以会对日本经济景气造成较大的影响，其直接原因在于消费税属于流转税，在商品生产、流通各环节进行征收，优点是税基广泛、税收稳定、受经济增长波动的影响较小等，但同时，消费税税率的提高也会直接作用于商品流转额，从而对私人消费和经济景气造成冲击。而究其背后更深层次的原因，则在于日本国内的结构性问题。收入分配不合理、贫富差距扩大，人口结构偏差、少子老龄化加剧，经济系统抗压能力较弱、刺激经济增长和维持财政稳健难以两全等结构性问题，是消费税增税背景下日本经济增长和消费需求难有起色的深层原因。

（三）法人税改革更具引导性

法人税减税是近年来日本税制改革的基本趋势。相对于美国大幅降低税率的直接做法，日本法人税减税更温和且更注重导向性。在2015～2018年间，日本也曾阶段性下调法人税税率，分为2015年度、2016～2017年度、2018年度三个阶段，将中央与地方法人税实际有效税率由34.62%逐步降低

① 李清如：《日本消费税改革：增税抑或延期的两难困境》，《国际税收》2016年10期。

至29.74%，各年度降幅较缓，循序渐进。[①] 在2019年度税制改革中，应用税收优惠政策，引导企业增加研发投资和设备投资，扶持中小企业，使得减税目标和内容更加具体，政策预期效果更具方向性。此外，此次税制改革还针对中央和地方的财政关系进行调整，强化中央财政的调配能力，协调各地区均衡发展。

但是，此次地方性法人税的国税化也造成中央政府和东京地方政府关系紧张。虽然东京都、大阪府和爱知县（名古屋市所在地）的地方财政均会减收，但大阪和爱知的减收幅度约为200亿日元，且其中的大部分通过地方交付税得到补偿，实际减收额度仅约50亿日元，所受的影响较微，唯独东京都受影响最大，法人事业税和法人住民税的地方再分配额度合计超过9000亿日元[②]。因此，东京地方政府认为这一政策是为稀释东京地方财政而有针对性制定的。税改大纲公布后，东京都知事小池百合子召开记者会，对地方性税收的国税化政策进行了激烈抨击。小池称，东京都承担着日本经济增长的牵引机能，限制东京地方政府调配财源的能力，可能会导致经济活力下降，从而对日本整体经济产生负面影响。且此次国税化是由中央政府单方面做出的，并没有征求东京地方政府的意见，这使得双方关系进一步交恶。日本国内分析人士也认为，这一政策或是安倍政府应对2019年统一地方选举和参议院选举的策略。

① 財務省「毎年度の税制改正」、https://www.mof.go.jp/tax_policy/tax_reform/index.html。

② 「東京から地方へ税再配分9千億円愛知・大阪も減収」、『日本経済新聞』、https://www.nikkei.com/article/DGXMZO38951720U8A211C1EA4000。

B.4
美日 TPP 战略演变、动因及中国的对策研究

金仁淑*

摘　要： 金融危机后美国高调加入 TPP，日本紧随其后，其目的就是美日主导牵制中国。特朗普上台后退出 TPP 并非放弃美国对亚太经济的主导权，而是迫使相关国家制定有利于美国的新经济贸易规则，从而重新获取世界霸权的“迂回战略”。日本一方面推动以日本为主导的 CPTPP；另一方面还要期盼美国的回归，继续推行与美国联手遏制中国崛起的战略。美日 TPP 战略的演变显示了中美日之间的冲突和矛盾，但中美、中日之间经济贸易关系也为缓和竞争和加强合作奠定了基础。中国应在竞平分合作中求同存异，突破美日对中国的围堵，推动公平、公正、互惠的新型国际关系。

关键词： TPP　CPTPP　美日战略　中国　新型国际关系

2009 年美国高调加入“跨太平洋伙伴关系协定”（TPP），使之成为在 WTO 谈判停滞背景下高标准的、跨区域的多边经济合作机制。不过，特朗普上台后宣布退出 TPP，而日本于 2018 年 4 月正式审议 TPP 议案，实质性地推动了 CPTPP（“全面且先进的跨太平洋伙伴关系协定”）的发

* 金仁淑，经济学博士，中国政法大学商学院教授，博士生导师，全国日本经济学会常务理事，主要研究领域：日本经济、中日经济合作、东亚经济一体化等。

展。然而，不按常理出牌的特朗普上演了先表示考虑重返 TPP 随后又否认回归 TPP 的反复无常的“表演”，声称双边 FTA 更有利于美国的利益。至此，日本满心希望与美国合作、共同推动 TPP 的愿望再次落空。但是日本不甘心 TPP 就此解散，不仅加快国内的审批手续，而且积极推动墨西哥、新加坡、加拿大、新西兰、澳大利亚等国通过相关协议，实现了 2018 年 12 月 30 日 CPTPP 正式生效的目标。那么，日本为何竭力促成美国重返 TPP，又在美国缺席的背景下还要推进 CPTPP？而特朗普政府“一退一进”的战略目标何在？显然，研究美日 TPP 战略演变及动因，将对新时代中国“一带一路”倡议下构筑新型国际关系和合作具有重要的现实意义。

一　美国关于 TPP 的战略考量及动因

2017 年特朗普就任美国总统后大力实施“美国第一”的保护主义政策，改变了二战后以美国为主导推进的全球多边自由贸易体制，不仅退出 TPP 还要重新谈判“北美自由贸易协定”（NAFTA）。对此，美国国内有观点认为退出 TPP 不利于美国经济的发展，会降低美国在世界经济和全球事务中的领导地位。[①] 2018 年 1 月，特朗普在瑞士召开的达沃斯世界经济论坛中表示，如果条件成熟美国将重返 TPP；4 月，特朗普要求美国贸易代表办公室（USTR）研究美国是否要重新加入 TPP，向世界传递着美国要重返 TPP 的意图。不过，仅仅几天后，特朗普在与日本安倍首相会面时却明确表示要推进美日双边协议，否认美国重返 TPP。特朗普政府上台一年来对 TPP 态度的转变，充分体现出了后 TPP 时代特朗普政府要振兴美国经济、巩固政权、重塑世界霸权的战略目标。

① Ishaan Tharoor, “President Trump Kills TPP, Giving China Its First Big Win”, *The Washington Post*, 2017 - 1. Joseph Thomas, “Saving Face: America's TPP Disaster”, *New Eastern Outlook*, 2016 - 12.

（一）振兴美国经济，让“美国再次伟大”

按照USTR的表述，美国推行TPP战略的根本原因是“推动亚太地区的合作与增长，加强美国与盟国之间的伙伴关系，建立起美国在太平洋地区的领导地位”。然而，特朗普认为，美国的巨额贸易逆差就是来自各国对美国不公正的贸易惯例，这剥夺了美国的财富和就业机会，[①] 而美国经济目前面临的首要任务为振兴实体经济，增加国内就业，实现经济增长，“让美国再次伟大起来”。因此，特朗普从2017年上台开始就致力于经济建设，在国内通过加息减税刺激经济发展，在对外关系上凡是不利于美国的各种组织都采取“退出”战略，甚至还扬言要退出WTO。特朗普频繁采取退出战略，实际上是为了提升美国产业竞争力、缩小贸易逆差，重构对美国有利的国际政治经济环境，实现美国对世界的主导权，达到美国利益最大化的目的。尤其是对TPP其他11国而言，美国的加入更有利于它们扩大对美国的出口，取代美国的国内企业，而对美国来说，TPP将会进一步扩大美国的贸易逆差，不利于增加国内就业和振兴实体经济，尤其是钢铁、汽车等制造业领域的多国间谈判无法实现美国的利益。因此，特朗普认为，基于“美国国家利益优先”的原则，要严格遵守美国的贸易法，美国将与主要国家进行“新的、更好的贸易协定”谈判，[②] 达到“美国利益最大化”时再重新回归TPP。

（二）获取中期选举的政治资本

特朗普上台一年来上演先退出、后考虑重新加入、最后又否认回归TPP的反复无常的表演，实际上也是为了赚取政治资本的考量。2017年特朗普上任后就立刻宣布退出TPP，主要为兑现支持他的中部蓝领阶层的利益诉求。特朗普认为：加入TPP美国获得的利益太少，而这种利益不仅包括贸

① 木村誠「米国トランプ政権の通商政策の現状と課題—重商主義的政策への懸念は払拭できるのか—」、『国際貿易と投資』第108号、2017年、3頁。

② 三浦秀之「米国のトランプ政権におけるTPP離脱と通商政策」、『杏林社会科学研究』第33巻第1号、2017年、32頁。

易和投资等经济利益，也包括特朗普政府的政治利益，即特朗普的支持率。特朗普上台后实行了逆全球化的措施，其民意支持率曾一度下降，但进入 2018 年后，特朗普大动作频繁，尤其是保护美国本国利益的对中国贸易制裁和否认重返 TPP 等政策提升了特朗普的人气和支持率。2018 年 11 月特朗普政府面临上台后第一次政治考验，支持者要检验其政绩。当初特朗普表示考虑重返 TPP，其动因是为了讨好以农产品出口为主的农业州的利益，但最终决定特朗普选票的并非这些农业州，而是中部白人工人阶层，这些选票的中坚力量反对美国制造业海外投资所导致的就业机会转移。因此，针对年底举行的中期选举，特朗普不敢轻易放弃承诺，为了兑现支持退出 TPP 的工人阶层的要求，他最终还是选择了放弃回归 TPP 等多边贸易协定，竭力推动双边 FTA，以此赚取更多的政治资本。

（三）重塑世界霸权的“迂回战略”

二战后，美国是亚太权力结构中的政治、经济和贸易中心。进入 21 世纪，亚洲经济快速发展成为推动世界经济增长的重要力量，而美国在亚太地区的经济和金融优势开始面临挑战。[①] 尤其是特朗普上台后，他把中国作为美国的竞争对手，采取了一系列“美国利益第一”、重塑美国世界领导力的对外经济政策：一方面采取双边贸易战略，即退出 TPP 等多边贸易协定、重谈 NAFTA、修改美韩 FTA、推动美日 FTA 谈判、加快美欧 FTA 谈判；另一方面全面启动了贸易保护主义政策，对中国实施大幅提高关税等贸易保护主义措施。特朗普采取的这些政策表面上看起来是实施“孤立主义”的单边政策，但实际上是“以退为进”的“迂回战略”，通过与贸易伙伴的双边谈判重构美国的对外经贸关系：以先退出作为要价和进行制裁，逼迫相关国家和国际组织调整和制定对美国有利的规则，之后再次重返世界舞台，继续成为国际制度和国际规则的制定者。

① 舒建中：《亚太经济秩序及其制度选择：新格局、新思路》，《南大亚太评论》2017 年第一辑。

毋庸置疑，特朗普上台一年来相继退出各种国际政治、经济、气候组织的行为损害了美国的国际信誉和软实力，但减轻了美国的对外负担，并准备重新获取对美国有利的新的国际政治、经济利益，即“特朗普政府非但不依赖建立在规则基础上的体系，反而寻求转向一个以权力为基础的秩序——美国制定法律，其他国家被迫遵循”[①]。尤其针对中国的“一带一路”倡议，美国认为“中国正在欧洲、非洲扩展其经济和军事影响力，加强它在欧亚大陆的大国地位。美日应该联手阻止中国在欧亚大陆的扩张，抵消中国‘新丝绸之路’战略的前景以及保持亚欧大陆力量平衡”。[②] 因此，美国始终坚持在亚太乃至世界继续嵌入以美国为中心的、与中国相抗衡的贸易和投资规则，从而扩大美国对外出口、创造更多的就业机会。显然，美国亚太经济战略的核心是维护美国的主导地位、拓展美国的经济利益，因此美国要寻找有利时机重返 TPP，并凭借 TPP 战略实现“重返亚洲”，打开更广阔的亚太市场，增加美国在亚洲的经济影响，[③] 继续维护世界经济霸主地位。

二　日本从 TPP 到 CPTPP 的战略考量及目标

2009 年美国高调宣布加入 TPP 后，日本为了附和美国的贸易政策，也加入了 TPP。而特朗普上台后宣布退出 TPP，使日本的多边贸易战略陷入了困境。经过日本政府积极主动的斡旋和协调，2017 年 11 月在越南召开 APEC 会议期间，日本与其他十个国家终于签署了美国缺席的 CPTPP。至此，CPTPP 成为日本主导的亚太地区高水平的多边贸易协定，继续成为日

① 吉迪恩·拉赫曼：《世界新秩序——美国独行》，《金融时报》2018 年 5 月 16 日，http：// www. ftchinese. com/story/001077580？ page = 1。

② CORNETT P. G. ，“China's ‘New Silk Road’ and US-Japan Alliance Geostrategy：Challenge and Opportunities”，Pacific Forum CSIS，*Issues & Insights*，Vol. 16，No. 10，2016，pp. 1 – 19.

③ 美国媒体认为，对美国而言，亚太地区的重要性不仅表现在该地区快速增长的经济发展态势，更表现为该地区在全球重要的战略地位。如果特朗普同意美国重返 TPP，将可以从贸易上联手其他 11 个亚太国家，通过高标准的贸易规则牵制中国的崛起，这种效果比用关税等贸易保护主义措施更加有效。

本牵制中国、提升“安倍经济学”效应、振兴日本经济的对外经济外交战略。

（一）通过 TPP 强化美日安保同盟，牵制中国在亚太的影响力

根据国际政治学理论，企业基于市场竞争原理展开经济活动，最终要实现效率的最大化，但国家必须要兼顾国家权威和经济利益。从经济一体化角度来看，区域贸易一体化可以实现强化市场竞争力、扩大投资、促进经济增长、增加收益等诸多经济利益。对日本来说，中日韩 FTA、“区域全面经济伙伴关系协定”（RCEP）等多边贸易协定带来的经济效益远大于由亚太诸多小国组成的 TPP，即中国为日本第一大贸易对象国（21%），韩国为第三大贸易对象国（6%），中日韩三国的 GDP 和贸易之和占世界的 20%、亚洲的 70%。[①] 再如图 1 所示，无论从 GDP 总量、贸易额还是人口规模看，RCEP 均超过 CPTPP。但日本还要致力于 CPTPP 的构建，极力劝说美国重返 TPP，其目的不仅包括降低关税、扩大对美出口、提高生产率水平、促进国内经济发展等经济利益，更是为了实现与美国联手共同牵制中国、削弱中国在亚太地区影响力的国家战略目标。日本认为 TPP 的意义在于：在中国经济崛起和军事实力增强、东盟市场扩大、日本影响力下滑、美国重返亚洲等新的国际环境下，重构亚太地区经济秩序，[②] 构建以美日经济同盟为核心的亚太及全球经济治理体系。[③]

日本重视 TPP，不仅考虑其经济利益，而且还考量其在亚洲的安全保障，[④] 而南海贸易航线为日本贸易航运枢纽，对日本的意义非同小可。中国与越南、马来西亚、菲律宾等国之间在南海问题上的分歧，导致日本担心南

---

① JETRO『世界と日本の貿易統計 2017』、2017 年、121 頁。

② 石川幸一「TPPと東アジア経済統合のダイナミズム」、『国際貿易と投資』第 89 号、2012 年、81 頁。

③ 陈友骏：《日本 TPP 战略及其对中日经贸关系的影响》，《现代日本经济》2017 年第 6 期，第 53 页。

④ 馬田啓一「TPPとRCEP—ASEANの遠心力と求心力—」、『国際貿易と投資』第 91 号、2013 年、43 頁。

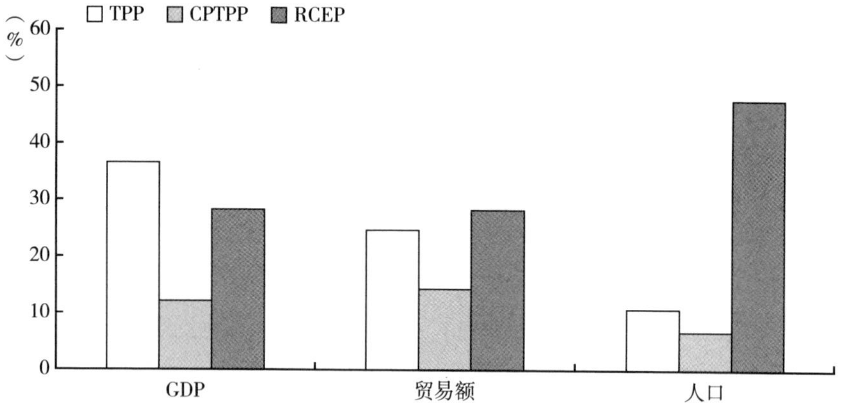

图 1　TPP、CPTPP、RCEP 在世界经济中的地位

资料来源：根据《日本经济新闻》2017 年 11 月 10 日（朝刊）数据制作。

海安全保障，但是光靠日本牵头的 CPTPP 难以与中国直接抗衡，因此日本强烈希望美国重返 TPP 以共同牵制中国在南海领土上的主导权。

（二）TPP 为“安倍经济学”发挥成效的重要战略

在日本的多边贸易战略中，TPP 为参与国家最多的巨型多边贸易协议。2012 年底安倍重新上台后，先后推出了新旧“安倍经济学”“三支箭”，其目的是摆脱久而未解的通缩困境，促进经济增长。为此，安倍政府推行了很多结构性改革，而这些改革措施与 TPP 的内容紧密相关，可以说 TPP 从外部改革的角度刺激了“安倍经济学”的有效性，[①] 是促进日本经济增长的战略支柱之一。为了扩大内需，日本经济需要 TPP 等外部出口的拉动，尤其是借 TPP 扩大对美出口，获得稳定的出口市场，并降低对中国经济的依存度。即使 TPP 变成 CPTPP，对日本经济的拉动效果依然显著。根据日本学者的预测，CPTPP 的启动将带动日本和其他成员国的国民收入分别增加 0.9%、1.0%。这些贡献虽然看起来微小，但对于目前只保持 1% 左右增长

① 萩原伸次郎『日本の構造「改革」とTPP —ワシントン発の経済「改革」—』、新日本出版社、2011 年。

速度的日本经济来说，其贡献度还是不容小觑，且随着贸易自由化规则的制定，其效果将更加明显。①

（三）成为全球高标准贸易规则的制定者

当初美国高调宣布加入 TPP，其目的就是通过 TPP 来制定高标准的国际经济和贸易体制，并以此来逼迫中国进一步开放国内市场，继续掌握世界经济霸权。目前中国 GDP 规模已经达到日本的两倍，中国逐步强化亚太经济主导权，而日本趁着中日韩 FTA、RCEP 进展缓慢的机会，想要借美日合作下的 TPP 制定贸易、投资透明度较高的经济规则，如“禁止国有企业优惠待遇”“保护知识产权”等高标准规则，来牵制中国在制定贸易规则上的作用，为日本跨国公司等企业构筑全球供应链创造自由、稳定的经商环境。即使是美国退出后的 CPTPP，作为亚太地区巨型 FTA，其规则标准也直接影响 RCEP、日本和欧盟的 EPA，从而影响 APEC、WTO 全球贸易规则的制定，而日本则成为贸易规则的制定者，发挥着制定全球贸易规则的主导作用。

三　后 TPP 时代美日贸易战略调整

如上所述，由于美国总统特朗普上台后退出 TPP，使原本美日主导的 TPP 变成由日本主导的 CPTPP，但日本依然期盼着美国回归。值得注意的是，虽然美日之间共同牵制中国的目标没有动摇，但是针对特朗普的贸易保护主义，美日之间也存在着分歧和矛盾，这也为中国加强中日、中美合作奠定了基础。

（一）美国：推进美日 FTA，发动对华贸易战

美国退出 TPP 并非拒绝经济一体化带来的实惠，而是为了在与相关国

① 浦田秀次郎「世界貿易体制を危機にさらす米国第一主義」、『Mizuho Global News 特集—揺れ動く世界の通商政策—』第 96 巻、2018 年、3 頁。

家的贸易谈判中获得更大的经济利益。目前，针对日本期望美国重返 TPP 的要求，美国却提出与日本进行双边 FTA 谈判，要求日本开放农产品市场，而且也表明了与 CPTPP 其他成员国之间缔结双边贸易合作的意向。虽然特朗普政府已经否认了回归 TPP 的可能性，但随着特朗普政权的巩固和国内支持率的提高，未来美国还是有可能回归 TPP。因为对美国来说，加入 TPP 具有政治经济双重利益：经济上实现“美国利益第一”的目标，享受经济一体化促进国内经济增长的利益；政治上牵制中国在亚太地区日益增强的影响力，继续维护亚太地区的霸权。如果在亚太顺利实现日本主导的 CPTPP，加上在东亚实现 RCEP，那么美国将被排除在亚太重要区域的经济一体化之外，这将极大地损害美国在亚太的地缘政治利益和经济利益。而日澳 EPA 生效，大大降低了日本进口澳大利亚牛肉的关税，使美国牛肉在日本国内市场上失去了竞争力，这将引发美国国内畜牧业和农场主的不满，影响特朗普的国内支持率。因此，对商人出身的特朗普而言，当退出 TPP 的成本远大于收益时，就有可能考虑回归。

美国在奥巴马执政期间，反复强调“不能让中国来制定规则”，因此美国高调加入 TPP，就是为了牵制中国、遏制中国对美国的威胁。特朗普上台后虽然退出了 TPP，但其遏制中国的贸易政策始终没有改变。特朗普当上总统后，在“美国优先”的口号下相继采取了一系列改变美国贸易逆差的措施。特朗普认为贸易逆差是衡量公平贸易的最重要指标，而中国作为美国最大的贸易逆差国自然成了特朗普贸易制裁的重点对象。根据美国的统计，2017 年美国对中国的贸易逆差达到 3750 亿美元，占美国全球贸易逆差 7961 亿美元的 47.1%。[①] 针对中美差距不断缩小、中国成为美国最大贸易逆差来源国的事实，美国认为中国是美国主导亚太地缘政治的最大阻力，因此特朗普对华采取强硬的贸易政策，以中国不保护知识产权、存在“不公平贸易行为”为借口发动对华贸易战：2018 年 3 月 22 日签署总统备忘录，对从中国进口的商品大规模征收关税，并限制中国企业对美投资并购，制裁中兴通

① U. S. Census Bureau, https://www.census.gov/foreign -.

讯、调查华为技术有限公司，公布对华“301”调查报告；6 月接连宣称将对进口自中国的约 500 亿美元商品加征 25% 的关税，又称要对 2000 亿美元的中国商品加征 10% 的关税；7 月 6 日正式对价值 340 亿美元的中国商品征收 25% 的进口关税。至此，中美贸易摩擦正式升级为贸易战。针对美国的贸易保护主义政策，中国方面也断然实施反击措施，中美贸易战一触即发。打贸易战没有赢家，在经济全球化的浪潮中，中美贸易战一旦打响，不仅双方都受损，而且日本等在美国和中国投资的第三方国家和企业也损失惨重，涉及的国家和地区也将更加广泛。

值得关注的是，进入 2018 年，美国采取了对华征收关税、限制中国对美国出口的贸易保护主义措施，但如图 2 所示，美国的对华贸易规模、中国的对美贸易顺差不仅没有缩小反而有所扩大。根据中国海关统计，2018 年中美双边贸易进出口总值为 6335.2 亿美元，同比增长 8.5%，其中，出口 4784.2 亿美元，增长 11.3%，进口 1551 亿美元，增长 0.7%；中国对美贸易顺差为 3233.2 亿美元，同比扩大了 17.2%。①

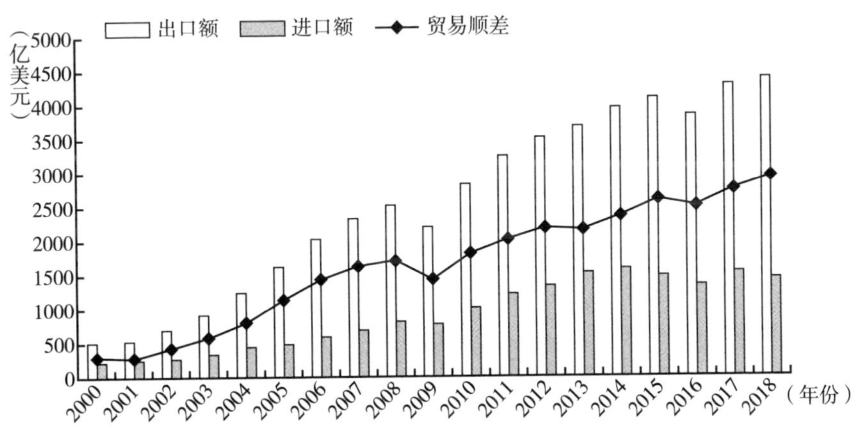

图 2　中国对美国的进出口演变（2000 ~ 2018 年）

资料来源：根据 Wind 数据库，海关总署数据整理制作。

① 国务院新闻办公室于 2019 年 1 月 14 日上午 10 时举行新闻发布会，海关总署新闻发言人、统计分析司司长李魁文介绍 2018 年全年进出口情况。

显然，中美之间经济结构的差异和互补性，难以在短期内改变中美格局，因此特朗普采取的对华贸易制裁未能达到预期效应，再加上2018年11月的中期选举中特朗普领导的共和党失去了对众议院的控制权，促使特朗普重新审视对华贸易政策。在2018年11月30日至12月1日于阿根廷举办的G20峰会上，中美两国元首就贸易“休战”达成共识，决定暂时停止施加新关税90天，希望通过谈判在最后期限（2019年3月2日）之前达成协议。目前特朗普发动的中美贸易战虽暂告一段落，但展望中美经济关系，美国通过美欧、美日、美加墨等各种排除中国的双边或三边合作来长期排挤和牵制中国的目标依然没有改变。

（二）日本：促成美国回归TPP，坚持美日共同制衡中国的地缘政治

显然，与当初美国参与的TPP相比，CPTPP作为占世界GDP13%、占全球贸易总额15%、拥有5亿人口的跨区域经济合作机制，其经济规模和影响力都远不如TPP，但日本认为其对世界经济的冲击波仍然很大。尤其是CPTPP继承了TPP高水平的贸易自由化规则，不仅成为“21世纪巨型FTA”的雏形，有利于推动东盟经济共同体（AEC）、RCEP以及日本与欧盟之间经济伙伴协定（EPA）的顺利发展①，而且通过主导CPTPP，可以扩大市场范围（目前还有泰国、哥伦比亚、英国、印尼、菲律宾、韩国、中国台湾等国家和地区表示关心CPTPP的发展②），更可以此为据点推动亚洲太平洋自由贸易圈（FTAAP），与美国一起成为贸易规则的制定者和参与者。

对日本来说，“TPP不仅是贸易问题，也是政治和战略问题，关系到21世纪世界及亚太标准、规则和秩序以及地区稳定的问题”。③ 截至2017年，

① 清水一史「TPP11（CPTPP）発効のインパクト—保護主義化が進む世界経済の中で」、『世界経済評論 IMPACT』、http：//www. world - economic - review. jp/impact/article1230. html。

② 石川幸一「大きな意義を持つCPTPPの発効」、『世界経済評論 IMPACT』、http：//www. world - economic - review. jp/impact/article1238. html。

③ 岸田文雄「変化の年を展望する」、『外交』2017年1月号、13～14頁。

日本 FTA 的覆盖率为 23.3%，不仅远远落后于韩国的 68.2%，甚至比美国（29%）、中国（29.8%）还低。[①] 因此，进入 2018 年以来日本一直致力于推动 FTA 进程，尤其是美国参与的 TPP 对日本的意义更是重大。虽然目前美国退出 TPP，美日之间围绕双边 FTA、CPTPP 等贸易战略存在分歧，甚至特朗普把日本也纳入贸易制裁的对象（钢铁、铝制品），要求日本开放汽车市场，但美日在安保、贸易等方面共同遏制中国的崛起、牵制中国在亚太地区影响力的共同目标依然高度一致。当初日本加入 TPP 主要基于日美同盟和区域地缘政治考量，[②] 如今推动 CPTPP 也是把基于日美同盟的地缘政治战略作为重要目标。而美国的缺席将大大降低其意义和作用，以 TPP 的高水平贸易规则来推动 RCEP 等其他亚太经济合作协议的目标也难以达成。因此，日本不仅期盼美国重返 TPP，而且希望联合亚洲其他国家，通过保护知识产权等高标准的贸易和投资规则来牵制中国，从经济上构筑“中国包围圈”，[③] 争夺在东亚经济合作中的主导权，彰显了与美国共同遏制中国的亚太地缘政治利益。

日本期盼着美国回归 TPP，不仅基于亚太地缘政治利益，也是为了在日美 FTA 中争取更多的经济利益。因为日美 FTA 意味着日本在汽车和农产品贸易方面将要向美国大幅度让步，而美国重返 TPP 可以降低日美 FTA 的门槛，避免日本在日美 FTA 谈判中的被动局面。日本认为，日美 FTA 的经济效应远低于 TPP 的效应。虽然安倍政府想避开日美 FTA，但美国主张在 2018 年 11 月美国中期选举之前举行。[④] 对此，日本一方面尽量把日美 FTA 拖延到 CPTPP 生效之后，另一方面加快与其他地区之间的经济合作步伐，包括签署日欧 EPA、推进中日韩 FTA 等。[⑤] 虽然 TPP 吸收新成员必须在生效之后，但

---

① ジェトロ『世界貿易投資報告 2018 年版』、2018 年、81 頁、https://www.jetro.go.jp/world/gtir/2018.html。

② Paul O'Shea, *Feeding Japan*, Palgrave Macmillan, Cham, 2017, pp. 385 – 411.

③ 山本泉「アメリカ抜きでTPPが大筋合意へ日本は経済で『中国包囲網』を築く努力を」、https://the-liberty.com/article.php?item_id=13769。

④ 由于日本难得消极应对，美国的这个目标未能达到。

⑤ 即 2017 年 12 月日本与欧盟达成了经济合作协议，并争取 2019 年实现日欧 EPA 生效；2018 年 4 月 16 日，中日高层在东京重启了中断八年的经济对话，次日中日韩合作论坛举办，三国就中日韩 FTA、RCEP、贸易战等议题进行了讨论。

表 1　日本 FTA/EPA 进展

	国家（地区）	生效时间	国家（地区）	生效时间
已生效	新加坡	2002 年 11 月	瑞士	2009 年 9 月
	墨西哥	2005 年 4 月	越南	2009 年 10 月
	马来西亚	2006 年 7 月	印度	2011 年 8 月
	智利	2007 年 9 月	秘鲁	2012 年 3 月
	泰国	2007 年 11 月	澳大利亚	2015 年 1 月
	印尼	2008 年 7 月	蒙古	2016 年 6 月
	文莱	2008 年 7 月	欧盟	2017 年 12 月
	菲律宾	2008 年 12 月	CPTPP（TPP11）	2018 年 12 月
	东盟	2008 年 12 月		
谈判中	中日韩 FTA、RCEP、哥伦比亚、土耳其、海湾阿拉伯国家合作委员会（GCC）、韩国、美国			

资料来源：ジェトロ海外調査部国際経済課『世界と日本のFTA　一覧』、https：//www.jetro.go.jp/。ジェトロ『世界貿易投資報告 2018 年版』、2018 年、82 頁、https：//www.jetro.go.jp/world/gtir/2018.html。

日本认为特朗普政府经过 2018 年 11 月的中期选举之后有可能改变对 TPP 的态度，因此日本在尽量加快 CPTPP 生效步伐的同时也积极促成泰国、印尼、菲律宾、越南等东盟国家加入 CPTPP，使它们成为亚太区域贸易的核心，并使美国在东盟市场的份额下降，从而从外部环境上促使美国重返 TPP。为了尽快促使美国回归，在日本的积极推进下，2018 年 10 月末，澳大利亚成为继加拿大、日本、墨西哥、新西兰和新加坡后第六个正式批准 CPTPP 的国家。据此，CPTPP 于 2018 年 12 月 30 日正式生效。显然，日本是借助 CPTPP 的签署，在亚太构建以日本为主导的新贸易规则和体系，从而争夺亚太区域经济合作的主导权。

四　后 TPP 时代中国的应对措施

如上所述，特朗普上台后美国全面实施贸易保护主义政策，掀起全球性的贸易摩擦，扰乱着经济全球化的世界经济秩序。而以日本为主导的 CPTPP 的启动，符合经济全球化、区域经济一体化的时代潮流，有利于中国坚持贸易自由化、进一步扩大开放、融入经济全球化的发展战略，为新时代中国经济的再次腾飞提供了有利的机遇。同时，美国退出TPP为中国推行国内经济改革、尽快提高贸易标准、加快与国际经济贸易规则接轨争取了宝贵的时间，也为中日两国携手共同建设东亚经济一体化提供了难得的机遇。然而，毫无疑问，我们也面临着严峻的挑战：不管美国回归TPP与否，美日共同遏制中国崛起的地缘政治战略没有改变；美国要通过双边贸易战略重构美国贸易版图，继续保持美国经济霸权的目标没有改变；日本想主导CPTPP来继续遏制中国在亚太地区影响力的政治动因没有改变。而美国大搞贸易保护主义、制裁中国企业、征收高关税的措施给中国的对外开放、推动“一带一路”框架下的多边贸易合作带来了新的挑战。如图3所示，随着中国经济的转型，虽然中国的GDP增长率有所下降，但与美日两国GDP增长率相比（美日GDP增速均低于世界GDP增速），中国经济依然是全球最有活力、对世界经济贡献度最大的国家，必然吸引美日等国家的合作。

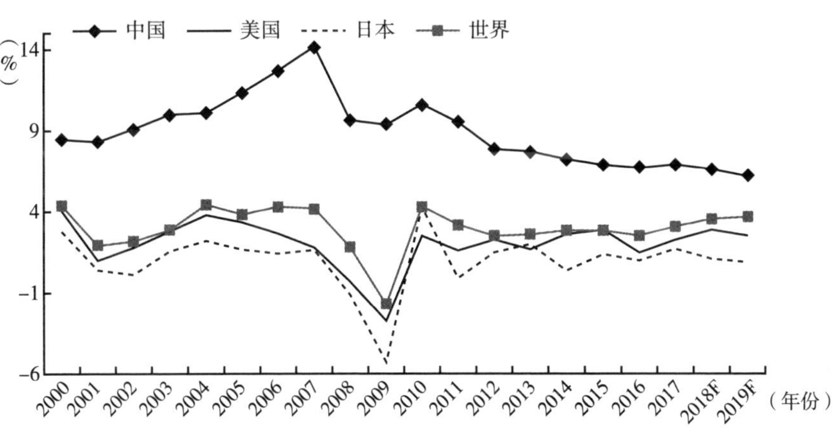

图3　世界及中美日的GDP增长率比较

注：“2018F”、“2019F”表示2018年和2019年的GDP增速预测。

资料来源：2000～2017年的增长率根据世界银行（http：//data. worldbank. org）数据整理制作；“2018F”和“2019F”的年增长率根据IMF《世界经济展望》、华融证券数据整理制作。

毫无疑问，面对挑战与机遇并存的新形势，中国应及早采取相应的措施，致力于构筑中日、中美之间的新型国际关系。

（一）深化国内经济改革，进一步开放市场

无论是 TPP 还是 CPTPP 都标榜高标准的贸易规则，包括国有企业行为的规制、环境和劳工保护等都超过 WTO 的规则。虽然特朗普上台后美国退出了 TPP，但日本仍然等待着美国的回归，并始终坚持排除中国的原则，[①] 不断牵制中国在亚太地区的主导地位，从而挑战中国实施的“一带一路”多边贸易倡议。而特朗普近期发起的对华贸易战也是指责中国知识产权保护不力，即美日等国家牵制中国的主要武器为高标准的国际贸易规则。然而，正如约瑟夫·奈所说“唯一能遏制中国的国家是中国自己”，未来中国能否成功突破美日的围堵，关键还在于国内经济的发展及经济结构的调整。从中国目前的工业结构来看，国有企业资产占工业总资产的三成，非国有企业占七成；从 GDP 的占比来看，包括国有企业、政府机构、事业单位的国有部门占 GDP 的 40% 以下，而非国有企业占 60% 以上。[②] 显然，这种经济结构不适应国际经济规则。中国以 TPP（CPTPP）作为外部压力，不仅要加快国有企业的改革和市场化进程，通过引进具有国际竞争力的国际企业来培育国有企业在国际市场中的竞争力，提高企业贸易规则标准，而且要通过开放市场和深化改革，不断提升贸易技术水平，加强知识产权保护等国际经济规则意识，加快人民币国际化，消除西方发达国家遏制中国的借口。

（二）坚定实施多边贸易战略，推动全球化的发展

从地理大发现开始，全球化有了长足的发展，但其过程是曲折而反复

---

① 屋山太郎「TPP、トランプ政権後の米国復帰を見込む—中国の自由経済諸国取り込みは困難—」、『日本戦略研究フォーラム』、http：//www. jfss. gr. jp/home/index/article/id/471。

② 楊棟梁「中国から見た TPP とその対応策」、『Asia Japan Journal』2016 年 11 月号、57 頁。

的。目前特朗普实施的逆全球化席卷世界，全球化面临着巨大挑战，阻碍着中国经济的持续开放和发展。但正如习近平主席指出的："把困扰世界的问题简单归咎于经济全球化，既不符合事实，也无助于问题的解决。"历史经验证明，经济全球化、区域经济一体化趋势不可逆，而随着"一带一路"倡议的深化，中国在世界经济和政治中地位和作用的提升也不可阻挡。目前中国对东南亚和亚太地区的影响力超过日本，中国提倡构建中美新型大国关系，然而，美国作为二战后全球规则的制定者和维护者，其政策转变也直接影响到中国的经济贸易发展。目前中国为世界货物贸易第一大国，但不是贸易强国。针对美国总统特朗普打破现有多边国际贸易体系、对华实施贸易保护主义的政策，中国要增加服务贸易出口，改善服务贸易逆差，在货物贸易上增加出口产品的技术含量，提高其附加值。而面对美国发动对华贸易战等逆全球化的潮流，中国要依靠WTO等国际贸易争端机构进行裁决，继续加强G20国际经济合作机制的作用，推动APEC贸易框架内的多边贸易合作及亚太自由贸易区（FTAAP），加快推进中日韩FTA，打破RCEP谈判僵局，积极争取与欧盟等国签订FTA，从而构筑较高标准的贸易规则和FTA网络体系及开放、自由的商务环境，即中国以"一带一路"倡议为纽带，构建连接亚欧非的广义的经济合作联盟，阻止美国反全球化的逆流，尽快构建适合东亚经济一体化的多边贸易体系和公平、互惠的国家贸易规则，推进经济全球化朝着更加开放包容、普惠、平衡、共赢的方向发展。

（三）在竞合中求同存异，突破美日对中国的围堵

美日同盟决定了美日合作共同牵制和对抗中国的根本目标，但美日TPP战略分歧及美日FTA的利益差异也为中日、中美合作创造了机遇。中美日之间巨大的经济利益交汇与贸易投资相互依存是稳定中美、中日关系的"压舱石"。[①] 中国不仅是美国最大的贸易逆差来源国，也是日本最重要的贸

① 根据中国商务部统计，2017年中国和美国互为最大贸易对象国（2017年中国的对外贸易中，东盟为第一，美国第二），中国是日本第一进口国（2016年），而美日是中国引进外资大国。

易伙伴（2018 年中国为日本第一大出口国、连续 17 年为日本第一大进口国[①]），因此，美日与中国的经济合作将是必然的趋势，中国应加强中日、中美之间的宏观经济政策协调，开展功能性合作，推进双边经济利益融合，降低相互冲突和对抗。

中美之间力量的重塑源于双方在安全与经贸领域的合作与竞争。[②] 目前中美两个国家的力量结构正在变化和调整中。美国媒体认为，特朗普退出 TPP 将给中国带来主导亚太经济一体化的机会，提高中国在世界经济中的影响力。然而，特朗普并非放弃与中国的竞争。2018 年 4 月以来美国对华发起了贸易战，制裁中国企业，但中美之间长期形成的经贸合作却无法切断。特朗普也是一方面大打贸易战，另一方面还派代表进行协商和处理贸易争端，尤其在 2018 年 11 月的 G20 峰会中，中美两国元首就贸易“暂时休战”达成共识，希望通过谈判达成协议。可见，中美之间在经贸领域的广泛合作仍有相当大的潜力和空间。

日本与美国在地缘政治和安全保障方面具有高度的一致性，但在经济利益上却有着分歧，尤其是特朗普政府退出 TPP，使日本多边贸易战略陷入了战略性困境，迫使日本政府调整对中国“一带一路”倡议的态度和策略。中国和日本为美国贸易逆差的第一大国和第三大国，也是特朗普贸易制裁的主要对象国，[③] 特朗普指责日本对美的汽车贸易为“不公平的贸易”，要求日本开放国内市场，签订双边的 FTA。不仅如此，美中贸易摩擦也损害了日本在华从事向美出口业务的企业、日本在美从事农产品出口的综合商社的利益。针对特朗普高举的“美国利益第一”旗帜下的贸易保护主义政策，中国与日本等国具有同样的诉求和共同利益。如图 4 所示，虽然近年来中日关系陷入“政冷经冷”的困境，但 2016 年以来日本对华贸易顺差逐年扩大，

---

① ジェトロ『世界貿易投資報告 2018 年版』、2018 年、82 頁、https：//www. jetro. go. jp/world/gtir/2018. html.

② 滕建群：《特朗普“美国第一”安全战略与中美博弈》，《太平洋学报》2018 年第 1 期。

③ 虽然日本请求美国把日本排除在贸易制裁国家范围之外，但特朗普政府依然把日本纳入钢铁、铝制品制裁的国家名单，引发日本国内的强烈不满。

是拉动日本经济增长的重要外部因素，因此，日本重视与中国的经济合作。特别是 2017 年 5 月日本政府表示积极支持中国“一带一路”倡议以来，日本学术界和企业界也积极响应，正在探寻中日在“一带一路”框架下合作的具体路径和方式。①

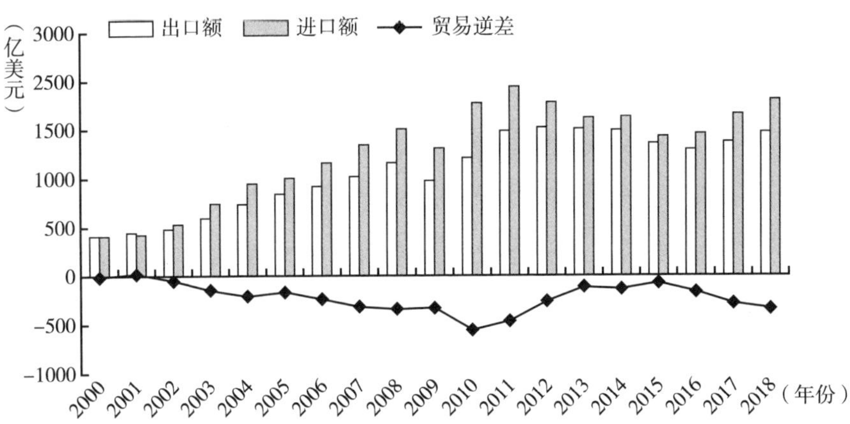

图 4　中国对日本进出口贸易演变（2000～2018 年）

资料来源：根据 Wind 数据库，中国海关总署数据整理制作。

可见，中美、中日、中美日之间既有竞争也有共同利益，具有合作空间即在竞争中谋合作。中国应与日本等国联合起来诉诸 WTO，主张公平、公正、自由的贸易原则，共同抵御美国的贸易保护主义，从而破解中美贸易摩擦带来的难题。

① 谷口誠「『一帯一路』構想への日中協力提案」、黒瀬直宏「『一帯一路』と日本の中小企業のwin-win 関係を」、進籐栄一・周瑋生・一帯一路研究センタ－編『一帯一路からユーラシア新世紀の道』、日本評論社、2018 年。

B.5

中国视角下的中日经贸关系动态分析

吕克俭*

摘　要： 本文首先回顾了改革开放40年以来的中日经济合作，尤其关注了2018年的中日经贸关系现状，指出：中日关系与中国改革开放相伴而行，两国各领域交流合作不断深入，推动了两国的互利共赢发展；2018年，两国总理成功实现互访，中日关系进入正常发展轨道，中日友好事业实现再起航；两国各层级对话和良性互动增多，双边贸易投资稳步增长，互利合作进一步扩大。但应看到，全球贸易保护主义逐渐升级，全球经济在复苏道路上再次陷入不确定状态，依然面临内外复杂环境。其次，2019年，适逢中华人民共和国成立70周年。中国将举办第二届"一带一路"国际合作高峰论坛和第二届国际进口博览会，日本将举办G20首脑峰会，并为2020年东京奥运会做全面准备，两国经贸合作面临新的发展机遇。双方应增强责任感，与时俱进，克服困难，夯实已有成果，深化各领域的务实合作与交流，推动中日关系不断发展。

关键词： 中日经贸关系　中日经济合作　贸易　投资　第三方市场合作

2018年习近平主席和李克强总理分别在多双边场合会见安倍晋三首

---

* 吕克俭，中华人民共和国商务部亚洲司原司长，全国日本经济学会副会长，主要研究领域：中日经贸合作、区域经济合作等。

相，两国领导人一致同意要不断推动两国关系持续改善、向好发展。李克强总理5月对日本进行正式访问，推动中日关系重回正轨，中日友好合作事业实现再起航。中日双方签署了《关于中日第三方市场合作的备忘录》等多项合作文件。双方还就携手推进“一带一路”框架下开展第三方市场合作、推动区域经济一体化和反对贸易保护主义、维护多边贸易秩序等达成重要共识。10月安倍晋三首相正式访华，推动中日关系取得新的进展。安倍首相再次提出要开启化竞争为协调的中日关系新时代，双方一致确认要践行两国“互为合作伙伴，互不构成威胁”的政治共识，使两国关系改善发展成为持续不断的进程。其间，两国共同举行了“《中日和平友好条约》缔结40周年纪念大会”和“第三方市场合作论坛”，双方签署了52个合作文件。两国领导人的成功互访，为今后双方开展互利合作指明了方向。期待双方共同努力，抓住机遇，深化务实合作，续写互利共赢发展新篇章。

一　中日经贸关系回顾

（一）中日贸易稳步增长

中日是一衣带水的近邻，两国利益高度融合。40年来，中日经贸关系在困难与挑战中快速增长，两国经济联系日趋紧密，合作领域不断拓展，互为重要的贸易投资合作伙伴，形成了全方位、深层次的合作格局。中日经贸合作的迅速发展，给双方都带来了实实在在的利益。

1978年中日双边贸易额为48.2亿美元，1981年突破100亿美元，1991年突破200亿美元大关。2001年中国加入世界贸易组织后，中日贸易加速发展，贸易结构升级，高新技术产品所占比重明显上升。2002年、2006年和2011年中日贸易额分别突破1000亿美元、2000亿美元和3000亿美元，2007年中国成为日本第一大贸易伙伴并延续至今。但2012年日本政府宣布“购岛”后，中日关系恶化，双边经贸合作受到影响。中日贸易额从2011

年的 3428.9 亿美元下降到 2016 年的 2747.9 亿美元，连续五年下降。2017 年，随着中日关系改善，中日贸易额重回 3000 亿美元规模，为 3029.9 亿美元，增长 10.1%。

2018 年，随着中日关系进一步改善，双边贸易呈现持续增长势头。据中国海关统计，2018 年，中日进出口贸易额再度增长 8.1% 达 3276.6 亿美元，占中国外贸总额的 6.8%。其中对日出口 1470.8 亿美元，同比增长 7.2%，占中国出口总额的 6.3%；自日进口 1805.8 亿美元，同比增长 8.9%，占中国进口总额的 9.0%。中方逆差 335.0 亿美元。中国连续 11 年为日本第一大贸易伙伴国，2018 年，中国企业在日本承包工程新签合同额 4.18 亿美元，完成营业额 3.33 亿美元。

据日本财务省统计，2018 年，日中贸易总额为 3537.7 亿美元，同比增长 7.4%。其中对华出口 1802.3 亿美元，同比增长 9.3%，占日本出口总额的 19.5%；自中国进口 1735.4 亿美元，同比增长 5.5%，占日本进口总额的 23.2%。日方顺差 66.9 亿美元。中国仍为日本第一大贸易伙伴，第二大出口目的地和第一大进口来源地。

值得关注的是，以跨境电商为代表的“互联网 +”模式将为中日贸易增添新动能，许多日本品牌占据中国各大电商平台畅销前列。但受美国贸易保护主义、单边主义等影响，国际市场需求减少，世界经济复苏依然疲软，中日贸易进一步发展面临不少挑战。

（二）日本对华投资持续增长

日本对华直接投资从 20 世纪 80 年代初的每年数千万美元增加到 90 年代以后的每年数十亿美元，规模不断扩大。投资拉动贸易发展，90 年代中国对日出口快速增长，年均增幅近 17%，纺织、机械类产品比重大幅上升，中日建立起零部件相互供应的关系。中国“入世”后，日本对华直接投资出现新的高峰期，2001 年实际投资金额达 43.5 亿美元，比上年猛增近 50%，到 2005 年达 65.3 亿美元。从 2012 年起，日本对华直接投资开始从高潮转入低潮，全年实际投资金额从 2012 年最高时的 73.5 亿美元下降到 2016 年的 31.1 亿美元，连续四年负增长。2017 年，日本对华投资由负转正，增长 5.2%。2018 年对华投资持续增加。据中国商务部统计，2018 年，日本企业对华投资项目数 828 家，同比增长 40.3%，实际到位金额 38.1 亿美元，同比增长 16.5%，占中国吸引外资总额的 2.5%。日本是中国第四大外资来源国，投资呈现增长向好之势，投资领域向多元化发展，服务业投资不断升温。截至 2018 年底，日本累计在华设立企业项目 51834 家，实际使用投资金额 1119.8 亿美元，占中国吸引外资总额的 6.0%，在中国累计利用外资国别排行中日本居首位。

据日本贸易振兴机构统计，2018 年 1 ~9 月，日本企业对华直接投资流量 77.47 亿美元，占同期日本对外投资的 6.5%。

据日本国际协力银行（JBIC）2018 年 11 月 26 日发表的调查报告，27.7% 的受访在华日资企业表示其利润率高于日本国内，仅次于在泰国日企所占比例，居第二位。在日企今后三年投资目的地中，中国高居榜首，得票率达 52.2%，比上年增加 6.5 个百分点，显示出日本企业仍看好中国投资前景。中日两国作为世界第二和第三大经济体，双方经贸合作互补性不断增强，已形成了“你中有我，我中有你”的伙伴关系。特别是中国共产党十九大对中国经济建设、生态文明建设做出了全面部署，受到包括日本在内的世界各国的广泛关注。中国将坚定不移地全面深化改革，实施更高层次的对外开放，为全面建成小康社会、实现两个奋斗目标而继续努力奋斗。当前，中国经济形势稳中向好，质量和效益不断提高，国内市场潜力巨大，产业能力完善。根据日本贸易振兴机构的调查报告：目前在华日资企业中有 89.4% 的企业看好中国市场，将继续留在中国市场。三菱、三井、住友、丸红、伊藤忠、双日、索尼、欧姆龙、欧力士、YKK、泰尔茂、丰田等日本企业继续重视并加大在华投资合作，包括产品研发、智能制造、节能环保和医疗养老、现代服务业、电子商务、中小企业、物流和人才交流等合作。

（三）技能实习生合作和人员往来继续增加

据中国商务部统计，2018 年中国向日本新派出技能实习生 39493 人，同比增长2.1%。截至2018年底，中国在日技能实习生总数约14.1万人，约占中国在外劳务人员总数的23.3%，主要分布在日本各地的中小企业，涉及制造业、农林牧渔业和建筑业等。近年来，日本放开了建筑和健康护理行业限制，技能实习生合作面临新的机遇。

据日本法务省统计，截至2018年6月，以技能实习生资格在日的中国人为74909人。近几年，中国人在日本外国人技能实习生总人数中所占比重下降。主要原因是供需双方在实习生待遇和汇率等方面出现新的变化，加之对中日关系的担忧等，影响了两国技能实习生合作。

人员往来方面，中国大陆访日游客人数和消费金额增长迅速。2012年访日人数143万人次，消费近34亿美元，约占外国游客在日消费总额的25%；到2017年，访日人数达735.6万人次，消费135.6亿美元，约占外国人在日消费总额的40%。2017年人员往来突破1000万人次，2018年进一步增加，有效增进了两国社会层面的相互了解。据日本观光厅统计，2018年赴日中国游客838.1万人次，增长13.9%，占访日外国人总数的27%，居首位；消费额1.537万亿日元（约合人民币956亿元），占访日外国人消费总额的34.1%，位居第一。但是，日本访华游客人数连年减少，2018年约为258万人次，较前几年略有增加。

（四）对日投资保持增长

2012年中国企业对日投资额1.7亿美元，2016年增长到4.7亿美元。据中国商务部统计，2018年，中国对日全行业直接投资额为2.51亿美元，截至2018年底，累计直接投资存量为44.5亿美元。近年来，中国创新型企业加快对日投资，主要涉及制造业、金融服务、互联网、电气、通信、软件等行业。跨境电商、移动支付、共享经济等新经济模式登陆日本，“滴滴出行”与日本最大出租公司“第一交通”开展叫车服务合作，苏州企业研发的服务型机器人被长崎豪斯登堡乐园引进使用。未来中国企业对日投资发展前景广阔。同时，中国企业还看重日本市场和研发环境，与日本经济界开展良好合作。银联卡、阿里巴巴、腾讯、微信等增加在日支付网点，在日本掀起新一轮支付方式革命。在日中国企业积极投入中日友好事业，融入日本社会，重视履行企业社会责任，主动发起为日本震灾、水灾等捐款；同时，为当地提供就业机会，形成互惠互利的合作。在新形势下，在日中国企业仍需练好内功，继续树立良好的企业形象，为两国友好和经贸关系的发展做出积极贡献；同时，也要努力克服困难，特别是要应对中美贸易摩擦等各种困难与挑战。

（五）开启第三方市场合作新篇章

中国共建“一带一路”倡议为世界发展贡献了中国智慧，为新时期加强与各国互利互惠合作提供了新的平台、开辟了新的空间。倡议提出五年来，得到国际社会广泛响应。中日两国领导人已就共同开展第三方市场合作达成共识。2018 年 10 月 26 日，中日两国政府在北京召开第三方市场合作论坛，来自两国各界 1500 多名代表出席论坛。李克强总理和安倍晋三首相共同出席论坛并致辞。论坛期间，两国政府、金融机构、企业之间签署了 52 项合作协议，金额超过 180 亿美元。这充分说明，两国开展第三方市场合作潜力巨大，前景广阔。日本瑞穗银行和国际协力银行等日本金融机构将与中国多家银行共建合作框架，在对第三方市场进行基础设施投资时提供联合贷款。此次中日之间签署的合作项目和金额，规模之大、数量之多、领域之广是前所未有的。实际上，中日企业开展第三方市场合作已有基础，包括技术转让、共同研发、相互持股、联合竞标或分包项目等。

（六）政府资金合作

日本对华政府资金合作始于 1979 年底，主要包括日元贷款、无偿援助和技术合作，其中日元贷款约占 90%。中国迄今累计利用日元贷款协议金额约 3 万亿日元，用于 255 个项目的建设，包括中日友好医院、中日青年交流中心、中日友好环境保护中心等代表性项目；累计接受日本无偿援助 1423 亿日元，用于 148 个项目的建设。日本对华资金合作为中国改

革开放和经济建设提供了积极支持，也带动了日本企业的对华投资，取得了双赢效果。

（七）金融等服务贸易领域合作成为亮点

中日经贸合作离不开财政金融领域合作的支持。2018 年中日财长对话就扩大金融市场双向开放和开展多双边金融监管达成多项合作共识，双方还共同发布了中日养老金体系联合研究报告，显示了双方共同应对重大结构性挑战的合作意愿。日本瑞穗银行作为第一家日资银行进入中国银行间债券市场。

（八）政府和经济界等交流增多

近年来，两国间经济交流活动逐渐回暖。中国商务部与日本外务省牵头举办跨部门的中日经济伙伴关系磋商，与经产省举行副部级磋商。特别是 2018 年 4 月，中日经济高层对话第四次会议在东京举行，双方就两国经贸合作中的重大关心事项深入交换了意见，为推动双方经贸合作关系的发展做出了重要贡献。两国有关政府机构和地方继续组团互访并进行广泛交流，深化务实合作。十几年来，中日节能环保综合论坛、绿色博览会、中日经济合作会议等顺利举办，为两国经济界交流搭建了丰富多样的平台，为促进中日经济合作发挥了积极作用。2018 年，第十二届中日节能环保综合论坛在北京成功举行，双方企业签署了多项合作协议，取得了积极成果。

（九）推进区域经济合作

20 世纪 90 年代末亚洲金融危机后，中日两国加强了与东盟等“10 + 3”、“10 + 6”以及中日韩三国之间的区域经济合作，2008 年发布《中日韩改善商务环境行动计划》，2012 年签署《中日韩投资协定》，并启动了“区域全面经济伙伴关系协定”（RCEP）和中日韩自贸区谈判。作为全球化和自由贸易的倡导者和维护者，中日两国应携手推进区域一体化的进程，加紧自贸安排。中日韩 FTA 和 RCEP 等已进行过多次磋商，争取在求同存异、照顾各方关切问题的前提下达成更高水平的协定。据分析，中日韩自贸区如成功实现，三国国内生产总值将达到15万亿美元，将为三国经济增长和互惠关系奠定坚实的共同利益基础，有利于东北亚地区的繁荣与发展。

40多年的历史证明，中国的发展同世界紧密相连、相互促进。中国改革开放给中日两国都带来了发展机遇，对世界也有利。回首以往，自1972年中日邦交正常化以来，两国关系虽然跌宕起伏，经贸交流也常遇挫折，但在双方的共同努力下，两国经贸合作已经形成“全方位、宽领域、多层次”的合作格局，成为中日关系的“压舱石”和“推进器”。开展合作需要良好环境，需要官民并举，需要与时俱进。中日经贸合作为两国人民带来实实在在的利益，也为两国关系和世界经济的发展做出了应有的贡献。

二　2019年中日经贸关系展望

2019年是中日关系改善发展进程中的重要一年，是中华人民共和国成立70周年。中国将进一步深化改革、促发展、惠民生，为决胜全面建成小康社会的目标而努力。当前，中国经济社会发展进入新时代，将遵循创新、协调、绿色、开放、共享的发展理念，推动实施新一轮高水平对外开放；将继续稳步发展，陆续出台扩大国内市场和居民消费的一系列政策，包括汽车、家电热点消费，扩大服务消费、信息消费、绿色消费、网上网下融合消费、个性化消费等。中国对外开放的大门将越开越大，进一步发展同各国的经济贸易关系，将举办第二届“一带一路”国际合作高峰论坛和第二届中国国际进口博览会，进一步加快推进自贸区建设；将通过“一带一路”倡议等与世界各国共享中国发展的红利，实现互利共赢。日本正在推动科技创新、旅游和“奥运经济”等经济成长战略，为发展经济做出努力。G20峰会将在日本大阪举行。随着时代发展，面对第四次工业革命、人口老龄化、污染防治等全球性课题，中日更需要共同拿出智慧研究对策，激发合作的活力。双方应抓住难得的机遇，克服困难，探讨在以下重点领域推进合作。

（一）推进绿色发展领域合作

中国正在建设国家可持续发展议程，在污水处理、生态修复、人工智能、文化康养、绿色高效农业等方面，实施资源高效利用、生态环境治理、健康城市建设和社会治理现代化等工程。在这方面，中日两国可以相互借鉴，开展密切合作。中日节能环保综合论坛已举行了12届，成为两国在节能环保领域加强政策沟通和促进企业务实合作的重要平台。双方可将日本的节能环保技术与中国的巨大市场相结合，发挥各自优势，实现绿色技术与市场资源有机结合，加强节能环保等绿色产业的合作，实现共同倡导的绿色发展目标。中国将于2019年继续举办第二届国际进口博览会，扩大货物和服务进口。希望日本各界人士和企业继续积极参会参展，共同开拓双边贸易投资新的增长点。

（二）拓展服务领域合作

中国经济持续稳定发展，蕴藏着巨大内需潜力，各项民生事业加快发展，文化旅游、教育健康、医疗养老等产业将快速发展。随着人均收入不断提高，“新消费”带来大量新需求。从这一角度来说，中日可重点在以下几个方面展开合作。一是文化旅游产业合作。中国正在推进海南国际旅游消费中心、平潭国际旅游岛和横琴国际休闲旅游岛建设，实施文化旅游提升工程等。近几年赴日本的中国内地游客每年都以百万人次递增，购物观光、医疗体检成为中国游客访日的亮点。二是医疗养老产业合作。中国65岁以上人口已达1.58亿，占总人口的11.4%，失能老人预计4000万人，这既是压力也是动力，也是一种社会发展的重要趋势。而下一代老人的消费能力肯定会得到进一步的提升，与之相关的老龄产业也将得到蓬勃发展。日本先于中国进入老龄化社会，在老年人护理服务和医疗保健技术与设备等领域处于世界领先水平，积累了丰富经验，双方在医疗健康、老年人护理、养老人才培养以及养老设施建设等领域可以开展很好的合作。三是财政金融合作。中国在金融领域的开放措施将进一步扩大。双方应继续培育债券市场、相互增持国债等。四是制造和创新领域合作。两国领导人已就创新合作达成共识，双方相关部门也签署了中日创新合作备忘录。双方应加强电子商务、共享经济、软件开发、云计算、大数据等新兴领域的合作。

（三）人工智能等新兴产业合作

2019 年中国将推进人工智能等新兴产业建设，实施新一轮技术改造升级工程，运用互联网、大数据、人工智能等创新发展。中日在人工智能（AI）领域的深度合作将有力促进两国数字经济方面的合作。同时，中日两国还将加大制造业技术改造和设备更新。中国正在规划建设雄安新区，深化京津冀协同发展，推进长江三角洲、粤港澳大湾区、山东半岛、北部湾等重点城市群的基础设施建设。中国市场巨大、经济结构不断优化，双方应抓住机遇，加强这些领域的合作，加大对技术研发与创新的投入，切实推进具体合作项目，谋求实质进展。

（四）推动中日地方间的交流与合作走实走深

目前两国友好省县和城市达 250 余对，双方应把握新时代下中日新发展、新合作的脉搏，进一步推动中日地方间的交流与合作。2018 年，四川、辽宁、山东、贵州、江西、福建、广东、北京等省市领导率团访日并开展经贸、旅游、文化等交流活动，深化了与日本的友好合作，共推“一带一路”建设，开创互利共赢新局面。值得一提的是，全国日本经济学会 2019 年年会暨“中日康养产业发展与合作”学术研讨会将于 6 月在四川省眉山市举办，为双方代表特别是中日地方企业之间的对接与合作搭建了“接地气”的交流平台，得到了四川省和眉山市政府的大力支持。今后，中日两国企业家和地方间应继续深挖合作潜力，拓展贸易投资合作，扩大产业和创新合作，真正实现优势互补和共同发展。中日两国经济互补性强，在日本少子老龄化不断加深、市场不断萎缩的背景下，许多日本企业到中国继续探寻发展商机。应继续鼓励和支持中日地方发挥各自优势，通过各领域各层次交流合作，从地方层面助力两国关系行稳致远。

（五）推动智慧农业和现代物流合作

中国已确定了“乡村振兴战略规划”，将加强“三农”建设，深入推进优质粮食工程、农村人居环境整治、农村公路等基础设施建设，到2050年乡村将全面振兴，农业强、农村美、农民富全面实现。比如，山东省可发挥优势，深入推进农业供给侧结构性改革，研发和引进一批农业新技术、新品种，探索建立与国际标准接轨的食品、农产品质量安全监管机制。要加快推进产业智慧化、跨界融合化和品牌高端化。中日两国企业在生物育种、智能农机、生态环保、乡村旅游、农产品加工、仓储物流、农商互联国际贸易等方面合作潜力巨大。迄今许多日本企业都积极参与在华农业和物流合作。北京凯德现代农业科技研究院与日本岩谷产业公司和山东安丘市合作，促进“安丘模式”外向型农业向精深加工和高质量发展。中日双方可继续探讨两国在现代智慧农业和物流领域的合作。

（六）鼓励相互投资合作

中国将进一步改革开放和鼓励企业走出去。这将为世界各国提供更广阔的市场、更充足的资本、更宝贵的合作契机。2018年4月，习近平主席在博鳌亚洲论坛年会上就中国进一步扩大开放做出庄严宣示。根据部署，中国修订了《外商投资产业指导目录》，提高了服务业、制造业、采矿业开放水平，推动内外资公平竞争，在政府采购、《中国制造2025》政策适用等方面，实行内外资企业同等对待。2013年上海自由贸易试验区开始运行，现已增至12个，成为中国开放程度最高的区域，电信服务、船舶代理、资信调查等领域在区内率先放宽了外资准入限制。2018年4月，中国在海南全岛设立自贸试验区，稳步推进中国特色自由贸易港建设。中国219个国家级经济技术开发区还将被赋予更多改革自主权，提升开放水平，成为高质量发展平台。这些举措都将为日本企业来中国投资合作提供难得的商机。同时，中国也鼓励有能力的企业对日投资。当前，日本各地都在大力吸引外国投资和振兴经济。中日双方应下大力气不断优化投资环境，促进相互投资，并加强在金融领域的合作。

（七）拓展第三方市场合作

中日双方已经签署关于第三方市场合作的备忘录，并共同主办了第一届中日第三方市场合作论坛，签署了52项合作协议。两国发挥各自优势，尊重东道国意愿开展第三方市场合作，既可拓展中日经贸合作新空间，又可满足本地区各国经济发展需求。“一带一路”框架下的第三方市场合作是中日双方开展务实合作的新支柱和新平台，不仅能为两国企业开拓地区及国际市场创造更多机会，还能为促进全球贸易和投资自由化和便利化、推动经济全球化做出积极贡献。

（八）携手应对挑战，完善全球经济治理体系

当前，世界经济复苏缓慢，贸易保护主义加剧。中日2019年将分别担任“10+3”合作机制联合主席和G20主席国，双方应加强在区域和多边经贸问题上的沟通与交流，加快推进中日韩FTA和RCEP谈判尽早达成协议，促进区域投资贸易自由化和便利化。2018年2月，RCEP第21轮谈判在印尼日惹举行。与会各国就货物贸易、服务贸易、投资和知识产权等方面的磋商已经取得很大进展。应该看到，RCEP如果达成，将形成一个人口接近35亿、GDP总和约为21万亿美元、占世界贸易总量约30%的贸易机制，是世界最大的贸易协定。因此，中日应与其他成员一道，积极推动RCEP谈判，共同建设东亚经济共同体，推进亚太自贸区（FTAAP）进程，为稳定全球经济发展做出贡献。

双方还应加强“10+3”框架下的合作，维护WTO多边贸易体制，遵守世界贸易组织规则并进行必要改革和完善，加强创新和数字经济、人工智能、环保、医疗卫生等领域合作，助力各方经济发展，带动亚洲乃至全球经济复苏。

中日还应围绕应对气候变化、保护生物多样性及实现可持续发展目标进

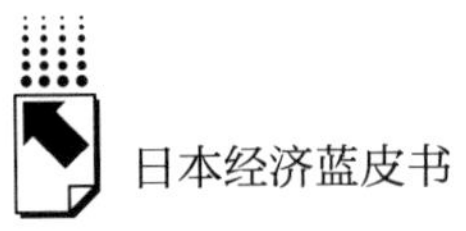

行合作，以及就改善商务环境等开展互动，扩大共同利益支撑点，为其他国家做出示范。

2019 年是中华人民共和国成立 70 周年和改革开放进一步深化之年，G20 领导人会议也将在日本举行，两国关系面临进一步发展的良好机遇。双方应加强对话，凝聚共识，增进互信，化竞争为协调，切实把两国互为合作伙伴、互不构成威胁的定位落到实处，探讨互学互鉴、共创共享，促进中日经贸关系提质升级，实现两国和平友好和共同繁荣，共同为本地区和世界经济发展做出贡献。

B.6

日本视角下的日中经贸关系动态分析

〔日〕堂之上武夫　藤原智生*

摘　要： 2018年，日中贸易继续保持上年的增长之势，同比增长7.4%达到3538亿美元，中国时隔六年再次超越美国成为日本对外出口第一大国，贸易总额和进口额也继续维持第一位的地位，日中两国仍然互为重要的贸易伙伴；日本对华直接投资也继续增长，较上年增长了16.5%达38.1亿美元，制造业对华投资意愿加强，在华日资企业对发展中国事业依然持积极态度，希望中国政府进一步改善商业环境。中国改革开放40年，日中经贸关系日趋紧密，实现了共同发展，未来日资企业参与中国高质量经济发展的机会将进一步拓宽。

关键词： 日中贸易　日本对华投资　在华日资企业　改革开放

一　2018年日中贸易的现状与展望

日本贸易振兴机构（JETRO）以日本财务省贸易统计和中国海关统计为基础，基于双方的进口数据来考察2018年的日中贸易。2018年，日中贸易总额为3537.73亿美元，较上年同比增长7.4%，继2017年后继续保持增长态势。①

---

* 堂之上武夫，日本贸易振兴机构北京代表处所长；藤原智生，日本贸易振兴机构北京代表处经济信息部部长。

① 在这一分析中，日本的对华出口利用中国的进口统计数据，以形成以双方进口数据为基础的分析方式。这是因为，在进行贸易统计的时候，出口坚持到岸主义、进口坚 （转下页注）

其中，日本对华出口（即中国自日进口）同比增长 9.3% 达到 1802.34 亿美元，日本自华进口同比增长 5.5% 为 1735.39 亿美元。结果是日本对华贸易收支顺差 66.96 亿美元，顺差额进一步扩大。（见表 1）

（一）出口的特征

2018 年，日本对华出口较上年增加 9.3% 达到 1802.34 亿美元，连续三年保持增长态势。其中贡献率较大的机械类、车辆以及化妆品等产品实现了两位数的增长。

从具体的产品种类来看（见表 2），机械类产品（第 84 类，增长率为 17.9%，占比为 22.6%，贡献率为 3.8%）中，以中国设备投资旺盛为背景，制造用机械产品（HS 编码为 8486，下同）出现了 50.0% 的大幅增长。其中，制造半导体芯片以及集成电路的机械产品增长了 82.5%，制造平板显示器的机械产品增长了 34.8%。但是，前者在 12 月，后者在年初的两个月（1 月和 2 月）以及 10 月以后连续出现了较上年同期环比为负值的增长。

在电气机械产品（第 85 类，增长率为 5.2%，占比为 24.7%，贡献率为 1.3%）中，占比达 35.6% 的集成电路产品（8542）维持着坚挺的增长态势，同比增长了 14.1%。智能手机、汽车等所使用的陶瓷电容，在 9 月、11 月、12 月较上年同期环比出现了负增长，但从全年来看实现了 22.2% 的增长。另一方面，中国的智能手机市场正迎来成熟期，所以电话机的零部件出现了 32.3% 的负增长，但电气机械产品整体实现了一位数的增长。

在车辆产品（第 87 类，增长率为 10.3%，占比为 10.1%，贡献率为 1.0%）中，汽车产品（8703）虽然出口量有所减少，但是高级车（尤其是排量超过 3000cc 的汽车）的出口形势趋好，受此影响，出口额增长了 10.2%。在汽车零部件产品（8708）中，占比达 70.6% 的变速箱及其零部件产品增长了 12.7%。

（接上页注①）持原产地主义，导致经由中国香港的对华出口（目的地为中国香港的产品）在日本的贸易统计中不能计为对华出口。而中国的进口统计将原产地为日本的所有产品均纳入其中，所以以两国进口统计为基础的数据更接近中日贸易的实际状态。

在化妆品（第 33 类，增长率为 81.3%，占比为 1.5%，贡献率为 0.8%）中，占比达 84.2% 的美容用、化妆用以及护理皮肤用的定制产品等（3304），因为单价增长一成、数量增长七成，实现了 90.9% 的增长，并保持良好势头。

表 1　日中贸易的变化（基于双方进口数据）

单位：千美元，%

	日本对华出口		日本自华进口		进出口		贸易收支
	金额	增长率	金额	增长率	金额	增长率	
2009 年	130758298	-13.2	122514501	-14.7	253272799	-14.0	8243797
2010 年	176225091	34.8	153424723	25.2	329649814	30.2	22800368
2011 年	194296265	10.3	184128640	20.0	378424904	14.8	10167625
2012 年	177649842	-8.6	188450182	2.4	366100025	-3.3	-10800340
2013 年	162114236	-8.8	180840622	-4.0	342954857	-6.3	-18726386
2014 年	162512019	0.3	181038865	0.1	343550884	0.2	-18526847
2015 年	142689642	-12.2	160624606	-11.3	303314248	-11.7	-17934964
2016 年	144996448	1.6	156631816	-2.5	301628264	-0.6	-11635368
2017 年	164865658	13.7	164542081	5.1	329407739	9.2	323577
2018 年	180234250	9.3	173538684	5.5	353772934	7.4	6695566
2018 年 1 月	13853475	37.5	15690683	0.2	29544158	14.8	-1837209
2 月	11046424	-10.4	13944366	45.6	24990790	14.1	-2897942
3 月	16340130	16.2	12725552	-11.4	29065683	2.3	3614578
4 月	15331015	17.6	13599991	4.6	28931006	11.1	1731023
5 月	15676144	22.8	14163448	11.2	29839592	17.0	1512696
6 月	14715267	0.7	13212310	0.3	27927577	0.5	1502957
7 月	16689693	23.1	14061226	7.6	30750919	15.5	2628467
8 月	15775014	11.0	13950968	4.9	29725982	8.1	1824046
9 月	16238817	3.9	14583436	3.1	30822253	3.5	1655382
10 月	15245141	12.3	16706523	16.4	31951664	14.4	-1461383
11 月	15305346	-0.6	16664348	3.8	31969694	1.7	-1359003
12 月	14017785	-11.1	14235832	-5.8	28253617	-8.5	-218047

注：（1）出口额为中国海关统计的自日进口额，进口额为日本财务省贸易统计的自华进口额。两者都是以贸易数据库 Gobbal Trade Atlas（美元计价）为基础计算的。（2）增长率为上年同比和上年同月环比。（3）由于机器处理的关系，可能存在数据与其他统计不同的情况。（4）历年的数据为确定值，月份的数据为速报值。

参考：各年的日元对美元汇率为：2013 年 97.60，2014 年 105.74，2015 年 121.05，2016 年 108.66，2017 年 112.10，2018 年 110.40（美国联邦储备制度理事会发布数据）。

资料来源：Global Trade Atlasよりジェトロ作成。

（二）进口的特点

2018 年，日本自华进口较上年增长 5.5% 达到 1735.39 亿美元，连续两年保持增长态势。从产品种类来看，无机化学产品和有机化学产品中主要产品的单价都有所上涨，因此整体实现了两位数的增长。

从具体的产品种类来看（见表 3），在机械类产品（第 84 类，增长率为 7.7%，占比为 17.7%，贡献率为 1.3%）中，占比达 38.4% 的自动数据处理设备（8471）增长了 2.6%。其中，作为主要产品的笔记本电脑增长了 1.6%，处理设备增长了 3.7%。另外，占比为 6.5% 的空调机（8451）受酷暑的影响，下半年比上年同期环比增长了近两成，从全年来看也实现了增长 14.4%，并保持良好势头。

在电气机械产品（第 85 类，增长率为 2.9%，占比为 27.8%，贡献率为 0.8%）中，占比达 41.6% 的电话机一改上年的增长势头，减少了 0.8%。其中，一方面，作为主要产品的智能手机等便携式电话终端产品正处于为时两年的替换周期的低谷，仅增长了 5.0%，基站更大幅减少了 52.9%。另一方面，拥有固定功能的电气机械产品（8543）增长了 70.3%，头戴式及入耳式耳机（8518）增长了 23.4%。

在无机化学产品（第 28 类，增长率为 35.7%，占比为 1.7%，贡献率为 0.5%）中，主要产品的单价都有所上涨。作为主要产品的金属氧化物产品（即碱性产品，2825）不仅单价上涨，数量也增长了两成以上，整体实现增长 49.0%。

在有机化学产品（第 29 类，增长率为 16.0%，占比为 2.2%，贡献率为 0.3%）中，主要产品的单价也都出现上涨之势。其中，杂环化合物产品（2933）的单价上涨了近两成，数量也增加了近一成，整体实现增长 29.6%。烃的卤化衍生物产品（2903）虽然数量减少了近一成，但单价上涨了近三成，整体实现增长 16.0%。

（三）中国在日本对外贸易中的地位

2018 年，在日本对外贸易中，中国所占的比重为 21.4%，同比收缩 0.3

表 2　2018 年日本对华出口

单位：千美元，%

HS 编码	商品种类	金额	增长率	占比	贡献率
第 85 类电机、电气设备及其零件		44440372	5.2	24.7	1.3
8542	集成电路	15831961	14.1	8.8	1.2
8541	类似于二极管、晶体管之类的半导体器件、光电类半导体器件(包括光电池)	4251431	-0.6	2.4	-0.0
8536	用于电路的开关、保护和连接的机器	3996915	-6.4	2.2	-0.2
8532	电容器	3495368	17.9	1.9	0.3
8517	电话机及其他设备	2234377	-30.7	1.2	-0.6
8504	变压器、静止变频器和发电机	1896826	5.5	1.1	0.1
第 84 类　核反应堆、锅炉及机械器具		40701092	17.9	22.6	3.8
8486	用于制造半导体、集成电路和平板显示器等的机器	10393877	50.0	5.8	2.1
8479	机械器具(仅限于有固定功能)	3848587	-0.6	2.1	-0.0
8443	印刷机、打印机、复印机和传真机以及零部件和附件	2231391	0.9	1.2	0.0
第 87 类　车辆(铁道及电车道车辆除外)		18191634	10.3	10.1	1.0
8703	乘用车及其他汽车	10074748	10.2	5.6	0.6
8708	汽车零部件及附件	7958159	10.9	4.4	0.5
第 90 类　光学、照相、电影、计量、检验、医疗或外科用仪器及设备、精密仪器及设备		15844832	0.4	8.8	0.0
9013	液晶器件、激光器和其他光学仪器	3846170	-23.6	2.1	-0.7
9001	光导纤维、光导纤维电缆、偏光板和测距仪	2382334	16.9	1.3	0.2
9031	检测和检查用的机器和投影仪	2138720	18.2	1.2	0.2
第 39 类　塑料及其制品		9815377	1.1	5.5	0.1
第 29 类　有机化学品		7415045	6.8	4.1	0.3
第 72 类　钢铁		5697406	-4.6	3.2	-0.2
第 74 类　铜及其制品		3741195	22.9	2.1	0.4
第 38 类　杂项化学产品		3519199	8.2	2.0	0.2
第 33 类　精油及香膏;芳香料制品及化妆盥洗品		2755405	81.3	1.5	0.8
第 73 类　钢铁制品		2556651	6.2	1.4	0.1
合　计		180234250	9.3	100.0	9.3

注：(1) 表中选取的种类是按两位数分类占比在 1.0% 以上的产品，出口产品有 11 项，按照交易金额降序排列。(2) 其中加粗项为排名前五位的产品种类。

资料来源：Global Trade Atlasよりジェトロ作成。

表 3　2018 年日本自华进口

单位：千美元，%

HS 编码	商品种类	金额	增长率	占比	贡献率
第 85 类	**电机、电气设备及其零件**	48151405	2.9	27.8	0.8
8517	电话机及其他设备	20025942	-0.8	11.5	-0.1
851712	用于移动网及无线网的电话	15219429	5.0	8.8	0.4
851762	其他机器(为了接收、转换、发送以及再现声音和图像等数据的机器)	3290946	-4.1	1.9	-0.1
8541	类似于二极管、晶体管之类的半导体器件、光电类半导体器件(包括光电池)	2576426	-2.1	1.5	-0.0
8528	监视器、录像投影机以及电视机成像设备	2243281	7.7	1.3	0.1
8544	绝缘导线、电缆以及光导纤维电缆	2188839	3.2	1.3	0.0
8504	变压器、静止变频器和发电机	1893357	3.7	1.1	0.0
8542	集成电路	1878341	8.7	1.1	0.1
第 84 类	**核反应堆、锅炉及机械器具**	30748135	7.7	17.7	1.3
8471	自动数据处理设备	11811383	2.6	6.8	0.2
8443	印刷机、打印机、复印机和传真机	2331237	-0.1	1.3	0.0
8473	专用于或主要用于办公设备的零部件及附件	2102104	6.6	1.2	0.1
8451	空调机	2001331	14.4	1.2	0.2
第 61 类	**针织或钩编的服装及衣着附件**	8517206	-0.2	4.9	-0.0
第 62 类	**非针织或非钩编的服装及衣着附件**	8470963	3.0	4.9	0.2
第 39 类	**塑料及其制品**	5057732	1.2	2.9	0.0
第 95 类	玩具、游戏品、运动用品	4978750	-2.1	2.9	-0.1
第 94 类	家具、寝具	4891632	4.3	2.8	0.1
第 90 类	光学设备、精密仪器及设备、医疗或外科用仪器及设备	4888809	4.6	2.8	0.1
第 87 类	车辆(铁道及电车道车辆除外)	4465960	4.7	2.6	0.1
第 73 类	钢铁制品	4105647	13.9	2.4	0.3
第 29 类	有机化学品	3883914	16.0	2.2	0.3
第 28 类	无机化学品和贵金属、稀土类	2989105	35.7	1.7	0.5
第 64 类	鞋靴、护腿和类似品及其零件	2767968	-1.2	1.6	-0.0
第 63 类	纺织用纤维及其他纺织制成品	2748707	3.7	1.6	0.1
第 42 类	皮革制品、手提包	2600256	-0.1	1.5	0.0
第 16 类	肉、鱼、甲壳动物、软体动物及其他水生无脊椎动物的制品	2580068	5.9	1.5	0.1
第 76 类	铝及其制品	2046142	11.5	1.2	0.1
第 00 类	特殊处理产品	1842544	1.7	1.1	0.0
合　计		173538684	5.5	100.0	5.5

注：(1) 表中选取的种类是按两位数分类占比在 1.0% 以上的产品，进口产品有 18 项，按照交易金额降序排列。(2) 其中加粗项为排名前五位的产品种类。

资料来源：Global Trade Atlasよりジェトロ作成。

表 4　2018 年日本贸易伙伴中排名前五位的国家和地区

单位：百万日元，%

排名	出口					进口					进出口				
	贸易伙伴	金额	增长率	占比	贡献率	贸易伙伴	金额	增长率	占比	贡献率	贸易伙伴	金额	增长率	占比	贡献率
1	中国	143992	8.4	19.5	1.6	中国	173539	5.5	23.2	1.3	中国	317531	6.8	21.4	1.5
2	美国	140059	3.9	19.0	0.8	美国	81552	13.0	10.9	1.4	美国	221610	7.1	14.9	1.1
3	韩国	52505	-1.5	7.1	-0.1	澳大利亚	45693	17.4	6.1	1.0	韩国	84639	4.0	5.7	0.2
4	中国台湾	42385	4.3	5.7	0.3	沙特阿拉伯	33773	21.7	4.5	0.9	中国台湾	69496	5.2	4.7	0.3
5	中国香港	34700	-2.1	4.7	-0.1	韩国	32135	14.3	4.3	0.6	澳大利亚	62801	14.3	4.2	0.6
总额		738197	5.7	100.0	5.7	总额	748371	11.4	100.0	11.4	总额	1486569	8.5	100.0	8.5
（参考）	东盟	114452	8.1	15.5	1.2	东盟	112202	9.0	15.0	1.4	东盟	226654	8.5	15.3	1.3
	欧盟	83462	8.1	11.3	0.9	欧盟	87792	12.4	11.7	1.4	欧盟	171254	10.3	11.5	1.2

注：（1）欧盟的数据按照 28 国统计。（2）增长率是与上年同比增长幅度。

资料来源：Global Trade Atlasよりジェトロ作成。

个百分点；其中，出口占比为 19.5%，较上年扩大了 0.5 个百分点，进口占比为 23.2%，较上年收缩了 1.3 个百分点（见表 4、图 1、图 2）。

在日本的整个对外贸易中，就出口额而言，中国自 2012 年时隔六年重新超越美国占据第一位，贸易总额和进口额也继续维持第一的地位，分别是 2007 年以来连续 12 年、2002 年以来连续 17 年排名第一。

顺便说一下，2018 年 11 月在上海举行的中国国际进口博览会上，日本有 468 家企业或者团体参展，展出面积约 2 万平方米。日本的参展单位占了整体（3600 家企业或者团体）的一成多，在 172 个国家和地区中规模最大。日资企业希望充分利用这样的机会，积极扩大对中国市场的出口。日本企业积极且大规模参与此次展览会，可以说展示了日本企业是能够发挥重要作用的合作伙伴的一面。

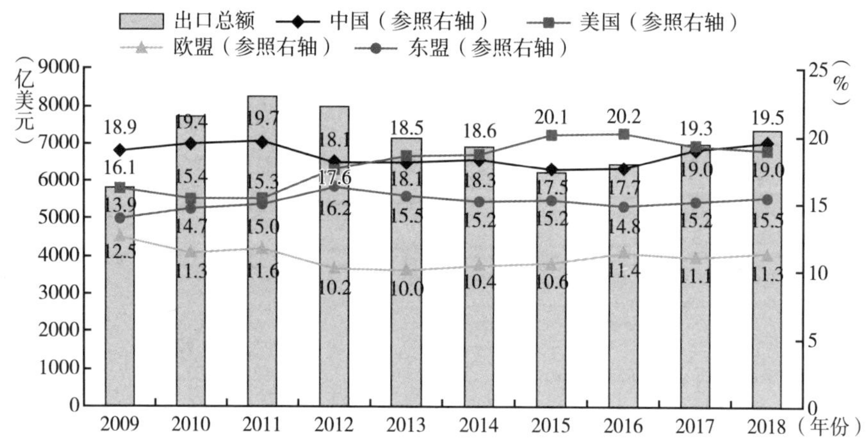

图 1　主要国家和地区在日本对外出口中所占的比重

资料来源：Global Trade Atlasよりジェトロ作成。

（四）2019年日中贸易展望

2019 年的日本对华出口，考虑到中美贸易摩擦的影响，半导体和平板显示器等产品的供需将趋于平衡，所以用于生产这些产品的制造用机械产品

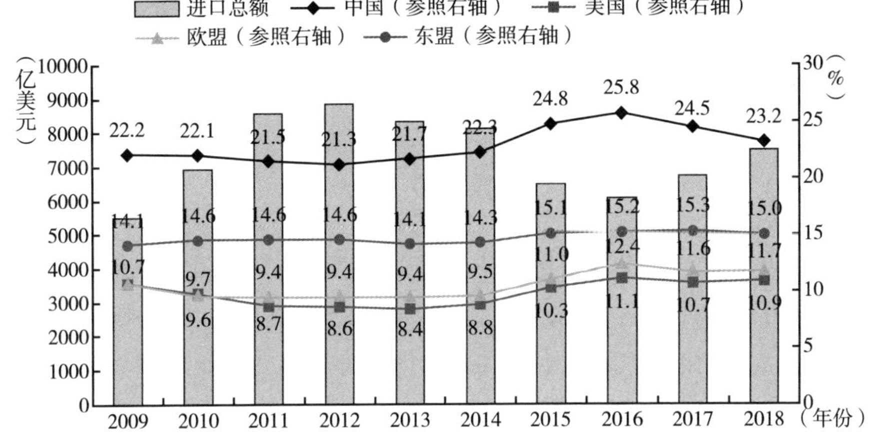

图 2　主要国家和地区在日本自外进口中所占的比重

资料来源：Global Trade Atlasよりジェトロ作成。

的出口增长势头会减缓。另外，虽然汽车的电装化和制造现场的自动化等会发挥牵引效应，但是中国的智能手机市场已经处于成熟期，加之汽车产业整体的生产原地踏步，所以用于实际安装电子零部件的机械产品和产业用机器人等的出口也将呈向下“震荡”走势。

在车辆产品领域，一方面，中国是全球最大的汽车市场，在关税下调、日中关系良好以及对日本产汽车的信赖度高等背景下，以高级车为中心，日本对华出口将继续维持良好势头。另一方面，零部件产品也可能会遭遇在生产当地调配生产资料的潮流造成的下行压力。

在化妆品领域，不断增加的中国访日游客，回国后通过零售店和跨境电子商品交易平台（EC）继续购物的需求不断高涨，加上关税税率下调的“东风”，日本对华出口将继续维持良好势头。

至于 2019 年的日本自华进口，由于日本预定在 10 月提高消费税税率，以一部分产品在增税前的大量销售为目的的进口增加是值得期待的。尤其是智能手机等便携式电话终端，海外生产商也有在消费税增税前发售新机型的意向，加之 2019 年是时隔两年的替换购买期，预计从夏季到秋季日本自华进口将增加。

二　日本的对华投资

（一）日本对华直接投资的动向

根据中国商务部（2019 年 1 月 15 日）的统计，2018 年，世界各国和地区对华直接投资（不包括银行、证券和保险领域）的实际利用金额为 8856.1 亿元人民币，较上年增长 0.9%，创历史最高纪录。以美元计算的话，同比增长了 3% 达到 1349.7 亿美元，签订合同项目比上年增长 69.8% 达到 60533 件。

从不同国家和地区的情况来看（见表 5），较之 2017 年，中国香港减少了 2.9% 为 960.1 亿美元，新加坡增长了 10.6% 为 53.4 亿美元，中国台湾增长了 6.3% 为 50.3 亿美元，韩国增长了 26.6% 为 46.7 亿美元，英国增长了 1.6 倍达到 38.9 亿美元。至于日本，排在第六位，较上年增长了 16.5% 为 38.1 亿美元。

由于中国商务部没有公布不同国家对不同产业进行直接投资的数据，虽然双方定义有差异，但作为一个参考，以日本财务省的"国际收支统计"为基础，考察 2018 年 1～9 月日本不同产业的对华直接投资流量可以看到，日本对华直接投资达到 8163 亿日元，较上年同期增长 4.8%（见表 6）。

其中，制造业领域的对华直接投资增加了 20.4%，达到 6239 亿日元。占比较高的产业的对华直接投资都保持良好态势，运输机械生产工具增长 22.1%（占比为 24.5%），一般机械生产工具增长 96.1%（占比为 24.1%），化学、医药产品增长 89.4%（占比为 10.5%）。非制造业领域的对华直接投资同比减少了 26.2%，为 1925 亿日元。其中，金融保险业增长 16.9%（占比为 8.0%），保持良好势头，占比最大的批发零售业却减少了 27.2%（占比为 18.2%），结果导致非制造业对华直接投资整体呈减少之势。

表 5　中国吸引外来直接投资的状况（按国家或地区统计）

单位：百万美元、%

	2015 年				2016 年				2017 年				2018 年			
	国家或地区	实际投资额	占比	增长率	国家或地区	实际投资额	占比	增长率	国家或地区	实际投资额	占比	增长率	国家或地区	实际投资额	占比	增长率
1	中国香港	92670	73.4	8.1	中国香港	87180	69.2	-5.9	中国香港	98920	75.5	13.5	中国香港	96010	71.1	-2.9
2	新加坡	6970	5.5	17.5	新加坡	6180	4.9	-11.3	新加坡	4830	3.7	-21.8	新加坡	5340	4.0	10.6
3	中国台湾	4410	3.5	-14.9	韩国	4750	3.8	17.6	中国台湾	4730	3.6	30.7	中国台湾	5030	3.7	6.3
4	韩国	4040	3.2	1.8	美国	3830	3.0	47.9	韩国	3690	2.8	-22.3	韩国	4670	3.5	26.6
5	日本	3210	2.5	-25.9	中国台湾	3620	2.9	-17.9	日本	3270	2.5	5.1	英国	3890	2.9	159.3
6	美国	2590	2.1	-3.0	中国澳门	3480	2.8	291.0	美国	3130	2.4	-18.3	日本	3810	2.8	16.5
7	德国	1560	1.2	-24.6	日本	3110	2.5	-3.1	荷兰	2170	1.7	n. a.	德国	3680	2.7	139.0
8	法国	1220	1.0	71.8	德国	2710	2.2	73.7	德国	1540	1.2	-43.2	美国	3450	2.6	10.2
9	英国	1080	0.9	-20.0	英国	2210	1.8	104.6	英国	1500	1.1	-32.1	荷兰	1290	1.0	-40.6
10	中国澳门	890	0.7	53.4	卢森堡	1390	1.1	n. a.	丹麦	820	0.6	n. a.	中国澳门	1290	1.0	n. a.
	全球合计	126270	100.0	5.6	全球合计	126000	100.0	-0.2	全球合计	131040	100.0	4.0	全球合计	134970	100.0	3.0

注：（1）“全球合计”的数据是实际使用外资的金额；“各国和地区”的数据是实际投入资金的金额，包括该国家和地区经由维尔京群岛、开曼群岛、萨摩亚群岛、毛里求斯、巴巴多斯等自由贸易港进行投资的金额。不同国家和地区的对华投资额（实际投资金额）的公布数据从 2009 年中期开始，就包括了各个国家和地区经由“避税天堂”的对华投资额。（2）因为从 2015 年开始只公布以人民币计算的“与上年同比增长率”，以美元计算的“与上年同比增长率”由 JETRO 根据中国商务部“中国投资指南”网站和 CEIC 数据计算得出。（3）由于2014 年以后的数据是以 1000 万美元以上的单位公布的，所以“占比”和“与上年同比增长率”可能与实际数值有一定差距。

资料来源：依据中国商务部“中国投资指南网”及 CEIC 资料整理制作。

表 6　日本各产业对华直接投资的变化

单位：亿日元，%

	2016 年			2017 年			2018 年 1 ~9 月		
	金额	占比	增长率	金额	占比	增长率	金额	占比	增长率
制造业（合计）	5946	60.4	-3.4	7178	68.7	20.7	6239	76.4	20.4
食品	139	1.4	-58.4	376	3.6	170.5	-675	n. a.	-332.7
纺织品	24	0.2	-142.9	134	1.3	458.3	89	1.1	59.2
木材、球茎	15	0.2	-92.7	-103	n. a.	n. a.	-15	n. a.	-86.8
化学、医药	526	5.3	27.4	677	6.5	28.7	856	10.5	89.4
石油	44	0.4	51.7	39	0.4	-11.4	32	0.4	9.1
橡胶、皮革	247	2.5	-7.8	109	1.0	-55.9	91	1.1	-18.3
玻璃、水泥	123	1.2	-47.9	426	4.1	246.3	362	4.4	88.6
铁、有色金属、金属	195	2.0	-29.1	77	0.7	-60.5	366	4.5	3225.5
一般机械生产工具	1929	19.6	13.7	1070	10.2	-44.5	1971	24.1	96.1
电气机械生产工具	1271	12.9	19.2	1828	17.5	43.8	993	12.2	-30.2
运输机械生产工具	1416	14.4	-2.2	2344	22.4	65.5	2004	24.5	22.1
精密仪器生产工具	50	0.5	177.8	26	0.2	-48.0	17	0.2	19.0
非制造业（合计）	3897	39.6	-2.9	3268	31.3	-16.1	1925	23.6	-26.2
农林业	6	0.1	20.0	*	n. a.	n. a.	*	n. a.	n. a.
水产业	-9	n. a.	n. a.	6	0.1	n. a.	*	n. a.	n. a.
矿业	16	0.2	n. a.	-52	n. a.	n. a.	-1	n. a.	-96.3
建筑业	65	0.7	62.5	15	0.1	-76.9	-5	n. a.	-152.9
运输业	129	1.3	706.3	49	0.5	-62.0	-27	n. a.	219.2
通信业	0	0.0	-100.0	-11	n. a.	n. a.	13	0.2	-141.5
批发零售业	2399	24.4	17.2	2807	26.9	17.0	1485	18.2	-27.2
金融保险业	956	9.7	-17.0	529	5.1	-44.7	651	8.0	16.9
不动产业	232	2.4	-53.9	-191	n. a.	n. a.	-193	n. a.	502.1

续表

	2016 年			2017 年			2018 年 1 ~9 月		
	金额	占比	增长率	金额	占比	增长率	金额	占比	增长率
服务业	152	1.5	-22.8	135	1.3	-11.2	107	1.3	44.0
合计	9843	100.0	-3.2	10446	100.0	6.1	8163	100.0	4.8

注：(1) 报告件数不到三件的项目，基于保护个别数据的观点，用“*”表示。(2) 当数据不存在时，用 n. a. 表示。(3) 由于各项目下的“*”的数据分别计入“其他制造业”和“其他非制造业”中，所以“制造业（合计）”和“非制造业（合计）”与各产业的合计数据不一定一致。(4) 上述的统计数据，将关联公司向母公司进行的投资视为母公司的投资回收（directional principle）。所以，与“国际收支状况”等公布的直接投资数据（不把关联公司对母公司进行的投资视为母公司的投资回收，而是按照总额进行统计（asset and liability principle））不一致。(5) 投资金额为负数的情形，则不计算与上年同比增长率。(6) 由于国际收支统计的标准发生变化，2013 年以前的数据与 2014 年以后的数据没有连续性。

资料来源：財務省「国際収支統計」を基に作成。

从日资企业的投资项目来看，在制造业领域，以增强与汽车产业相关生产能力为目的的大型投资项目表现突出，比如爱信 AW 株式会社与（浙江）吉利罗佑发动机有限公司（吉利汽车）共同出资成立合资企业（资本金达 1.17 亿美元），在华生产自动变速器（AT）。另外，日本 NTN 集团为了对应用轮毂电机驱动系统和车辆制动技术的新能源车的开发和大批量生产提供技术支持，与在中国设计制造汽车的长春富晟汽车创新技术有限公司签订技术使用许可合同，这也可以看作根据《乘用车企业平均燃料消耗量与新能源汽车积分并行管理办法》的要求采取的行动，即从 2019 年开始新能源车要在汽车生产中占一定比例。

此外，在化学和医药产品相关领域，小林制药在上海市设立 100% 出资的独资公司小林制药（中国）有限公司（资本金为 2000 万美元），日本 Tosoh（东曹）也设立了以扩大在中国的业务和强化公司治理为目的的综合性公司（资本金为 1000 万美元），从中都可以看到日资企业扩大在华事业规模、强化生产能力的动向。

在非制造业领域，批发零售业及相关不动产业的企业也陆续采取了行动，如 Maxvalu 东海的子公司永旺美思佰乐（广州）商业公司（Maxvalu 广州）位于广东省广州市商业设施内的“Maxvalu 美思佰乐圣地新天地店”开始营业；永旺 MALL 首次进入山东省，开设“烟台金沙滩门店”。

此外，分析并提供个人信用信息的开创者北京闪银奇艺科技（Wecash）获得率先进军中国金融科技市场的日本欧力士集团（ORIX）的融资（通过香港当地法人 ORIX Asia Capital Limited，获得 Wecash 的持股公司新发行的有表决权的优先股和可转换公司债约 64 亿日元），日资企业也开始投入中国日益活跃的创新活动。

从这些投资项目可以看出，日本企业顺应中国政府积极推进高质量发展和扩大内需的发展方向，主动在前景广阔的领域进行战略性投资。

再回到最近中国政府提出的开放政策上，李克强总理 2018 年 3 月 5 日在第十三届全国人民代表大会第一次会议上做的政府工作报告，采用了 2017 年 10 月召开的中国共产党第十九次全国代表大会提出的“全面开放”的提法，围绕外商投资提出了推进更广范围、更高阶段的开放的方针。2018 年 4 月，习近平主席出席在海南举行的博鳌亚洲论坛 2018 年年会，并在开幕式上发表主旨演讲，提出中国将围绕扩大开放采取四项重大措施：（1）大幅度放宽市场准入；（2）创造更有吸引力的投资环境；（2）加强知识产权保护；（4）主动扩大出口。

基于此方针，国家发改委和商务部于 2018 年 6 月联合发布《2018 年版外商投资准入特别管理措施（负面清单）》，并从 7 月 28 日开始施行，新版负面清单由原来的 63 条减至 48 条。修订的要点包括：在服务业领域，取消了对中资银行的外资持股比例限制，并将证券公司、基金管理公司、期货公司、寿险公司的外资股比放宽至 51%，2021 年取消金融领域所有外资股比限制；在制造业领域，2018 年取消新能源汽车的外资股比限制，2020 年取消商用车的外资股比限制，2022 年取消乘用车的外资股比限制以及“同一外商投资者在中国国内设立生产同类型整车产品的合资企业不超过两家”的限制。

中国政府自 2017 年相继出台《扩大对外开放积极利用外资若干措施》和《关于促进外资增长若干措施的通知》等推进对外开放的重要政策，2019 年还将对《2018 年版外商投资准入特别管理措施（负面清单）》进行修改，展示出继续推进对外开放的姿态。这样的政策背景，可以认为是日本企业扩大在华事业规模意愿高涨的一个原因。

（二）在华日资企业的发展动向

JETRO 每年都会实施“亚洲、大洋洲日资企业实态调查”，对在包括中国在内的海外进行事业拓展的日资企业的经营活动情况进行调查，并公布调查结果。根据这一调查，关于“未来在中国开展事业的方向”这一问题，选择回答“扩大”的受访企业占比，2011 年达到峰值为 66.8%，之后受中国经济增长减速和日中关系恶化的影响急剧下滑，2015 年和 2016 年甚至跌到 40% 上下，但 2017 年又大幅回升至 48.3%，2018 年进一步实现微幅增长 0.4 个百分点（见图 3）。

当被问及“未来一两年内扩大在华事业规模的原因”时，回答“在当地市场的销售额增加”的受访企业占压倒性优势，达到 85.4%，之后依次为“具有较强的潜在增长力”（39.6%）和“对高附加值的产品和服务的接受度高”（24.7%）。在被问及“未来一两年内缩小在华事业规模或者转移、撤退的原因”时，回答“成本增加（包括生产资料调配成本、人力成本等）”的受访企业是最多的，占 41.7%，之后依次为“在当地市场的销售额减少”（37.5%）和“确保劳动力存在困难”（31.3%）。

在国际协力银行以制造业为对象进行调查并公布的《关于日本制造业企业在海外开展事业的调查报告——2018 年度海外直接投资问卷调查结果（第 30 次）》中，关于“中长期（未来三年左右）希望拓展事业的国家和地区”这一问题，选择“中国”的受访日本企业占比继续占据第一位，2017 年是时隔五年后重返首位。至于选择中国的原因，包括：《中国制造 2025》背景下的设备投资活动日渐活跃，对国外企业的技术和产品需求高涨，半导体和制造机械产品的销售势头良好；而且国民收入水平提高，使得充分利用电子商务的一般消费品和乘用车等耐久消费品的销售都出现了增长。

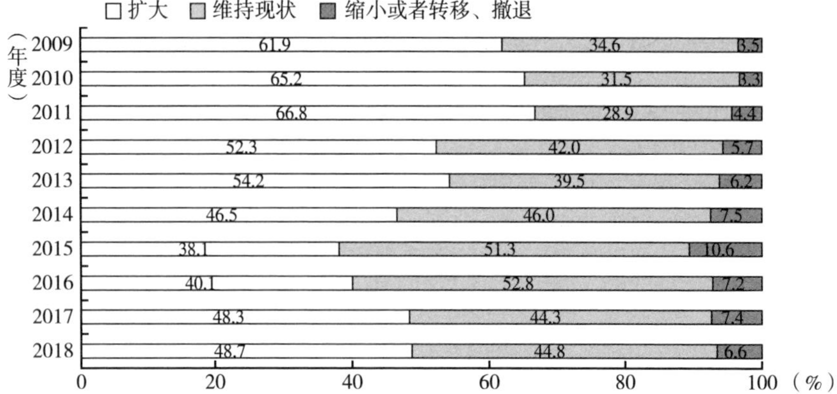

图3　在中国开展事业的方向

资料来源：JETRO『アジア・オセアニア進出日系企業実態調査』。

至于经营方面的问题（见表7），根据JETRO所进行的日资企业调查，回答率最高的是“从业人员的工资上涨”（75.7%），比2017年微幅增长0.4个百分点，继续占据首位。排名第二位的是“筹措成本上涨”（53.5%）。虽然中国政府继续推进减税和削减手续费等措施，但是从问卷调查结果来看日资企业依然面临着各种各样成本上涨的难题。

此外，在排名前十位的经营问题中，增长幅度最大的是“环境管制日趋严格”（45.8%），较2017年的调查上升了6.6个百分点。这主要是因为中国对《环境保护法》进行修订，进一步加强了对违反法令企业的惩罚措施。日资企业有呼声表示，“作为企业而言，是打算为遵守各种法令而诚心诚意地采取行动的，但是也希望在地方政府为保证适当遵守法令而采取监管和取缔措施等层面，对中资企业和外资企业按照统一标准来执行，而不是相关负责者的恣意而为”。另外，“雇用人才（一般工作人员）存在难度”（44.0%）和“雇用人才（技术人员）存在难度”（40.3%）这两项也第一次进入前十位，可见对于日资企业而言，确保人才将越来越难。

表 7　在华日资企业在经营层面面临的问题

排名	回答问题	回答率(%)		增减幅度（百分点）
		2018 年度	2017 年度	
1	从业人员的工资上涨	75.7	75.3	0.4
2	筹措成本上涨(仅限于制造业)	53.5	50.2	3.3
3	竞争对手(尤其是成本方面的竞争)的抬头	51.7	55.0	-3.3
4	质量管理存在难度(仅限于制造业)	48.0	50.2	-2.2
5	环境管制日趋严格(仅限于制造业)	45.8	39.3	6.6
6	雇用人才(一般工作人员)存在难度(仅限于制造业)	44.0	39.1	5.0
7	无法拓展新客户	43.4	39.9	3.5
8	成本削减越来越接近极限(仅限于制造业)	43.0	46.1	-3.1
9	从业人员的素质	42.0	44.3	-2.3
10	雇用人才(技术人员)存在难度(仅限于制造业)	40.3	36.8	3.4

资料来源：JETRO『アジア・オセアニア進出日系企業実態調査』。

（三）保护主义动向对在华日资企业的影响

2018 年，包括提高关税税率等在内的贸易保护主义政策在世界范围内兴起，引发全球关注。在此背景下，JETRO 在 2018 年 9～12 月，以 17317 家在海外进行投资的日资企业为对象实施了“包括提高关税税率等在内的贸易保护主义政策对日本海外企业的影响——2018 年度日本海外企业经营实态调查及追加问卷调查”（其中 7593 家企业提交了问卷，有效回答率为 43.8%）。具体问题包括：（1）提高关税税率等在内的贸易保护主义政策对经营事业的影响；（2）贸易限制措施造成的负面影响；（3）不同国家和地区采取的贸易限制措施的影响；（4）日资企业（围绕提高关税税率等在内的贸易保护主义政策）采取的应对政策。JETRO 对回答内容进行了整理统计和深入分析。

结果表明，关于“保护主义政策对经营事业的影响”，不同国家和地区的回答不尽相同，但是在世界任何一个地区，都有一定程度的日资企业表示“有负面影响”，其中美国有 75.0%，加拿大有 61.0%，中南美洲有 45.5%，中国有 37.3%（见图 4）。

关于“提高关税税率等在内的贸易保护主义政策对经营事业的影响”，就中国的整体情况而言，回答“没有影响”的日资企业占比和回答“有负面影响”的一样多，均为37.3%。但是，从不同地域来看，日资出口企业更聚集的沿海地区回答“有负面影响”的企业占比更高，其中广州超过了五成为51.4%，其他还有青岛41.5%、上海39.0%。而回答“没有影响”的日资企业占比，在大连超过了一半为53.9%，其他还有北京43.5%、武汉39.0%、成都34.4%、青岛34.2%。

关于“受到负面影响的项目”，排名前三位的分别是“国内销售”(55.3%)、“海外销售”（48.1%），以及“物资筹备和进口成本”（28.8%）。由此可以看出，和（以美国等为对象的）出口导向型日资企业相比，为向美国出口的企业供给零部件产品的日资企业的业绩受到较大影响。

整体而言，相较于其直接影响（如出口），日资企业更担心保护主义政策导致中国经济增长减速以及中国国内供应链发展受阻所带来的影响。

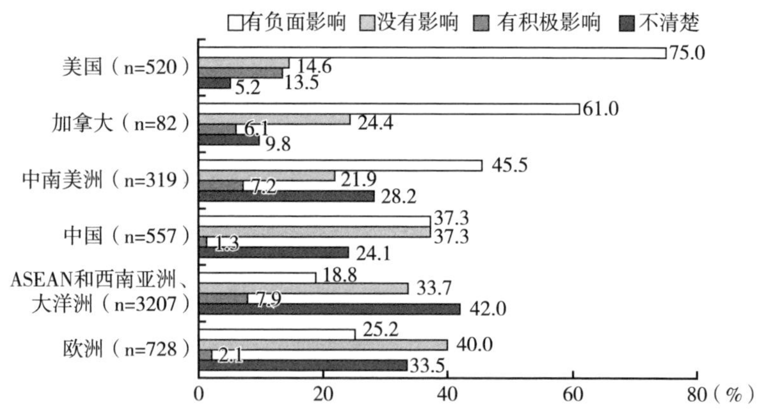

图4 保护主义对各个国家和地区的影响

资料来源：ジェトロ「関税引き上げ等の保護主義的な動きの進出日系企業への影響—2018年度進出日系企業実態調査・追加質問—」。

在美日资企业中，关于“提高关税税率等在内的贸易保护主义政策对经营事业的影响”，回答“有负面影响”的占比为75.0%（即520家企业中有390家），回答“没有影响”的仅占14.6%（76家），还有13.5%（70

家）的企业回答“有积极影响”。

从不同产业来看，回答“有负面影响”的有色金属企业占90.0%（9家），金属制品生产企业占87.0%（20家），运输机械零部件（汽车/摩托车）生产企业占86.6%（84家），运输机械（汽车/摩托车）生产企业占85.7%（18家）。

（四）日资企业直面的课题以及为改善投资环境采取的措施

对于中国经济的改革开放而言，外资的重要性不可计量，其中日本企业所发挥的作用非常重大，但是这些日资企业在开展事业的过程中也逐渐面临一系列问题。对这些问题的解决，不仅有利于外资企业，而且有助于改善整个中国的商业环境，以促进未来日本企业和其他外资企业的对华投资。

中国日本商会从2010年开始出版《中国经济和日本企业白皮书》，日本贸易振兴机构北京代表处作为调查委员会的事务局，在汇总信息的过程中发挥了核心作用。白皮书不仅概述了中国经济和日本企业的发展现状，而且作为“建议”提出了日资企业所直面的课题。

中国政府在2018年3月召开的第十三届全国人民代表大会第一次会议上，立足“十三五”规划的完成情况等，提出要深入推进供给侧结构性改革，通过简化行政审批程序等不断改善营商环境，加强与国际通行经贸规则对接，建设国际一流营商环境。《中国经济和日本企业白皮书》的主要诉求是“确保公平性”，这是实现上述目标的基础，也是谋求中国高质量发展不可或缺的要素。以此为基础，根据“十三五”规划和“2018年的政府工作报告”所指明的方向，将具体建议整理归纳为三大建议。

1. 健全现代市场体系

为建设竞争有序的市场体系，希望修订妨碍公平竞争的各种制度，公平对待内外资企业，进一步改革知识产权制度。

竞争法：关于中国企业之间的经营者集中，特别是在国有企业间集中时，还存在集中后即使其国内份额极度增大也会获得批准的案例，为了提高经营者集中审查的透明度，希望公布在此类案例中使用反垄断法的根本思路。

2. 深化行政体制改革

为建设法治政府、服务型政府，希望简化行政手续，提高办理速度，大幅取消审批和认证。同时，希望统一制度的执行和解释，在制度变更时预留充足的准备时间。

物流：随着通关一体化范围的不断扩大，管理系统的统一进程也不断推进，部分项目已实现了无纸化通关，审批程序的效率得到了提升，管理系统运行方面得到了有效改善。但是，由于系统频繁更新，稳定性有所欠缺，不仅系统本身的故障导致办理延迟的现象频发，而且系统之间不协调、系统水平和运用方法的地区差异等问题依然存在。希望进一步推进系统稳定性和统一性。

3. 进一步完善全面开放新格局

为适应经济全球化，希望进一步放开制造业、服务业领域的外资准入限制，进一步采用国际标准。

银行：2017 年在各地办理大额股息汇款、企业异地结算、境外放款业务等时，均存在无法进行外汇及人民币的对外支付的情况。如果按企业刚需进行的对外合法结算受阻，则可能引发对华投资的潜在风险。凡法律法规中没有明文禁止结算的，则不应限制结算，希望提高执行的透明度。另外，希望切实推行全国统一的、明确的外汇管理制度。

中国政府基于之前适用于外资企业投资的“外资三法”（即《中外合资经营企业法》、《中外合作经营企业法》和《外资企业法》）很难满足构建开放型经济新体制的需求的认识，正在制定《外商投资法》，以作为统一与外资相关事项的基本法。从该法的草案可以看出，其部分吸收了在华日资企业在上述白皮书中一直倡导改善的内容。通过实施这一法律，可望进一步放宽市场准入要件、简化行政审查认可手续，并加强对外国投资者和外商投资企业的合法权益的保护。另外，有报道指出该法被定位为规定原则性方针的法律，合计包括39条。为此，在华日资企业提出，为了能贯彻落实其宗旨，《外商投资法》还应该制定相关实施细则等，以明确其实效性。

三 《日中和平友好条约》签订和改革开放40周年与日中经济贸易关系变迁

（一）贸易关系的变迁

2018年，是中国改革开放40周年，也是《日中和平友好条约》签订40周年，对于日中两国而言是具有节点意义的一年。4月，中断了八年的日中经济高层对话重启；5月，李克强总理访日；10月，第一届中日第三方市场合作论坛在北京举行，李克强总理与日本首相安倍晋三共同出席。李克强总理评价称，“40年来，日本工商界深度参与了中国改革开放的进程，为中国发展做出了积极贡献，与此同时，也分享了中国发展的机遇和红利”。正如此言，自20世纪70年代末以来，日中两国的经济贸易关系日趋紧密，实现了共同发展。

从日本方面的贸易统计（财务省的贸易统计）来看，日中实现邦交正常化的1972年，两国贸易总额仅为11亿美元，到中国转向改革开放、《日中和平友好条约》签订的1978年增至51亿美元。之后，1981年达到104亿美元，首次突破100亿美元大关，1991年达到200亿美元，2002年超过1000亿美元，2006年超过2000亿美元，2011年达到3450亿美元的历史高值，其间因为亚洲金融危机、雷曼冲击等特殊原因也曾出现过一时的减少，但整体维持增长态势。

正如前述基于双方进口数据所做的分析，在日本的对外贸易中，2018年，中国对日出口额自2012年的六年来首次反超美国，中国重新成为日本第一大出口国，贸易总额和进口额也分别占据着自2007年和2002延续至今的第一位。

综上，回顾自中国改革开放和《日中和平友好条约》缔结以来的40

年，日中两国都已经在对方国家经济发展中占据了极为重要的地位，日中相互依存关系不断深化。

（二）日本对华投资的变迁

接下来，对日本对华直接投资的变化和特征做一概述。一般认为，截至目前，日本的对华直接投资经历了四次高潮（见图5）。[①] 从投资额（实际）来看，1985年的日本对华直接投资为3亿美元，经过四次发展高潮后在2012年达到历史性峰值74亿美元。本文将日本对华直接投资出现的四次峰值以及前后期间视为四次高潮，分析各个时期的不同特征。

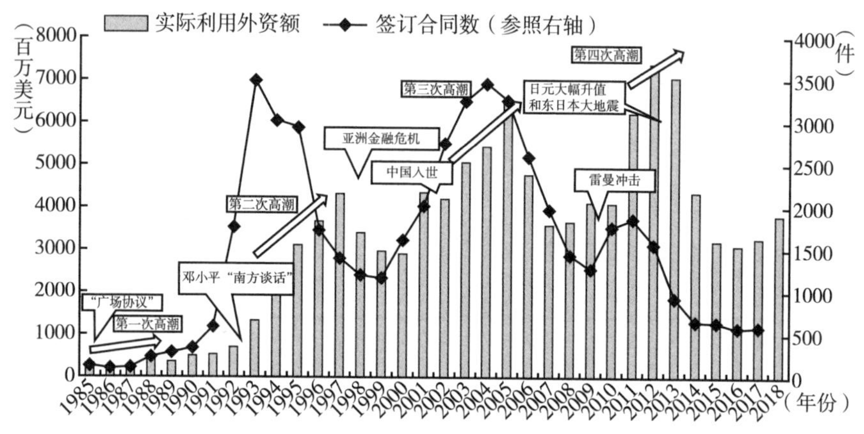

图5 日本对华直接投资的变化

资料来源：依据《中国商务年鉴》及其他各类资料整理制作。

第一次高潮，发生在受"广场协议"影响日元升值的1985～1987年。纺织、杂货以及食品加工等轻工业产业，为了追求廉价劳动力开始进入中国。尤其是与日本历史渊源深厚、日语人才众多且距离较近的大连，成为日资企业大量聚集的中心。

---

① 柴生田敦夫「日本企業の対中投資」、RIETI Policy Discussion Paper Series 09－P－004。此文将截至2008年的日本对华直接投资分为三次高潮期并指出了各个时期的特征。本文基于该文对日本对华直接投资的第一次到第三次高潮进行说明。

第二次高潮，出现在1991～1995年。当时，中国领导人邓小平发表“南方谈话”，中国开始真正引进外资，推动市场经济加速发展。以华南地区为中心，日资企业掀起对华投资热潮。由于中国的基础设施建设有所发展，日本的电气、电子产业以及机械产业等开始在中国设立生产基地。1997年，亚洲金融危机爆发，东盟各国遭受巨大打击，日本对华直接投资也出现减速。但是，中国经济在危机中维持了比较坚挺的增长态势，加之全球性IT产业大发展，欧美国家以及台湾地区的IT相关企业大量进入中国，使生产零部件产品的日本企业对华投资也有所增加。受此影响，产业集聚现象开始出现，通过供给产业基础的形成，零部件及原材料等生产材料的调配日渐便利，又进一步促进了生产商的对华投资。由此形成的良性循环，与日本对华直接投资出现第三次高潮不无关系。

第三次高潮，发生在中国加入世界贸易组织（WTO）前后的2000～2005年。和前两次高潮不同，日本对华直接投资的第三次高潮出现了一系列新的特征，包括：投资不仅针对传统的生产基地，还为了进入中国市场而设置销售据点，为充分利用优秀且廉价的人才而设置研发基地，以诸如此类目的而进行的投资不断增加；地域分布也不仅局限于以广东省为中心的珠江三角洲和以上海市为中心的长江三角洲，对以北京市和天津市为中心的环渤海地区的投资也不断增加。

第四次高潮，发生于2011～2013年左右。受2008年9月发生的雷曼冲击影响，世界经济发展出现急剧减速，继续保持增长态势的中国吸引了日本企业的关注，它们不仅是以中国为生产基地，也将中国视为销售市场。同期，中国政府大力推进扩大内需政策，中国继续从“世界工厂”向“世界市场”发展。另外，这一时期，不仅是沿海地区，中国的内陆地区因为有广阔的市场也备受关注，新的投资项目中服务业所占比重较高。[①] 也有观点认为，日本对华直接投资掀起第四次高潮，得益于日元升值和东日本大地震

① 瀬口清之「第4次対中投資ブームの到来と中国ビジネスの新たな課題（1）」、キャノングローバル研究所『海外情報・ネットワーク、コラム』。

造成的日本企业生产基地分散化发展动向。

2010 年以后，在非制造业领域，包括贸易的批发和零售业、不动产业、金融保险业以及餐饮业等服务业，还有流通运输业等，日本对华直接投资活动都日渐活跃。尤其是批发零售业，在中国各地大力推进的新的投资项目，可视为日本非制造业对华直接投资的牵引动力。如此，日本对华直接投资的重心自 2010 年左右开始从制造业向以批发零售业为中心的非制造业转移，但是 2017 ~2018 年，受新能源车相关政策以及外商投资规制放缓等因素影响，以运输机械生产工具为中心的日本制造业对华直接投资重现活力，并形成主导整体增长的模式。与中国政府推进的开放政策和产业政策的发展方向相契合，与汽车和高科技相关的日本制造业对华直接投资能否重新活跃，值得关注。

四　结语

目前，中国的发展方向是从高速增长转为中高速增长，继续维持稳定增长的同时，积极推进结构调整。2018 年 12 月召开的中央经济工作会议再次提出，2019 年经济政策的基本方针是坚持稳中求进工作总基调，坚持新发展理念，坚持推动高质量发展。同时表示，由于中美贸易摩擦，“外部环境日趋复杂严峻，中国直面经济下行压力”。另外，会议也明确了“深化改革开放，参与全球经济治理体系变革，要变压力为加快推动经济高质量发展的动力”的发展方向。

在中国扩大经济规模的过程中，日资企业通过贸易、投资等活动，到目前为止发挥了非常重要的作用，未来在提升中国发展质量的进程中，日资企业做贡献的机会将进一步拓宽。在老龄化对策和环境污染对策等方面，日本的经验将发挥作用，在高端制造和消费层面具有优势的商品、技术和诀窍等也可以充分利用。另外，日本企业的商业活动，还能提高中国企业的技术能力和经营效率，强化其竞争力。为了充分发挥在华日资企业的上述动力，进一步改善经营环境并扩大外商投资领域是必不可少的，这也是中国政府提出的发展方向。

2019 年，中国政府将进一步推动开放政策发展，如审议“外商投资法案”、发表《鼓励外商投资产业目录》等。如果这些措施能够得到具有实效性的落实，对于在华日资企业而言，中国市场将更具魅力。

（叶琳译　张季风校编）

中国改革开放40年与日本

40 Years of China's Reform and Opening up and Japan

B.7 改革开放40年与中日经贸合作

宋耀明*

摘　要： 2018年是《中日和平友好条约》缔结40周年，也是中国改革开放40周年。中日经贸合作与中国改革开放进程密切联系、相互促进，中日双方在贸易、投资、政府资金合作以及近十年来的节能环保、地方合作、开拓第三方市场、创新等多个领域实现互利合作。当前，两国关系呈现积极向好势头，各领域交流不断加强，中日经贸合作进入新时期。双方应把握机遇，发挥经贸合作"压舱石"和"推进器"的作用，引领双边经贸关系提质升级。

* 宋耀明，中华人民共和国驻日本国大使馆经济商务处公使，全国日本经济学会常务理事，主要研究领域：中日经贸合作、区域经济合作等。

关键词： 改革开放　经贸合作　中日贸易　中日双向投资　对华 ODA

1978 年将中国社会主义现代化建设与中日经贸合作紧密地连在了一起。该年 10 月，邓小平同志访日并出席《中日和平友好条约批准书》互换仪式。其间，邓小平参观新日铁、日产汽车及松下等企业，乘坐新干线，对现代工业化发展之快留下深刻印象，也更坚定了中国一定要实施改革开放的决心。同年 12 月，中国共产党十一届三中全会召开，翻开了中国改革开放的新篇章，也开启了中日经贸合作快速发展的大幕。40 年来，中国人民砥砺奋进，中国经济发展取得举世瞩目的成就。日本官民并举开展合作，通过日元贷款、无偿援助、技术合作、民间投资、长期贸易等方式积极参与改革开放，为中国的现代化建设做出重要贡献。中日之间已经形成你中有我、我中有你的紧密关系，经贸合作成为两国关系重要的“压舱石”和“推进器”。当前，中日关系呈现积极向好势头，中日经贸合作面临提质升级的新机遇。

一　改革开放40年中日经贸合作回顾

（一）双边贸易

新中国成立后，中日先后签订四次民间贸易协定，并在 1962 年签订《中日长期综合贸易备忘录》，中日经贸关系先后经历了以民间贸易为代表的“以民促官”阶段和以友好贸易、备忘录贸易为代表的“半官半民”阶段。1972 年，中日实现邦交正常化，为两国开展经贸合作铺平了道路。1974 年《中日政府贸易协定》签署，揭开了两国官方贸易往来的序幕。1978 年改革开放后，中国加强对外经济合作，中日贸易迅速扩大，双边贸易额从 1978 年的 48.2 亿美元猛增到 1981 年的 105.2 亿美元。[①] 20 世纪 80

① 本文的中日贸易数据来自中国海关统计。

年代后期，中国家用电器进口替代初步完成导致从日本进口降低、中美贸易扩大对中日贸易产生一定替代作用、中日政治关系出现波折等，受这一系列因素影响，中日贸易额出现下降。90 年代之后，中日双边贸易规模开始回升。

值得一提的是，1978 年中日双方签署以中国向日本出口原油和煤炭，日本向中国出口技术、成套设备和建设器材等为主要内容的《中日长期贸易协议》（简称“长贸协议”）。“长贸协议”的签订使中日贸易突破了短期、零散的商品交易形式，建立起长期、大宗的商品供应关系，对稳定和扩大中日贸易、扩大中国出口创汇能力并引进日本成套设备和技术起到了关键作用。自“长贸协议”签订至 1999 年底的 22 年时间里，在协议项下中国累计向日本出口原油 1.83 亿吨、煤炭 9842.9 万吨，总金额达 320.8 亿美元；日本向中国出口技术、设备等累计金额达 236.5 亿美元。①

2001 年，中国正式加入世界贸易组织（WTO）后，中日双边贸易快速增长，贸易额自 1999 年起连续十年刷新纪录，分别在 2002 年和 2006 年突破 1000 亿美元和 2000 亿美元。截至 2003 年，日本连续十一年为中国第一

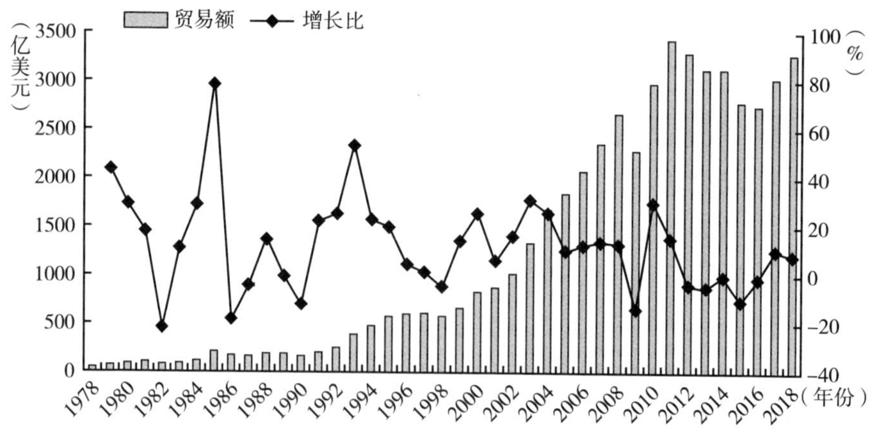

图 1　改革开放以来中日贸易额变化（1978～2018 年）

资料来源：根据中国海关统计数据绘制。

① 中华人民共和国商务部：《中日签署新一期长期贸易协议》，2000 年 12 月 22 日。

大贸易伙伴。之后随着中国与欧美和东盟的贸易不断扩大，中日贸易占中国对外贸易总额的比重下降，2004 年被欧盟、美国超过。另一方面，中日贸易在日本对外贸易中地位不断提升，2007 年起中国成为日本第一大贸易伙伴，2011 年中日贸易达到 3428.9 亿美元的历史最高值。2012 年，钓鱼岛“购岛”事件导致中日关系恶化，中日贸易额明显下降，2013 年降至 3125.5 亿美元，2015 年降至 2786.7 亿美元，直至 2017 年才重回 3000 亿美元大关。

（二）双向投资

1979 年日本开始对华直接投资。20 世纪 80 年代初，在北京和福州分别迎来了松下彩电玻壳和福日电视机两个著名项目的落户。1984 年，中国政府宣布设立 14 个首批沿海开放城市，给予外商若干优惠待遇，鼓励对外经济合作和技术交流。1986 年，中国出台《国务院关于鼓励外商投资的规定》，旨在改善投资环境，吸引外商投资。在政策利好下，日本对华投资迎来第一个高潮。1992 年，邓小平发表“南方谈话”，中国改革开放步伐加快，日本对华直接投资速度和范围全面提升，投资额从 1992 年的 7.1 亿美

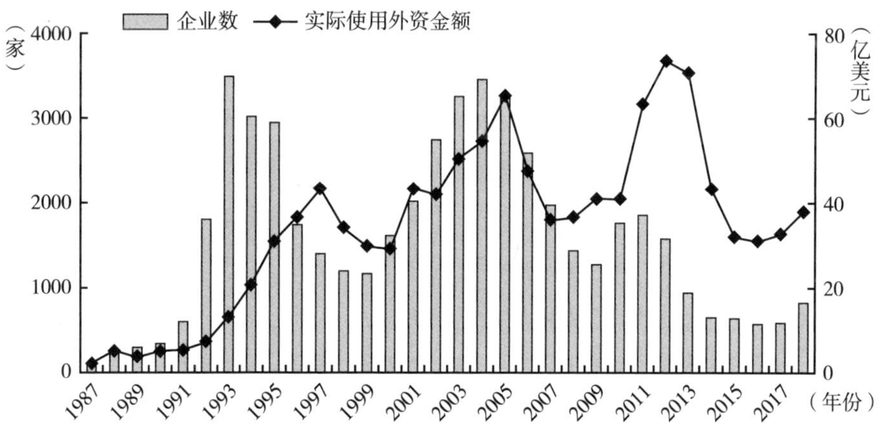

图 2　日本对华投资情况（1987～2018 年）

资料来源：根据中国商务部外资统计数据绘制。

元增加至 1997 年的 43.3 亿美元，[1] 出现第二个高潮。大连工业园区落户大连金州开发区，辽宁省大连市和上海市以及江苏省苏州、无锡、常州一带成为日本企业重点青睐的投资地区。1997 年底，亚洲金融危机爆发，日本对华投资陷入低迷。

2001 年加入世界贸易组织后，中国削减了工业产品关税，并放开了服务业部门的市场准入限制，对外开放程度进一步加深，促进了日本对华直接投资增长，日本对华投资迎来第三次高潮。2008 年前后，受国际金融危机影响，日本对华直接投资回落，但之后迅速恢复，并在 2011 年急剧增长，2012 年达到 73.5 亿美元的史上最高值。受“钓鱼岛事件”等因素影响，2013 年起日本对华投资逐年下降，到 2016 年降至 31 亿美元。2017 年中日关系出现回暖，日本对华投资走出低谷，投资额增长 5.3% 至 32.7 亿美元。随着中国经济的发展和中日经贸合作的深化，日本对华投资范围由最初的劳动密集型产业逐渐扩展至资本及技术密集型产业，金融、保险、零售等领域成为日本对华投资的热点。

中国对日投资起步较晚。改革开放初期，由于经济发展相对落后，资金不足，中国对日投资较少，以在日设立办事处和当地法人或分行为主要形式，这些企业有中国粮油食品进出口、中国技术进口、中国五金矿产进出口等专业外贸总公司和中国银行等金融机构，以及中国远洋运输总公司、中国对外贸易运输总公司等国际船运公司。近年来，随着“走出去”步伐加快和“一带一路”倡议的实施，中国对日投资稳步发展。投资领域从对外贸易、金融保险、远洋海运业向制造业、信息通信、软件、互联网、物流、现代金融支付服务等新型业态拓展，移动支付、共享经济、跨境电商等新经济模式纷纷登陆日本，技术研发、品牌收购、销售网络成为企业主要合作目标。中石油收购大阪炼油厂、联想收购 NEC 个人电脑业务、苏宁收购 Laox、山东如意收购瑞纳、海尔收购三洋白色家电业务、美的和海信分别收购东芝的白色和黑色家电业务等是具有代表性的并购案例。截至 2018 年底，中国对日直接投资

① 本文的日本对华直接投资数据来自中国商务部外资统计。

存量 44.5 亿美元。[①] 在日中国企业在带动当地就业和经济发展的同时，积极履行社会责任，企业影响力与日俱增。为增强在日中资企业的凝聚力和影响力，树立中国企业的良好形象，在日中国企业还组成了以在日投资国企和重要民企为骨干和主要会员的在日中国企业协会和全日本中国企业协会联合会，加强与日本企业、经济团体和政府部门的沟通联系，共同推动中资企业在日发展。

（三）政府资金合作

中日政府资金合作以日本对华提供政府开发援助（ODA）为主要形式，主要包括日元贷款、无偿援助和技术合作三个部分。1979 年，时任日本首相大平正芳访华，宣布日本将对华提供 ODA，第一批对华日元贷款从 1980 年起实施。日本还对华提供无偿资金援助和技术合作，主要用于医疗保健、环境保护、人才培养和教育等领域。1984 ~ 1990 年和 1990 ~ 1995 年，日本又分两批对华提供日元贷款，主要用于电力、铁路、港口、机场、公路、通信、城建、农业等大型项目建设。20 世纪 90 年代中期以来，日本更加重视在环保、民生、人才培养、技术转移等领域提供援助。2002 年以后的日元贷款项目大都与改善大气环境、水环境、生态环境以及植树造林、培养环保人才等环保领域有关。

自实施以来，日元贷款保持增长态势，并在 2000 年达到历史最高值 2144 亿日元，之后开始逐年减少。从 2008 年起，日本全面停止对华所有新贷款，对华经济援助只保留少量无偿资金援助和技术合作，环境保护、减灾防灾、应对传染病和食品安全等领域技术合作成为日本对华 ODA 的主要部分。[②] 截至 2016 年底，日本对华 ODA 总额累计超过 3 万亿日元，其中提供日元贷款 33165 亿日元，无偿援助 1576 亿日元，技术合作 1845 亿日元，日本累计接收中国研修人员 54136 人，向中国派遣专家 10383 人。[③]

---

① 数据来自中国商务部合作司。

② 常思纯：《日本对华官方开发援助 40 年回顾与展望》，《东北亚学刊》2018 年第 4 期。

③ 外務省「政府開発援助（ODA）国別データ集 2017」、https：//www. mofa. go. jp/mofaj/gaiko/oda/press/shiryo/page1w_ 000024. html。

（四）官民并举交流机制

除贸易、投资和资金合作外，长期以来中日双方还建立起多领域、深层次的官民并举经济交流机制。政府层面，早在20世纪80年代，双方就启动了中日政府成员会议（日方称“日中阁僚会议”），就国际形势、外交、经济和财政政策等议题广泛地进行协商。2007年，中日经济领域最高级别交流机制——中日经济高层对话启动，双方围绕宏观经济及多双边经贸议题展开交流。2018年4月，第四次中日经济高层对话时隔八年重启，双方就宏观经济政策、中日经济合作与交流、中日第三方合作、东亚经济一体化与多边合作等议题进行了深入探讨。目前双方政府间交流机制还有中日经济伙伴关系磋商、中国商务部与日本经产省副部级定期磋商、中日节能环保综合论坛、中日第三方市场合作论坛、中日经济知识交流会等。民间层面，日本国际贸易促进协会、日中经济协会，以及日本经济团体联合会、日本商工会议所等，每年均派大型经济界代表团访华，与中国领导人和商务部、国家发改委、工信部等部门就中日经贸合作充分交换意见。

二　中日经贸合作对中国经济的贡献

（一）改善基础设施和环保水平

日本对华ODA弥补了中国在改革开放初期所面临的资金短缺问题，推动了中国基础设施建设，间接促进了日本对华贸易、直接投资和技术转移，并帮助中国培养了大批技术人才，对改革开放以来，尤其是20世纪80～90年代的中国经济发展发挥了积极作用。日元贷款长期占中国接受外国官方资金援助的一半左右，并曾被用作中国国民经济五年计划的外部配套资金。日元贷款占中国国家预算内基础设施建设投资的比重，在1994年达到27%的最高峰，直到1997年始终占1/4左右。[①] 日本对华提供的三批日元贷款属于长期低息的优惠贷款，帮助中国完善了道路、机场、发电站等大型基础设施建设，提高了中国农业、工业、医疗、教育、环保等领域的基础设施水平，秦皇岛港改扩建及连云港、青岛港、深圳大鹏湾盐田港、海口港扩建，兖州—石臼所铁路、大同—秦皇岛铁路、神木—朔县铁路、衡阳—广州铁路复线项目、宝鸡—中卫铁路、南宁—昆明铁路电气化改造、北京—秦皇岛铁路电气化改造、北京地铁一号线、首都机场二期、天生桥水电站、北京高碑店污水处理厂、湖南五强溪水电站等项目均有日元贷款的参与。日本还无偿援助中日友好医院、中日友好环境保护中心、中日青年交流中心建设以及贵州饮用水供给改善计划等，为脱困扶贫、改善偏远地区民众生活条件做出了贡献。特别是2000年以来，日本加大对华环保领域援助，将大量资金投入资源能源可持续利用、生态环境保护等方面，对中国环保事业的发展做出了积极贡献。

（二）推动产业转型升级

改革开放之初，中国经济发展基础仍较为薄弱，仅靠国内资金难以满足产业发展与调整所需的固定资产投资需求。日本对华直接投资弥补了资金缺口，为产业升级和转换提供了有力支持。日本对华直接投资为中国学习日本先进生产与管理技术提供了机会，促进了中国比较优势产业的发展，推动了产业结构调整升级。此外，外商企业的进入在一定程度上增强了市场竞争的激烈程度，促使中国本土企业改善生产方式、提高管理技术、淘汰落后企业，最终优化了市场主体，激发了市场活力，带动产业整体发展水平提升。随着中国产业结构的升级，日企对华投资的结构也逐渐转变。20世纪90年代以后，日本对华直接投资的重点逐渐从纺织、食品、杂货等劳动密集型产业转向了建筑、钢铁、化学、电子机械、运输机械等资本密集型产业。近年来，随着中国经济由高速增长阶段转向高质量发展阶段，消费占国内生产总

① 张季风：《中日经贸关系70年回顾与思考》，《现代日本经济》2015年第6期。

值比重日益增加，服务业已占据国民经济半壁江山，节能环保、金融保险、医疗健康、日用消费品等成为日企对华投资的热点领域。

（三）促进贸易与投资良性循环

改革开放以来，中日贸易额迅速扩大，日本对华投资全面发展，二者双向互补、相互促进，形成良性循环。一方面日本通过对华投资将先进的设备、技术及管理经验带到中国，提高了企业生产效率，中国出口产品在价格、质量方面的优势得到提高，市场竞争力增强，带动中国出口产业发展，并促进了日本自华进口的增长。另一方面，随着中国经济实力不断增强和中日经贸合作规模的提升，中国对进口需求不断扩大，尤其是对技术含量高、种类丰富的日本产品需求日益上升，带动日本对华出口增加，并使中国成为日本企业最为重视的海外市场之一，反过来促进了日本企业加速对华直接投资进程。在华投资日企在带动地方经济增长、解决就业方面发挥了积极作用。双边贸易的增长也在为两国带来贸易收入的同时，使两国民众享受到彼此优质的产品和服务。

（四）提升技术和管理水平

改革开放后，中国在对外技术合作上主要采取购买技术设备和引进技术相结合的方针，通过购买专利、联合设计、合作生产等多种形式引进先进技术。而日本经济发达，技术先进，成为中国开展技术合作的主要对象国之一。[①] 多年来，日本在中国技术引进来源国中的地位突出，合同数及合同金额均名列前茅。20 世纪 80 年代，日本对华技术合作实施了 119 项国有企业老厂改造项目。从日本引进技术成为提高中国工业制造水平和能力的重要途径，通过引进日本的专利和技术，中国电子通信及设备制造、钢铁、汽车等产业获得较快发展。同时，日本对华直接投资也产生了技术溢出效应。借助日本对华直接投资，中国企业可以引进技术含量较高的工业制品以及先进的

① 范拓源：《90 年代以来的对华技术转移》，《日本学刊》2008 年第 6 期。

生产和管理技术，加以模仿和学习；中方员工在日资企业接受相关培训后转移到中国企业，可将所学到的知识应用于生产实践，从而提高中国企业的生产水平。日本还通过接收进修人员赴日、派遣日本专家、派遣青年海外协力队、提供器材等方式开展对华技术合作，促进了中国文教、卫生、医疗、环保等领域技术的发展。

中日经贸合作在为中国经济发展做出积极贡献的同时，也给日本带来了实实在在的利益。贸易方面，日本对华贸易依存度高，中国是日本最重要的贸易伙伴之一。投资方面，中国庞大的市场和优质的劳动力资源成为海外日企成长的重要动力。日本贸易振兴机构报告显示，约七成的在华日企保持盈利，营业额增长成为日本企业扩大在华业务最重要的原因。而中国对日投资也开拓了日本市场，增进了两国人员交流，刺激了日本地方经济，同时有助于日本的产品、服务、技术及经验契合中国市场的需求。资金合作方面，日本对华援助有力地帮助了日本企业开拓中国市场，促进了对华出口，同时改善了日本在华形象，提高了中国民众对日本的好感度，为日本的品牌积累了口碑。中方项目单位在利用日元贷款时，也是还款最好、最及时的。其间，日元曾大幅升值，一度飙升至1美元兑79日元，项目单位还款压力巨大，中国政府拿出财政资金帮助项目单位按期还本付息，可以说成为发展中国家利用日元贷款项目的典范。

三　当前中日经贸合作的特点

经过40年的发展，中日经贸关系无论是量还是质都发生了翻天覆地的变化。当前，中日经贸合作呈现出一系列新特点。

（一）规模大且相互依存度高

当前，中日两国分别是全球第二、第三大经济体，中日经贸合作的规模也随着两国经济总量的增长而扩大。贸易方面，与改革开放初期相比，如今中日贸易额增长了30多倍。2018年，中日双边贸易额达3276.6亿美元，同比增长 8.1%，继 2017 年后继续保持在 3000 亿美元之上。目前日本是中国第四大贸易伙伴和第二大贸易对象国，中国是日本最大贸易伙伴，中日贸易额分别占中国和日本对外贸易总额的 7% 和 20% 以上。[①] 投资方面，截至 2018 年底，日本累计在华投资设立企业 51834 个，实际到位金额 1119.8 亿美元，稳居对华投资国别排行榜首位，是唯一一个累计对华投资超千亿美元的国家。高峰时的投资额约是 20 世纪 80 年代末的 20 倍。

（二）合作领域宽且程度深

中日邦交正常化之初，双边经贸关系基本局限在贸易领域，贸易是构成中日经贸关系的主体。1979 年双方就日本对华提供 ODA 达成协议后，日本对华 ODA 成为中日经贸关系的第二大支柱。进入 20 世纪 90 年代，随着中国对外开放进一步扩大，日本对华直接投资快速增长，成为中日经贸关系第三大支柱。进入 21 世纪，两国经贸合作领域不断拓宽，内涵更加丰富。除传统制造业外，双方合作拓展至商业、物流、现代服务业等领域，特别是近年来，伴随“一带一路”倡议、“互联网 +”等战略的实施，中国市场的活力不断被激发，节能环保、高端制造、第三方市场合作、创新合作等成为双边经贸合作的重要领域。投资方向也从日本单向对华投资向双向以及中日联手在第三方市场投资发展，两国产业和企业合作层次和融合程度不断加深。此外，两国人员往来也保持快速增长，从改革开放之初的几万人次增长至现在的超千万人次。2018 年中国大陆访日游客达 838 万人次，同比增长 13.9%，连续四年位居国别排行首位。[②]

（三）战略意义强且区域影响力大

拓展和深化经贸合作不仅关乎两国经济利益，更对构筑两国战略互惠关系具有重要意义。在两国政治关系陷入紧张时期，经贸合作往往成为双边关

---

① 数据分别来自中国海关和日本海关统计。

② 日本政府观光局：《访日外国游客统计》，https://www.jnto.go.jp/jpn/statistics/data_info_listing/index.html。

系改善的重要突破口，经贸先行、以经促政成为推动双边关系发展的重要手段。同时，作为全球第二、第三大经济体，就重大区域性和全球性问题进行沟通和协调，在中日韩 FTA、“区域全面经济伙伴关系协定”（RCEP）、二十国集团（G20）、亚太经合组织（APEC）等区域和多边领域开展合作，越来越成为中日双边关系的重要内容。伴随中国经济实力的增长和国际地位的快速提升，中日经贸关系的影响力不断增强，其不仅对两国经济自身的稳定和发展至关重要，而且日益成为全球经济格局中最重要的双边关系之一，对地区乃至全球经济发展和稳定发挥着举足轻重的作用。

四　中日经贸合作新动向及前景展望

2017 年以来，中日关系出现积极改善，陷入低迷的经贸合作出现回暖。2018 年，中日关系改善势头进一步增强，两国经贸领域互动增加，“一带一路”合作持续升温，双边经贸关系明显改善。2018 年 4 月，中日经济高层对话时隔八年重启，双方围绕宏观经济政策、双边经济合作与交流、中日第三方合作、东亚经济一体化与多边合作等充分交换意见，达成一系列共识。5 月，李克强总理访日，推动中日关系重回正常轨道。两国在经贸领域达成一系列重要成果，签署多项合作文件，中日经贸合作迎来新时期。10 月，日本首相安倍晋三访华，双方确认了“互为合作伙伴，互不构成威胁”的政治共识，一致同意开展更高层次的务实合作和更加紧密的国际合作，在政治、第三方市场合作、创新、金融、海关等领域签署多项合作文件。

当前中国经济继续保持平稳健康发展，为中日经贸合作提供了源源不断的动力。中国市场巨大的增长潜力和日益完善的投资环境将长期保持对外资的吸引力。在第四次科技革命浪潮之下，中国创新驱动发展成果显著，重大科技创新成果不断涌现，高铁网络、电子商务、移动支付、共享经济引领世界潮流。日本政府提出灵活运用第四次产业革命的先进技术，推动智能社会 5.0 的发展。中日经济互补性强，两国在诸多领域务实合作拥有广阔空间。“一带一路”倡议为两国携手开拓第三方市场提供了有利契机，双边经贸合

作将面临更大发展。站在新的历史起点上，未来双方可重点在以下几个方面开展合作。

（一）拓展重点领域务实合作

在中国经济转向高质量发展的大背景下，节能环保、高端制造、医疗养老、物流等领域的多样性服务消费需求不断增长。日本在相关领域拥有先进技术、成熟产品和运营经验，期待日本企业能够发挥优势，加大投入力度，巩固和扩大对华合作。同时用好中国扩大进口、推动贸易平衡的政策红利，在坚定不移做好传统贸易的同时，积极利用跨境电商等新模式，不断发掘中国消费者喜爱的新产品，推动日本对华出口继续增长。2018 年 11 月，首届中国国际进口博览会（简称“进博会”）在上海成功举行。460 余家日本企业参展，涵盖汽车、智能制造、医疗、日用消费、食品及农产品、家电、服务贸易等所有展区，展出面积达 2 万平方米，在数量和面积上均居参展国家和地区之首，成为进博会一大亮点。进博会不是中国的独唱，而是各国的大合唱。今后进博会将一直办下去，期待日本企业继续积极参与和支持进博会，共同分享中国扩大开放带来的机遇。

（二）开展第三方市场和创新合作

中日两国经济各具优势、互补性强，开展第三方市场合作为两国务实合作开辟了新路径，不仅对两国有利，也会给周边国家及合作的第三方带来机遇，为促进本地区繁荣和世界经济稳定做出新贡献。2017 年以来，两国领导人就开展第三方市场合作达成共识。2018 年 5 月，李克强总理访日期间，双方签署中日企业开展第三方市场合作的备忘录。2018 年 10 月，安倍首相访华期间，第一届中日第三方市场合作论坛在北京成功举办，双方 1500 多人出席，两国地方政府、金融机构、企业之间签署了 50 余项合作协议，金额超过 180 亿美元。这充分说明，两国开展第三方市场合作潜力巨大、前景广阔，将成为中日务实合作的新支柱。2019 年 4 月，第二届“一带一路”高峰论坛在北京举行，将为中日探讨第三方市场合作提供新的平台。双方应遵循“企业主体、市场运作、政府引导、互信互利”原则，创新开放共赢合作模式，加强在第三方市场基础设施、新兴产业、国际物流、节能环保、医疗保健、地区开发等领域的合作；推进境外经贸合作产业园区等建设，搭建更多贸易促进平台；发挥两国经济团体和贸易促进机构作用，为两国企业合作牵线搭桥。期待在双方的共同努力下，中日第三方市场合作结出更多丰硕成果。此外，2018 年 10 月，中日双方共同签署了《关于建立中日创新合作机制的备忘录》。双方同意在中日经济高层对话框架下，建立跨部门的“中日创新合作机制”，促进包括产业领域在内的创新领域及知识产权等的具体合作。期待中日双方抓住第四次工业革命的新机遇，推动两国创新领域合作实现新的突破。

（三）深化财政金融领域合作

当前，中国将加快金融体制改革作为深化经济关键领域改革的重点任务，积极推进金融业对外开放。日本在金融改革、资本市场建设、防范金融风险、加强金融监管等方面具有丰富经验。深化财政金融领域务实合作，提升财金合作水平，将为两国在经贸、投资领域合作提供支持。2018 年 5 月，李克强总理访日期间，双方就尽早签署本币互换协议达成原则共识，中方同意给予日方 2000 亿元人民币合格境外机构投资者（RQFII）额度，支持日本金融机构积极通过 RQFII 投资中国资本市场，并对在东京设立人民币清算行持积极态度。8 月，第七次中日财长对话在北京举行。中国财政部部长刘昆和日本副首相兼财务大臣麻生太郎共同主持对话，双方同意加快落实两国领导人在金融合作方面达成的有关共识。10 月安倍首相访华期间，中国人民银行与日本银行签署双边本币互换协议，协议规模为 2000 亿元人民币（约合 3.4 万亿日元）。双方还签署了在日本建立人民币清算安排的备忘录，授权中国银行东京分行担任日本人民币业务清算行。今后双方应继续加强宏观经济政策协调，深化区域财金合作，继续就税制改革、预算管理制度改革、公共债务管理等问题保持沟通，加强交流互鉴。同时，探讨扩大包括证券市场在内的金融市场合作和开展多双边金融监管合作，共同维护区域金融稳定。

（四）加强地方和民间合作

地方和民间合作是中日经贸合作的重要内容，以民促官、以地方促中央是中日经贸合作的优良传统。目前两国拥有超过250对友好城市，随着双边关系改善，两国地方间交往日益频繁。2018年以来，中国多个省市先后在日本举办投资推介交流会，反响良好。中国政府正在规划“雄安新区”建设，深化京津冀协同发展，推进粤港澳大湾区建设，实施新一轮东北振兴、西部大开发等战略；日本政府也提出“地方创生”政策，振兴地方经济。日本相关经验可为中国所用，中国的建设也将为日本企业提供新的机遇。双方应加强地方政府及民间交流，探讨战略对接可能性。近年来访日中国游客大幅增长，消费能力旺盛，对激活日本地方经济发挥了积极作用。未来期待更多日本游客到中国走走看看，实现人员往来双向互动，促进两国民众相互了解和地方经济发展。

（五）加强区域和多边合作

当前，保护主义成为影响全球经济健康稳定发展的不确定性因素。中日两国同为自由贸易的受益者和支持者，在反对保护主义、维护多边贸易体制方面拥有共同立场。2018年5月，中日韩三国领导人会议时隔两年半重启，三国向外界发出了共同捍卫自由贸易和多边体系的强有力声音。12月，中日韩自贸区第十四轮谈判首席谈判代表会议在北京举行，谈判进程回归快车道。不仅如此，在11月的RCEP领导人会议上，与会领导人一致同意，争取2019年达成谈判。未来中日两国应立足区域，共同推进中日韩合作和东亚经济一体化，努力尽早达成全面、高水平和互惠的中日韩自贸协定，推动RCEP谈判。2019年日本将担任G20轮值主席国，双方应以此为契机，加强在G20以及APEC、WTO等框架下围绕重大国际经贸问题的协调与沟通，用实际行动支持多边贸易体制，推动经济全球化朝着更加开放、包容、普惠、平衡、共赢的方向发展。

B.8

改革开放40年中日经贸关系发展历程回顾

——以上海为重点的考察

周汉民*

摘　要： 本文首先回顾了改革开放40年来中国在经济建设、对外贸易、吸引外资、对外投资以及融入世界经济体系过程中取得的成就，并重点回顾了上海作为改革开放排头兵的历史贡献。接着回顾了中日经贸关系近40年的发展历程，着重考察了宝山钢铁中日合作项目、上海世博会、第一届中国进口商品博览会等见证中日经贸关系重要历史时刻的实例。最后着眼于2018年以来中日经贸关系发展的最新动态，指出合作共赢道路是符合中日两国根本利益的唯一选择，两国应该继续深化经贸领域的务实合作，共享新时代中国经济发展的新机遇，开创中日经贸合作新格局。

关键词： 改革开放　中日经贸关系　上海

---

* 周汉民，全国政协常委、民建中央副主席、上海市政协副主席、上海市社会主义学院院长。本文由上海对外经贸大学日本经济研究中心客座研究员麻瑞根据周汉民2017年11月4日在“纪念中日邦交正常化45周年中日经济学术研讨会”上的主题演讲、2018年10月20日在全国日本经济学会2018年年会暨“中国改革开放40年与日本”国际学术研讨会上的主题演讲、2018年12月23日在“纪念《中日和平友好条约》缔结40周年暨中日经济合作研讨会”上的主题演讲等整理完成，由周汉民定稿。

2018年是中国改革开放40周年。改革开放是中国人民和中华民族发展史上的一次伟大革命，40年来，中国始终坚持以经济建设为中心，不断解放和发展社会生产力，使社会发生了翻天覆地的变化，创造了举世瞩目的"中国奇迹"。中国已经成为世界第二大经济体、制造业第一大国、货物贸易第一大国、商品消费第二大国、外资流入第二大国，外汇储备连续多年位居世界第一，[①] 中国发展了自己，也造福了世界。在这一重要的历史时刻，回顾改革开放的伟大成就，回首中日经贸关系的发展历程，总结上海对全国改革开放和中日经贸合作的历史贡献，具有十分重要的现实意义。

一 中国改革开放40年的成就回顾

（一）经济发展取得举世瞩目的成就

改革开放40年来，中国人民励精图治、艰苦奋斗，聚精会神搞建设，取得了举世瞩目的经济成就。中国的国内生产总值（GDP）由改革开放之初的3679亿元增长到2017年的82.7万亿元，年均实际增长9.5%，远高于同期世界经济2.9%左右的年均增速。中国GDP占世界生产总值的比重由改革开放之初的1.8%上升到15.2%，多年来对世界经济增长贡献率超过30%。[②] 1978年中国的人均GDP只有155美元，2017年中国的人均GDP达到8836美元，[③] 达到世界中等收入国家的上中水平。1978年，中国是一个相当穷、普遍穷、深度穷的国家，中国人民顽强拼搏，生活从短缺走向充裕，从贫困走向小康，过去40年中国共减少贫困人口8.5亿多人，对全球减贫贡献率超过70%。[④]

① 习近平：《在庆祝改革开放40周年大会上的讲话》，《人民日报》2018年12月19日。

② 习近平：《在庆祝改革开放40周年大会上的讲话》，《人民日报》2018年12月19日。

③ 中华人民共和国国家统计局：《2017年国民经济和社会发展统计公报》，2018年2月28日。

④ 中华人民共和国国务院新闻办公室：《改革开放40年中国人权事业的发展进步》白皮书，2018年12月12日。

（二）贸易投资大国地位确立、巩固

改革开放40年来，中国人民接力奋斗、后来居上，进出口总额不断增长，中国一跃成为贸易大国。改革开放之初，中国占世界贸易的比重只有0.8%，在世界贸易排行榜上列第32位，40年后中国货物进出口总额从206亿美元增长到超过4万亿美元[①]，中国跃居世界货物贸易第一大国和世界第二大服务贸易进出口国。40年来，中国产品的出口竞争力不断增强，国际市场份额不断提升，自2009年以来，中国连续保持全球货物贸易第一大出口国和第二大进口国地位，出口国际市场份额从2013年的11.7%升至2016年的13.2%。[②] 同时，中国也不断扩大市场开放，高举自由贸易大旗，大力推进贸易自由化、便利化，让世界分享中国发展机遇。2018年，中国主动把平均关税水平从上年的9.8%降到7.5%，进出口创历史新高，前11个月即达4.2万亿美元，同比增长14.8%，增量5400亿美元，超过中国2001年的进出口总额。[③] 中国贸易大国地位得以巩固，目前正在积极培育国际竞争新优势，加快建设世界贸易强国。

改革开放40年来，中国人民持之以恒、锲而不舍，从引进来到走出去，不断改善营商环境。40年来，中国累计使用外商直接投资超过2万亿美元，2018年中国利用外资1350亿美元，在全球外国直接投资上半年下降41%、发达国家下降69%的情况下，中国仍然增长了3%，成为全球投资热土。[④] 外商投资结构不断优化，服务业吸收外资占比从2013年的53.2%提升至2017年的72.8%。2017年，中国对外直接投资流量为1582.9亿美元，是2012年的1.8倍，对外投资额连续五年位居世界前三。2017年中国对外投资存量达到1.81万亿美元，是2012年的3.4倍，居全球第二名，比2012

---

① 习近平：《在庆祝改革开放40周年大会上的讲话》，《人民日报》2018年12月19日。

② 中华人民共和国商务部：《商务部外贸司负责人谈2017年1～12月我国对外贸易情况》，2018年1月15日。

③ 《做好“一促两稳三重点” 推动商务高质量发展》，《人民日报》2019年1月13日。

④ 《做好“一促两稳三重点” 推动商务高质量发展》，《人民日报》2019年1月13日。

年上升了11名。[①] 中国坚持扩大开放，在放宽外商投资准入、保护外商投资权益、优化营商环境、推动出台外商投资法等方面出台了一系列举措。特别是十八届三中全会以来，结合“放管服”改革，从加强知识产权保护到实现内外资企业平等竞争，从减税降费到提高投资便利化水平，一系列改革创新明显改善了中国的营商环境。根据世界银行发布的全球营商环境排名，中国已从2013年的第96位上升至2018年的第46位。

（三）积极参与世界经济体系建设

改革开放40年来，中国不断融入世界经济体系，积极参与全球经济治理。2001年12月11日，在历经15年零5个月的艰辛努力之后，中国成为世界贸易组织的成员，标志着中国真正融入了世界经济体系。中国维护多边贸易体系的权威性，积极参与世界贸易组织新协定谈判，从国际经贸规则的学习者、接受者转变为倡议者、贡献者。2018年中国对世界银行增资，投票权份额达到5.71%，提升了1.26个百分点，是世界银行第三大股东国。2016年10月1日，人民币正式加入国际货币基金组织特别提款权（SDR）货币篮子，所占权重位列第三，为10.92%。中国倡导成立亚洲基础设施投资银行，是首个由中国发起设立的多边金融机构，2018年亚投行成员总数已达93个。自由贸易区成为中国参与全球治理的重要平台，中国已与25个国家和地区达成17个自贸协定，目前正在积极推进“区域全面经济伙伴关系协定”（RCEP）、中日韩FTA、中国与海合会FTA等多个自贸安排的谈判，还在与巴基斯坦、新西兰、韩国等国开展自贸协定升级谈判。

特别值得一提的是，中国国家主席习近平于2013年提出的“一带一路”倡议受到世界瞩目。截至2018年9月，中国已与参与“一带一路”建设的105个国家和29个国际组织签署了149份政府间合作文件。[②] 五年多来，以共商、共建、共享原则为引领，在基础设施建设与互联互通、产能合

① 隆国强：《中国开放的大门越开越大》，《人民日报》2019年1月17日。

② 《一带一路，根植历史面向未来》，《人民日报》2018年10月10日。

作与园区建设、贸易投资与金融合作等广泛领域均取得超预期成果，为合作各国带来了实实在在的收获。中国支持亚洲基础设施投资银行、丝路基金发挥更大作用，为“一带一路”项目提供资金保障。

二 上海对中国改革开放的贡献

（一）改革开放先试先行的排头兵

“上海背靠长江水，面向太平洋，长期领中国开放风气之先。”作为全国最大的经济中心城市、改革开放的排头兵，改革开放以来上海的发展和成绩，是新时代中国发展进步的生动写照。

1984 年 5 月，根据邓小平的提议，国务院决定在中国广阔的沿海线上选取 14 座港口城市，定为首批对外开放的重点扶持城市，命名为首批沿海开放城市。在这些城市中最为重要、处于中心地位的就是上海，上海向世界开放，开始从一个国家经济的后卫走向一个国家在整个经济领域参与国际竞争的前卫。经过 30 余年的发展，上海成为 14 个沿海开放城市中发展最全面、最均衡的城市，建设成为国际经济、金融、贸易、航运、科技创新“五个中心”。口岸贸易总额突破 1.2 万亿美元，跃居世界城市首位；集装箱吞吐量连续九年位居世界第一；上海机场航空货邮吞吐量、旅客吞吐量分别保持世界第三和第四；2018 年，上海实现常住人口人均生产总值突破 2 万美元。[①] 上海人民不忘初心、牢记使命，正在为加快建设卓越的全球城市和具有世界影响力的社会主义现代化国际大都市而努力奋斗。

1990 年 4 月，中央做出开发和开放浦东的重大决策，两年后的 1992 年 10 月，浦东新区成立，成为继改革开放之初设立经济特区之后的又一具有全国意义的新区。经过 28 年的发展，浦东已经拥有 1200 平方公里土地，

① 应勇：《政府工作报告——2019 年 1 月 27 日在上海市第十五届人民代表大会第二次会议上》，《解放日报》2019 年 2 月 2 日。

2018 年地区国内生产总值突破 1 万亿元①，对上海整体的贡献达到了 1/3，成为中国改革开放先行者中的先行者、排头兵中的排头兵。浦东新区的制度改革与创新探索，为 20 世纪 90 年代以来的中国新一轮改革开放开辟了道路。进入 21 世纪以后，国务院于 2005 年 6 月批准浦东新区进行综合配套改革试点，此后又在天津、广东、重庆、浙江、甘肃、陕西、贵州、山东、辽宁、四川、湖南、江苏、福建、云南、黑龙江、吉林、江西等省市先后设立了一批国家级新区，2018 年 4 月 1 日，国务院批准在河北设立雄安新区，成为第 19 个国家级新区，这些国家级新区正沿着浦东开创的改革开放道路继续前进。

2013 年 9 月，中央决定在上海建立自由贸易试验区，为构建开放型经济新体制探路。上海自贸区从 27. 87 平方公里起步，2014 年 12 月 28 日扩展到 120. 72 平方公里。上海自贸试验区对接高标准国际经贸规则，坚持以制度创新为主线，在贸易投资自由化便利化、政府职能转变等方面大胆探索，发挥排头兵、试验田的作用。上海自贸区负面清单从 2013 年版的 190 条减少至 2018 年版的 45 条，形成一大批可复制可推广的制度创新成果。上海自由贸易试验区建设总体实现初衷，100 多项制度创新成果在全国复制推广，五年来累计新注册企业 5. 7 万家，超过自贸试验区成立前 20 多年的总和。以上海自贸区为起点，中国分四批建立了 12 个自由贸易试验区。②

（二）承担新使命、改革再出发

在 40 年改革开放的历程中，上海始终走在全国改革开放的最前列，始终是改革开放的一面旗帜，无愧于改革开放排头兵的称号。习近平总书记在改革开放 40 周年的重要节点考察上海，为上海改革发展指引方向，坚定改革开放再出发的信心和决心。作为一座承载着党和人民厚重期许的城市、一座肩负着特殊历史使命的城市，上海要善于谋划，富于创造，勇于担当，完成总书记亲自交给上海的三项新的重大任务。上海自由贸易试验区将增设新

① 《上海浦东 GDP 首破万亿元大关》，《人民日报》2019 年 1 月 1 日。

② 《上海自贸区先行先试五年来——贡献批量可复制经验》，《人民日报》2018 年 11 月 20 日。

片区，在推进投资和贸易自由化便利化方面大胆创新探索，为全国积累更多可复制可推广的经验。上海证券交易所将设立科创板并试点注册制，支持上海国际金融中心和科技创新中心建设，不断完善资本市场基础制度。长江三角洲区域一体化将上升为国家战略，同"一带一路"建设、京津冀协同发展、长江经济带发展、粤港澳大湾区建设相互配合，完善中国改革开放空间布局。

三　改革开放以来中日经贸关系发展回顾

（一）中国学习日本经验实施对外开放

40来年中国改革开放的进程，也是中日经贸全面合作、全面发展的过程。中日关系总体沿着和平友好条约确立的方向发展，给两国人民带来了实实在在的利益，也为地区乃至世界的和平、稳定与发展做出了重要贡献。

在改革开放总设计师邓小平的带领下，中国从1978年12月十一届三中全会起，开始实行对内改革、对外开放的政策。在此之前的1978年10月，邓小平前往日本，成为1949年后首位访问日本的中国国家领导人。访日期间，邓小平参观了新日铁、松下、日产汽车等企业，乘坐了新干线列车。邓小平谈到乘坐新干线的感受时说，"就像推着我们跑一样，我们现在很需要跑"。日本之行，坚定了中国领导人实行改革开放、建设社会主义现代化强国的决心。当时，邓小平正在酝酿中国走向现代化的大战略，此次访日，不仅是对中日关系发展的巨大推动，也对中国此后的发展走向发挥了不可估量的推动作用。

1978年，既是中国的伟大转折之年，也是奠定中日关系政治基础、开启务实合作之年。改革开放之初，日本不仅是中国现代化建设的老师、榜样，也是重要的合作伙伴。邓小平访日之后，中国国内出现了"日本热"，从中央到地方，大批考察团前往日本"取经"，大批日本专家、学者、企业家来到中国，从官方到民间，中日之间各领域、各层次交流活跃，两国间的经贸关系、技术合作迅速发展。

（二）日本支持中国改革开放事业，对华投资

从改革开放伊始，日本就以政府开发援助（ODA）、日元贷款、技术合作及转让等主要形式，支持中国的基础设施建设，对中国的改革开放事业做出了重要贡献。根据日本国际协力机构（JICA）的统计，截至2007年，各种形式的对华经济援助协议金额累计约合2593亿元人民币。[①] 多年来，日本对华直接投资居世界各国首位，在华日资企业也居世界各国之首。日本从官方到民间对中国改革开放和现代化建设的支持，成为推动中日关系发展的重要动力。中国人民没有忘记关心和支持中国改革开放和现代化建设的日本朋友，2018年12月18日举行的庆祝改革开放40周年大会上，为感谢国际社会对中国改革开放事业的支持和帮助，中共中央、国务院决定向十名国际友人颁授中国改革友谊奖章，日本前首相大平正芳、松下公司创始人松下幸之助名列其中。他们的获奖，既是中日友好的见证和体现，也代表了中国政府及人民对长期以来关心和支持中国改革开放和现代化建设的日本国政府及国民的诚挚感谢。

（三）日本企业受益于中国经济发展

日本在为中国的改革开放和现代化做出重要贡献的同时，也从中获得了实实在在的利益。日本企业深度参与中国的改革开放，率先进入中国市场，在中国市场中不断发展壮大。截至2018年8月，日本累计在华投资设立企业51535家，实际使用金额1110.0亿美元，占中国吸引外资总额的5.6%，在中国利用外资总额国别排名中居首。[②] 在华日资企业对中国现代化建设给予了宝贵支持，自身也获得了重要的发展机会，中国市场已经成为日本企业重要的收益支柱。在中国经济保持平稳增长的背景下，尽管存在人力成本上涨等投资环境的变化及国际不稳定因素，但绝大多数日资企业对中国市场仍

---

① 日本国际协力机构中华人民共和国事务所：《回顾日本对华援助30年的历程》，2010年3月。

② 中华人民共和国商务部：《中日经贸关系简况》，2018年10月10日。

然充满信心，希望扩大在华业务规模。

近年来，随着中国人民收入水平的提高，赴日中国游客人数也逐年增加，2018 年大陆地区赴日游客人数超过 830 万人次[①]，对日本国内消费的拉动效应超过千亿级。

四 上海与中日经贸关系的发展

（一）上海见证中日经贸合作的多个重要历史时刻

上海与日本地理相近，经贸往来密切，超过 1 万家日企在上海投资发展，以上海为龙头的长三角地区在中日经贸合作中具有特殊重要的地位，走在了全国前列，创造了中日经贸合作中的多项第一，见证了中日关系中多个重要历史时刻，在此仅举三个代表性事件。

1978 年 10 月，邓小平在参观新日铁君津钢铁厂时，就表达了希望将日本的先进技术和管理经验引进到中国的意愿，这直接促成了新日铁与上海宝钢之间的中日合作项目。1978 年 12 月 23 日，宝山钢铁厂正式开工建设，那一天正是中国共产党第十一届三中全会胜利闭幕的日子。上海有幸承接了中国实施改革开放战略后率先启动的中外合作项目，这也是中日关系进入新时期后的经贸合作第一个项目，成为改革开放的排头兵。

2010 年 5 ~ 10 月，持续 184 天的世界博览会在上海举办。在上海举办世界博览会的建议最早也是由日本友人提出的，早在 20 世纪 80 年代，日本友人堺屋太一[②]、竹内好拜访时任中国国家副主席、中日友好协会会长王震，以及时任上海市市长汪道涵时，建议上海应当举办一届世博会，以此为

① 日本首相官邸：《安倍首相春节致辞》（中文），2019 年 2 月 5 日。

② 堺屋太一，日本知名作家，曾任日本经济企划厅长官。2007 年 1 月堺屋太一访问上海，代表日本企业界提出在上海世博会建立日本产业联合馆的方案。2017 年 11 月 3 ~ 5 日，堺屋太一最后一次访问上海，出席纪念中日邦交正常化 45 周年中日经济学术研讨会并发表主旨演讲。在本文即将完稿时，堺屋太一于 2019 年 2 月 8 日不幸逝世。

契机努力提升上海和中国的国际化水平。日本友人堺屋太一先生不仅提议上海要举办一届世博会，更身体力行，积极支持上海世博会，在耄耋之年参与上海世博会，号召日本企业建立了日本产业联合馆。日本国家馆、日本产业联合馆以及大阪最佳实践案例馆在上海世博会的联袂参展，充分体现了日本人民对中国人民的真挚友谊，体现了日本对中国举办的这届世博会的高度重视和支持。

2018 年 11 月，第一届中国国际进口博览会在上海成功举行。这是迄今为止世界上第一个以进口为主题的国家级展会，是国际贸易发展史上一大创举。全球 172 个国家、地区和国际组织的代表参会，3600 多家企业参展，超过 40 万名境内外采购商云集，累计意向成交达 578.3 亿美元。日本各界也积极参与其中，460 余家日本企业和地方自治体参展，涵盖汽车、智能制造、医疗、日用消费、食品及农产品、家电、服务贸易等所有展区，展出面积达 2 万平方米，在数量和面积上均居参展国家和地区之首，成为进博会的一大亮点。

（二）上海成为在华日企日侨集聚地

改革开放 40 年来，日本已经与上海这座城市结下了不解之缘，创造了多项“之最”。上海已成为吸引日本企业家、投资家最集中的城市，成为吸引日本留学生和专家学者最集中的城市，成为日本商品、日本美食在中国最集中的城市，成为全世界单一使领馆签发赴日签证最多的城市。以上海为中心的华东地区，拥有日本对华投资的 81%，对华贸易额的 44%，在华日本人的 46%，在华日资企业的 69%①。

五　结语：开创中日经贸合作新格局

2018 年是不平凡的一年，既是中国改革开放 40 周年，也是中国和日本

① 日本国驻上海总领事馆：《2018 年天皇陛下诞辰庆祝招待会片山和之致辞》（中文），2018 年 12 月 5 日。

缔结和平友好条约 40 周年，同时还是改革开放总设计师邓小平访日 40 周年。2018 年，中日高层一系列往来推动了两国关系破冰回暖，在两国各界人士的共同努力之下，中日经贸关系继续保持良好发展的势头。2018 年以来，中日两国领导人就开展第三方市场合作达成共识；5 月，中国国家总理李克强访问日本期间，两国相关政府部门共同签署了《关于中日第三方市场合作的备忘录》；10 月，日本首相安倍晋三访华期间，第一届中日第三方市场合作论坛在北京成功举办，双方 1500 多人出席，两国地方政府、金融机构、企业之间签署了 52 项合作协议。中日两国开展第三方市场合作的潜力巨大、前景广阔，必将成为中日务实合作的新支柱。

历史是最好的老师，在这样一个重要而特殊的年份，回顾中国改革开放的历史成就，重温 40 年来中日经贸合作与中国改革开放并行的不平凡历程，更加具有重大意义。40 年来，中日经贸关系经历风雨，两国经济联系日益紧密，两国经济发展彼此交融，合作领域不断扩展，形成了全方位、深层次的合作格局。

中国的发展离不开世界，世界的繁荣也需要中国，正如中国国家主席习近平指出的，“中国开放的大门不会关闭，只会越开越大”，这必将为包括日本在内的世界各国提供更多发展机遇。友好合作，互利共赢，是符合中日两国根本利益的唯一选择。展望未来，中国新一轮的改革开放，将为中日更高层次互利合作的开展开辟更为广阔的空间，创造出更多的机遇。中日两国应该继续深化经贸领域的务实合作，共享新时代中国经济发展的新机遇。中日两国应该继续把握和平与发展的时代主题，坚持从两国国民的根本利益出发，将对方的发展视为自身发展的机遇，沿着和平友好、合作共赢的正确道路携手前进，开创中日合作更加广阔的前景。我们相信，中日互利合作的道路将会越走越宽！

B.9

改革开放40年与日本对华直接投资

——以天津TEDA为例

程永明*

摘　要：　设立各类开发区与吸引外国直接投资，二者都是以中国改革开放为背景而出现的。改革开放40年来，包括日本在内的各国对华直接投资，从资金、技术、人才、管理等方面，有力地推动了中国经济的发展；而开发区作为改革开放后吸引外资和对外经济开放的“先行者”与“窗口”，在促进区域经济发展和扩大对外开放方面发挥了重要作用。本文以天津经济技术开发区（TEDA）为中心，对日本对华直接投资的区域分布特征及天津在其中的地位，和TEDA的日本直接投资及其主要特征进行了分析。

关键词：　改革开放　对华直接投资　开发区　天津经济技术开发区

2018年是改革开放40周年。40年来，无论是中国经济本身还是中外经贸关系都取得了迅猛的发展。日本对华直接投资是中外经贸关系的重要组成部分，本文以改革开放后日本对华直接投资的地区分布为切入点，以天津经

* 程永明，历史学博士，天津社会科学院日本研究所研究员，全国日本经济学会副秘书长、常务理事，主要研究领域：日本企业经营、日本企业海外发展战略、中日经贸关系史。本研究得到天津经济技术开发区北京办事处季宏主任的资料支持和天津社会科学院重点课题“天津与日本关系研究”（18YZD－03）的资助。

济技术开发区（TEDA）的日本直接投资为个案进行剖析，这对于探讨日本对华直接投资的发展轨迹及其地区分布特征，和探讨开发区这一以改革开放为背景而设立的特殊地区的发展历程，都具有一定的现实意义。

一　日本对华直接投资的地区分布特征

要分析天津及天津经济技术开发区的日本直接投资，有必要先对日本对华直接投资在中国的地区分布特征做一梳理，以明晰天津及天津经济技术开发区在其中的位置和作用。

1979 年中国正式开始允许引进外资，其标志是当年 7 月颁布的《中外合资经营企业法》，首先批准广东、福建两省在发展外贸、吸引外资和引进先进技术等对外经济活动中可以实行特殊政策，有一定的机动权。1980 年 5 月，中国又决定在深圳、珠海、汕头和厦门四个城市设立经济特区，给予外资企业各种税收优惠政策。以上述政策为背景，中国开始迈出积极引进外资的步伐。

在中国实行改革开放政策的初期，日本对华直接投资在地区分布上主要集中在华南地区尤其是福建省。1980 年 2 月成立的福州外贸中心合资旅馆，是中国改革开放后最早被批准建立的日资企业，而日本跨国公司最早在华设立的合资企业也在福建省（即福建日立电视机公司）。究其原因，主要在于，早在 20 世纪 60、70 年代，日本企业已陆续开始在海外进行直接投资，在地区选择上主要以“四小龙”和东南亚各国为中心。中国允许外资进入后，以香港为据点的华南地区便成为日本企业向中国发展的首选之地。[①] 这也符合日本所提出的雁行模式，即“四小龙→东南亚→中国”。

进入 20 世纪 80 年代后，中国进一步加快了改革开放的步伐，开放的地区、城市及港口进一步增加。这些对外开放政策的推行与 1985 年“广场协

① 藪内正樹「日本の対中直接投資の動向と課題」、2006 年 6 月 2 日、http://www.eco.osaka-sandai.ac.jp/ACRC/report/2006/0602yabuuchi_jp.pdf。

议”后日元升值背景的叠加，加速了日本企业的大规模对华直接投资，日本对天津尤其是对天津经济技术开发区的直接投资也基本上始于80年代中期。

20世纪80年代的日本对华直接投资，在地区分布上以东部沿海地区为主，但范围明显扩大。以1988年为例，当年日本对华直接投资累计225件，其中有208件集中于东部沿海地区，占比高达92.44%。其中最多的是辽宁省（52件），其次是上海市和广东省（均为23件），天津为14件，位居第六。从投资金额来看，当年日本对华直接投资金额为2.99亿美元，其中东部沿海地区为2.95亿美元，其比重高达98.66%。[①] 随着中国进一步对外开放以及中小城市基础设施的逐步完善，尽管日本对华直接投资仍以东部沿海地区为主，但其向内陆地区（如内蒙古、吉林、黑龙江、河南、四川以及陕西等地）纵深发展的趋势已有所显现。

从1991年日本对华直接投资情况来看（参见表1），在对华直接投资的367件项目中，日本投资较多的省（市）依次为北京市、广东省、上海市、辽宁省、天津市、山东省和福建省，天津居第五位。可见，到20世纪90年代初，环渤海地区、长江三角洲地区已取代以福建为中心的华南地区，成为日本对华直接投资比较集中的两个地区，且以在环渤海地区为多，北京市、山东省、天津市、辽宁省四省（市）的日本企业投资项目数占到了全部日本企业对华直接投资项目数的44.7%，且投资比例也高于美国、西欧等的外资企业。[②]

从20世纪90年代中期开始，日本企业对华直接投资的地区分布发生变化，并呈现出如下四方面的特点。

其一是日本企业对长江三角洲地区的投资开始增多，并逐渐占据主导地位。1993年，日本企业投资项目数最多的省份是辽宁省（698家），其后依次为上海市（404家）、广东省（307家）、北京市（253家）、江苏省（158家）、天津市（118家）。可见，与1990年、1991年相比，日本企业对上海市和江苏省的直接投资在迅速增加（参见表2）。

---

① 王德讯：《日本企业对华投资》，《世界经济》1997年第2期。

② 筑波昌之・程永明「天津濱海新区のグランドプランと日系企業進出動向の展望」、環日本海経済研究所『ERINA REPORT』総第84卷、2008年。

表 1　1991 年日本对华直接投资地区分布情况

单位：件，%

省(市)	件数(占比)	省(市)	件数(占比)	省(市)	件数(占比)
北京	74(20.2)	福建	19(5.2)	河北	2(0.5)
广东	67(18.3)	浙江	9(2.5)	湖南	1(0.3)
上海	54(14.7)	四川	7(1.9)	海南	1(0.3)
辽宁	43(11.7)	黑龙江	4(1.1)	内蒙古	1(0.3)
天津	26(7.1)	河南	3(0.8)	不详	5(1.4)
江苏	24(6.5)	陕西	3(0.8)	—	—
山东	21(5.7)	新疆	3(0.8)	合计	367(100.0)

注：计算比重时进行了四舍五入。

资料来源：根据日本《东洋经济新闻周刊·海外投资企业调查·国别篇》1992 年版的数据整理制作。

表 2　日本企业对中国主要地区的投资件数（年末累计）

单位：件

省(市)	1993 年	1997 年	1998 年
辽宁省	698	2006	2016
大连市	360	1289	1293
北京市	253	871	884
天津市	118	706	719
山东省	83	951	971
上海市	404	2305	2553
江苏省	158	1288	1326
浙江省	54	641	652
广东省	307	770	886
湖北省	11	149	145
湖南省	11	143	141
四川省	19	50	52

资料来源：根据日本三菱综合研究所的《对中国投资企业一览》1999 年版的数据整理制作。

90年代中后期，日本企业对华直接投资增速最快的是上海市。1997年，上海市成为日本企业投资最多的省份（2305件），比第二位的辽宁省（2006件）多近300件。1993～1998年，是日资企业对长江三角洲地区的上海市、江苏省和浙江省的投资增长速度较快的时期。1998年日本企业对上述三省（市）的投资较1993年的增长分别达到了5.32倍、7.39倍和11.07倍。这一时期，环渤海地区日本直接投资增长最快的省份为山东省，投资项目数五年内增长了10.7倍，并超过了北京市、天津市的投资项目数，成为日本企业对环渤海地区的第二大投资省份。

其二是对内陆地区省份（尤其是湖北省、湖南省、四川省、陕西省）的投资有所增加。1997年，日本企业投资于湖北省和湖南省的项目数分别为149件和143件，而1993年时两省都分别只有11件，四年间湖北省的项目数增长了12.55倍，湖南省增长了12倍，湖北省和湖南省在1997年投资项目数增长最快的省份中分别名列第一和第二。

其三是在20世纪80年代到90年代初，日本企业对华直接投资主要集中在东部沿海地区，而且其项目投资地点多选择在开发区或市区。进入90年代后，因土地费和劳动力成本上升等因素，日本企业逐渐开始向郊区等较为偏远的地区投资设厂。[①]

其四是从1995年左右开始，尽管日本企业对华直接投资仍以制造业为主，但投资于非制造业的项目在逐渐增多。1994年日本对华直接投资中非制造业所占的比重为1.84%，此后逐年增加，1998年时增加至28.94%。[②] 另外，1992年以后，随着中国经济的发展和城市化的不断推进，投资于中国的日本建筑企业增多，如在北京、天津、青岛、上海、广州等地，范围逐步扩大。[③]

以上四个特点，一方面说明日本企业的对华投资在地区分布上体现为由

---

① 金仁淑：《投资大国的兴衰——日本对外直接投资模式及效用研究》，吉林人民出版社，2002，第198页。

② 程永明、石其宝：《中日经贸关系六十年（1945～2005）》，天津社会科学院出版社，2006，第245页。

③ 中村直之「日系企業の対中投資の現状」、『OCAJI』2013年8～9号、57頁。

"点"到"面"的逐渐扩张，另一方面也说明日本企业对华投资从原来的出口导向型投资逐渐向中国国内市场指向型投资转变。

进入 21 世纪以后，日本企业对华直接投资仍主要集中在长江三角洲地区。2000 年日本对华投资的 4154 件项目中，有 1776 件集中于上海、江苏、浙江一带，所占比重达到了 42.75%。[①] 这些数据表明，长江三角洲地区日益成为日本企业在华的制造基地与销售基地。

2003 年，根据日本三菱综合研究所对 4864 家在华日资企业地区分布的调查，日资企业在各省（市）的分布，排名前三位的依次是上海市（1499 家、30.8%）、江苏省（712 家、14.6%）、广东省（573 家、11.8%），天津市（276 家、5.7%）居第六位。在上海、江苏、浙江三个省（市）的日本企业共有 2451 家，占到了全部日资企业的 50.4%。[②] 天津市所占比重由 1991 年的 7.1%降至 5.7%。另外，2015 ~2017 年的三年间，日本对华投资项目数为 184 件，从项目的地区分布来看，上海市为 71 件，其次是江苏省 30 件、广东省 26 件，[③] 显示出日资企业在华分布具有较强的集聚特征。

天津在近代史上就是中国对外开放的重镇和重要的港口城市，在改革开放 40 年的发展历程中，天津作为环渤海地区的重要城市之一，成为外商直接投资的一个重要城市。在 20 世纪 80 年代中后期至 90 年代中期，天津作为环渤海地区的重要城市，成为日本重点投资的城市之一，随着丰田汽车的进驻以及滨海新区的成立，日本企业进一步加快了对天津的投资。但就总体而言，在区域分布上，日本企业的直接投资在长三角地区更为集中，加之日本企业向中国中西部的投资力度加大，其对环渤海地区以及天津的直接投资呈下降趋势。

1991 年，日本与天津签订合同项目数为 94 件，在各省（市）的排名中次于香港居第二位。2000 年，日本与天津签订合同项目数为 47 件，居第五位。2017 年，日本与天津签订合同项目数为 21 件，居第六位。截至 2017

① 21 世紀中国総研編『中国進出企業地図』、蒼蒼社、2002 年、9 ~ 14 頁。
② 21 世紀中国総研編『中国進出企業地図』、蒼蒼社、2004 年、15 ~ 19 頁。
③ 21 世紀中国総研編『中国進出企業地図』、蒼蒼社、2017 年、24 ~ 32 頁。

年底，日本与天津签订合同项目数累计 2250 件，累计合同外资额达 1346909.73 万美元，实际直接利用外资额累计 1316507.54 万美元。①

二 天津经济技术开发区的日本直接投资

伴随改革开放的不断深入，全国各地成立了众多不同规模、不同级别和不同职能的开发区，吸引了大量的外国企业投资。可以说，以改革开放为时代背景出现的开发区，已成为中国城市对外开放的重要“窗口”和发展外向型经济的重要基地。

天津经济技术开发区的成立源于 1984 年 3 月 26 日 ~4 月 6 日在北京召开的沿海部分城市座谈会。会议提出在部分沿海城市兴办经济技术开发区，大力引进中国急需的先进技术，兴办中外合资、合作以及外商独资企业。根据这次会议的精神，1984 年 12 月 6 日，国务院对天津市提出的关于《天津市进一步实行对外开放的报告》进行批复，批准天津经济技术开发区建设方案。这标志着天津经济技术开发区正式成立。

天津经济技术开发区成立之后吸引了大量外资，为天津市以及中国工业改造、赚取外汇、增加出口等方面发挥了重要的作用。日本企业对天津经济技术开发区的投资是其中重要的组成部分。

日本企业对天津经济技术开发区投资的形成，其影响因素来自多个方面。首先是中国改革开放背景下对外经济政策的调整，为外国企业对华投资提供了政策依据。其次是日本从 20 世纪 60 年代即开始对外投资，主要地区是东南亚各国，在对外投资方式、海外企业的经营管理等方面逐步积累起较为丰富的经验，受中国廉价劳动力、土地等资源丰富以及各种优惠政策的吸引，日本企业对华投资成为可能。再次，与天津经济技术开发区自身的政策支持及优良的管理服务体系有着密不可分的关系。

① 天津市统计局、国家统计局天津调查总队：《天津统计年鉴 2018》，中国统计出版社，2018，第 137 页。

天津经济技术开发区自建区起，吸引外资项目一直走在各开发区前列。1984～1994年，天津经济技术开发区共引进外商投资企业305家，最多的外商企业来自中国香港，共108家，占所有外商投资企业数量的35%，日资企业居第二，共49家，占16.1%，排名第三的是美国41家，第四位是中国台湾22家。在此期间，天津经济技术开发区的外商投资和日本企业投资变化基本趋同。日资企业每年在天津经济技术开发区的投资企业数量没有太大变化，从1991年开始有所增加，但增幅明显小于所有外商投资企业数量的增幅，到1993年达到最高值，此后逐渐回落。天津经济技术开发区引进的第一家中日合资企业是中钢海洋工程服务有限公司，是由天津船舶工业公司（TSIC）、日本钢管公司（NKK）、丸红公司（MBrubeni）三方投资组建的合资公司。该公司成立于1985年7月，注册资本50万元人民币（约17万美元），依靠自身力量，不断获得发展，于1992年增资至100万美元。该公司也是在天津经济技术开发区注册的第二家外商投资企业。天津经济技术开发区1985～1994年的外商投资情况如表3所示。

表3　天津经济技术开发区的外商投资额（按国别和地区）

单位：万美元

年份	中国香港	美国	中国台湾	韩国	日本	新加坡	英国、德国、丹麦、瑞士
1985	2118	440	—	—	76	—	316
1986	1516	1245	—	—	931	312	542
1987	1459	237	—	—	875	51	51
1988	4063	1720	595	44	2522	300	0
1989	5620	490	28	959	2042	1450	40
1990	8554	492	870	1270	484	—	0
1991	10584	4404	2188	73	192	2020	842
1992	31569	20086	4814	1159	3321	2125	2306
1993	56471	15791	15515	12262	3502	1721	1515
1994	24017	34234	4254	9301	6959	1585	47039

资料来源：天津经济技术开发区计划统计局：《天津经济技术开发区10年统计资料》，1995，第27页。

1994年底，天津经济技术开发区提出了“第二次创业”的口号，天津滨海新区开发建设也进入实质性启动阶段。从1995年开始，日本对天津经

济技术开发区的投资快速增长，1995 年、1996 年、1997 年，日本企业在天津经济技术开发区的投资，从投资额来看，均居所有外商对天津经济技术开发区投资的第五位，投资额分别为 9208 万美元、4.78 亿美元和 5.77 亿美元，占比分别为 5.08%、6.2%和 6.2%。

从 1995~2006 年天津经济技术开发区中的所有外商投资以及其中的日企投资情况来看，基本走势大致相同。从 1995 年开始，无论是外商投资的企业数量还是其中的日本企业的投资企业数量都在降低，所有外商的投资企业数量在 1999 年后有所增长，到 2004 年达到最高，但新增日本企业的数量却不太明显。另外，外商投资的企业数量从 2005 年又开始有所增长，但日资企业数量却呈下降趋势。

1995~2006 年，天津经济技术开发区共吸引外商投资企业 692 家，其中投资最多的是中国香港 128 家，占比 18.5%，第二是日本 102 家，占比为 14.7%，第三是美国 92 家，第四是韩国 60 家。从增速来看，在此期间增长最快的是德国企业，从 1994 年的 5 家，到 2006 年增加到 26 家，增长了 4.2 倍；第二是韩国企业，从 1994 年的 13 家，到 2006 年增加到 60 家，增长了 3.6 倍；第三是美国，增长了 1.24 倍；第四才是日本，增长了 1.08 倍。

值得注意的是，在此期间，丰田汽车的零部件供应企业也开始在天津经济技术开发区投资设厂，如 1996 年成立天津丰田发动机，1995 年成立丰田国产化技术支援中心，1995 年成立天津丰津冲动部件，1997 年成立天津丰田锻造部品公司，1998 年丰田汽车在天津设立独资公司丰田汽车技术中心（中国）有限公司等。

2007 年，天津经济技术开发区的外商及日资企业注册数大幅下降，尤其是 2008 年下滑幅度较大，这可能与全球性的金融危机有关，此后逐步稳定在一定水平，但未见有明显的增长趋势。从日资企业的总数来看，1995~2006 年的 12 年间，共有 102 家企业在天津经济技术开发区投资，年均增加 8.5 家，但在 2007~2012 年的 6 年间，共有 34 家日资企业投资，年均增加企业数量只有 5.7 家，减少幅度较大。从 2012 年以后，天津经济技术开发区每年新增日资企业都在两位数以内，维持在一个较低的水平。

三　天津经济技术开发区日资企业的投资特点

日资企业是天津经济技术开发区外商投资企业的重要组成部分，对于该区以及天津市的经济运行具有重要影响。

（一）投资规模

从天津经济技术开发区1984～1994年305家外商投资企业的投资总额来看，投资额在1亿美元以上的企业共有12家，5000万美元至1亿美元的企业有10家，投资额在100万美元以下的企业最多，共有122家，占比为40%。而从日资企业的投资额来看，投资总额在5000万美元到1亿美元之间的日资企业仅有1家，即天津雅马哈电子乐器有限公司，投资额为6610.63万美元。而其他级次投资额的日资企业数量大致都在10～14家。可见，从投资总额来看，天津经济技术开发区建区初期日资企业的投资额相对较小。1984～2012年天津经济技术开发区外商及日资企业投资总额情况见表4。

表4　TEDA的外商及日资企业投资总额分类（1984～2012年）

单位：家，%

投资总额	外商企业数量	占比	年均	日资企业数量	占比	年均
1亿美元以上	74	5.3	2.6	9	4.9	0.3
5000万～1亿美元	82	5.9	2.8	9	4.9	0.3
1000万～5000万美元以上	320	23.0	11.0	38	20.5	1.3
500万～1000万美元	119	8.5	4.1	27	14.6	0.9
100万～500万美元	304	21.8	10.5	44	23.8	1.5
100万美元以下	494	35.5	17.0	58	31.3	2.0
合　计	1393	100	48.0	185	100	6.4

资料来源：根据天津经济技术开发区提供资料数据归纳总结。

与1984～1994年天津经济技术开发区的外商投资总额相比，1994年以后投资于天津经济技术开发区的外商投资，其投资规模在不断扩大。到2016年年底，投资额在1亿美元以上的企业从1994年的12家，增加到39

家，5000 万美元至 1 亿美元的企业数量由 10 家增加到 35 家；从日资企业来看，1 亿美元以上企业由原来没有猛增了 7 家，分别是天津一汽丰田汽车有限公司、罗姆半导体（中国）有限公司、天津艾达自动变速器有限公司、天津津亚电子有限公司、天津大冢饮料有限公司、东海炭素（天津）有限公司和天津电装电子有限公司，说明天津经济技术开发区的日本企业投资规模在不断增大。从 1996 年开始，不仅汽车产业领域的日资企业陆续进驻天津经济技术开发区，而且雅马哈、松下、三井、住友、伊藤忠商事等企业也陆续成为天津经济技术开发区日资企业。

另外一个能体现天津经济技术开发区日资企业规模不断扩大的事实是增资情况。1995 ~2006 年，共有 69 家日资企业进行了 123 次增资。增资最多的是天津一汽丰田汽车有限公司，2003 年 8 月 13 日该公司增加投资额和注册资本均为 31105 万美元，此次增资使其投资总额达到 4. 0803 亿美元；同时其生产领域由开发、生产经济型轿车及其零部件，扩大到轿车等及其零部件的开发、制造。第二是罗姆半导体（中国）有限公司，三次共增资 23266. 61 万美元，增加注册资本 9429. 66 万美元。第三是天津津亚电子有限公司，11 年间共计六次增资，是日资企业中增资次数最多的企业，共增加投资额 8026 万美元，增加注册资本 2960 万美元。

2007 ~2012 年，天津经济技术开发区共有 48 家日本企业进行了 68 次增资。增资次数在 3 次以上的共有 7 家企业，增资次数最多的是东海炭素（天津）有限公司和天津华德温纺织有限公司，6 年间都是 4 次增资；其次是爱信精机（天津）商贸有限公司、阪东机带（天津）有限公司、京瓷（天津）太阳能有限公司、罗姆半导体（中国）有限公司和天津大发精密机械有限公司，都是 3 次增资。在此期间，增资额过亿（美元）的有两家，其中增资额最大的是天津一汽丰田汽车有限公司，于 2008 年增加投资 53720. 50 万美元。此外一次增资额超过 1 亿美元以上的企业还有天津艾达自动变速器有限公司，于 2012 年增加投资额 18000 万美元，注册资本增资 6000 万美元，合同外资增额为 4800 万美元。另外，增资额小于 1 亿美元但在 1000 万美元以上的增资有 20 次。

（二）投资行业

从企业所属的行业领域来看，在天津经济技术开发区建区初期进行投资的企业，绝大部分是制造业企业。从1984～1994年天津经济技术开发区所有外商投资企业所在行业来看，在305家企业中有239家属于制造业，占78.4%，第二是房地产业为28家，占9.2%，第三是交通运输、仓储和邮政业为13家，占4.2%。而从日资企业来看，在49家日资企业中，从事制造业的企业42家，占85.7%，高于全区外商企业的平均比例。再从日资企业中42家制造业企业的细分来看，与纺织相关的企业最多，共有9家，其他有塑料制品、金属制造、日用化工、电子元器件以及汽车零部件等。可见，在当时大多是劳动密集型产业。

1996～2006年，从天津经济技术开发区外商及日资企业投资行业来看，制造业仍占绝对比例，外商投资企业中属制造业的达468家，占67.6%，而日资企业中制造业企业为85家，占83.3%，高于全区的平均比例。同时与1994年数据相比，制造业企业所占比例在下降，全区外商投资企业中制造业企业占比由原来的78.4%下降到67.6%，而日资企业中制造业企业的占比也由原来的85.7%下降到了83.3%，表明天津经济技术开发区吸引外资在行业方面呈现更加多元化的特点。另外，投资于科学研究和技术服务业、租赁和商务服务业、批发和零售业、信息传输、软件和信息技术服务业等领域的企业明显增加，表明天津经济技术开发区的第三产业比重在增加。

从日资制造业企业的细分来看，与汽车相关的制造业企业占绝大多数。在85家日资制造业企业中，有37家为汽车及相关配套企业。如丰田树脂部件公司、丰田汽车锻造部件公司、东海理化汽车部件公司、爱信（天津）车身零部件公司等一批配套项目在天津经济技术开发区设立，天津经济技术开发区的汽车工业取得新的进展。

除汽车及其零部件企业外，天津富士通天电子有限公司、天津斯坦雷电气有限公司、三洋通信设备有限公司、天津电装电子有限公司等电子、通信

企业也纷纷在天津经济技术开发区投资建厂，日本罗姆公司在微电子工业区投资建立了集成电路、新型电子元器件及半导体产品生产基地，日本电子产业集群在天津经济技术开发区逐渐形成。

2007 年以后，从外商及日资企业所属行业来看，有如下两方面的特点。其一是制造业的投资在相应减少，1995 ~2006 年，制造业外商投资企业的年均增加数为 39 家，而 2007 ~2012 年，该年均增加数减少为 16.7 家。另外房地产行业的外商企业投资也在减少。从日资企业来看也是如此，投资制造业的日资企业年均增加数从 1995 ~2006 年的 7.1 家减少到 2007 ~2012 年的 1.2 家。其二是投资于科学研究和技术服务、租赁和商业服务、批发和零售业、信息传输、软件和信息技术服务业等第三产业的外商投资企业在不断增加，而且增幅明显。这与日本对华直接投资的产业结构变化是一致的。以批发和零售业为例，有分析指出，在所有日本对华直接投资中，1989 ~2004 年批发和零售业的投资年均增长率为 5.1%，2005 年至 2007 年上半年年均增长率为 8.8%，2006 年增长 10.2%，2007 年前三季度增长 9.5%，[①] 对该行业的投资在全部日本对华直接投资中的比重有增大的趋势。

值得注意的是，丰田汽车公司于 2007 年 7 月，与第一汽车集团公司、广州汽车集团股份有限公司共同出资 500 万美元在天津经济技术开发区内设立了“同方环球（天津）物流有限公司”。在丰田汽车在中国的发展中，三家企业设立合资公司这是首次，此前中国的各丰田公司都分别拥有自己的物流公司，此次成立的新合资公司将对车辆及零部件的物流业务实行一元管理，以提高效率和降低成本。[②] 可见，天津及天津经济技术开发区未来作为物流基地的作用将更加明显。

从总体来看，天津经济技术开发区的日资企业主要分布在汽车、电子、装备制造、石化、食品、生物医药以及新能源和新材料等领域，从产值来

---

① 国際貿易投資研究所「中国市場を目指す日本の対中投資—製造業から卸・小売業へ—」、『季刊 国際貿易と投資』2008 年第 71 卷、125 頁。

② 柴生田敦夫「日本企業の対中投資」、2009 年 11 月、https://www.rieti.go.jp/jp/publications/pdp/09p004.pdf。

看，显著偏重于汽车产业，近90%集中于汽车产业。日资汽车是全区汽车产业的龙头和支柱，产值贡献率高达75.6%。

四 结语

尽管数据不是很充分，但可以看出，日资企业投资天津经济技术开发区的历程与改革开放后日本对华直接投资的发展历程大致相同。随着中国改革开放的不断深入发展，天津经济技术开发区30余年的发展历程以及日本对天津经济技术开发区的直接投资也带给我们一些思考，那就是关于改革、开放、创新与发展之间的关系。

（1）以改革促进开放。从1979年7月中央批准对广东、福建在对外经济活动中实行特殊政策，到1980年5月批准在深圳、珠海、汕头、厦门建立经济特区，再到1984年在包括天津在内的沿海14个城市设立经济技术开发区，从“特色政策”到“经济特区”再到“经济技术开发区”，其目的就在于进一步扩大对外开放。正是中国在对外经贸体制方面的逐步改革，才有天津经济技术开发区等开发区的成立、对外开放，才有包括日本企业投资在内的大量外资企业的进入。

（2）以开放倒逼改革。从天津经济技术开发区的成立和发展过程可以看出，随着最初的对外开放和外国投资的进入，制约进一步开放及招商引资的问题逐渐显现。这些问题又对进一步改革形成倒逼，即要进一步扩大开放、积极吸引外资，就必须实现制度、体制的改革。为实现进一步开放，天津经济技术开发区从建区开始，就非常重视借鉴发达国家的先进发展经验，提出了建立“仿真的国际环境”的目标要求，在涉及区域、土地、项目、人事、劳资、税收、工商、优惠政策及公共事业服务、城市管理等诸多方面都进行了相应的改革。随着时间的推移，开发区的投资环境得到认可，外资企业不断聚集，经济规模不断扩大，国际知名度不断提升。

（3）以政策的创新来推动改革开放。天津经济技术开发区为了积极吸引外资，在诸多方面进行了创新。天津经济技术开发区建区初期就十分重视

各项法规、规定的制定和完善，试图摸索出一条依法行政、依法治区的区域管理新路子。至1989年底，天津经济技术开发区共制定了各项法规、规章和规定43个，其中市人大常委会通过的地方性法规4个（1985年），市政府通过的规章1个（1988年），以及天津经济技术开发区依据市人大、市政府授权，根据区域管理的需要制定的区域性行政管理规定38个，许多地方性法规成为全国各个开发区模仿的先例。在土地权使用方面，天津经济技术开发区与美国MGM公司签约完成了新中国向外国投资者出让国有土地使用权的第一单合同。在资金筹措方面，进行了发行债券、股份制改造以及引进和自办财务公司、银行等方面的尝试，逐步实现土地开发由借贷开发、滚动开发向全方位融资开发的转化。此外，率先在海外设立办事处也是天津经济技术开发区进行的创新。在服务方面，天津经济技术开发区管委会创建了中国政府的第一个公共关系部，专门负责设计、策划和营造区域形象，并对客户进行攻关运作，引导国外投资者进入开发区等。

（4）以改革开放与创新实现发展。以改革开放为总要求，以创新和开拓精神为理念和手段，天津经济技术开发区实现了良好的发展。自1992年起，天津经济技术开发区的经济实力就在全国开发区中居领先地位。自1996年国务院对国家级开发区主要经济指标进行综合评价以来，天津经济技术开发区一直居于首位。而这些成绩的取得，既是改革开放的成果，也是天津经济技术开发区自主创新与奋力开拓的结果。

B.10 从日本的经验考察中国改革开放面临的课题

〔日〕田中修*

摘　要： 改革开放40年来，中国经济发展取得了巨大成绩。伴随着中国经济从高速增长转为中高速增长，中国需要在城乡居民收入不平等、政府债务管理、国有企业改革等方面实施结构性改革，助推经济高质量发展。在二战后日本经济发展过程中，日本政府在处理居民收入差距、国债发行以及国有企业改革等方面积累了诸多经验和教训。中国可以借鉴和吸收日本的经验，加强中日两国经济合作，妥善处理在改革开放过程中所面临的问题。

关键词： 改革开放　居民收入不平等　政府债务　国有企业改革　中日经济合作

2018年不仅是中国改革开放40周年，而且也是《中日和平友好条约》缔结40周年。中国的改革开放40年可以划分为以下四个阶段。第一个阶段是改革开放的最初十年。此时，中国刚刚导入市场经济体制，并与计划经济体制并存。第二个阶段是改革开放的第二个十年。中国的改革开放在此阶段经历了短暂的挫折，但是改革开放的步伐没有停止，仍在持续实施经济体制

* 田中修，日本财务省财务综合政策研究所中国研究交流顾问。

改革，向着市场经济的目标迈进。第三个阶段为改革开放的第三个十年。这是中国经济高速增长并迅速融入全球化的十年。第四个阶段是改革开放的第四个十年。此时，中国的经济发展由高速增长转变为中高速增长，迎来了经济结构的调整与改革时期，需要进一步加大对内、对外的经济开放程度。

从中日经济关系的角度，可以将中国的改革开放划分为三个阶段。第一个阶段是中国改革开放的前20年。在这一时期，日本通过日元贷款、技术援助等方式对中国的经济发展实施援助。第二个阶段对应中国改革开放的第三个十年。日本企业积极扩大对中国的直接投资，提高了两国经济的融合程度。第三个阶段呼应中国改革开放的第四个十年。近年来，反全球化的现象愈发凸显，中日作为东亚地区两个负责任的经济大国，开始通过合作方式共同应对国际问题。

当前，中国的改革开放迎来了新的契机。与此同时，日本也面临着诸多亟待解决的课题。本文主要从日本经济的发展经验出发，对中国今后改革开放的政策与方向提出一些建议。

一 收入分配

中国的改革开放取得了举世瞩目的成绩，但是城乡居民收入不平等以及国民内部收入不平等等问题困扰着中国经济发展。而二战后日本在发展过程中实现了经济增长与收入平等的统一，居民收入差距并未随着经济增长而出现扩大。中国可以吸收与借鉴日本的政策经验。

（一）城乡居民收入不平等

中国的改革开放最初发生在农村地区，随着农村人民公社的解体以及农产品销售的自由化，中国农民的收入不断增加。但是，随着中国的工业化以及城市化进程加快，从20世纪90年代中后期开始，中国的城乡居民收入差距不断扩大。此外，一些地方政府为了扩充地方财政，向农民征收多种税费，导致一些农民的收入水平出现下降，影响了农村地区的社会稳定。中国城乡居民收入差距不断扩大，2009 年中国城市居民的收入水平甚至达到了农村居民的 3. 3 倍（参见表 1）。

表 1　城市与农村地区的收入差异

年份	城市地区人均收入		农村地区人均收入	
	金额(元)	增长率(%)	金额(元)	增长率(%)
1980	477. 6(2. 50)	9. 7	191. 3	16. 6
1985	739. 1(1. 86)	1. 1	397. 6	7. 8
1990	1510. 2(2. 20)	8. 5	686. 3	1. 8
1995	4283. 0(2. 71)	4. 9	1577. 7	5. 3
2000	6280. 0(2. 79)	6. 4	2253. 4	2. 1
2005	10493. 0(3. 22)	9. 6	3254. 9	6. 2
2009	17174. 7(3. 33)	9. 8	5153. 2	8. 5
2010	19109. 4(3. 23)	7. 8	5919. 0	10. 9
2011	21809. 8(3. 13)	8. 4	6977. 3	11. 4
2012	24564. 7(3. 10)	9. 6	7916. 6	10. 7
2013	26467. 0(2. 81)	7. 0	9429. 6	9. 3
2014	28843. 9(2. 75)	6. 8	10488. 9	9. 2
2015	31194. 8(2. 73)	6. 6	11421. 7	7. 5
2016	33616. 2(2. 72)	5. 6	12363. 4	6. 2
2017	36396. 2(2. 71)	6. 5	13432. 4	7. 3

注：“农村地区人均收入”的数据在 2012 年之前指“农民人均纯收入额”，根据“城市、农村家庭收支及生活调查”的数据，从 2013 年开始是指“人均可支配收入”。括号中为城市居民收入与农村居民收入的比值。

资料来源：中国国家统计局：《中国统计摘要（2018 年版）》；21 世紀中国総研『中国情報ハンドブック』、2018 年。

另外，因为城市和农村居民收入差距的不断扩大，外出打工的农民日趋增多，农村地区出现了“留守老人”和“留守儿童”等问题。此外，当时针对农民的社会保障制度并不完善，卫生设施建设也没有到位。2003 年重症急性呼吸综合征（SARS）肆虐全国，农村地区的贫困以及医疗、卫生设施不完善等问题凸显。与经济发展所取得的成就相比，中国针对农村地区的社会政策大幅度落后。

时任中共中央总书记胡锦涛同志将解决“三农”问题作为党的政策的“重中之重”，中央政府提出了许多应对措施。[①] 例如，实施了针对农民的减税、增加补贴、提高粮食购买价格、提升最低工资水平、完善社会保障制度等。受此影响，2010 年以后，中国农民的收入增长率逐渐超过了城市居民，中国农民和城市居民的收入差距不断缩小（参见表 1）。

当前中国所面临的一个最重要课题为，消除城市户口和农村户口的差异以及解决农村地区的贫困问题。这些问题的解决方案已经包含在习近平总书记提出的“三个一亿人”以及“三大攻坚战”政策之中。[②]

（二）国民内部收入不平等

虽然中国城乡平均收入差距有所缩小，但是城市及农村内部的收入差距仍在不断扩大（参见表 2）。迄今为止，中国实现了经济高速增长的奇迹。在中国经济高速增长时期，因为经济整体规模不断扩大，能够做到将“不断做大的蛋糕”中的一部分分配给农业收入阶层。但是，当前中国经济的增速已经从高速转为中高速，以往分配蛋糕增长部分的做法逐渐失效，必须考虑蛋糕整体在不同收入阶层中的划分比例，而这些措施会引起既得利益阶层的不满。因此，现阶段的收入分配改革要比高速增长时期的收入分配改革更加困难。

（三）日本的经验

日本在经济高速增长过程中，居民收入差距并没有随之扩大。主要有以下几点原因。

---

① 胡锦涛：《同小岗村村民的谈话》（2008 年 9 月 30 日），载《胡锦涛文选》第三卷，人民出版社，2016，第 115 页。

② 《以新的发展理念引领发展，夺取全面建成小康社会决胜阶段的伟大胜利》（2015 年 10 月 29 日），中共中央文献研究室：《十八大以来重要文献选编》（中），中央文献出版社，2016，第 832 页。

表 2　中国城市及农村居民内部的收入差距

单位：元，%

年份	城市居民最高 20% 的人均收入（A）	城市居民最低 20% 的人均收入（B）	城市地区收入差距（A/B）	农村居民最高 20% 的人均收入（C）	农村居民最低 20% 的人均收入（D）	农村地区收入差距（C/D）	国民收入差距（A/D）
2000	11299	3132	3.61	5190	802	6.47	14.09
2005	22902	4017	5.70	7747	1067	7.26	21.46
2010	41158	7605	5.41	14050	1870	7.51	22.01
2011	47021	8789	5.35	16783	2001	8.39	23.50
2012	51456	10354	4.97	19009	2316	8.21	22.22
2013	57762	9896	5.84	21324	2878	7.41	20.07
2014	61615	11219	5.49	23947	2768	8.65	22.26
2015	65082	12231	5.32	26014	3086	8.43	21.09
2016	70348	13004	5.41	28448	3007	9.46	23.39
2017	77097	13723	5.62	31299	3302	9.48	23.35

注：根据“城市、农村家庭收支及生活调查”的数据，从 2013 年开始是指“人均可支配收入”。

资料来源：中国国家统计局：《中国统计摘要（2018 年版）》；21 世紀中国総研『中国情報ハンドブック』、2018 年。

第一，自第二次世界大战开始至战后初期，日本的官僚一直在实施具有社会主义性质的收入再分配政策。在第二次世界大战期间，日本已经开始实施收入分配改革。日本政府从财阀手中夺去了企业的经营权，限制地主阶层提高地租，并扩大了佃农的收入。① 第二次世界大战后的财阀解体和农地改革，更是对日本的财阀和地主阶级造成了沉重打击。此外，日本政府使用国债作为土地征收补偿金支付给地主，但是战后剧烈的通货膨胀使得兑付国债的价值消失殆尽。在城市地区，战后日本政府对富裕阶层课以极高税率的财产税，瓦解了继承自战前的富裕阶层。

第二，即便在此后的经济高速增长时期，日本政府针对收入较高者始终施以高累进税率的个人所得税、继承税、赠予税等，防止新兴富裕阶层的产

① 张季风：《日本经济概论》，中国社会科学出版社，2009，第 3 页。

生。另外，在经济高速增长过程中，日本政府为了向劳动者分配经济增长的成果，在企业中引入了“春斗”的方式。[①] 在每年的3～4月，日本国内各个产业的劳动工人一同与雇用方进行劳动谈判。因此，不论企业规模大小，都能保障企业工人获得与经济增速相同的工资增长率。

每年“春斗”的结果都会反映为城市工人的工资增长率。日本政府以此为参考，即时修改粮食收购价格（生产者米价），从而防止城市与农村居民收入差距的扩大。日本政府对于城市地区的劳动者实施“源泉征收制度”，对于农民则相应实施“申报纳税制度”，这样的税收制度安排也有利于农民增加收入。此外，在金融层面，日本政府设立了专门针对农业的政策性金融机构，并完善了农村信用合作机构，为日本农业现代化提供了必要的资金。受此影响，在经济高速增长时期，日本的城市和农村居民收入甚至出现了逆转，日本国民的海外旅行热潮最早也是始于农村居民。

第三，从经济高速增长时期开始，日本政府始终重视中小企业政策的实施，设立了针对中小企业的专业性金融机构和信用合作组织，确保日本的中小企业能够获得融资支持。另外，日本政府还建立了住宅方面的政策性金融机构，使得日本国民在购买房屋时不必背负过于沉重的债务负担。

受这一系列政策影响，在经济高速增长时期，日本的城市和农村居民乃至不同规模的企业从业者之间的收入差距并未扩大。在20世纪80年代，日本出现了“一亿总中流”的社会现象。[②]

（四）对中国的建议

与日本不同的是，中国的税收制度中并没有具有累进税率特征的继承税和赠予税，房地产税的征收也仍然在筹备中。中国的个人所得税中所包含的收入种类繁多，其税率也不尽相同。因此，中国的个人所得税所发挥的收入再分配功能较为有限。

---

① 佐口和郎『雇用システム論』、有斐閣、2018年、205頁。

② 神林博史「総中流と不平等をめぐる言説—戦後日本における階層意識に関するノート—」、『東北学院大学教養学部論集』2012年第161号、67～90頁。

当前，习近平总书记提出的“新发展理念”中，强调“人民共享发展红利”。[①] 此外，十九大报告指出，从2035年到21世纪中叶，在基本实现现代化的基础上，实现国家治理体系和治理能力现代化，全体人民共同富裕基本实现。此外，精准脱贫是截止到2020年需要完成的“三大攻坚战”之一。通过精准脱贫，要推动农村地区5500万人实现脱贫，每年要减少1000万农村贫困人口。

今后，为了缩小收入差距、实现共同富裕，中国需要消除既得利益阶层的阻碍，在收入再分配方面采取改革措施。为此，就需要采取税收、社会保障、政策性金融（农业、中小企业、住宅）等综合性措施。在这方面，有必要建立与日本专家的咨询、合作机制。值得一提的是，日本财务综合政策研究所截至目前已经帮助越南、老挝、缅甸等国建立了针对中小企业的政策性金融制度。

二　政府债务管理

二战后日本在经济发展过程中，其财政政策经历了一个从坚持财政平衡原则到发行国债刺激经济增长的变化过程。当下，日本的债务负担已经成为影响日本经济的重要因素。日本政府的债务管理经验值得中国借鉴。

（一）中国的现状

日本的中央政府和地方政府的债务余额与GDP之比，在2017年末已经达到了240.3%（根据IMF的统计结果）。[②] 与此同时，中国2017年的政府债务余额与GDP的比例为36.3%，处于较低水平。但是，有观点认为中国的政府债务（特别是地方政府债务）实际上应该更多。

中国的政府债务在2007年之前基本没有出现大的问题。中央政府的财

① 中共中央宣传部：《习近平新时代中国特色社会主义思想三十讲》，学习出版社，2018，109页。

② IMF，*World Economic Outlook*，https：//www.imf.org/external/datamapper/datasets/WEO.

政赤字被控制在GDP总额的3%以内。地方政府财政在原则上需要遵循财政平衡原则，禁止地方政府发行债券、向银行借款以及提供债务担保。

2008年9月发生了国际金融危机。受此影响，在2008年11月的国务院常务会议上，决定实施为期两年的应对国际金融危机的一揽子政策，包括增加投资、减税、货币宽松等。但是，中国地方政府的财政并不足以完成投资要求，因此借助地方政府融资平台从银行获得贷款来促进投资工作的开展。地方政府给予地方政府融资平台隐性的债务担保，从而导致中国地方政府的债务规模持续扩大。

当前，李克强总理指出，中国的宏观经济政策实行“区间控制”，即以就业指标作为区间的下限，当年度经济目标完成之后优先实施经济的结构性改革，不再实行短期的经济刺激政策。此外，在经济调控政策中要采用“精准调控”方式，不再实行“大水漫灌”式的经济刺激政策，而是将财政资金集中应用于经济中最为脆弱的部分（“三农”、小微企业）及重大基础设施项目。

随着中国经济发展从高速增长向中高速换挡，中国中央政府财政赤字与GDP的比值从2015年的2.4%扩大到2017年的3.0%，但是2018年又降为2.6%。① 当前的中国政府将防范重大风险（特别是金融风险）作为“三大攻坚战”之一，采取了控制政府债务增加的措施。

（二）日本的经验

日本政府的中央财政在1965年之前始终坚持财政均衡原则。在日本的税收制度中，个人所得税、企业所得税等直接税为重要组成部分。在日本经济高速增长时期，由于日本的累进税率较高，从而确保了税收来源，中央政府的借款需求并不强烈。此外，日本的基础设施投资主要依靠政府的财政融投资制度，因而没有发行国债的必要。财政融投资的主要资金来源是邮政储

① 《2018年政府工作报告》，新华网，http://www.xinhuanet.com/politics/2018lh/2018-03/22/c_1122575588.htm。

蓄资金和保险年金。[①]

在1964年东京奥运会举办之前，日本股市泡沫出现崩溃。奥运会结束后，日本经济增速下滑，实体经济愈发不景气。受此影响，日本的税收也不断减少，迫使日本政府于1965年突破财政均衡原则，再次发行国债。虽然此次经济萧条的时间较为短暂，但是日本政府自此以后持续发行建设国债。与此相对的是，日本的大藏省[②]举行了"打破财政僵化运动"，提倡通过减少不必要财政支出的方式削减国债的发行数量，但是这一主张受到政治因素的影响而没有被采纳。这是因为，日本政府尝到了发行国债的甜头。通过发行国债，可以较为容易地获得基础设施建设资金，从而可以诱导地方政府开展公共事业建设。1972年田中内阁提出"日本列岛改造论"，日本政府通过国债融资，实施了大规模的不动产开发投资。

1971年尼克松事件发生，加之受1973年第一次石油危机的影响，日本经济增长速度下降，经济高速增长时期结束。随着日本经济增速下降，日本的财政收入迅速下滑。这是因为日本的税收结构中直接税是最重要的组成部分。1975年，日本政府首次发行赤字国债，而赤字国债的发行原本是为日本财政法所禁止的。1979年第二次石油危机爆发，日本的税收收入再次出现严重下降。从20世纪80年代开始，日本进入了大量发行国债的时期。

但是，这一时期日本的历届内阁，如大平正芳、铃木善幸、中曾根康弘、竹下登内阁等始终致力于削减赤字国债的发行。在1990年，日本政府甚至实现了不发行赤字国债。但是，此次的赤字国债零发行，并非是日本政府努力削减财政支出的结果，而是因为此时日本发生了泡沫经济，不动产、证券交易等方面的税收收入持续增加，从而使得日本政府可以不发行赤字国债。1991年日本的泡沫经济崩溃，日本经济陷入长期低迷，导致税收收入持续减少。另一方面，日本政府为了促进经济增长实施了大规模的公共建设投资，使得建设国债的发行持续增加。1995年1月，阪神大地震发生，日

---

① 张季风：《日本经济概论》，中国社会科学出版社，2009，第129页。

② 现为日本财务省。

本关西地区的税收收入减少。以上因素导致日本政府从 1994 年开始恢复了赤字国债的发行。

1996 年，日本的实体经济出现了向好势头。在这种情况下，桥本龙太郎内阁提出财政结构改革计划，并于 1997 年提高了消费税税率。但是，1997 年 7 月亚洲金融危机爆发，同年秋天日本也发生了系统性金融危机。受此影响，日本政府采取了大规模经济刺激措施，包括使用公共资金救助日本的银行体系。在这一系列因素的影响下，日本的国债发行额持续增加。

2001 年，日本的小泉纯一郎内阁再次提出了财政结构改革计划。该计划包含两个方面的主要内容：其一，减少公共投资；其二，防止债务余额与 GDP 之比出现上升。为此，政府制定了财政中期计划，预计于 2012 年实现基础财政收支（primary balance）黑字化。但是，2008 年 9 月，国际金融危机发生，日本政府随即实施大规模的经济应对措施，2012 年实现基础财政收支黑字化这一目标就此搁置。

2010 年，日本民主党的菅直人内阁再次提出财政重建计划。根据菅直人内阁提出的中期财政目标，从 2010 年到 2015 年使日本的基础财政收支赤字减少一半，并在 2020 年实现基础财政收支黑字化。2012 年 6 月，日本的野田佳彦内阁与当时的在野党自民党、公明党在社会保障、税收制度改革方面达成协议，不再将财政重建改革作为政治争斗的议题。根据这一协议，日本政府需要在 2014 年 4 月以及 2015 年 10 月，分两个阶段提高日本的消费税税率。①

2012 年安倍晋三内阁上台后，日本政府于 2014 年实施了第一个阶段的消费税税率提升，但是第二阶段的税率调整被两次延期，预定于 2019 年 10 月实施。此外，在 2017 年 10 月举行的众议院选举中，关于消费税税率的提升及其用途，成为各党派争论的焦点。当前，日本政府将实现基础财政收支黑字化的目标从 2020 年修改为 2025 年，并致力于稳定调降债务余额与 GDP 的比值。

---

① 岡田知弘・岩佐和幸『現代日本の経済政策』、法律文化社、2016 年、19 頁。

（三）对中国的启示

根据日本的经验，在防止政府债务持续扩大方面，有以下几点启示。

第一，国债发行具有惯性。国债发行一旦开始就很难停止，当经济体面临经济危机之时国债发行的规模会不断扩大。当基础设施投资的存量达到一定限度时，公共投资支出对经济景气的刺激效果就会减弱。如果在这种情况下，仍然一味地实施基础设施投资，将使得国内的公共投资规模过于庞大，从而导致效率低下的问题产生。因此，一国政府不能仅仅依靠基础设施投资拉动经济，而需要透视经济危机的本质，采取有效的应对措施。

第二，要始终重视财政支出的削减任务。即便实现了财政收支平衡，也有可能仅仅是特殊原因所造成的短期现象，不能就此放松削减财政支出的工作。随着资产价格的不断上升，税收收入也会随之增加。但是一旦资产泡沫破裂，税收收入也会大幅下降。因此，需要认真分析税收增加的原因，确认其可持续性。而且要为可预期的税收减少做好准备，严格限制财政支出，充实中央预算稳定调节基金，并充分探讨税收收入的使用途径。

第三，中期财政计划的制定并不能成为财政重建的保障。即便制定了中期财政计划，但是伴随着经济波动的发生，政府依旧会采取扩大支出的行为，因此政府的承诺及强大的执行力是实现中期财政计划的必要条件。中期财政计划的制定并不意味着削减财政支出的工作就可以放松。近年来世界经济局势震荡，对中国及日本的经济情况也产生了很大影响。由于中国需要提前两年开始起草“国民经济和社会发展五年规划”，因而容易受到当时的经济情况影响。这就需要根据经济情况的变化不断调整计划内容，而且始终保持实现财政健全这一基本目标不动摇。

三　国有企业改革

日本在二战后也曾成立了诸多国有企业，涉及铁路、电信、烟草等国民经济部门。随着日本经济开放程度的不断加深，日本实施了国有企业改革，推动民营化发展。这其中的经验与教训值得现阶段的中国参考。

（一）日本的经验

1949 年在 GHQ[①] 主导下，日本成立了日本国有铁道公司、日本电信电话公司、日本专卖公司等国有企业，承接铁道、电信电话、烟草等原本由日本政府所垄断的专卖业务。

中曾根康弘内阁时代，将这三个国有企业的民营化改革作为行政改革的重要组成部分。日本电信电话公司于 1985 年完成民营化，成立 NTT 公司。日本专卖公司也于同年完成民营化，成立日本烟草产业股份有限公司。这三家国有企业中，最难推动民营化改革的是日本国有铁道公司（国铁）。

随着乘用车的普及，使用铁路的出行人数有所减少。此外，随着战后初期雇用的大量铁路从业人员面临退休，铁路公司的工资支出负担加重，日本国有铁道公司于 1964 年开始出现经营赤字。此外，日本国有铁道公司的经营同样也受到来自政治层面的严重干预。日本的政治家为了获得来自地方的选票，推动日本国有铁道公司修建了许多地方支线，但这些支线普遍不能实现盈利。而随着新干线工程的建设，日本国有铁道公司的债务持续增加，负债达到 37 万亿日元，[②] 每年的利息支出就高达 1 万亿日元。

为了应对不断恶化的公司财务状况，日本国有铁道公司采取了提高运价等应对措施，但是这导致使用铁道出行人数进一步减少，货物运输中使用铁路的比例也从 1960 年的 50% 左右下降至 1985 年的 23% 。与民营企业相比，国有企业的效率低下情况非常明显。

铃木善幸内阁于 1981 年设立了“第二次临时行政调查会”，调查会的会长为当时日本经济界的领袖人士土光光男。1982 年，第二次临时行政调查会提出，要在五年内拆分日本国有铁道公司并实现民营化。1982 年，中

---

① 即驻日盟军总司令。

② 岡本寛子・大沢昌玄・岸井隆幸「旧国鉄跡地の活用実態と土地転換状況に関する研究」、『都市計画論文集』2006 年第 41 号、773 – 778 頁。

曾根康弘内阁上台，并在 1983 年设立了国铁重建监察委员会，督导国铁的民营化工作。

此时日本国有铁道公司内部围绕拆分公司及民营化问题，分为改革推进派及反对改革派两派。1985 年，日本国有铁道公司管理层提出了“在不拆分公司前提下的民营化方案”，并分送各有关部门，而改革推进派则被排挤，下放到地方企业之中。但是，1986 年 6 月中曾根康弘首相更换了日本国有铁道公司的经营管理层，裁撤了以仁杉岩总裁为首的反对改革派，将改革推进派召回国铁本部。自此，日本国有铁道公司的民营化改革形势出现了扭转。此外，在 1986 年 7 月举行的众参两院选举中，反对国铁改革的日本社会党、共产党惨败，这也使得日本国有铁道公司的改革得以顺利推进。同年 11 月日本政府通过了《国铁改革关联法案》。1987 年 4 月，日本国有铁道公司被分解为五个地区级别的“客运铁道公司”以及一个“货运铁道公司”。与此同时，新成立的六个公司共雇用 20.6 万名员工，约 7 万名国铁从业人员选择自愿退职，另有 7000 人留在了国铁清算事业团中。大部分日本国有铁道公司的债务被日本政府的一般财政预算承接。

从这一事例可以看出，国有企业改革的推进必须要有领导人强有力的指导。21 世纪初，正是在小泉纯一郎首相的强势指导之下，日本实现了四个公路国有企业①的民营化，以及日本邮政的民营化。

（二）对中国的启示

进入 21 世纪后，围绕国有企业改革的争论在中国始终没有停止。应该认识到，国有企业改革不仅有助于实现中国经济的高质量发展，而且在当前严峻的国际形势下有利于中国提升对外开放水平。

中国作为自由贸易体制的守护者和捍卫者，有必要推动国有企业改革，切实保护私有产权及知识产权，完善国有资产管理体制。2013 年中国共产

① 这四个国有企业分别为：日本道路公团、首都高速道路公团、阪神高速道路公团、本州四国联络桥公团。

党十八届三中全会《中共中央关于全面深化改革若干重大问题的决定》指出，中国以管资本为主加强国有企业监管。这不仅与日本的国有企业改革的思路一致，而且也能够消除外国的专家、实业家及企业家对中国国有企业的不信任感。国有企业改革最终会影响到政策层面。特别是随着中日经济合作的不断推进，如果日本的专家、实业家及企业家对中国的国有企业改革及私有产权、知识产权的保护给予很高的评价，会对世界其他国家的政策判断产生正面影响。

此外，国有企业改革有利于降低中国加入 CPTPP 的门槛。目前，越南已经清除了准入障碍，中国也一定可以消除有关障碍。中国可以与日本合作缔结“区域全面经济伙伴关系协定”（RCEP），并加入 CPTPP 之中。此后，中日两国可以继续开展合作，强化与欧盟的合作关系，从而形成一个从太平洋沿岸到欧亚大陆的广阔的自由贸易区。如果上述计划可以实现，则反全球化、贸易保护主义的潮流会被终止，WTO 也会迎来新生。为此，有必要尽早实现中日韩 FTA。改革与开放互为双向关系，在这个层面上中日两国还有很大的合作空间。

（田正译　张季风编校）

B.11

亚洲新经济秩序建构中的中日经贸合作

苏 杭*

摘 要： 与中国经济和社会实现大发展与大变革同步，改革开放以来的中日双边经贸合作在取得了显著成就的同时，也经历了前所未有的挑战。中国经济的飞速发展在重塑亚洲经济秩序的同时，也给中日经贸合作提供了新的背景设计，将中日经贸合作带入全新的发展阶段。伴随中日经贸合作的深入，两国经贸合作的竞争性日渐显现，合作领域走向精细化，第三方市场合作崭露头角。2017 年以来，中日双边关系企稳回暖，目前双方已就第三方市场合作达成共识，中方可以此为突破点，加强机制设计、资金和项目合作，进而谋求双边经贸合作实现新突破。

关键词： 亚洲经济秩序 中日经贸合作 第三方市场合作

中日经贸合作始于 20 世纪 50 年代初，至 1972 年中日邦交正常化，中日经贸合作局限于民间层面的贸易关系，不仅合作领域狭窄，规模也非常有限。邦交正常化之后，中日政治环境趋好，为双边经贸合作发展创造了良好的环境支持。1978 年中日两国缔结《中日和平友好条约》，同年中国共产党召开十一届三中全会，开启了改革开放这一影响中国乃至亚洲经济发展的伟

* 苏杭，经济学博士，东北财经大学国际经贸学院副院长、副教授、博士生导师，全国日本经济学会常务理事，主要研究领域：日本经济、FDI 与全球生产网络。

大征程，以此为契机，中日经贸合作进入快速发展的阶段。基于两国的经济特点和经济地位，发展双边经贸合作既有利于两国经济和社会的发展，又有助于推动亚洲经济秩序的变迁。40 年来，中日经贸合作发展的起伏波动，透射出中日两国经济结构和经济影响力的变动。基于两国在亚洲经济发展中的影响力，中日经贸合作的起伏波动也在不断推动亚洲经济秩序的建构与重构。

2018 年，既是中国实行改革开放 40 周年，又是《中日和平友好条约》缔结 40 周年。过去的 40 年，中国经济和社会发展取得了举世瞩目的成就，中国不仅跻身世界第二大经济体，而且日渐走上世界舞台的中央，参与全球经济治理。过去的 40 年，中日关系波动起伏，双边合作既实现了前所未有的进展，又面临着前所未有的挑战。中国经济的飞速发展和影响力的全面上升，在重塑亚洲经济秩序的同时，也给中日经贸合作提供了新的背景设计，将中日经贸合作带入全新的发展阶段。

一　改革开放以来的中日经贸合作

改革开放后，中国向世界打开了开放合作的大门。中日两国地理上的临近性和经济发展上的互补性为双边经贸合作的发展提供了初始动力。在新的历史条件下，中日经贸关系进入双边贸易、相互投资和政府资金合作（日本对华政府开发援助，ODA）全面发展时期。[①] 40 年间，中日经贸合作的发展呈现出以下几个特点。

（一）合作规模和领域持续扩大

20 世纪 90 年代初，中国提出加快市场经济建设，为中日经贸合作的发展提供了广阔的市场环境。2001 年中国加入世界贸易组织（WTO），市场的不断开放和潜力的持续释放推动中日双边贸易规模快速扩张。1978 年双边

① 张季风：《中日经贸关系 70 年回顾与思考》，《现代日本经济》2015 年第 6 期。

贸易额只有48.2亿美元，到2002年就突破1000亿美元大关，2006年和2011年又分别突破2000亿美元和3000亿美元，截至2017年，中国已连续11年成为日本最大的货物贸易伙伴国。

另外，日本对华直接投资始于1979年，20世纪80年代和90年代日本对华直接投资先后迎来了两次投资高潮，2001年中国加入世界贸易组织后进一步兑现市场开放承诺，逐步取消外资进入服务业部门的准入限制，以此为契机，日本对华直接投资增长迎来了第三个高潮。然而，2012年“购岛”事件发生后，日本对华直接投资出现下滑，体现出中日双边经贸关系易受政治因素影响的特点。2017年日本对华直接投资止跌回升，截至当年底，累计投资额达到1081亿美元，日本继续占据中国第一大投资来源国之位。[①]

以日元贷款为中心的日本对华ODA是中日经贸关系的另一重要组成部分，与双边贸易和投资共同组成支撑中日经贸关系发展的三大支柱。日本对华政府开发援助同样始于1979年，主要包括日元贷款、无偿援助和技术合作三部分。截至目前，日本政府共投入约3.66万亿日元，[②] 对中国改善基础设施、加强环境保护以及推动经济发展发挥了重要作用。1997年亚洲金融危机后，东亚区域内合作勃兴，中日两国开始在自由贸易协定、货币金融等领域拓展合作，此外，双方围绕节能环保、科技、旅游等领域的合作也日益深化。

（二）中国在双边经贸关系中的影响力日渐上升

中日经贸关系的快速发展始于中国改革开放之后，此时中日两国在经济和技术发展上存在较大差距，这赋予中日经贸合作明显的互补性色彩。1978年日本的国内生产总值（GDP）为1.01万亿美元，而同期中国只有

① 日本貿易振興機構『2017年度アジア・オセアニア進出日系企業実態調査』、2017年、https://www.jetro.go.jp/world/reports/2017/01/b817c68e8a26685b.html。

② 外務省『政府開発援助（ODA）国別データ集2017』、2017年、https://www.mofa.go.jp/mofaj/gaiko/oda/press/shiryo/page1w_000024.html。

1495.41 亿美元。在这样的发展差异下，互补性在中日经贸合作中表现得十分突出。以双边贸易为例，1980 年日本对华出口集中在机械机器、钢铁、化肥等领域，而中国对日出口则集中在原油及粗油、纺织品以及石油制品等初级产品领域。中日经贸合作为中国参与国际经济合作创造了机会，同时也为中国借鉴日本发展经验提供了一个窗口。

此后，伴随中国经济的飞速发展以及市场规模的持续扩大，中国在中日经贸合作中的影响力不断上升。1997 年亚洲金融危机后，传统的亚洲经济秩序开始解构，日本作为亚洲经济体系中资金和技术供给者的角色开始减弱。泡沫经济崩溃后，日本经济陷入长期低迷，相比之下，中国等亚洲新兴市场国家则保持了经济持续稳定增长，亚洲新兴市场国家在继续作为日本经济发展的原料产地和加工工厂的同时，日益成为日本产品需求和投资需求的重要来源。[①] 在日本经济和亚洲经济的角色发生转换的过程中，日本经济对中国市场的依赖程度不断提升。无论是 2002 ~ 2007 年的日本经济景气还是 2008 年全球金融危机后的日本经济复苏，中国市场因素都发挥了重要的拉动作用。日本财务省发布的贸易统计数据显示，中国市场在日本对外贸易中的占比由 2008 年的 18.0% 上升至 2010 年的 20.9%。[②] 中国已成为日本经济发展不可或缺的合作伙伴。

（三）双边经贸合作易受政治因素冲击

中日经贸合作不仅受到两国经济波动的影响，而且易受政治因素的干扰。在中日经贸合作的初期，日本开展对华经贸合作怀有感恩、同情和帮扶的心理，[③] 政治因素并未成为中日经贸关系的干扰因素。然而，随着中日两国经济地位的转换以及亚洲经济秩序的解构，出于因亚洲经济领导地位消退而产生的战略焦虑，日本对双边经贸关系的观感开始发生改变，日本国内支撑中日经贸合作的民意基础日益脆弱。2001 年 4 月上台的小泉纯一郎政府

---

① 苏杭：《日本亚洲经济外交的新动向》，《日本学刊》2013 年第 1 期。

② 財務省『貿易統計』、http://www.customs.go.jp/toukei/info/index.htm。

③ 杨栋梁：《中日关系的结构性变化与对策》，《东北亚学刊》2012 年第 4 期。

选择在教科书事件和靖国神社问题上挑起争端，正是这种战略焦虑的体现。通过在中方高度关注的政治问题上挑战中国，日本政府试图展现其对双边关系和亚洲格局的影响力，中日关系也因此陷入邦交正常化以来的低谷期，不仅双边贸易下滑，一些较大的经济合作项目也无法开展，日本保持了 11 年之久的中国最大贸易伙伴国地位也被欧盟所取代。2010 年中国的 GDP 超越日本之后，中日经贸关系的竞争性属性日益显现，政治因素对双边经贸合作的冲击力增强。2012 年 9 月，日本政府单方面挑起钓鱼岛争端，引发双边政治关系急剧恶化，受此冲击，日本企业在华经营受到波及，日本对华直接投资出现萎缩。2013 年日本对华直接投资为 91.04 亿美元，较 2012 年 134.79 亿美元大幅下降了 32.5%。[①] “购岛”事件后中日经贸关系的倒退，折射出政治因素对双边经贸关系的破坏性以及两国经贸合作的复杂性。中日经济实力和结构的变化推动双边经贸合作从互补性合作转向竞争性合作，中日经贸合作也因此进入新的历史阶段。

二　建构中的亚洲新经济秩序

进入 21 世纪以来，亚洲经济与世界经济都经历巨变，中国、东盟国家、印度等亚洲新兴经济体的经济增长成为拉动地区乃至全球经济增长的重要引擎。根据国际货币基金组织（IMF）2018 年 4 月发布的《世界经济展望》，亚洲新兴和发展中经济体 2017 年、2018 年和 2019 年的经济增长率分别达到 6.5%、6.5% 和 6.6%，[②] 远高于世界平均水平。亚洲新兴经济体经济持续的高增长不仅提升了其在世界经济体系中的地位和影响力，而且重塑了亚洲经济体的经济面貌。今天的亚洲国家已摆脱单一的贸易国形象，成为商品输出国、资本输出国以及全球规则制定和全球经济治理的积极参与者。一种

① ジェトロ『世界貿易投資報告 2017 年版』、2017 年、https://www.jetro.go.jp/world/gtir/2017.html。

② IMF, *World Economy Outlook*, March 2018, http://www.imf.org/zh/Publications/WEO/Issues/2018/03/20/world-economic-outlook-april-2018.

崭新的亚洲经济秩序正在建构之中。中国经济的崛起、中日经济地位的转换以及美国的介入成为亚洲经济新秩序建构过程的重要影响因素，不仅影响着亚洲经济秩序的建构，决定着亚洲经济秩序的未来走向，而且塑造着亚洲经济中最大的两个经济体——中日之间的经贸合作。

（一）中国经济的崛起

与40年前相比，亚洲经济格局最突出的变化就是中国经济的崛起。自1978年以来，中国经济总量快速攀升。GDP由改革开放之初的3679亿元跃升至2017年的82万7122亿元，经济规模扩大了224倍。① 经济总量的快速攀升不断提高人均收入水平，中国已成功实现从低收入国家向上中等收入国家的跨越。改革开放拉开了中国工业现代化发展的序幕，经过40年的发展，中国的工业体系日臻完备和现代化。在世界500多种主要工业产品中，中国有220多种产品产量位居世界第一。工业化的快速发展显著增强了中国经济在世界经济体系中的影响力。1978年，中国的经济总量仅位居世界第十；而到2010年中国就超过了日本，成为仅次于美国的世界第二大经济体。2008年国际金融危机爆发后，中国经济保持了稳定增长，不仅提振了世界经济发展的信心，而且成为带动世界经济复苏的主要动力。2008～2012年，中国对世界经济增长的年均贡献率超过20%，最近五年对世界经济增长的贡献率更是超过30%，中国成为世界经济增长的第一引擎。②

（二）中日经济地位的转换

伴随中国经济的高速增长，近代以来形成的亚洲经济秩序中“日强中弱”的格局在2010年被打破，日本失去了保持42年之久的经济规模仅次于美国的国家座次，中日经济排名发生转换。与此同时，中国日渐融入全球价

① 《历经风雨四十年中国经济走上光明大道》，网易，2018年4月26日，http://dy.163.com/v2/article/detail/DGAISLOR05198LHD.html。

② 《四张图讲述中国经济四十年奇迹》，中国证券网，2018年4月26日，http://news.cnstock.com/paper，2018－04－26，987896.htm。

值链网络，与亚洲周边国家的经贸融合大大加深，中国已成为亚洲16个国家的最大贸易伙伴。国际货币基金组织发布的《亚太地区经济展望》比较了亚洲11个以出口为导向的经济体在1995年和2012年对中国和日本的依赖度，发现：在20世纪90年代中期，所有11个国家和地区在出口市场方面都更依赖日本，而不到20年后，其中10个国家和地区对中国的依赖度就超过了日本，且超出的幅度较大。中国取代日本成为区域内新的经济中心，推动传统亚洲经济秩序的解构和新秩序的形成。

（三）美国的介入

奥巴马政府上台后，将对外政策重点从反恐和伊拉克等问题上回移，美国战略重心东移进入实质性操作阶段。在此次战略重心东移的过程中，美国的亚太战略目标具有鲜明的预防性特点，即防止出现地区大国或国家集团崛起威胁美国主导权的情况。2009年7月，美国国务卿希拉里·克林顿在出席东盟地区论坛时高调宣布美国“重返亚洲”，加强在该地区的存在和参与。2010年1月，希拉里就美国的亚太地区政策发表演讲，进一步将重返的范围从亚洲扩展到亚太，强调“美国的前途与亚太地区的前途紧密相连”。[①] 美国的强势介入，给亚洲双边及区域经济合作带来了新的变数。2016年5月2日，美国总统奥巴马在《华盛顿邮报》发表题为《〈跨太平洋伙伴关系协定〉将令美国而非中国引领全球贸易之路》的署名文章，指出世界已经发生改变，规则也在随之改变，应该由美国而非中国编写规则。[②] 奥巴马的态度暴露出美国重返亚太过程中防范中国的政策基调，这让焦虑于中国经济崛起的日本政府确立了联合美国防范中国地区影响力上升的政策取

① Hillary Clinton，“America's Pacific Century”，*Foreign Policy*，November 2011，http：//www. whitehouse. gov/the – press – office/2011/11/17/remarks – president – obama – australian – parliament.

② Obama，“The TPP Would Let America Not China Lead the Way on Global Trade”，*Washington Post*，May 2，2016，https：//www. washingtonpost. com/opinions/president – obama – the – tpp – would – let – america – not – china – lead – the – way – on – global – trade/2016/05/02/680540e4 – 0fd0 – 11e6 – 93ae – 50921721165d_ story. html.

向，在一定程度上助推了日本对中日经贸合作的离心倾向。

一方面，中国经济的崛起赋予中国为亚洲经济增长做出更大贡献的能力，无疑有助于亚洲新经济秩序的构建。另一方面，中国经济的崛起也引发了美日针对中国经济崛起的战略焦虑，加剧了围绕亚洲经济主导权的争夺，给包括中日经贸合作在内的亚洲经济发展与经贸合作带来了新挑战。

三 中日经贸合作进入新阶段

受多重因素的制约，中日经贸关系的发展具有明显的阶段性。2012 年钓鱼岛争端后，中日经贸关系陷入停滞；2017 年以来，中日经贸合作呈现回暖趋势，都是这种阶段性的反映。与以往的回暖不同，此次中日经贸关系回暖包含了一些新元素。40 年弹指一挥间，中日经贸合作的外部环境和内涵都发生了深刻变化，作为合作双方的中日两国的经济表现和国际经济地位较 40 年前均大有不同，中日经贸合作必将伴随中日经济地位的变化而调整，合作内容与合作形式也将呈现出新变化。

（一）合作的竞争性凸显

40 年来中国经济的崛起以及中日国际经济地位的转换不断弱化着中日经贸关系的互补性，强化着双边经贸合作的竞争性色彩。以日本对华直接投资为例，2007 年日本对华直接投资为 62.18 亿美元，十年后的 2016 年日本对华直接投资额虽上升至 86.34 亿美元，但对华直接投资占日本对外直接投资的比重却由 8.5% 下降至 5.1%。[①] 2012 年钓鱼岛争端后日本对华直接投资下滑固然受双边政治关系趋冷的影响，[②] 但深层次原因在于中国经济发展所带来的

---

① ジェトロ『世界貿易投資報告 2017 年版』、2017 年、https：//www.jetro.go.jp/world/gtir/2017.html。

② 据日本贸易振兴机构（JETRO）统计，2013 年日本对华投资 90.90 亿美元，同比减少 33%，占日本全年对外投资 1345.1 亿美元的 6.8%，日本对华投资也一改此前的连增态势，回落至 100 亿美元水平以下。

要素禀赋的结构性变化。日本贸易振兴机构（JETRO）的调查显示，目前北京、上海、深圳等大城市的房租、工资、社保成本大幅上扬，在亚洲地区已经名列前茅，中国往日的劳动力成本优势日渐消失，这推动着日本企业不再对华增加“成本寻求型”投资，转而投向劳动力成本相对低廉的东南亚国家，即实施所谓的“中国+1”战略，[①] 导致日本对华投资一度下降。在日本企业转向东南亚市场的同时，中国企业也加快了向东南亚市场“走出去”的步伐，日本基于维持其在东南亚地区确立已久的经济影响力的考虑，势必把中国在东南亚市场的开拓视为潜在的威胁，加剧了日本的战略焦虑。高铁是日本与中国在东南亚市场展开竞争的一个缩影。从雅万高铁项目、中泰铁路项目到马新高铁项目，处处可以发现日本意欲拉开架势与中国展开竞争的意图。

伴随国内市场长期不振和人口老龄少子化趋势增强，日本政府特别重视海外市场的开拓。在日本一贯擅长的经济外交领域，日本政府更是倾尽全力。在安倍政府积极推动的“战略外交”中，大型项目出口和企业资本输出占据突出地位。尤其是海外出访，更是成为安倍政府全力推动日本企业参与当地高速铁路或城际铁路项目、扩大新干线设备与技术整体出口的舞台。伴随日本经济发展对海外市场依赖度的上升，日本政府针对经济影响力日渐增强并不断开拓海外市场的中国的防范心理日趋显化。在区域经济合作中，日本积极谋求加入美国主导的、把中国排除在外的“跨太平洋伙伴关系协定”（TPP）的举动，就具有明显的针对中国、与中国竞争新贸易投资规则制定权和话语权的考量。在美国退出TPP后，日本仍致力于推动TPP的生效，并于2018年3月8日带领其余国家签署了“全面且先进的跨太平洋伙伴关系协定”（CPTPP）。可以想见，无论未来美国是否重返TPP，日本防范中国、与中国竞争的立场都不会改变。

（二）双边合作走向“精细化”

40年来，中日两国已发展成为各自重要的经贸合作伙伴，双边经贸关

① “中国+1”是指日本企业为了规避投资过于集中在中国而采取的一种规避风险的战略，其中的“1”指东南亚国家。

系也逐步演化成全方位、宽领域、多层次的合作格局。目前，中国是日本最大的贸易伙伴和进口来源国以及第二大出口市场，日本则是中国第二大贸易伙伴国和主要外资来源地。2017 年，中日双边贸易额再次回归高位，增幅超过 10%；日本企业对华直接投资反弹至 32 亿美元，较 2016 年增长 5.3%，中国企业对日各类直接投资也达到 2.6 亿美元。[①] 在经历了前一时期双边贸易投资“双降”之后，两国经贸关系呈现出企稳回升的良好态势。

中日经贸关系企稳回升为两国谋求“精细化”合作创造了良好的社会氛围。经过多年的发展，中国经济已进入高质量发展的新阶段，经济结构转型加快，居民收入稳步增加，中等收入群体不断扩大，消费呈现升级态势，中国市场的成长性举世瞩目。中国经济结构的转型升级意味着中日经贸合作需要在现有合作基础上寻求更“精细化”的合作领域，以便为双边经贸关系的持续深入提供动力。未来，中日经贸合作将有望在以下几个方面实现新突破。

1. 深化双边环境合作

随着中国经济的快速发展，中国社会对于节能环保的关注度和重视度不断上升。在高质量发展阶段，中国将全面贯彻创新、协调、绿色、开放、共享的五大发展理念，加快推动技术创新和产业升级，探索走出一条绿色、低碳、可持续发展的新型经济发展之路。环境合作是中日两国经贸合作的重点领域，受双边政治关系趋冷的影响，近几年两国环境合作发展一度放缓。在双边经贸关系改善的背景下，水、大气、土壤污染防治等领域将成为两国环境合作的重点领域，特别是国内诸多大城市普遍面临大气污染治理与防控的问题，中日两国开展环保合作的社会基础十分扎实。深化环境合作，不但可以推动中日两国各自新产业的发展，培育新的市场空间，而且有助于向国际社会发出积极信号，形成示范和引领作用，为解决气候变化这一全人类共同面对的课题做出“中国”贡献。

---

① 杨伟群：《四点建议丰富中日经贸合作内涵》，2018 年 4 月 16 日，http://dy.163.com/v2/article/detail/DFGU6Q4Q05120711.html。

2. 拓展服务业合作

服务业市场开放是我国经济进入高质量发展新阶段后需要重点推进的领域。中国经济和社会发展进入工业化后期，高质量发展的重要标志之一就是经济结构的服务化，即突出服务业尤其是现代服务业对经济增长的拉动作用，并由此带动整个经济结构进入中高级形态。能否以服务业市场开放的新突破带动经济结构服务化，在一定程度上决定了中国经济实现高质量发展的进程。消费结构升级，是中国进入消费新时代的突出特征。服务型消费将占到未来中国新增消费的50%左右，预计到2020年，城镇居民服务型消费的占比将有望超过50%。伴随中国老龄化进程的加快，2020年中国老龄人口市场的消费潜力将达到8万亿元左右，与人口老龄化相关的健康、医疗、休闲等产业的市场空间十分广阔。然而，服务业市场开放不充分导致我国生活性服务业领域缺乏高质量服务供给，供给与需求错位现象比较突出。相较于中国，日本作为世界上唯一的超老龄国家，在养老、医疗、保健等领域均积累了丰富的经验，中日两国完全可以细化在上述领域的合作。

此外，金融合作也有望成为双方合作的重点领域。目前两国间资金流动已进入双方互为重要融资对象国的新阶段，中日两国分别作为世界第二大和第三大经济体，双边经贸往来频繁，形成了对金融服务的巨大需求。两国央行曾于2002年缔结了首份总额为30亿美元的货币互换协议。2011年12月，两国决定再度续约，并在此基础上达成包括扩大本币使用和债券合作等在内的一揽子合作协议，为双方金融合作的扩大夯实了基础。2012年6月，两国启动了货币的直接兑换交易。随着中国金融市场和资本市场对外开放的深化，日本金融机构和企业将在中国市场获得更多业务机会。未来，中国将加快构建全面开放新格局，进一步扩大金融业市场准入，这将为中日两国间的金融合作提供更加广阔的市场空间。

3. 开拓新合作领域

伴随经济结构的转型升级，中国正在加大对先进制造业的投入，加快发展互联网、大数据、人工智能等新兴产业，培育新的增长点，形成经济发展新动能。中日两国可在此过程中寻求产业链深度融合，为创新发展增添新动力。此外，2017 年以来，日本政府对“一带一路”合作态度转向积极，推动两国在“一带一路”沿线国家开展第三方市场合作已上升为两国政府和企业的共识。“一带一路”建设的扎实推进，有望为两国经贸合作的“精细化”发展提供更多更新的合作契机。

（三）第三方市场合作崭露头角

“第三方市场合作”的概念，始见于 2015 年 6 月李克强总理访问法国期间双方发表的《中法关于第三方市场合作的联合声明》。所谓第三方市场合作，就是将中国的中端制造能力同发达国家的高端技术、先进理念结合起来，为第三国提供高水平和具有竞争力的产品和服务，实现“三方共赢”。在世界经济发展失衡和世界经济格局重塑的背景下，中国创造性提出的第三方市场合作，不仅为共建“一带一路”提供了新路径，而且创新了国际经济合作新模式。第三方市场合作将助力中日两国开辟经贸合作互利共赢的新空间。

受国内经济低迷的影响，日本一直重视对海外市场的开拓，并采用“官民一体”的方式助力本国企业进军国际市场。然而，受成本等因素的影响，日本虽拥有先进的技术和核心装备，却无法有效开发发展中国家的市场。中国倡导的第三方市场合作，衔接起不同发展阶段国家的供给和需求，在推动全球产业链高中低端有机融合的基础上，为全球经济增长提供新动力。第三方市场合作既可以为参与合作的国家的经济增长注入新动力，又可以为各国企业合作共赢创造新机遇，是实现各方互利共赢的创新之举。基于此，自提出伊始，第三方市场合作就得到了发达国家的积极回应，在一系列重大项目上取得了务实成果，在核电、高铁领域取得突破性进展。2018 年 4 月 16 日，中日两国外长共同主持了第四次中日经济高层对话，就双边、地区和国际经济贸易领域的重大问题进行了广泛和深入的讨论，尤为值得一提的是，双方在第三方市场展开合作等问题达成一系列共识。通过此次经济高层对话，双方在政府层面达成合作的重要共识，为两国企业在第三方市场开展更为广泛的合作提供了良好政治基础和政策环境。第三方市场合作有望成为引领中日企业新一轮国际合作的助推器。

四 挑战与展望

中日两国外长在会晤时表示，两国正站在新的起点上，希望开启双边合作的新未来，推动两国关系向前发展。一系列数据也佐证了中日经贸关系回暖的趋势。尤其值得一提的是，中日民间交往也在恢复，支撑中日经贸合作发展的民意基础重新夯实。2018 年 5 月 8 ~ 11 日，国务院总理李克强访日，此次访问是中国总理时隔八年之后再次正式访问日本，标志着中日两国关系重回正常发展的轨道。

然而，需要指出的是，在中日经贸关系迎来回暖的同时，制约两国经贸合作深入发展的阻力与障碍并未消除。中日关系仍然面临不少考验。首先是中美关系的走向。中美贸易摩擦折射出美国对中国经济崛起和国际影响力上升的担忧，而中日关系受到中美关系的影响，下一步的走势尚待观察。其次，日本大力推动“印太构想”、强化与南海问题相关国家以及欧美的军事合作等，都可能给中日关系健康发展带来负面影响，进而再次冲击复苏中的中日经贸合作。再次，安倍政权积极推动修改和平宪法的举措事关中国经济发展和周边安全，必然会对回暖之中的中日经贸关系造成微妙的影响。

尽管中日经贸合作面临诸多挑战，但作为亚洲最大的两个经济体，中日经贸合作健康稳定的发展不仅事关两国经济发展，而且决定着亚洲经济的未来。中方一贯重视对日关系，主张在四个政治文件的基础上，本着以史为鉴、面向未来的精神，推动中日关系稳定健康发展。目前，双方已就第三方市场合作达成共识，可以此作为切入点，谋求双边经贸合作新发展。

首先，要推动针对第三方市场合作的机制建设。可以筹划建立包括政府、企业、商会等在内的定期交流制度，分享海外市场的政策、法律等合作信息，定期开展项目交流，提升合作效果。其次，加快设立第三方市场投资基金。发挥两国的资金优势，通过多种形式为两国企业开发第三方市场提供融资支持，推动项目尽快落地。再次，实施早期收获计划，争取实现项目突破。在部分领域优先推进，然后通过这些领域的重点项目的示范效应，由点及面，推动第三方市场合作全面展开。可以选择部分行业作为重点推进领域，在合作过程中探索两国企业参与第三方市场合作的模式，积累第三方市场合作所需的市场信息和经验，规避可能面临的市场风险。

2018 年 11 月，第一届中国国际进口博览会在上海成功举办，这是中国坚持对外开放基本国策、推动新一轮高水平对外开放的重大举措，为世界各国搭建起开放包容合作的新平台，向世界释放出持续开放国内市场的信号，必将为中日经贸合作的持续深入发展提供新的市场机遇。2019 年，中国改革开放再出发将进入切实推进的阶段，而日本也告别“平成”时代进入新的发展时期，新时代背景下的中日经贸合作将呈现新的合作形式，填充新的合作内容。

B.12

中国改革开放40年对日本经济的影响分析

——以中日双边贸易与投资为视角

张季风　邓美薇*

摘　要： 2018年恰逢中国改革开放40周年，在40年波澜壮阔的历史进程中，随着中日经贸关系不断迈上新台阶，中国改革开放40年历程也对日本经济产生了重要影响。一方面，中日双边贸易不仅直接影响日本经济，也通过拉动世界经济增长间接促使日本出口增加，日本自华进口同样在一定程度上促进了日本经济社会的稳定发展。另一方面，日本企业通过对华直接投资，不仅转移了国内过剩产能，有助于产业结构升级，而且在华投资设厂也有效规避了贸易壁垒，间接扩大了日本对华出口以及对欧美国家的迂回出口，获取了丰厚的经济利润。随着中国经济以及世界经济的稳定发展，在日本对中国经贸依存度趋于上行的背景下，未来，中日经贸关系对日本经济的影响也必然进一步深化。

关键词： 改革开放40年　中国　日本　直接投资　双边贸易

* 张季风，经济学博士，中国社会科学院日本研究所副所长、二级研究员，全国日本经济学会常务副会长，主要研究领域：日本经济、中日经济关系、区域经济等。邓美薇，中国社会科学院研究生院日本研究系博士研究生，中国社会科学院日本研究所中日经济研究中心见习研究员。

1978 年十一届三中全会标志着中国开启改革开放的重大历史征程，2018 年恰逢中国改革开放 40 周年，在 40 年波澜壮阔的光辉历史进程中，中国经济发展硕果累累，取得了伟大成就与宝贵经验，不仅极大改变了中国社会、经济发展面貌，而且对世界经济的发展产生了重要的积极影响。

与此同时，在中国改革开放40 年历程中，中日经贸关系也取得了长足发展，迈上新的台阶，中日双边经贸合作跨越两国边界，与世界经济、区域经济融为一体。日本对华贸易、对华直接投资、对华 ODA 对中国经济增长起了重要作用，同样，中国经济的飞速发展也助力于日本经济复苏。可以说，中日经贸合作已经构筑起互利共赢、互补互惠的坚实基础。现阶段，中国是日本的最大贸易伙伴，日本是中国（按国别计算）的第二大贸易伙伴，日本长期位居中国资金来源国的第一位或第二位，两国经济依存度已经很高，形成了“你中有我、我中有你”的局面。从发展趋势上看，中国经济对日本经济的影响强度越来越大，而日本对中国的影响强度越来越小。但仅从过去的40 年来看，日本提供给中国的资金、技术、管理经验、人才培养等方面的合作，许多具有不可替代性，给中国带来的潜在利益亦不可低估。因篇幅所限，本文着重讨论改革开放 40 年来中日经贸合作对日本经济的影响。事实上，关于中日经贸合作究竟给日本带来多大利益，很难做出精确的计算，完全做出准确的量化几乎是不可能的，加上数据的局限性，只能做定性和大概的量化分析。

一　中日双边贸易给日本经济带来的利益

日本经济对贸易的依赖性很高，自 1978 年中国开启改革开放之后，中日贸易关系步入新的历史阶段，也给日本带来了重要的经济利益。在分析中日双边贸易对日本经济的影响时，鉴于数据的可比性，本文主要利用日方数据进行对比和分析。日本的统计数据也不断进行调整和更新，因此采取最新公布的数字。考虑到国际贸易统计惯例，采取日历年数据，而未采用财政年度数据。在中国改革开放40年历史征程中，中日双边贸易合作对日本经济的影响主要包括以下几个方面。

（一）日本对华出口直接拉动日本GDP增长

1. 中日贸易合作对日本贸易的影响力趋升

通过对日本外贸数据、对华贸易数据以及对日中贸易占比等数据进行计算后可以看出（参见表1）：1979～2018年，中日贸易占日本外贸总额的比重逐渐提高，由1979年的3.10%提高到2018年的21.37%；其中，日本对华出口占日本出口总额的比重从3.55%增加至19.51%，日本自华进口占日本进口总额的比重从2.69%提高至23.21%。分时间段来看，1979～1990年，中日贸易总额占日本外贸总额的比重先增加后下降，1985年达到6.22%，之后便逐年递减，1990年下降为3.47%，这主要是当时日本对华出口持续下降所致。1990～2000年，中日经贸关系迅速升温，无论是中日贸易占日本外贸总额的比重，还是日本自华进口或对华出口占日本进口或出口总额的比重基本呈现逐年递增的趋势。2000年以后，中日贸易占日本外贸总额的比重呈现震荡增加，2000年为9.95%，2004年达到17%以上，2005年有所下降，2010年又达到20.67%，之后受中日关系趋冷影响，2013年为20.19%，2017年回升至21.70%，2018年则有所减少，为21.37%。同样，日本对华出口占日本出口总额的比重也存在震荡增加的趋势，由2000年的6.33%提高到2018年的19.51%，日本自华进口占日本进口总额的比重也由2000年的14.51%震荡增加至2018年的23.21%。而且，根据日本财务省贸易统计数据，2007年中国超越美国成为日本最大的贸易伙伴，2009年超越美国成为日本最大的出口对象国，尽管2013～2017年美国反超中国占据日本第一大出口对象国地位，但是2018年中国再次超过美国成为日本最大的出口对象国。整体来看，自1978年之后，中日贸易占日本对外贸易的比重基本上持续增加，故而，中日双边贸易合作对日本贸易的影响力也日趋增大。

表 1　中日贸易占日本对外贸易的比重变化

单位：万亿日元，%

年份	对外贸易总额（A）	中日贸易总额（B）	B/A	对外出口总额（C）	日对华出口额（D）	D/C	自外进口总额（E）	日自华进口额（F）	F/E
1979	46.78	1.45	3.10	22.53	0.80	3.55	24.25	0.65	2.69
1980	61.38	2.12	3.45	29.38	1.14	3.88	32.00	0.98	3.06
1985	73.04	4.54	6.22	41.96	2.99	7.13	31.08	1.55	4.99
1990	75.32	2.61	3.47	41.46	0.88	2.12	33.86	1.73	5.11
1995	73.08	5.44	7.44	41.53	2.06	4.96	31.55	3.38	10.71
2000	92.59	9.21	9.95	51.65	3.27	6.33	40.94	5.94	14.51
2005	122.54	20.81	16.98	65.66	8.39	10.78	56.88	11.97	21.04
2010	128.16	26.49	20.67	67.40	13.09	19.42	60.76	13.41	22.07
2013	150.01	30.29	20.19	68.77	12.63	18.37	81.24	17.66	21.74
2015	154.02	32.65	21.20	75.61	13.22	17.48	78.41	19.43	24.78
2017	153.67	33.35	21.70	78.29	14.89	19.02	75.38	18.46	24.49
2018	164.17	35.09	21.37	81.48	15.90	19.51	82.69	19.19	23.21

资料来源：根据日本财务省数据计算，http：//www.customs.go.jp/toukei/suii/html/time.htm。

2. 日本对华出口对日本 GDP 增长的贡献率上升

从表 2 可以看出，随着中日贸易占日本外贸比重的增加，日本经济（GDP）对中日贸易的依赖度也随之上升，从 1979 年的 0.63% 上升到 2018 年的 6.40%，其中，日本经济（GDP）对日本对华出口的依存度也从 1979 年的 0.35% 上升到 2018 年的 2.90%。运用每年日本出口对经济增长的拉动值与日本对华出口占日本出口总额的占比数据，可以计算出每年日本对华出口对日本经济增长的拉动和贡献率。由表 3 可知，日本对华出口对经济增长的拉动和贡献呈逐年扩大趋势。日本对华出口对日本经济增长的拉动从 1979 年的 0.033% 提升到 2018 年的 0.115%，日本对华出口对日本经济增长的贡献率从 1979 年的 0.60% 扩大到 2018 年的 19.17%。如果再考虑对华出口增速总体快于日本对外出口增速的实际，日本对华出口对经济增长的拉动和贡献将大于表 3 的数据。也就是说，表 3 的数据是最保守的数据。

表 2　日本 GDP、贸易依赖度及中日贸易占比的比重变化

单位：万亿日元，%

年份	GDP 名义总额	外贸依赖度	出口依赖度	对中日贸易依赖度	对华出口依赖度
1979	231. 20	20. 23	9. 74	0. 63	0. 35
1980	250. 64	24. 49	11. 72	0. 85	0. 45
1985	333. 69	21. 89	12. 57	1. 36	0. 90
1990	453. 61	16. 60	9. 14	0. 58	0. 19
1995	512. 54	14. 26	8. 10	1. 06	0. 40
2000	526. 71	17. 58	9. 81	1. 75	0. 62
2005	524. 13	23. 38	12. 53	3. 97	1. 60
2010	500. 35	25. 61	13. 47	5. 29	2. 62
2013	503. 18	29. 81	13. 67	6. 02	2. 51
2015	531. 99	28. 95	14. 21	6. 14	2. 49
2017	546. 56	28. 12	14. 32	6. 10	2. 72
2018	548. 50	29. 93	14. 86	6. 40	2. 90

资料来源：根据日本相关数据计算，参见：財務省『貿易统计』、http：//www. customs. go. jp/toukei/suii/html/time. htm、内閣府『平成 30 年度年次経済財政報告—今、Society 5. 0 の経済へ—』。

表 3　日本对华出口对日本经济的贡献率

单位：%

年份	GDP 增长率		出口对 GDP 增长拉动（B）	出口对 GDP 增长贡献率（B/A）	对华出口占日本对外出口比重（C）	对华出口对 GDP 增长拉动（C×B＝D）	对华出口对 GDP 贡献率（D/A）
	名义	实际（A）					
1979	8. 4	5. 5	0. 93	16. 91	3. 55	0. 033	0. 60
1980	8. 4	2. 8	2. 96	106. 71	3. 88	0. 115	4. 11
1985	6. 6	5. 2	0. 52	10. 00	7. 13	0. 037	0. 71
1990	7. 6	4. 9	0. 86	17. 55	2. 12	0. 018	0. 37
1995	2. 2	2. 7	0. 21	7. 78	4. 96	0. 010	0. 37
2000	1. 4	2. 8	0. 79	28. 21	6. 33	0. 050	1. 79
2005	0. 6	1. 7	0. 86	50. 59	13. 46	0. 116	6. 82
2010	2. 2	4. 2	2. 70	64. 29	19. 42	0. 524	12. 48
2013	1. 7	2. 0	1. 22	61. 00	18. 10	0. 221	11. 05
2015	3. 5	1. 4	0. 49	35. 00	17. 48	0. 086	6. 14
2017	1. 5	1. 7	1. 53	90. 00	19. 02	0. 291	17. 12
2018	0. 7	0. 6	0. 59	84. 29	19. 51	0. 115	19. 17

资料来源：根据日本相关数据计算，参见：財務省『貿易统计』、http：//www. customs. go. jp/toukei/suii/html/time. htm、内閣府『平成 30 年度年次経済財政報告—今、Society 5. 0 の経済へ—』。

此外，本文还使用了不同的计算方式对日本对华出口对日本 GDP 增长的贡献率进行了测算（参见表 4、表 5、表 6、表 7、表 8），但是需要进行几点说明。

首先，按照国际及中国的通常习惯是计算外需（净出口）对 GDP 增长的拉动和贡献率，但是如果按日方统计，由于有香港因素的存在，1979～2018 年的中日贸易额中，日本大多为逆差，从理论上讲，对经济增长应当为负贡献，但这并不符合现实情况。若将这些数据带入以下公式：

外需对经济增长的贡献率 = 净出口增量/GDP 增量
外需对 GDP 增长的拉动 =（净出口增量/GDP 增量）× GDP 的增长速度
= 净出口的贡献率 × GDP 的增长率

可以说，这样的计算几乎无实际意义，即使勉强进行计算，其结果也与实际情况严重不符（参见表 4）。事实上，1979～2018 年，日本对华出口增速远大于日本对外出口增速，大约有 20 余年的时间日本对华出口增速相对较大，对日本 GDP 增长的贡献理应很高。因此文章不采用（因香港因素甚至政治因素所扭曲的日本统计的）净出口数据，而采用出口数据进行相关统计说明，而且日方有出口对 GDP 拉动的连续数据，可供参考。

其次，因日本政府只发表通关贸易数据，没有公布与 GDP 相联系的实质贸易数字，即 SNA 基准（日本内阁府用于国民经济计算的标准）经过各种复杂的加权贸易数据，因此几乎无法对“对华出口”对日本经济增长的拉动和贡献率做出准确的量化计算。如果勉强利用中方常用的公式（外需对经济增长的贡献率 = 净出口增量/GDP 增量①）进行计算，所得结果很不规则，与客观实际不相符，如对 GDP 增长贡献率与拉动出现矛盾等（参见表 4、表 6）。

再次，按日本经验公式“出口对 GDP 增长拉动 =（当年出口 - 上年出口）/GDP × 100”进行计算也得出与中国算法同样的结果。上述方法计算结

① 中国经济学教育科研网论坛，http://bbs.cenet.org.cn/dispbbs.asp?boardid=57&id=66236。

果中，2002~2010年，日本对华出口对日本经济增长的驱动作用相对明显，2002年日本对华出口对日本GDP增长拉动为0.23%，2003年即达到0.32%，2007年为0.39%，2010年更是达到0.58%，2017年也达到0.47%，不过2018年有所回落为0.18%，整体符合实际情况。

最后，考虑到日本对华出口增速较快，而且对华出口占日本GDP比重上升较快，通过“日本对华出口增长率×（日本对华出口/日本GDP）”进行了参考计算，所得结论与表6、表7的计算结果趋势相近，但数值还值得考虑（参见表8）。

综上所述，比较各算法的结果，最终采用表3的算法进行统计说明。

表4　日本对华净出口对日本经济增长的贡献率变化

单位：万亿日元，%

年	GDP总额		GDP增量(B)	对华出口额	日本自华进口额	日本对华净出口	日本对华净出口增量(C)	对华净出口对日本GDP增长的贡献率	对华出口对日本GDP增长的拉动(C/B×A)
	名义总量	名义增长率(A)							
1979	231.20	8.4		0.80	0.65	0.15			
1980	250.64	8.4	19.44	1.14	0.98	0.16	0.01	0.05	0.004
1985	333.69	6.6	20.54	2.99	1.55	1.44	1.13	5.50	0.33
1990	453.61	7.6	32.14	0.88	1.73	-0.85	-0.48	-1.49	-0.11
1995	512.54	2.2	11.00	2.06	3.38	-1.32	-0.42	-3.82	-0.05
2000	526.71	1.4	7.05	3.27	5.94	-2.67	-0.45	-6.38	0.10
2005	524.13	0.6	3.17	8.84	11.98	-3.14	-0.93	-29.36	-0.32
2010	500.35	2.2	10.85	13.09	13.41	-0.32	0.88	8.11	-0.49
2013	503.18	1.7	8.22	12.63	17.66	-5.03	-1.50	-18.25	-0.13
2015	531.99	3.5	18.11	13.22	19.43	-6.21	-0.41	-2.26	-0.05
2017	546.56	1.5	8.04	14.89	18.46	-3.57	1.09	13.56	0.17
2018	548.60	0.7	2.04	15.90	19.19	-3.29	0.28	13.73	0.10

注：根据下列公式进行计算：

对华净出口对日本经济增长的贡献率=对华净出口增量/GDP增量

对华净出口对日本增长的拉动=（对华净出口增量/GDP增量）×GDP的增长速度

资料来源：根据日本相关数据计算，参见：財務省『貿易統計』、http://www.customs.go.jp/toukei/suii/html/time.htm、内閣府『平成30年度年次経済財政報告—今、Society 5.0の経済へ—』。

表 5　日本 GDP、出口以及对华出口等的增长率变化

单位：万亿日元，%

年份	GDP 增长率		出口增长率	进口增长率	净出口		对华出口增长率	自华进口增长率
	名义	实际			实际值	增长率		
1979	8.4	5.5			-1.71			
1980	8.4	2.8	30.41	31.96	-2.61	52.46	42.5	50.77
1985	6.6	5.2	4.04	-3.82	10.87	35.81	73.84	9.93
1990	7.6	4.9	9.61	16.83	7.60	-14.05	-24.14	13.07
1995	2.2	2.7	2.55	12.26	9.98	-19.45	7.85	20.28
2000	1.4	2.8	8.64	16.08	10.72	-12.73	22.93	21.72
2005	0.6	1.7	7.33	15.71	8.71	-27.16	10.64	17.45
2010	2.2	4.2	24.42	17.99	6.63	148.37	27.83	17.22
2013	1.7	2.0	9.45	14.93	-11.47	65.22	9.73	17.42
2015	3.5	1.4	3.45	-8.73	-2.79	-78.22	-1.20	1.30
2017	1.5	1.7	11.78	14.14	2.91	-27.21	20.47	8.46
2018	0.6	0.7	4.08	9.70	-1.21	-141.58	6.78	3.95

资料来源：根据日本相关数据计算，参见：財務省『貿易統計』、http：//www.customs.go.jp/toukei/suii/html/time.htm、内閣府『平成 30 年度年次経済財政報告—今、Society 5.0 の経済へ—』。

表 6　日本对华出口对日本经济增长的贡献率（中国算法）

单位：万亿日元，%

年份	名义 GDP 及名义增长率		GDP 增量	对华出口	日本对华出口增量	对华出口对日本 GDP 增长贡献率	日本对华出口对日本 GDP 的拉动	出口对 GDP 增长拉动
	总量	增长率（A）	（B）		（C）	（C/B）	（C/B×A）	
1979	231.20	8.4		0.80				0.93
1980	250.64	8.4	19.44	1.14	0.34	1.75	0.15	2.96
1985	333.69	6.6	20.54	2.99	1.27	6.18	0.41	0.52
1990	453.61	7.6	32.14	0.88	-0.28	-0.87	-0.07	0.86
1995	512.54	2.2	11.00	2.06	0.15	1.36	0.03	0.21
2000	526.71	1.4	7.05	3.27	0.61	8.65	0.12	0.79
2005	524.13	0.6	3.17	8.84	0.85	26.84	0.16	0.86
2010	500.35	2.2	10.85	13.09	2.85	26.26	0.58	2.70
2013	503.18	1.7	8.22	12.63	1.12	13.63	0.22	1.22

续表

年份	名义 GDP 及名义增长率		GDP 增量	对华出口	日本对华出口增量	对华出口对日本 GDP 增长贡献率	日本对华出口对日本 GDP 的拉动	出口对 GDP 增长拉动
	总量	增长率（A）	（B）		（C）	（C/B）	（C/B×A）	
2015	531.99	3.5	18.11	13.22	-0.16	0.88	-0.03	0.49
2017	546.56	1.5	8.04	14.89	2.53	31.47	0.47	1.53
2018	548.60	0.6	2.04	15.90	1.01	49.51	0.30	0.59

注：计算公式如下：

对华出口对日本经济增长的贡献率 = 日本对华出口增量/GDP 增量

对华出口对日本经济增长的拉动 = （对华出口增量/GDP 增量） ×GDP 的增长速度

资料来源：根据日本相关数据计算，参见：財務省『貿易統計』、http：//www.customs.go.jp/toukei/suii/html/time.htm、内閣府『平成 30 年度年次経済財政報告—今、Society 5.0 の経済へ—』。

表 7　日本对华出口对日本经济增长的贡献率（日本算法）

单位：万亿日元，%

年份	名义 GDP 及名义增长率		对华出口	日本对华出口增量	对华出口对日本 GDP 增长拉动	日本对华出口对日本 GDP 贡献率	出口对 GDP 增长拉动
	总量	增长率 A			B	B/A	
1979	231.20	8.4	0.80				0.93
1980	250.64	8.4	1.14	0.34	0.15	1.79	2.96
1985	333.69	6.6	2.99	1.27	0.41	6.21	0.52
1990	453.61	7.6	0.88	-0.28	-0.07	-0.92	0.86
1995	512.54	2.2	2.06	0.15	0.03	1.36	0.21
2000	526.71	1.4	3.27	0.61	0.12	8.57	0.79
2005	524.13	0.6	8.84	0.85	0.16	26.67	0.86
2010	500.35	2.2	13.09	2.85	0.58	26.36	2.70
2013	503.18	1.7	12.63	1.12	0.23	13.53	1.22
2015	531.99	3.5	13.22	-0.16	-0.03	-0.86	0.49
2017	546.56	1.5	14.89	2.53	0.47	31.33	1.53
2018	548.60	0.6	15.90	1.01	0.18	30.00	0.59

注：计算公式为日方 1981 年度以前算法：

对华出口对日本 GDP 增长拉动 = （当年对华出口 - 上年对华出口）/GDP×100

对华出口对 GDP 增长贡献率 = 对华出口对日本 GDP 增长拉动/GDP 增长率

资料来源：根据日本相关数据计算，参见：財務省『貿易統計』、http：//www.customs.go.jp/toukei/suii/html/time.htm、内閣府『平成 30 年度年次経済財政報告—今、Society 5.0 の経済へ—』。

表 8　日本对华出口对日本经济的贡献率（侧重考虑依存度和增速计算）

单位：万亿日元，%

	实际 GDP 增长率（A）	出口对 GDP 增长拉动（B）	出口对 GDP 增长贡献率（B/A）	日对华出口额	日对华出口额增长率（C）	日对华出口依赖度（日本对华出口/日本 GDP）（D）	对华出口对 GDP 贡献率（C×D）
1990	4.9	0.86	17.55	0.88	-24.14	0.19	-0.05
1995	2.7	0.21	7.78	2.06	7.85	0.40	0.03
2000	2.8	0.79	28.21	3.27	22.93	0.62	0.14
2001	0.4	-0.51	-127.50	3.76	14.98	0.72	0.11
2003	1.5	0.47	31.33	6.64	33.33	1.29	0.43
2005	1.7	0.86	50.59	8.84	10.64	1.69	0.18
2007	1.7	1.65	97.06	12.84	18.52	2.41	0.45
2009	-5.4	-5.16	95.56	10.24	-20.93	2.09	-0.44
2011	-0.1	-0.37	370.00	12.90	-1.45	2.63	-0.04
2013	2.0	1.22	61.00	12.63	9.73	2.51	0.24
2015	1.4	0.49	35.00	13.22	-1.20	2.49	-0.03
2017	1.7	1.53	90.00	14.89	20.47	2.72	0.56
2018	0.7	0.59	84.29	15.90	6.78	2.90	0.20

注：对华出口对日本 GDP 增长贡献率 = 日本对华出口增长率 ×（日本对华出口/日本 GDP）

资料来源：根据日本相关数据计算，参见：財務省『貿易統計』、http://www.customs.go.jp/toukei/suii/html/time.htm、内閣府『平成 30 年度年次経済財政報告—今、Society 5.0 の経済へ—』。

（二）中日贸易间接拉动日本经济增长

1. 通过拉动世界经济促进日本经济增长

随着中国经济的迅速发展，中国经济的高速增长成为驱动世界经济发展的重要支撑。根据联合国发布的《2018 年世界经济形势与展望》，2017 年世界经济增速为 3%，其中中国对全球经济增长的贡献达到 1/3；2019 年 1 月 21 日，联合国发布《2019 年世界经济形势和前景展望报告》，指出 2019 年和 2020 年，全球经济将继续以 3% 的增速稳定增长，而中国经济增长将由 2018 年的 6.6% 减缓至 2019 年的 6.3%，即便如此，中国经济仍然为全球经济增长提供强劲动力。

可以说，自改革开放以来，中国经济在全球范围内表现亮眼，也通过拉动世界经济发展，间接给日本经济增长带来正向促进作用。这是因为，作为世界主要经济体之一，日本的经济增长与世界经济环境存在非常密切的关系，特别是中国经济高速增长直接带动亚洲经济发展，间接扩大了日本对亚洲地区的出口。而且，随着中国对外开放加速，日本利用中国充裕且廉价的劳动力市场，得以向中国出口大量高端技术的零部件，在中国进行组装再出口到欧美，凭借这种“日本－中国－欧美”的“三角形贸易结构”，极大地促进了日本的出口增加。

2010 年，中国不仅超越日本成为世界第二大经济体，而且中国对外出口总额超过德国成为世界最大出口国，其中，出口总额中 95% 以上为制造业产品，中国逐步取代日本、德国成为“世界工厂”。这一方面说明中国经济取得了卓越成就，但是，另一方面中国也承接了其他国家转移过来的贸易顺差。毋庸置疑，日本凭借“日本－中国－欧美”的“三角形贸易结构”将对美贸易顺差一部分转移给了中国，成为促使中国对美贸易顺差不断增加的原因之一，这对日本来说则是间接缓冲了日美贸易摩擦。但是，随着中国对美贸易顺差不断创历史新高，中美贸易摩擦却持续加剧。

总体来看，一方面，中国通过深化改革开放、不断积聚力量，成为世界经济增长的重要驱动力，通过拉动全球经济发展间接促进日本对外出口；另一方面，中国不断推进开放举措，使得日本凭借“日本－中国－欧美”的“三角形贸易结构”获取丰厚的出口利润，也间接转移了对美贸易顺差。

2. 对华出口拉动日本就业增长

随着产业结构的提升、资本有机构成的提高以及全要素生产率的提高，GDP 增长对就业的拉动越来越小。例如，中国在 20 世纪 90 年代之前，GDP 每增加一个百分点，可带动 200 万人就业，但 90 年代后，GDP 增长对就业的拉动力便相对下降，2009 年前后，GDP 每增加一个百分点带动 90 万人就业，就业弹性系数约为 0.1。随着服务业加速发展以及经济结构的调整，2013 年之后，中国 GDP 拉动就业能力有所增强。但是，相对于中国来说，日本产业结构发展较为成熟，全要素生产率也比中国高得多，GDP 增长拉

动就业增长的能力更弱，就业弹性系数相对较小。早在21世纪头十年，日本就业人员在6300万~6400万人左右，失业率便处于4%~5%。从经济理论来看，对华出口增加在一定程度上拉动了日本GDP增长，相关企业产值增加进而间接促使行业就业率提升，这是因为，日本的产业体系相对成熟，国内消费市场也较为有限，而中国是日本的第一大出口对象国，中国广阔的需求市场为日本相关产业创造了众多就业岗位。不仅如此，近年来中国游客赴日旅游人数迅速增加，旅游产业作为综合性产业，与消费、医疗、服务、住宿等行业具有很强的关联性，同时，中国游客在日本的"爆买"也有力拉动了相关产业产值的增加，进而对日本的就业拉动作用相对明显。当然，由于相关数据无法获得，难以估量对华出口拉动日本就业增长的准确力度，但是这种正向拉动作用必然存在。

3. 自华进口间接促进日本经济社会稳定发展

中日双边贸易发展不仅直接促进了中日两国经济增长，而且对两国经济社会稳定发展贡献了一定的力量。随着中国经济的飞速发展以及市场开放的稳步推进，日本对华出口迅速增加的同时，自华进口也明显增加，日本对中国的贸易依存度也趋于上行。如果说对华出口有助于直接拉动日本经济增长，那么自华进口则对促进日本经济社会稳定发展做出了一定贡献。这主要体现在以下几个方面。

首先，20世纪80年代，日本自华进口了大量煤炭，对缓解日本能源紧缺、确保能源安全起了重要作用，间接对日本经济的稳定增长起了一定作用。日本是世界能源消费大国之一，但是矿产资源极度贫乏，能源严重依赖进口。受20世纪70年代石油危机的影响，为改善其脆弱的能源结构，减少对石油的依赖，日本迫切需要调整能源结构，在开发新能源的同时，加大煤炭进口，提升煤炭利用效率。当时，随着中日经贸关系的不断改善，中国也成为日本主要煤炭进口国。1980年，日本煤炭进口总量为7271.1万吨，其中自华进口煤炭总量为223.6万吨，占比为3.1%，之后逐渐增加。2000年，日本自华进口煤炭总量达到1703.7万吨，占日本煤炭进口总量的12%左右；2005年，自华进口煤炭总量增加至2396.5万吨，占日本煤炭进口总量的 13.3%。截至 2005 年，中国一直是日本第二大煤炭进口来源国（澳大利亚一直居第一位），以后印度尼西亚取代中国成为日本第二大煤炭进口来源国[①]。从趋势上来看，日本对中国动力煤、炼焦煤的进口相对下降，而对澳大利亚与印度尼西亚的煤炭进口倚重增加。尽管如此，中国仍然是日本重要的煤炭进口来源国，对缓解日本能源紧张做出的贡献也不容忽视。

其次，日本主要自华进口初中级消费品，而这些初中级消费品的大量供给不仅有助于促进日本产业结构升级，而且对日本社会稳定发展起到了一定作用。这主要表现在以下几方面。第一，大量物美价廉的中国初级消费品的输入，不仅有助于抑制日本同类产品物价上涨，而且满足了日本底层人群的生活需求，间接促进了日本社会的稳定发展。以农产品为例，二战后，日本为应对外汇短缺，促进经济复苏，采取优先发展重工业的战略，“先工业后农业”政策使得农业发展基础相对薄弱，加之，日本是个岛国以及地少人多的客观条件，导致其粮食自给率较低。但是，中国始终为“农业大国”，其农产品出口在世界占据重要地位，日本也是中国农产品出口的第一大市场。同时，日本自华进口的农产品多为劳动密集型农产品，如水产品、蔬菜瓜果以及畜产品等，相对于日本市场来说，中国劳动密集型农产品具有物美价廉的特点，在一定程度上抑制了日本同类产品物价上涨。第二，日本从中国大量进口初中级消费品，客观上减少了对日本资源、能源的消耗，保护了自然环境，而且也在一定程度上促进了本国产业结构转型升级。这是因为，一方面，日本本国资源能源非常贫乏，使其很早确立了“技术立国”的战略方针，日本自华大量进口初中级消费品，以较低廉的成本保障了这些低技术复杂性产品的市场供给，实际上有效节约了本国的资源、能源，保护了自然环境；另一方面，由于基础消费品市场供给有了一定保障，日本可以集中人力、物力用于研发新技术、先进技术，通过技术创新抢占高技术复杂性产品出口市场，进而促进了产业结构的全面转型升级。

① 矢野恒太記念会編集・発行『日本国勢図会』（第 9 巻）、2008 年、107 頁。

最后，需要补充的一点是，随着中国经济的迅速发展，人民生活水平得到了显著的改善，境外旅游成为人民生活娱乐的选择之一。在2009年之前，中日人员往来相对较少，中国游客赴日旅游人数也有限，但是近几年，中国赴日旅游人数剧增，给日本带来了很大的经济利益，也间接带动了日本相关产业的发展。根据日本观光厅的统计数据，2015年，访日游客在日消费额首次突破3万亿日元，而中国游客在日本消费1.41万亿日元。2018年，访日游客在日消费总额约4.51万亿日元，其中，中国游客赴日旅游消费总金额高达1.54万亿日元，占34%以上，其中一半以上金额用于商品购买。中国游客赴日“爆买”一方面有助于提升日本旅游产业的收入，另一方面鉴于旅游产业是一个多方位、多层次、多维度的综合性产业，在服务与商品消费上也与国民经济体系中的多个产业或部门具有高度相关性，中国游客赴日旅游人数剧增也间接促进了日本相关产业的联合发展，在一定程度上有利于驱动日本产业结构升级。

二　日本对华投资给日本带来的利益

自中国推进改革开放以来，中国不断降低外商投资准入门槛，利用外资积极助推工业化进程，提升经济实力，取得了重要的历史成就。其中，日本始终是中国利用外资的主要来源国之一。当然，日本对华直接投资在多方位影响中国经济发展的同时，也给日本带来了巨大的经济利益。因此，下面在系统梳理改革开放40年来日本对华直接投资情况的基础上，阐述日本对华投资给日本经济带来的影响。

（一）日本对华直接投资情况概述

根据中国商务部统计数据，1979～1985年，日本对华投资项目数为211件，签订的合同金额为12.3亿美元，中国实际使用金额为8.3亿美元。1986年，日本对华投资项目数仅为94件，合同金额仅为2.1亿美元，但是之后，日本对华直接投资数额迅速攀升，1990年，合同金额达到了4.6亿美元，中国实际使用金额为 5.0 亿美元。[①] 1992 年，邓小平发表“南方谈话”，重申了中国深化改革、加速发展的必要性与重要性，标志着中国改革开放进入新的历史阶段，之后日本对华直接投资迅速扩张。1995 年，日本对华投资合同金额达到75.9 亿美元的阶段性高峰值，尽管 1997 年亚洲金融危机的爆发打断了日本对华直接投资进一步上行的趋势，1998 年与 1999 年日本对华直接投资合同金额也接连下降，但是 2000 年之后，随着中日产经合作的进一步深化，2000 ~ 2005 年，日本对华直接投资又迎来一轮新的小高峰。不过 2005 年之后，特别是 2007 年美国次贷危机爆发，2007 ~ 2009 年，受国际金融危机的影响，日本对华直接投资项目数接连下降，对华投资处于低迷状态。2010 ~ 2012 年，日本对华直接投资再次迎来高潮，中国实际使用金额不断增加，2012 年达到 73.5 亿美元的历史新高，但是“购岛”事件发生后，中日关系降至冰点，日本对华直接投资也急剧减少，尽管近年来中日关系有所回稳，但是日本对华直接投资仍未明显脱离下行轨道。

2017 年，日本新成立外商投资企业 590 家，同比增加 2.4%，占当年全部新成立外商投资企业数的 1.7%，中国实际利用日本外商投资金额为 32.7 亿美元，同比增长 5.1%。从投资行业来看，2017 年，日本对华直接投资前五位行业分别是制造业，租赁和服务业，批发和零售业，交通运输、仓储和邮政业以及金融业，这五个行业实际利用外资金额占比高达 93.9%。2018 年，日本对华直接投资增长 16.5%，实际到位金额为 38.1 亿美元，在对华投资前十位的国家或地区中居第六位。

总体来看，日本对华直接投资始于 1979 年，至今经历了四次阶段性高峰期，现处于回落期。截至 2018 年 12 月底，日本对华直接投资实际到位金额为 1120 亿美元，占中国实际利用外资的 6.0%。从投资的地区与国别来看，截至 2017 年，日本仅次于中国香港和英属维尔京群岛，对华直接投资总额居第三位，在国别中居第一位。根据日本财务省的统计数据，如表 9 所示，日本对华直接投资金额整体上呈现震荡增长趋势，特别是 1992 ~ 1997

① 中国商务部，http：//www. fdi. gov. cn/1800000121_ 10000482_ 8. html。

年、2001～2007年均出现日本对华直接投资的阶段性高潮，尽管受到2008年国际金融危机以及2012年后中日政治关系恶化的影响，但日本财务省按国际收支基准统计的日本对华直接投资仍处于上升轨道，特别是2016年猛升至11440亿日元。2017年，日本对华直接投资金额仍达到10446亿日元，占其对外直接投资总额的5.8%，在日本对外直接投资国别排名中，中国仅次于美国、英国与荷兰，居第四位。

表9　日本对华直接投资占日本对外直接投资总额的比重变化

单位：亿日元，%

年度	对外直接投资总额(A)	对华直接投资(B)	B/A
1990	83527	511	0.6
1992	44313	1381	3.1
1994	42808	2683	6.3
1996	54095	2828	5.2
1998	52413	1377	2.6
2000	53854	1112	2.1
2002	44930	2152	4.9
2004	38210	4909	12.8
2006	58459	7172	12.3
2008	132320	6700	5.1
2013	132485	8870	6.7
2015	164921	11440	6.9
2017	179970	10446	5.8

资料来源：财务省、https://www.mof.go.jp/international_policy/reference/balance_of_payments/data.htm。

（二）日本对华投资给日本带来巨大的经济利益

自1978年改革开放以来，日本对华直接投资不断深化，尽管近年来日本企业“撤资”现象时有发生，但是根据日本国际协力银行的问卷调查，在华日资企业仍然普遍对中国市场的增长潜力与市场规模寄予厚望。40年来，日本对华投资也确实给日本带来了巨大的经济利益，这主要体现在以下几方面。

首先，在华日资企业大部分都获取了丰厚的投资回报，在对中国经济发展做出积极贡献的同时，也有力地支持了日本经济的复苏与增长。根据日本经济产业省的统计数据，1990 年，日本在世界范围内的海外企业销售总额为99.81 万亿日元，在美国的海外企业销售额为40.07 万亿日元，而在华日资企业的销售额仅为0.15 万亿日元。但是2000 年之后，在华日资企业的销售额与经常利润均迅速增加，步入快车道。2010 年，在华日资企业经常利润达到1.92 万亿日元，超过美国的1.49 万亿日元。另外，从企业经营纯利润来看，2005 年，在华日资企业获得经营纯利润0.51 万亿日元，2010 年增加为1.58 万亿日元，2010～2015 年，在华日资企业获取的纯利润均高于在美日资企业，2016 年稍有减少，为2.01 万亿日元（参见表10）。进一步分析在华日资企业的销售额经常利润率变动以及分产业情况，根据日本财务省的统计数据，2000 年度，在华日资企业的销售额经常利润率为4.7%，在世界各国家和地区中是最高的。2006 年度，在华日资企业的销售额经常利润率下降为4.5%，虽然低于在东盟四国企业的5.2%，但高于在美国企业的3.8%、在“三小龙”企业的3.0%和在欧盟企业的2.5%，仍属于较高的水平。2007 年，在华日资制造业企业的销售额经常利润率为5.1%，高于非制造业企业的2.8%，其中运输机械业的经常利润率最高，为7.7%，其次是一般机械业6.7%、食品业6.4%、精密机械业5.9%、化工业5.5%；相比之下，纺织、服装业只为1.3%。2016 年，在华日资企业的销售额经常利润率则达到6.1%，同样属于较高的利润率水平。由此可见，自1979 年以来，凭借对华直接投资，在华日资企业获取了非常丰厚的经营利润，由于银行汇款数据无法公开，因而并不能得到在华日资企业汇回日本的金额，但是可以肯定的是，在华日资企业的可观收益在一定程度上支持了日本国内企业的经营成长，进而拉动了日本经济发展。

其次，日本对华直接投资也间接给日本带来显著的经济效益，这主要体现在下面两个方面。一是，日本通过对华直接投资，在一定程度上转移了国内的过剩产能，有利于推进日本产业结构升级。通常来说，后起工业化国家在经历一个较长时期高速增长的经济赶超阶段后，往往出现较严重的产能过

表 10　日本海外企业的经营概况

单位：万亿日元，%

年份	经常利润				纯利润			
	世界	亚洲	美国	中国	世界	亚洲	美国	中国
1990	0.95	0.50	-0.056	0.0056				
1995	1.46	0.59	0.29	0.015				
2000	3.14	1.23	1.28	0.31				
2005	7.61	2.50	2.17	0.63	5.15	1.97	1.47	0.51
2010	10.90	4.80	1.49	1.92	7.69	3.74	1.17	1.58
2011	10.62	3.95	1.70	1.81	7.38	3.13	1.36	1.48
2012	7.64	4.16	1.35	1.60	6.45	3.34	1.21	1.25
2013	9.87	5.01	1.86	2.14	7.55	3.96	1.43	1.66
2014	10.79	5.73	2.49	2.56	7.70	4.41	1.61	1.89
2015	9.63	6.13	2.65	2.70	6.54	4.69	1.80	2.02
2016	12.22	6.21	2.62	2.64	9.01	4.85	2.04	2.01

资料来源：経済産業省「海外事業活動基本調査」、http://www.meti.go.jp/statistics/tyo/kaigaizi/result-1.html。

剩问题。二战后，日本快速完成经济复兴，并于1955年起进入经济加速发展轨道，20世纪80年代之后，日本经济增长趋于平稳，日益成熟强大的经济体量使日本国内消费市场显得相对狭小，国内产能过剩问题突出，日本迫切需要借助对外投资寻求海外市场。随着中国确立并稳步推进改革开放，中国成为日本对外投资的重要目标国家。日本国内制造业加快对华直接投资，通过向海外进行产业转移缓冲国内市场面临的过度竞争、产能过剩等问题，进而推动产业升级。二是，日本对华直接投资有利于避开贸易壁垒，不仅扩大了日本对华出口，而且有助于扩大日本对欧美的迂回出口，即借助“日本-中国-欧美”的“三角形贸易结构”，通过在华投资设厂，利用中国廉价劳动力进行高端技术产品的组装，进而将成品出口到欧美获取超额利润。中国产品出口的大部分均是外资企业创造的，其中在华日资企业产品也占了相当大的比重。除此之外，日本对华直接投资也有助于日本企业抢占中国市场，对日本企业具有重要的战略布局意义。

整体来看，自中国确立改革开放之后，日本便把握住历史机遇，积极对华投资，在华日资企业获取了丰厚的经营利润，而且也在一定程度上整体性拉动了日本产业结构升级以及经济增长。

三　结语

从中国改革开放40年的视角出发，探讨中日经贸合作对日本经济的影响，可以得出以下结论。首先，中日贸易合作给日本带来重要的经济利益，表现在日本对华出口直接带动了日本GDP增长，中国改革开放取得卓越的经济成果，有力地驱动了世界经济增长，间接刺激了日本经济。除此之外，日本自华进口也在一定程度上促进了日本经济社会的稳定发展。其次，日本对华直接投资在给中国经济增长做贡献的同时，也使日本受益颇多，除了使在华日资企业获取了丰厚的经营利润之外，对华投资也有助于日本国内产能过剩的消解以及产业结构的升级，加之，在华投资设厂可以有效规避贸易壁垒，扩大对华出口以及对欧美国家的迂回出口，日本能获取额外的出口收益。当然，由于数据的可获得性以及局限性，中日经贸合作对日本经济的影响程度难以精确量化，因此文章只能做出大概分析，但是可以肯定的是，改革开放以来，随着中国经济以及世界经济的稳定发展，在日本对中国的经贸依存度趋于提高的背景下，中日经贸合作对日本经济的影响是巨大的。

中日贸易投资合作对中日经济的影响

Sino-Japanese Trade and Investment Cooperation's Impact on Both China's and Japan's Economy

B.13

中日双边贸易40年回顾及其对中国经济的影响

孙丽　冯卓*

摘　要： 2018年是中国改革开放40周年，也是中日缔结和平友好条约40周年，在这特殊的历史时刻，回顾中日双边贸易所走过的历史进程，具有重要的历史意义。40年来，中日两国双边贸易已形成贸易规模增长迅速、产品结构不断优化、相互依赖性角色互换、政治因素影响较大的独有特色。中日贸

* 孙丽，经济学博士，辽宁大学国际关系学院教授、博士生导师，主要研究领域：日本经济、中国对外开放问题；冯卓，辽宁大学国际关系学院世界经济专业硕士研究生。本文为2018年国家社会科学基金项目“日本‘去工业化’‘再工业化’的经验教训研究”（18BGJ010）的阶段性成果。

易不仅对中国经济增长有直接的影响，而且对中国产业结构不断优化升级起了间接的作用。如今，中日贸易站在新的历史起点，展望未来，中日两国可在更多的新型领域进行深入合作。

关键词： 中日双边贸易　40 年回顾　中国经济

1978 年 10 月 23 日，中日两国缔结了《中日和平友好条约》，开启了中日长达 40 年的友好合作新征程，同时也成为中日双边贸易发展史上的一个重要里程碑。历经风雨 40 年，中日贸易取得了令人瞩目的成果，在两国的经济发展及世界经济中占有举足轻重的地位。中日双边贸易规模从小到大，从 1978 年的 48.2 亿美元，发展到现在的 3000 多亿美元，增加了 60 多倍。现在，中国已成为日本第一大贸易伙伴、第一大出口对象国和第一大进口来源国，日本是中国第二大贸易伙伴国、第二大出口对象国和第二大进口来源国。目前，中日关系正走向新时代，双方的贸易合作也进入了新的历史时期。

一　中日贸易40年回顾

2018 年是中国改革开放 40 周年，也是《中日和平友好条约》缔结 40 周年。在这特殊的历史时刻，回顾中日双边贸易所走过的历史进程，具有重要的历史意义。

（一）改革开放初期的中日贸易发展（1978 ~ 1991年）

1978 年 12 月，中国共产党的十一届三中全会开启了中国改革开放的伟大事业。随着中国对外开放政策的实施，中日双边贸易额快速增加，从 1978 年的 48.2 亿美元，增至 1981 年的 104 亿美元，首次突破 100 亿美元，中国也成为日本第四大贸易伙伴。① 但20世纪80年代后期中日双边贸易呈下降趋势，中日贸易受挫。主要原因如下：首先，1985年日元急剧升值，日本对外出口竞争力下降；其次，中美关系处于蜜月期，在一定程度上影响了中国的进口取向；再次，日本控制技术出口的政策，限制了中日双边贸易的扩大。

这一时期，从中日贸易的产品结构来看，中国自日本进口的产品主要为机械机器、化学制品和金属机器制品三类，三类产品占中国自日进口的80%以上。中国对日本出口的产品主要为原材料、食品类、矿物燃料类和纺织制品四类，这四类产品出口额占中国对日出口总额的85%左右，1981年甚至高达94.6%。② 这说明我国当时尚未具备大规模出口制成品的能力，中日贸易属于垂直分工的贸易结构，中国在双边贸易中处于劣势地位。

（二）市场经济建设时期的中日贸易发展（1992~2000年）

1992年中国共产党十四大明确提出了社会主义市场经济体制，中国迎来了改革开放事业的又一轮新高潮。随着中国的进一步改革开放，中日两国贸易取得了快速发展。这一时期，中日贸易关系不断出现新进展，1993年中国成为日本第二大贸易伙伴；1994年中日贸易额为479.1亿美元，日本成为中国第一大贸易伙伴；1996年中日双边贸易突破600亿美元；1997~1998年受亚洲金融危机的影响，中日双边贸易额出现短暂回落，1999年开始好转；2000年中日经贸额增加到831.64亿美元，增长率达到25.8%。③

这一时期，中国对日出口结构也有所升级，技术密集型机械类产品的出口份额不断增加，从1993年的8.73%增至1998年的23.48%，初级产品如矿物燃料和其他原料的出口份额大幅度下降，劳动密集型纺织品出口保持30%左右的份额，是中国对日出口的主要产品。中国自日进口的产品主要为纺织制品、化学制品、金属及制品和机械机器四大类，四类产品占中国自日

---

① 根据日本贸易振兴机构（http：//www.jetro.go.jp）的数据整理计算。

② 根据日本贸易振兴机构（http：//www.jetro.go.jp）的数据整理计算。

③ 根据日本贸易振兴机构（http：//www.jetro.go.jp）的数据整理计算。

进口总额的87%以上，其中机械机器占中国自日进口总额的50%以上。这一时期机械机器在中日贸易中占重要地位，中日贸易逐步由单纯的垂直分工向水平分工方向发展。

（三）中国加入WTO后的中日贸易发展（2001～2011年）

2001年中国加入世界贸易组织（WTO）后进一步开放市场，中日双边贸易实现了快速增长，贸易总额从1999年的661.7亿美元增加到2011年的3428.89亿美元，增加了4倍之多。从中国自日进口来看，2002～2004年进口额增长极快，分别为24.9%、40.6%、25.5%。从中国对日出口来看，2004年增长速度最快为25.9%。由此可见，在中国“入世”的前三年里，中日贸易得到了蓬勃发展。这一时期，由于中国实施多元化的对外贸易战略，中日贸易尽管规模不断扩大，但在中国对外贸易总额中的比重呈下降态势，2000年中日贸易额占中国贸易总额的比重为17.53%，2005年降为13%，2011年降为9.41%。自1994年起日本连续十年为中国第一大贸易伙伴，2004年被欧盟、美国超过。这一时期中日贸易额占日本贸易总额的比重稳步上升，2001年为11.8%，2007年上升到17.7%，2007年中日贸易额超过美日贸易额，中国成为日本第一贸易对象国。[①]

从中日贸易结构来看，这一时期中国自日进口的产品主要为化学制品、金属制品及机械机器三类，三类产品合计占比维持在80%左右。中国对日出口产品主要为食品、纺织制品、机械机器，三类产品合计占比67%左右。其中纺织制品、食品的比重不断下降，分别从1999年的30.3%、10.65%下降为2010年的17%、5.2%。与此同时，机械机器所占比重大幅上升，由2000年的26.14%增加到2008年的46.3%。[②] 这一时期中国对日出口结构有所升级，出口产品从低附加值产品不断向高附加值产品攀升。

① 秦兵：《中日经贸合作回顾与展望》，《东北亚经济研究》2018年第5期，第31～43页。

② 根据日本贸易振兴机构（http：//www.jetro.go.jp）的数据整理计算。

（四）新时代背景下的中日贸易发展（2012年至今）

自进入2012年，中日贸易处于低迷状态，中日双边贸易总额开始呈现负增长趋势，由2012年的3294.51亿美元降至2016年的2747.87亿美元。究其原因，除"钓鱼岛事件"使两国关系僵化外，中国人口红利消失、东日本大地震及"安倍经济学"等因素均对中日贸易产生复杂影响。随着中国经济实力的不断增强及"一带一路"倡议的推进，在《中日和平友好条约》缔结40周年之际中日贸易开始回到正轨，如图1所示，2017年双边贸易总额达3029.9亿美元，时隔两年重上3000亿美元台阶。当然，中日贸易回升也是国际形势所趋。2017年初美国退出TPP后，日本政府被迫调整战略，亟须重新寻找伙伴，而中国面对欧美贸易摩擦不确定性风险增强，也需寻找相对稳定的海外市场。①中日双方各有需求，中日经贸合作重拾升势，进入一个新的阶段。

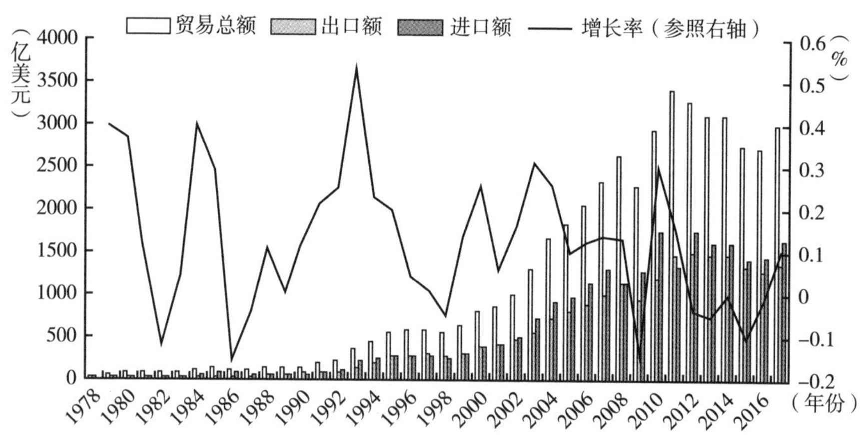

图1　中日贸易额变化

资料来源：1978～1980年数据整理自外贸部统计资料，1981～1990年数据整理自《中国对外经济贸易年鉴》，1990～1999年数据整理自UN Comtrade网，2000～2017年数据整理自中国海关总署网。

---

① 孙丽、王厚双：《特朗普启动对华"301调查"的目的与影响透视》，《国际贸易》2017年第9期。

二　中日双边贸易的特点

自《中日和平友好条约》缔结40年以来，尽管两国贸易关系几经坎坷，但整体发展迅速。通过对中日贸易发展40年的回顾总结，笔者发现两国在双边贸易过程中形成了贸易规模增长迅速、产品结构不断优化、相互依赖性角色互换、政治因素影响较大等特点。

（一）中日贸易规模增长迅速

中日双边贸易从1978年的48.2亿美元到2017年的3029.77亿美元，40年来得到了快速发展，双边贸易规模不断扩大。究其原因，可以归纳为以下三点。首先，中日两国贸易互补性很强。日本作为亚洲唯一发达国家，技术先进、资金充裕，但市场狭小、资源匮乏；中国是世界上最大的发展中国家，人口众多、市场庞大，但资金、技术缺乏。其次，中日贸易合作互利共赢。在改革开放初期，中国通过对日出口获取了经济建设的急需资金，中国通过从日本进口先进的机器装备保障并促进了改革开放事业的发展；① 日本从中国进口大量煤炭、原材料等缓解了国内能源紧张局面，而对中国成套设备的大量出口又化解了国内过剩产能，日本借此走出经济衰退困境。最后，中日贸易产品在比较优势上具有差异性，各有侧重，分工明确。如表1所示（SITC分类法）②，虽然中日两国在初级产品上的RCA指数③都在0.8

① 张季风：《中日经贸关系70年回顾与思考》，《现代日本经济》2015年第6期，第1～12页。

② SITC，即国际贸易标准分类（standard international trade classification），是用来对外贸商品进行统一分类统计的主要方法，由联合国统计局于1950年主持制定，它将研究对象按部门和组划分为十大类，具体指：SITC0，食品及活动物；SITC1，饮料及烟草；SITC2，非食用原料（不包括燃料）；SITC3，矿物燃料、润滑油及有关原料；SITC4，动植物油、脂及蜡；SITC5，化学制品及有关产品；SITC6，主要按原料划分类别的制成品；SITC7，机械及运输设备；SITC8，杂项制成品；SITC9，未另分类的其他商品和交易。其中SITC6和SITC8部门商品为劳动密集型产品，SITC5、SITC7和SITC9为技术和资本密集型产品，其余部门商品为初级产品。

③ RCA指数，根据日本贸易振兴会划分，0≤RCA＜0.8，0.8≤RCA＜1.25，1.25≤RCA＜2.5，RCA≥2.5，产品具有较弱、中等、较强和极强竞争优势。

以下，但中国较日本具有一定的优势，特别是在食品及活动物方面，中日RCA指数比值较大。在资本技术密集型产品上，日本的RCA指数均大于中国，特别是机械及运输设备类产品，其RCA值超过1.25，表明日本在该类产品上具有较强的国际竞争力。在劳动密集型产品上，中国比日本更具有竞争力，特别是在杂项制成品上的RCA指数远大于1.25，表现出很强的竞争优势。这一互惠互补、互利共赢的贸易特性，极大地促进了中日双边贸易全面快速发展。①

表1　2014年中国、日本贸易产品的RCA指数

		中国RCA	日本RCA	中国/日本
初级产品	SITC0	0.43	0.1	4.30
	SITC1	0.16	0.12	1.33
	SITC2	0.19	0.45	0.42
	SITC3	0.12	0.18	0.67
	SITC4	0.06	0.05	1.20
劳动密集型产品	SITC6	1.43	1.08	1.32
	SITC8	2.33	0.71	3.28
资本技术密集型产品	SITC5	0.56	1.02	0.55
	SITC7	1.39	1.75	0.79
	SITC9	0.02	1.22	0.02

资料来源：根据UN Comtrade Database数据计算整理。

（二）中日贸易产品结构不断优化

随着中日双边贸易的迅速增长，中日贸易产品结构不断优化，其中中国向日本出口产品结构的改善尤为明显。如表2所示，20世纪90年代初，中国主要对日本出口比较有优势的农林牧渔业等资源，90年代中期以后，中国向日本出口的初级产品占比急剧下降，劳动密集型产品出口增加，这段时期中国凭借其廉价劳动力向日本输出劳动密集型产品。目前中国对日本出口

① 孙丽：《中日互补的国际分工合作：以比较优势理论为中心》，《日本研究》2004年第4期。

的产品中，技术资本密集型产品占一半以上，且比例一直上升，其中机电制品和运输制品占据半壁江山，这说明中国对日贸易产品结构已由最初的初级制成品向技术密集型产品转变。日本向中国出口的产品仍以制造业为主，其中以机器机械等技术密集型产品为主，结构优于中国。两国贸易由以前的第一产业产品与工业产品的产业间分工，向现在的以机电类产业为主的产业内分工型贸易转变。因此，中国与日本之间的产品结构，其竞争性得到了一定程度的强化。但需要注意的是，在中日机电类产品的产业内贸易分工中，中国只是从事加工、生产或组装等价值链低端的环节，中国高端技术制造业升级任重道远。

表 2　中国对日本出口贸易商品结构

单位：%

年份	初级产品	劳动密集型产品	资本技术密集型产品
1990	58.0	32.9	9.1
1995	25.1	55.3	19.6
2000	19.3	53.7	27
2005	14	43.7	42.2
2010	10.7	40.93	49.06
2015	9.1	40.1	50.6
2017	9.6	39	51.3

资料来源：根据 UN Comtrade Database 数据计算整理。

（三）日本对中国的贸易依存度持续上升

虽然中日互为重要贸易伙伴，但近年来随着中国市场多元化战略及“一带一路”倡议的推进，日本在中国对外贸易中的地位持续下降，中日贸易额占中国贸易总额的比重不断下降，由 1996 年的 20.76% 下降为 2017 年的 7.4%，2004 年日本被欧盟、美国赶超，2011 年被东盟超越，2012 年被中国香港赶超，目前日本是中国的第五大贸易伙伴。相反，随着中日贸易规模的增长，日本对中国贸易的依存度越来越大，中日贸易增长速度一直高于日本对外贸易增长速度和日美贸易增长速度。如图 2 所示，2007 年中日贸易额占日本外贸总额的比重首次超过美国，中国成为日本的第一大贸易伙伴和第二大出口目的地。从两国贸易依存度指数看，从 2009 年开始，日本对中国贸易依存度逐年上升，由 1997 年的 1.42% 上升到 2017 年的 6.35%，[①] 表明中国在日本对外贸易中的地位得到强化。但是中国对日本的技术密集型产品如机械及运输设备的依赖性依旧很强，虽然近几年整体趋势在下降，但中国技术密集型产品对日依赖性一直高于美国。[②] 例如，机床（特别是高端数控机床）作为一种重要的机械类产品，是半导体设备、发动机、减速机等高端制造业的工业母机。中国一直是全球最大的机床消费国，占全球机床消费的三成左右。然而中国在高端数控机床领域还不具备竞争力，每年需要从日本、德国、中国台湾、韩国、意大利等国家和地区大量进口，其中从日本进口占比近五成。[③]

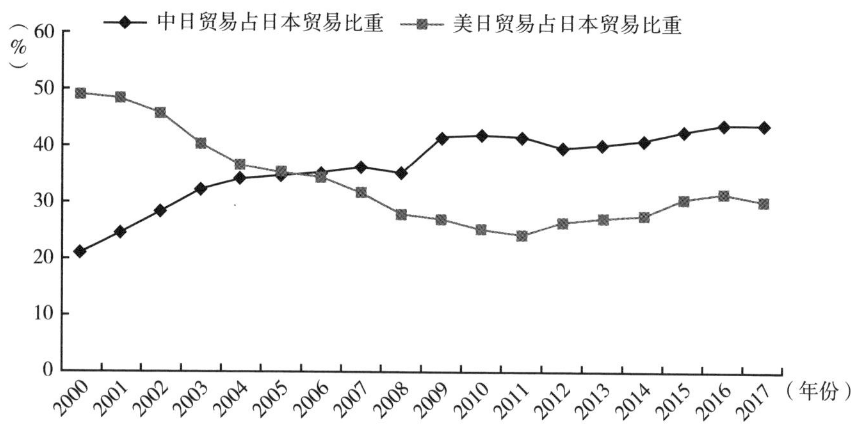

图 2　中日贸易额与美日贸易额占日本贸易总额比重

资料来源：根据日本财务省相关数据整理，参见：财務省、https://www.mof.go.jp/statistics/index.html。

① 江明心：《中日贸易特点与对策》，《经贸实践》2018 年第 24 期，第 26～27 页。

② 根据 UN Comtrade Database（SITC REV.4）数据库中，中国从日本和美国进口技术密集型 SITC7 类商品占总进口的比重计算得出。

③ 《从贸易结构看中日制造业差距，中国任重道远》，http://www.360doc.com/content/18/1124/11/8250148_796896326.shtml。

（四）中日贸易发展受政治因素影响大

自2001年中国加入WTO以来，中国扩大对外贸易，中日贸易取得了较快的发展，但相对中国对外贸易总额及与其他国家贸易发展来说，其发展速度只能算一般。这其中的原因是多方面的，但政治原因尤为突出。近年来，中日双方在领土、历史等方面的冲突，使两国在经济层面困难重重，摩擦不断，直接导致中日贸易受到严重冲击。2011年中日贸易总额达到历史性高值3428.89亿美元，然而“钓鱼岛事件”严重打击了中日双边贸易合作，自2012年起中日贸易连续四年呈现负增长。中国是日本汽车出口的重要市场，2011年以后，日本汽车在华销售遭到冷遇，出口量迅速下滑，有些日本汽车品牌甚至出现了暂时停止生产和营业的状况，损失惨重。①

三　中日贸易对中国经济的影响

40年来，中日贸易不仅对中国经济增长有直接的影响，而且对中国产业结构不断优化升级起了间接的作用。

（一）中日贸易对中国经济的直接影响

为分析中日贸易与中国经济之间的关系，引入贡献率这个概念，国内现有文献中常用净出口贡献率来表示对外贸易对一国国内生产总值增加值的贡献，计算方式为：净出口增量/国内生产总值总量×100%。利用这个公式，按以上四个阶段分析中日贸易对中国经济增长的直接影响。

第一，改革开放初期中日贸易对中国经济增长贡献率。从图3可以看出，1985～1991年中日贸易中初级产品和劳动密集型产品对中国经济增长贡献率最大。细分来看，这段时期初级产品中矿物燃料和动植物油、脂及蜡

① 《2012年9月份日系车企在华销量暴降》，中国行业研究网，http：//www.chinairn.com/news/20121009/403423.html。

净出口对中国 GDP 增长的贡献率最大，劳动密集型产品中贡献率最大的是杂项制成品。整体来看，这段时期中日贸易对中国经济增长贡献率呈波动性，无稳定贡献率。虽然这一时期中日贸易额在快速增加，但中国并未对中日贸易产生依赖性，且这一时期中国对中日贸易的依赖性呈下降趋势。①

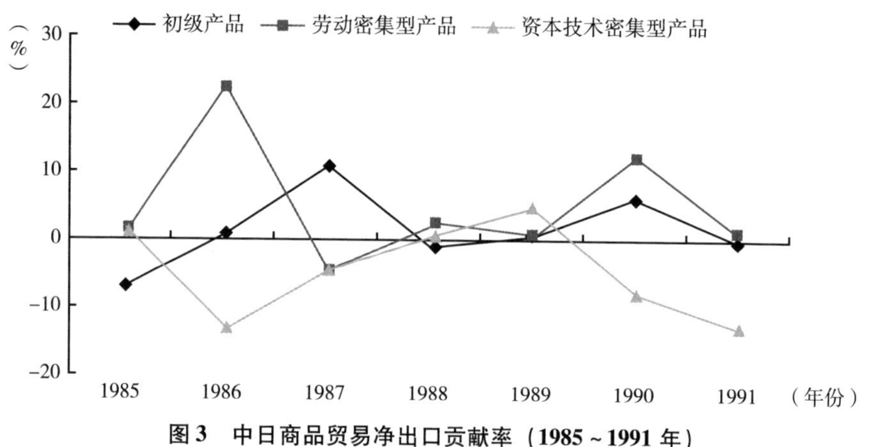

图 3　中日商品贸易净出口贡献率（1985 ~ 1991 年）

资料来源：根据 UN Comtrade Database 数据计算整理。

第二，市场经济建设时期的中日贸易对中国经济增长贡献率。从图 4 可以看出，这一时期劳动密集型产品净出口对中国经济增长贡献率最大。细分来看，劳动密集型产品中贡献率最大的依旧是杂项制成品。除 1997 年杂项制成品净出口贡献率为负以外，其余年份都为正。这一阶段中国凭借廉价劳动力优势形成了以劳动密集型产品为主的出口导向型产业结构，从而带动了经济增长。资本密集型产品净出口贡献率基本为负，说明中国当时还不具有生产具有竞争优势的资本密集型产品的能力。

第三，中国加入 WTO 后中日贸易对中国经济增长贡献率。进入 21 世纪后，中日双边服务贸易的规模越来越大。整体来看，2000 ~ 2009 年中日服务贸易净出口对中国经济增长贡献率处于稳定状态，虽然中日服务贸易对中国经济增长的贡献率还很小，但大于商品贸易。从服务行业异质性视角看，

① 根据图 1 和世界银行数据计算得出，http：//data. worldbank. org. cn/。

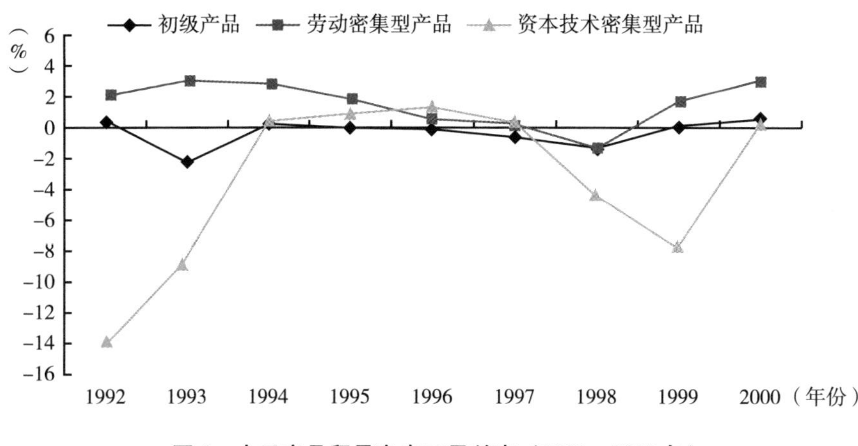

图 4　中日商品贸易净出口贡献率（1992～2000 年）

资料来源：根据 UN Comtrade Database 数据计算整理。

运输服务、旅游服务、其他商业服务贡献率最大，而计算机信息服务贸易净出口贡献率基本上为负。这一阶段，中日商品贸易净出口贡献率有所变化，如图 5 所示，2001～2010 年劳动密集型产品贡献率最大，但呈现下降趋势。2010 年以后资本技术密集型产品净出口贡献率最大，在资本密集型产品中机械及运输设备净出口贡献率最大。

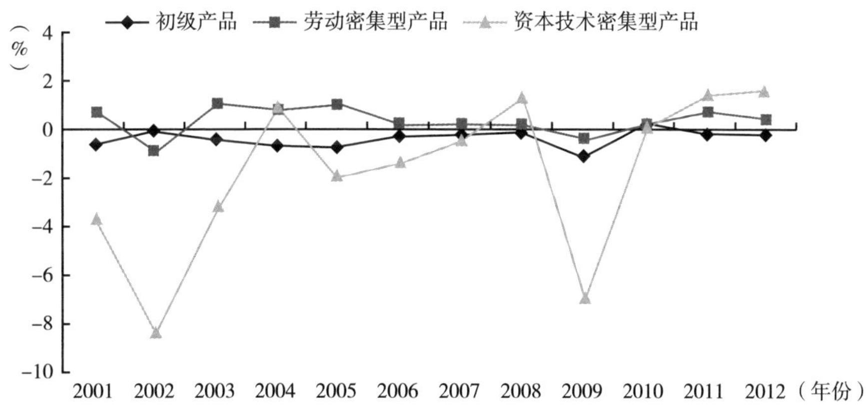

图 5　中日商品贸易净出口贡献率（2001～2012 年）

资料来源：根据 UN Comtrade Database 数据计算整理。

第四，新时期中日贸易对中国经济增长贡献率。如图 6 所示，2013 ~ 2015 年中日商品贸易对中国经济增长贡献率并不大，一方面是因为 2012 年“钓鱼岛事件”后，中日关系处于“政冷经冷”的状态，双边贸易受阻，另一方面是因为中国多元化的对外贸易战略，中国对中日贸易的依赖性在急剧下降。这一时期中国的人口红利消失，劳动密集型产品净出口对经济增长贡献率为负，杂项制成品连续四年净出口贡献率为负。相反，这一时期中日贸易中机械及运输设备净出口贡献率基本为正，带动了中国 GDP 增长。

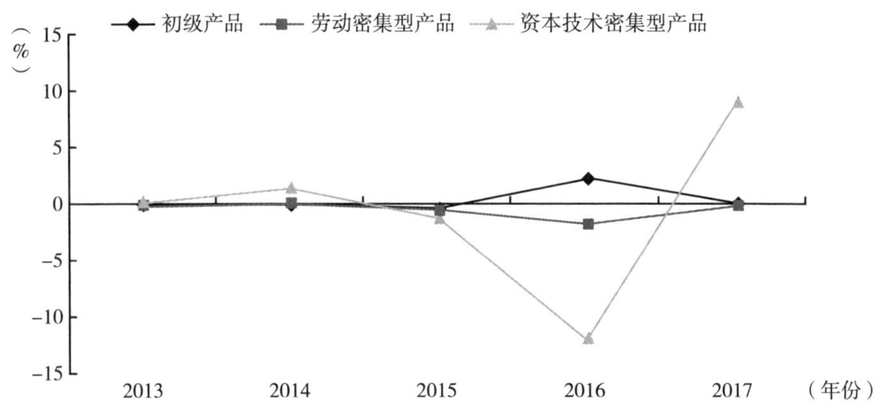

图 6　中日商品贸易净出口贡献率（2013 ~ 2017 年）

资料来源：根据 UN Comtrade Database 数据计算整理。

（二）中日贸易对中国经济的间接影响

净出口贡献率只是衡量了出口与进口对经济增长的直接影响，而未考虑对外贸易对一国经济增长的间接效应。首先，出口带来的收入也会刺激消费、投资和进口，从而提高国民收入；其次，一国通过对外贸易参与国际分工，能够发挥自己的比较优势，提高资源配置效率，增加就业和居民收入，并促进产业结构升级。所以说净出口贡献率并未考虑对外贸易对经济增长的动态效应，低估了对外贸易对经济增长的贡献率。为了全面衡量中日贸易对中国经济的影响，我们将从中日贸易与中国产业结构调整方面衡量中日贸易对中国经济增长的间接效应。一国的产业结构也可以通过进出口来反映，一国根据自己的比较优势来发展具有竞争力的出口产品结构，进而形成一国产业结构，并随着出口产品结构的变化调整一国产业结构。一国也可通过进口不具有比较优势的产品来弥补国内资源禀赋的不足，带动产业结构升级调整。

从中日商品贸易来看，1985 ~2015 年，中国对日出口结构逐步改善。[①] 1985 年中国对日主要出口劳动密集型产品，其中杂项制成品占中国对日总出口的 59. 3% 。2000 年对日出口中的机械及运输设备占比有了很大的提升，从 1985 年的 0. 5% 上升到 2000 年的 23. 3% ，以技术密集型为出口导向的产业结构开始形成。2015 年中国对日出口的机械及运输设备占比为 44. 3% ，成为中国对日出口的主力军，而劳动密集型产品出口显著减少，杂项制成品仅占中国对日出口总额的 27. 7% 。这说明中国在中日贸易分工中的地位已开始从生产劳动密集型产品向生产有较高技术含量的技术密集型产品转变，中国对日出口产品结构的升级在一定程度上也反映了中国内部产业结构的升级。就中国自日进口产品来看，与 1985 年相比，中国自日进口商品结构并无明显改变，中国自日进口产品类别比较集中，主要进口资本和技术密集型产品；但中国自日进口的食品及活动物占比在不断提高，表明随着人们收入水平的不断提高，对日本高品质、高附加值的食品依赖性增强。

从中日服务贸易来看，在中国对日本出口方面，中国主要对日出口传统服务贸易[②]，2000 年传统服务贸易出口占比为 55. 8% ，2012 年占 64. 8% 。[③] 其中，变动最大的是旅游服务和专利使用费，占比分别从 12. 3% 、13. 9% 上升为 31. 6% 、26. 3% 。中国自日本进口方面，运输服务、

---

① 中日商品贸易结构数据根据 UN Comtrade Database 计算得出。

② 《服务贸易总体协定》将服务贸易分为了传统服务贸易和新型服务贸易，其中传统服务贸易包括运输服务、旅游服务；新型服务贸易包括通信服务、建筑服务、保险服务、金融服务、计算机和信息服务、专利服务、其他商业服务和文化服务（不包括政府性服务）。

③ 中日服务贸易结构数据根据 UN Comtrade Database 计算得出。

旅游服务和其他商业服务占总服务进口的85%以上。由图7可得，2000～2012年中日服务贸易一直以传统服务贸易为主，同时中国对日出口传统服务贸易所占比重和新型服务贸易所占比重的差距还在扩大，而中国自日本进口传统服务贸易所占比重和新型服务贸易所占比重的差距在收缩，说明中国从日本进口服务贸易结构正逐步优化。

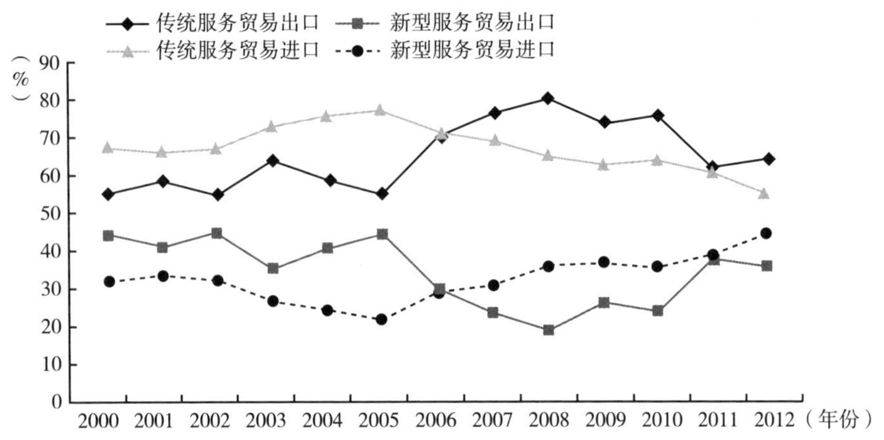

图7　中国对日服务贸易进出口商品结构的变动趋势（2000～2012年）

资料来源：根据UN Comtrade Database数据计算整理。

综上所述，中日贸易不仅直接促进了中国的经济增长，而且在两国的贸易过程中中国的产业结构也逐步改善。具体来讲，中日商品贸易各类别对中国经济增长的贡献率不同，并随着中日贸易的发展发生变化。改革开放初期，初级制成品矿物燃料和动植物油、脂及蜡净出口对中国GDP增长贡献率较大，随着中日贸易结构的优化，其贡献率在下降。劳动密集型产品中杂项制成品对中国经济增长具有很大的贡献率，新时期资本密集型机械及运输设备净出口贡献率最大。中日服务贸易中运输、旅游净出口贡献率基本为正，拉动了中国经济的增长。同时，中日贸易结构的变化及中国产业结构的优化，间接带动了中国经济增长。但中日服务贸易仅以传统服务贸易为主，新型服务贸易并未在两国深入展开，中日在保险服务、金融服务等新型服务贸易领域的产品结构有待优化。

四　结论

历经40载春秋的发展，中日贸易在互惠、互利、互补的合作基础上硕果累累，不仅在量上规模增长迅速，而且在质上实现了一个又一个跨越，中日贸易合作从垂直分工逐步转向水平分工、从低附加值产品向高附加值产品攀升。在中国改革开放的宏伟历程中，中日双边贸易合作既直接拉动了中国经济增长，又间接优化了中国产业结构。40年来中日贸易已密不可分，中国依赖日本的高新技术产品，日本依赖中国的广阔市场，形成了密不可分的互惠互利关系。

展望未来，中日两国可在更多的新型领域进行深入合作。中国的市场潜力、产业配套能力、供给侧结构性改革等不断推进，涌现了许多新的投资和消费增长点。日本正在推动经济成长战略，中日两国虽然处于不同的经济发展阶段，但都在致力于创造新的经济增长点，双边经贸合作大有可为。[①] 新时代，新气象，未来中日携手“第三方市场合作”成为新亮点。[②] 伴随着中国改革开放事业进入新时代，中日贸易关系也站在了新的历史起点，新形势下，中日应寻找新的共同利益点，管控分歧，深入开展贸易合作，实现双赢。

---

① 孙丽：《日本的“去工业化”和“再工业化”政策研究》，《日本学刊》2018年第6期。

② 孙丽、张慧芳：《“一带一路”框架下中日第三方市场合作存在的困难与解决途径》，《日本问题研究》2019年第2期，第11~21页。

B.14

中国制造业对日本出口产品增加值的研究

陈子雷　姜　月*

摘　要：　本文使用 WIOD 世界投入产出表数据测算出 1995～2014 年中国制造业对日本的出口贸易增加值，基于制造业整个行业对比分析了传统贸易统计口径与出口贸易增加值之间的差异，然后进一步展示了 13 个制造业细分行业的贸易增加值情况，探究中国制造业在日本出口中的获利能力。结果显示：传统贸易统计方法夸大了中国制造业对日本的出口规模，中国制造业从中获取的增加值比例很有限。2014 年中国制造业对日本出口的贸易增加值占总出口贸易的 28.25%，虽然比例在逐年增加，但是可以看出，中国制造业在对日出口中还是处在价值链的底端，虽然参与了产品的加工制作，但是获得的利益较少。

关键词：　出口贸易增加值　制造业　中日贸易

中日两国互为贸易伙伴国，两国间年贸易规模位居全球双边贸易前列。但是，因传统采用的贸易统计方式比较简单，难以获取出口增加值数据，而出口贸易增加值的大小却有利于把握出口国在价值链中的地位。因此，采用

* 陈子雷，上海对外经贸大学教授，全国日本经济学会副会长，主要研究领域：日本经济、中日经济关系等。姜月，上海对外经贸大学研究生院硕士研究生。

出口增加值测算方法有利于从价值链的角度考察中日两国制造业的竞争力优势。

本文根据 1995～2014 年世界投入产出表，尝试整理并测算中国制造业对日本全行业的出口贸易值，从而为两国产业特点和竞争力优势对比分析提供理论依据。首先，对 1995～2014 年中国制造业对日本出口总体情况进行分析，观察其变化趋势并探究变化原因。其次，对 1995～2014 年中国制造业对日本出口贸易增加值进行分析，测算出中国制造业各细分行业对日本出口的贸易增加值。最后，将传统方法统计的出口贸易总值与出口贸易增加值进行对比分析，观察中国制造业对日本出口增加值的变化。

一 有关出口增加值的文献综述

（一）贸易增加值测算的文献研究

国内对贸易增加值的研究较晚，在 2014～2015 年开始爆炸式增长，而国外对贸易增加值的研究早在 2001 年就展开了。首先研究贸易增加值的学者是胡梅尔（David Hummel）等人，他们测算了一国在开展国际贸易中所包含的国外增加值，并提出用 VS（vertical specialization）指标来表示测算结果，即垂直专业化水平，此方法简称 HIY 法。[①] 但由于模型的假设条件——用于生产国内消费产品和对外出口产品的生产技术水平不变且中间品的投入比例相同，以及用于投入生产的国外进口中间品全部为国外增加值不符合实际，后来的学者不断完善这个问题，解决这一问题的方法之一就是使用包含贸易的投入产出数据库，如 GTAP 数据库和 WIOD 数据库。

考夫曼（Koopman R.）等将贸易增加值分为五类，包括出口制成品中包含的国内贸易增加值、出口半成品中包含的国内贸易增加值、进口制成品

① David Hummel, Jun Ishiiand Kei-Mu Yi, "The Nature and Growth of Vertical Specialization in World Trade", *Journal of International Economics*, Vol. 54, No. 1, 2001, pp. 75－96.

中包含的本国国内贸易增加值、进口半成品中包含的本国国内贸易增加值以及总出口额当中含有的国外价值增值，并系统研究了贸易增加值的衡量方法，① 对后续的研究起了奠定基础的作用。

张咏华认为传统贸易数据扭曲了中国贸易出口规模，同时也夸大了中美贸易之间的失衡度。作者基于贸易增加值的角度，分别对中国制造业的出口和中国制造业的对美出口按照年度和技术类别进行重新测算，证实了传统的统计方法夸大了中国制造业的贸易状况，按照贸易增加值的测算方法，贸易量仅为传统贸易口径的50%左右，并且中高和高技术行业的夸大幅度更大。② 康振宇、陈海啸利用同样的方法重新测算了中国的出口贸易，发现使用传统统计方法算出的出口贸易额比使用增加值测算方法算出的出口贸易额高出20%～40%；并且不同行业存在较大的差别，在制造业方面，传统统计口径的贸易值被高估，然而在服务业却被低估。③

江希、刘似臣利用世界投入产出表1995～2011年的数据，测算了中国制造业对美国出口的贸易增加值的变化情况，得出出口贸易增加值在逐年增加的结论，并利用计量模型检验出各影响因素对出口贸易增加值的影响，得出垂直专业化程度对中国制造业对美国出口的贸易增加值的影响最大的结论。④

马风涛、段治平对1995～2009年中国出口产品的贸易增加值进行了测

---

① Koopman R.，"How Much of Chinese Exports Is Really Made in China? Assessing Foreign and Domestic Value-added in Gross Exports"，NBER Working Paper，No. 3，2008，pp. 1－43. Koopman Robert，Powers William M.，Wang Zhi and Wei Shang-Jin，"Give Credit Where Credit Is Due：Tracing Value Added in Global Production Chains"，NBER Working Paper，No. 8，2010，pp. 1－19. Koopman R.，Wang Z.，Wei S. J.，"Estimating Domestic Content in Exports When Processing Trade Is Pervasive"，*Journal of Development Economics*，Vol. 99，No. 1，2012，pp. 178－89.

② 张咏华：《中国制造业在国际垂直专业化分工体系中的地位——基于价值增值角度的分析》，《上海财经大学学报》2013年第3期，第61～68页。

③ 康振宇、陈海啸：《中国出口贸易的增加值分析》，《中国物价》2014年第12期，第18～21页。

④ 江希、刘似臣：《中国制造业出口增加值及影响因素的实证分析》，《国际贸易问题》2014年第11期，第89～98页。

算，从结果上看，呈现出中国出口产品的国内增加值下降、国外增加值提高的现象。同时，国内增加值虽然下降，但近年来有回升态势。[①] 作者将增加值进行以下分解，包括国内增加值和国外增加值，其中国内增加值还包括国内直接增加值、国内间接增加值、进口中间投入品中的国内增加值，探讨分析了各增加值的变化情况。文章还专门对中国制造业的电气和光学设备产品做了详细的研究，将国外增加值的部分追溯到美日韩等国。马风涛、李俊在另一篇文献中还探讨研究了不同贸易方式贸易增加值的分配使用情况，研究结果证明：中国制造业部门国内使用产品所包含的增加值最高，而加工贸易出口产品的国内增加值占比最低。[②] 这也进一步说明了中国在国际贸易中处于价值链的底端，产品进口到中国，附上较少的增加值后再从中国转出，增加中国的出口贸易量，但实际上中国所获得的利益很少。

尚涛对生产者驱动型与购买者驱动型两种产业链条的性质和结构进行了比较分析，并分别以电子产业价值链代表生产者驱动型价值链，以纺织行业价值链代表购买者驱动型价值链，测算中国贸易增加值，分析产业国际分工地位。[③] 结果显示，在增加值分解上，两种类型的价值链存在很大的区别：在贸易增加值部分，电子产业价值链的增加值与贸易总值的背离程度较为明显，贸易增加值中的国外增加值部分等所占的比例较高；虽然两个产业的国际分工地位都很高，但购买者驱动型的纺织产业相较于生产者驱动型的电子产业而言地位更高。作者同时举例 iPhone 手机的生产制造过程进行详细的罗列和分析，其中美国占据研发、设计和品牌的高额利润，而零部件等大多在东亚国家完成，组装工作在中国完成。

尹伟华利用最新的 2000～2014 年世界投入产出表数据，计算中国制造业的出口贸易增加值，通过整理发现，中国制造业的国内增加值占比的变化

① 马风涛、段治平：《基于 TiVA 数据库的中国出口贸易增加值研究》，《国际经济研究》2015 年第 2 期，第 100～105 页。

② 马风涛、李俊：《制造业产品国内增加值、全球价值链长度与上游度——基于不同贸易方式视角》，《国际贸易问题》2017 年第 6 期，第 129～139 页。

③ 尚涛：《全球价值链与我国制造业国际分工地位研究——基于增加值贸易与 Koopman 分工地位指数的比较分析》，《经济学家》2015 年第 4 期，第 91～100 页。

趋势是先降后升。[①] 此外，在国内增加值的比例上，最终产品中的部分大于中间产品所包含的部分，但是近年来，中间产品所包含的增加值占比有上升趋势，同时，国外增加值部分在最终产品出口的占比高于中间产品出口的占比。作者将制造业按技术高低分为四类，并通过分析得出，中国低技术行业在国际中有着一定的优势，国际地位较高，同时高技术行业的国际参与程度也很高，但是整体上技术能力不足，致使中国包揽底端的制造分工。最终通过以上结论得出：中国制造业虽然仍处于价值链的底端，承担着低附加值的加工组装工作，但制造业的发展呈现出向好的趋势。

邹剑峰定义出口贸易增加值为一国在全球价值链下的出口产品中本国投入所获得的增加值。[②] 作者通过整理数据，得出金融危机之前中国整体出口贸易增加值占贸易总值的比例在下降的结论，并对比世界其他国家，各国都呈现出出口贸易增加值占比下降的趋势，尤其是巴西、印度、俄罗斯的下降趋势明显，这在一定程度上归因于国际分工的不断扩大。金融危机爆发之后，各国的贸易增加值占比都呈现出上升的趋势，这是由于随着经济的交互渗透，各国开始实施政策，为保护本国的产业利益而展现出贸易保护主义的势头。值得注意的是，在贸易增加值增加的国家中，拥有先进技术以及极强创新能力的美国、日本、欧洲国家等的增加趋势明显，而中国、印度增加相对较低，这是因为中印两国的技术水平不高，处于微笑曲线的底端，承担着低附加值的国际分工，获取利益较少。同时，作者还探究了影响出口贸易增加值的因素，包括技术创新、要素禀赋、外商资本、产业规模以及能源的利用。

（二）贸易增加值与相关指数的文献研究

沈利生、王恒提出了中间投入贡献系数这一概念并给出其与增加值率的关系，计算方法分别为 $R = V/X$ 和 $r = V/U$。[③] 经过测算和估计发现，尽管

---

① 尹伟华：《全球价值链视角下中国制造业出口贸易分解分析——基于最新的 WIOD 数据》，《经济学家》2017 年第 4 期，第 33 ~ 39 页。

② 邹剑峰：《提升我国出口贸易国内增加值的影响因素研究》，《中国工业经济》2017 年第 2 期，第 53 ~ 56 页。

③ 沈利生、王恒：《增加值率下降意味着什么》，《经济研究》2006 年第 3 期，第 59 ~ 66 页。

中国经济发展速度较快，但是经济增长质量并不高，其原因在于新增加的中间投入的贡献系数过小，小于国内产品的中间投入贡献系数，当这种状况一直出现，中间投入贡献系数就会持续下降，进而带动同方向变化的增加值率不断下降，从而拖累中国经济增长的质量。作者还使用变参数经济计量模型，核算了改革开放以来国内中间投入和进口中间投入的贡献系数的数值及其变化情况，并探讨了提高增加值率的可能的政策。

王学君、潘江基于贸易增加值视角，评估中国自加入 WTO 后出口变化的真实情况，同时揭示了传统统计方法下，真实出口与实际获利之间的偏离。[①] 他们得出以下结论。首先，传统统计方法高估了加入 WTO 对中国出口贸易增加值的正向作用。其次，加入 WTO 对中国各个行业的出口贸易增加值的影响存在差异，其中，对中国非制造业工业、制造业以及服务业出口贸易增加值呈现出促进的积极作用，但对中国农林牧渔业的出口贸易增加值呈现出抑制的消极作用。最后，作者还证明了传统统计数据对制造业存在高估问题，但对于农林牧渔业等行业存在着低估的问题。

吕冠珠、陈东阳、张宏利用世界投入产出表数据，以增加值贸易为视角测算了 GVC 位置指数和 GVC 参与度指数，比较了在 1995 ~ 2011 年，中国、韩国两个国家的制造业行业在国际分工中的位置，同时还对比分析了国际分工的参与程度及其动态变化过程。[②] 研究结果显示，中国虽然处于全球价值链的下游，对全球价值链的贡献处于较低的水平，但已较大程度地融入全球生产网络中，并且贡献度呈现出逐年增加的趋势；相反，韩国处于价值链的上游位置，然而某些高技术制造业行业与中国呈现完全相反的态势，同时还呈现出下降的趋势。作者借此提出以下建议：首先，企业层面一方面需要不断地提高自主研发能力，增强创新能力，另一方面需要加大研发资金的投入，改善产品质量，提高企业获取价值的能力。其次，中国处于全球价值链

① 王学君、潘江：《贸易自由化与增加值贸易——WTO 对中国出口的真实影响》，《经济理论与经济管理》2017 年第 6 期，第 96 ~ 109 页。

② 吕冠珠、陈东阳、张宏：《中韩制造业全球价值链分工地位的衡量——基于增加值贸易的视角》，《东岳论丛》2017 年第 38 期，第 88 ~ 97 页。

的底端，并且进出口呈现“大进大出，两头在外”的特征，两头指的就是在微笑曲线中获利最高的两个部分，这表明中国处于对其他国家产品过于依赖的地位。因此中国应积极与韩国进行技术合作，学习先进的技术和经验，提高本国出口产品的竞争力，增强附加值的创造能力。

（三）关于综述的总结

中国制造业国际地位如何、获利能力如何，国内外学者基于不同视角（如经济依赖视角、全球价值链视角等）、利用不同模型方法（如三国增加值出口模型、多国增加值出口模型等）进行了解释，但由于国家与国家之间存在着差异性，不同因素可能会产生不同的影响，有必要进行针对性的研究。日本是中国制造业的第二大出口国，从日本角度来说，在制造业进口的前五大商品种类中，中国在机电产品、纺织品及原料、贱金属及制品三个行业占据第一名，在化工产品行业进口中中国排名第二，所以研究中国制造业对日本出口的情况具有重要的现实意义。

从本文对以往文献的梳理可知，国内外的学者们利用不同角度、不同方法对贸易增加值进行了比较系统的研究，对概念、测算方法进行了界定，并研究了其与经济增长质量的关系、出口规模和中美贸易的失衡程度等，还有学者以不同驱动机制、不同技术分类等对中国行业进行分类分析，探究了中国制造业的国际分工地位、价值链参与程度以及国际竞争力。这些文献对本文的展开提供了很大帮助，但是笔者同时也发现很少有人从国与国之间的角度研究制造业出口产品对贸易增加值的影响。因此，本文将从行业角度出发，对出口贸易增加值进行研究。

二　理论模型的构建：出口贸易增加值的测量方法及运用

对出口贸易增加值的测算主要基于考夫曼（2010）的研究方法，对世界投入产出表进行了整理，将 WIOD 数据库中 45 个国家合并整理成中国、日本以及世界其他国家等三个国家，为后期构建三国模型的世界投入产出表结构做准备。然后，将世界投入产出表中的56个全产业细分行业合并整理成24个行业，其中包括13个制造业细分行业类，结合国家构成了三个国家24个细分行业的世界投入产出模型表。（参见表1）

表1　三国24个行业的世界投入产出模型

投入产出			中间使用			最终使用			总产出
			A国	B国	R国	A国	B国	R国	
			1…m	1…m	1…m				
中间投入	A国	1…m	X^{AA}	X^{AB}	X^{AR}	Y^{AA}	Y^{AB}	Y^{AR}	X^{A}
	B国	1…m	X^{BA}	X^{BB}	X^{BR}	Y^{BA}	Y^{BB}	Y^{BR}	X^{B}
	R国	1…m	X^{RA}	X^{RB}	X^{RR}	Y^{RA}	Y^{RB}	Y^{RR}	X^{R}
增加值		1…m	V^{A}	V^{B}	V^{R}				
总投入		1…m	X^{A}	X^{B}	X^{R}				

注：其中A国代表中国，B国代表日本，R国代表世界其他国家，m=24，即24个全行业细分行业，其中制造业细分行业的编号为3~15。

基于投入产出表的分布，得出总产出为中间使用与最终使用的总和，我们可以得到如下公式：

$$X = AX + Y \tag{1}$$

其中A为表示直接消耗系数的矩阵，A矩阵中的元素指的是某国某产业每单位的总产出所使用的投入。变换（1）式，可得：

$$X = (I - A)^{-1} Y \tag{2}$$

$(I-A)^{-1}$为里昂惕夫逆矩阵，用字母L表示，即$L=(I-A)^{-1}$

将（2）式写成矩阵形式为：

基于投入产出表，我们可以得到某国出口中所包含的国内外价值为：

$$\begin{matrix} X^A \\ X^B \\ X^R \end{matrix} = \begin{bmatrix} L^{AA} & L^{AB} & L^{AR} \\ L^{BA} & L^{BB} & L^{BR} \\ L^{RA} & L^{RB} & L^{RR} \end{bmatrix} \begin{bmatrix} Y^{AA} & Y^{AB} & Y^{AR} \\ Y^{BA} & Y^{BB} & Y^{BR} \\ Y^{RA} & Y^{RB} & Y^{RR} \end{bmatrix} \tag{3}$$

V 表示的是直接增加值系数矩阵，其表达式如下：

$$V = \begin{bmatrix} V_A & 0 & 0 \\ 0 & V_A & 0 \\ 0 & 0 & V_A \end{bmatrix} \tag{4}$$

（4）式矩阵中的每一元素表示某国一单位的产出中所包含的国内价值所占比值，将直接增加值系数矩阵与里昂惕夫逆矩阵相乘，可以得到增加值份额矩阵（VAS），即

$$VAS = V * L = \begin{bmatrix} V_A L^{AA} & V_A L^{AB} & V_A L^{AR} \\ V_B L^{BA} & V_A L^{BB} & V_A L^{BR} \\ V_R L^{RA} & V_A L^{RB} & V_A L^{RR} \end{bmatrix} \tag{5}$$

根据（1）式，i 国向 j 国的总出口为中间产品投入加上最终产品的总和，用 E_{ij}（i，$j = A$，B，R）表示，即

$$E_{ij} = Y_{ij} + A_{ij} X_j \tag{6}$$

式中的 $A_{ij}X_j$ 为 i 国向 j 国出口的中间产品。一国的总出口用 E_i（$i = A$，B，R）表示，并且

$$E_i = \sum_{j \neq i} E_{ij} = \sum_{j \neq i} (Y_{ij} + A_{ij} X_j) \tag{7}$$

出口矩阵用 E（本文中为 72×72 矩阵）表示：

$$E = \begin{bmatrix} E_A & 0 & 0 \\ 0 & E_B & 0 \\ 0 & 0 & E_R \end{bmatrix} \tag{8}$$

结合以上可得一国出口中所包含的价值分配为：

$$VLE = V * L * E = \begin{bmatrix} V_A L^{AA} E_A & V_A L^{AB} E_B & V_A L^{AR} E_R \\ V_B L^{BA} E_A & V_A L^{BB} E_B & V_A L^{BR} E_R \\ V_R L^{RA} E_A & V_A L^{RB} E_B & V_A L^{RR} E_R \end{bmatrix} \tag{9}$$

上式中对角线上的元素即为某国出口中的国内增加值。其中，$V_A L^{AB} E_B$ 即为中国制造业对日本出口的贸易增加值的部分。

三 应用研究：中国制造业对日本出口贸易的分析

（一）中国制造业对日本出口贸易的传统分析

本节主要对中国制造业对日本出口的总体情况进行分析，数据来源于世界投入产出表的中国制造业对日本的出口部分，通过图1可以观测中国制造业对日本的出口从1995年到2014年呈现出的总体变化趋势。根据图1所呈现的信息可以看出，中国制造业对日本的出口呈现逐年增长的趋势，由于2008年金融危机的重创，2009年的出口值出现了下降的情况，但在总体上呈增长的趋势。实际上，中国制造业对日本出口总量从1995年到2014年增长约6.6倍。根据对图1的观察，我们大体可以将1995~2014年分为三个阶段。

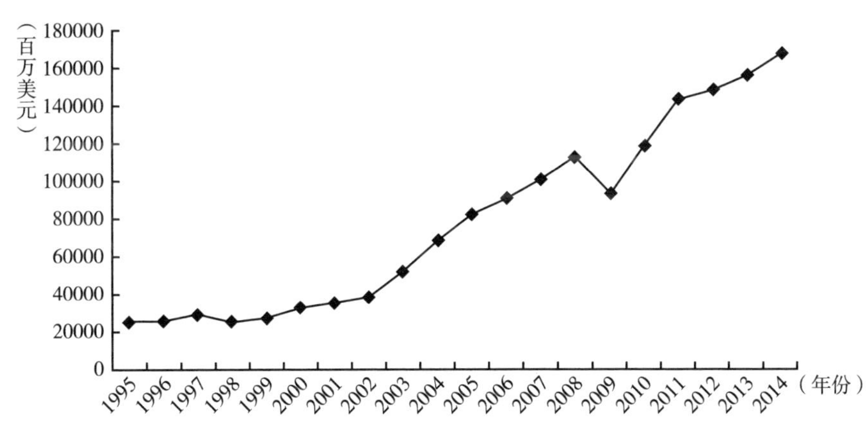

图1 1995~2014年中国制造业对日本出口传统贸易

资料来源：根据WIOD数据库算出，http：//www.wiod.org/database/wiots16。

第一阶段是1995~2002年的低速增长阶段。加入WTO之前，中国对日本的出口贸易规模不大，并且增速不明显。第二阶段是2003~2008年的高速增长阶段。由于中国于2001年加入WTO，大大提升了与世界其他国家的贸易往来，与日本的贸易更是频繁；与此同时，中国不断吸收发达国家的先进技术，大大促进了生产力的提高，也促使贸易出口呈现逐年高速增长势态。第三阶段是2009～2014年的持续高速增长阶段。经历了2008～2009年经济危机，由于全球经济萧条、日本消费低迷，中国制造业对日本的出口出现了短暂的下滑，但从2009年之后，仍保持高速增长的趋势。尤其是2011～2012年，是东日本大地震后日本对中国制造业投资的又一波高潮，日本的投资进一步促进了中国制造业对日本的出口。中国逐渐发展成为制造大国，并不断向制造强国进军。

（二）中国制造业对日本出口贸易增加值分析

对由世界投入产出表计算出的中国制造业对日本出口贸易增加值进行分析，其内容主要分为两个部分：第一个部分是1995～2014年中国制造业整体对日本出口贸易增加值情况；第二个部分是对中国13个制造业细分行业对日本出口贸易增加值情况进行分析。

从图2可以看出1995～2014年中国制造业对日本出口贸易增加值呈现持续快速增长趋势，除2009年由于金融危机的影响贸易增加值有所下降外，其变化趋势大体上与出口总量的变化趋势保持一致。

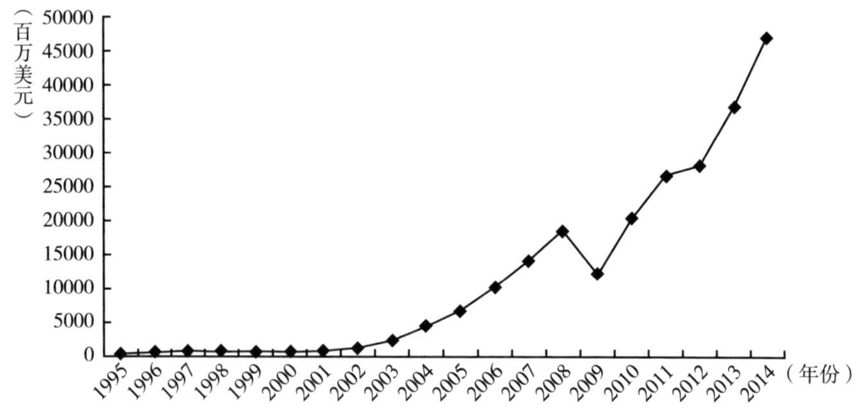

图2　1995～2014年中国制造业对日本出口贸易增加值

资料来源：根据WIOD数据库算出。

图3显示了中国制造业13个细分行业的对日出口贸易增加值变化趋势。可以看出，制造业各细分行业在1995～2014年都呈现出增长的态势。其中出口贸易增加值较高的前五个行业分别为：电子及光学设备制造业、基本金属及金属制品制造业、纺织服装及皮革制造业、化学原料及化学制品制造业、机械设备制造业。其中，电子及光学设备制造业的贸易增加值以及增长幅度最大，是获利最大的行业，但与该行业的出口贸易总值对比可知，该行业的出口规模本身就很大，在2014年占中国制造业对日总出口的44.59%。上文已经提到，在像电子及光学设备制造业这类科技含量较高的产业的产品价值链中，中国仍处于较低的地位，提供的贡献价值主要集中在加工、组装等环节，致使获取的利益分配并不高，而贸易增加值的增加大部分要归功于出口规模的不断扩张，这也提醒了我们要注重贸易增加值率的提高。

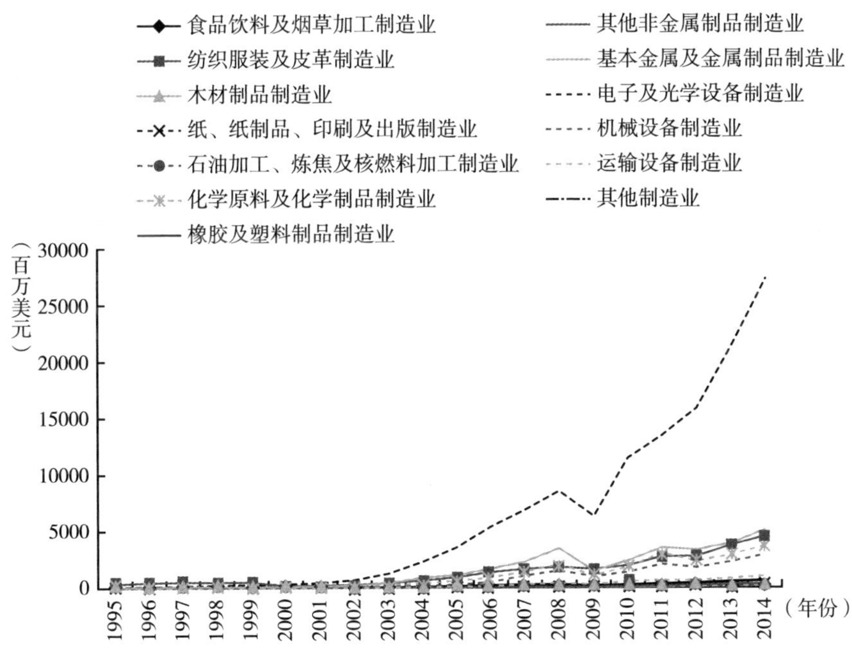

图3　1995～2014年中国制造业各行业对日本出口贸易增加值

资料来源：根据WIOD数据库算出。

图4显示了13个制造业细分行业对日出口贸易增加值的增长率变化趋势。可以看出，各行业的贸易增加值增长率呈现出大体相同的变化趋势，与之前分解的阶段相同，在2000年、2008年前后分别出现了转折点，但总体上呈现增长态势。这也在一定程度上说明通过出口贸易的不断渗透，中国制造业对出口贸易增加值的获取能力在不断上升，其中上升较为明显的行业有：运输设备制造业、机械设备制造业、电子及光学设备制造业、基本金属及金属制品制造业、其他非金属制品制造业。对比出口贸易增加值较高的五个行业可以看出，纺织服装及皮革制造业并未在高贸易增加值增长率的行列，这是因为该行业属于劳动密集型产业，而且中国在此行业的产品价值链上已经处于较高的位置。

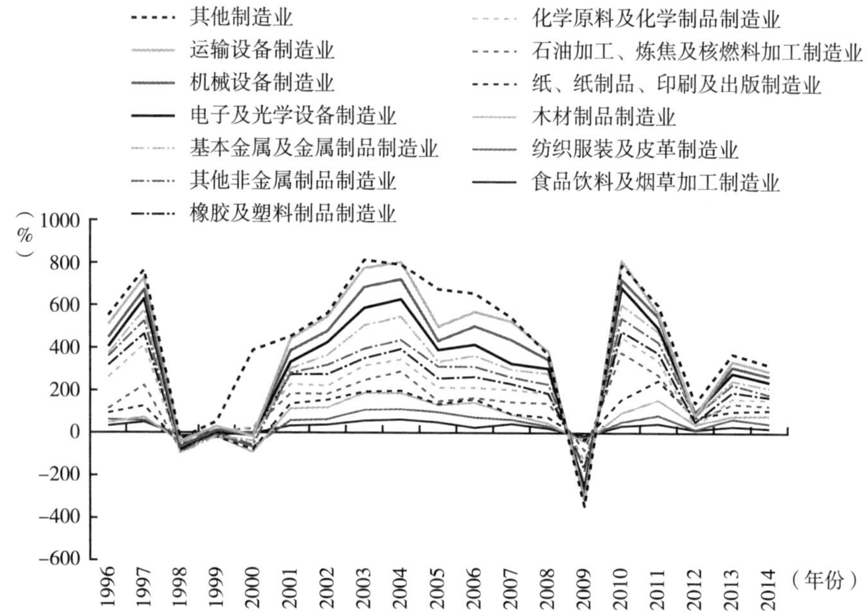

图4 1995~2014年中国制造业各行业对日本出口贸易增加值增长率

资料来源：根据WIOD数据库计算。

（三）传统指标和贸易增加值的比较分析

从图1和图2中我们可以看出，中国制造业对日本出口的传统数据远大于出口贸易增加值，这说明了在中国制造业对日出口中存在着很多的“水分”，也就是说中国制造业产品单纯的对日出口规模并不能真实反映企业要素投入所产生的盈余状况。从量的角度来看，传统海关数据不仅高估了中国制造业的出口规模，导致中国出现了与实际不相符的贸易顺差，还显示出中国制造业虽然出口规模很大却获取利益很少这一现象。还应该注意到，中国制造业对日出口贸易增加值占贸易总值的比例在逐年稳步增加，除在加入WTO和2008年金融危机这两个转折点处有所下降之外，其余都呈现正向的增长。由图5我们可以更直观地看出两者的变化趋势。

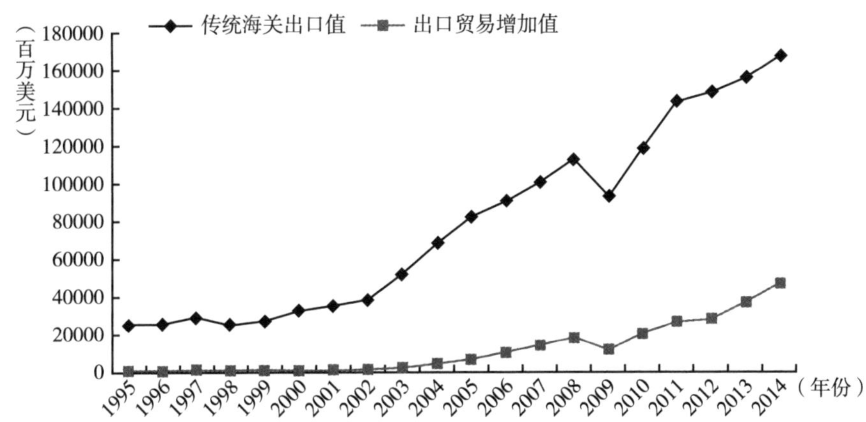

图5　1995～2014年中国制造业传统海关出口值与出口贸易增加值对比

资料来源：根据WIOD数据库算出。

四　结语

本文根据以上分析方法对比了中国制造业对日本出口的贸易增加值与传统海关数据，利用世界投入产出表分解出中国制造业对日本出口的贸易增加值，并进一步整理出中国13个制造业细分行业对日本的出口贸易增加值，通过对比证实了：传统的贸易统计方式夸大了中国制造业对日本的出口。中国制造业出口贸易增加值占比逐年增加，但是由于行业不同存在着很大的差异，其中电子及光学设备制造业、基本金属及金属制品制造业、纺织服装及皮革制造业、化学原料及化学制品制造业和机械设备制造业在整个制造业中所占比例较大，特别是电子及光学设备制造业。同时我们也注意到，高额的出口贸易增加值很大程度上是由出口规模带来的，并非由于在单位产品上贡献了较高的附加值。这表明，中国制造业仍处于价值链的中低端，为了争取获得更多的附加值分配权重，需要向产品价值链的顶端靠近。

B.15

改革开放40年来日本对华直接投资对中日经济的影响分析

田 正*

摘 要： 日本对华直接投资走过40年的发展历程，贯穿于中国改革开放全过程，对中国经济发展起了重要的推动作用，同时促进了日本的经济发展，实现了互利共赢。日本对华直接投资发展可分为探索启动、加速增长、持续深化、转型调整等四个阶段。本文通过使用回归与ARMA组合模型、格兰杰因果关系检验等实证分析方法，证实：日本对华直接投资促进了中国的技术进步和产业升级转型，改善了就业形势，增强了对日出口。日本对华直接投资还扩大了日本的海外资金收益，采用时间序列的分析方法证实其间接推动了日本技术创新及对华出口贸易，促进了日本经济增长。未来应继续引导日本对华直接投资，助推中国经济高质量发展。

关键词： 日本对华直接投资 技术进步 产业升级转型 中日进出口贸易 海外资金收益

2018年，中国迎来了改革开放40周年，改革开放为中国的社会经济生

---

* 田正，经济学博士，中国社会科学院日本研究所助理研究员，全国日本经济学会理事，主要研究领域：日本产业、日本经济。本文受到国家社会科学基金青年项目（17CGJ012）的资助。

活带来了翻天覆地的变化，经济发展水平迅速提高，人民的生活水平也得到了巨大改善。对外开放是改革开放中的重要一环，而吸收外商直接投资则是中国对外开放过程中的一项重要举措。日本对华直接投资在中国的改革开放进程中发挥了重要作用，不仅为中国的经济发展提供了宝贵的资金，而且还给中国带来了先进的生产技术和管理经验，推动了中国的产业升级转型。与此同时，日本对华直接投资还推动了日本的经济增长，发挥了双向作用。为此，有必要深入研究日本对华直接投资的发展过程，探讨其对中日两国经济发展的作用，展望日本对华直接投资的未来变化。

日本对华直接投资对改革开放后中国的经济发展起了重要的推动作用，诸多学者从阶段划分、技术进步、产业结构升级、进出口贸易发展等方面展开了深入分析。第一，在阶段划分方面，张季风认为，迄今为止日本对华直接投资出现了四次高峰期。[①] 第二，分析日本对华直接投资对中国技术进步的作用。蔡兵分析了日本对中国直接投资过程中日本对华技术转移的基本方式，认为日本对华直接投资促进了中国的技术进步。[②] 同时也有学者指出，日本对华贸易对中国技术创新的影响越来越强，而直接投资对中国技术创新的影响越来越弱。[③] 第三，探索日本对华直接投资对中国产业发展的作用。边恕分析了日本对华直接投资对中国产业发展的影响，指出日本对华直接投资促进了中国的电子机械、运输机械、金属产品、化学产品、服装皮革等产业的发展。[④] 现有分析多为日本对华直接投资的趋势性分析，实证分析较少，需要展开进一步的深入分析。第四，探究日本对华直接投资对中国进出口贸易的影响。薛敬孝指出，日本对华直接投资拉动了中国的对日出口，日本对华直接投资对贸易的促进作用大于替代作用。[⑤] 第五，对于日本对华直

---

① 张季风：《中日经贸关系 70 年回顾与思考》，《现代日本经济》2015 年第 6 期。

② 蔡兵：《日本对中国技术转移的模式转换及后果分析》，《南方经济》2003 年第 10 期。

③ 王晗：《日本对华贸易、直接投资对中国技术创新的影响》，《中国科技论坛》2018 年第 9 期。

④ 边恕：《日本对华直接投资对中日产业结构的影响途径与效果》，《现代日本经济》2008 年第 6 期。

⑤ 薛敬孝：《日本对华直接投资与对华贸易的关系》，《国际经贸研究》1997 年第 3 期。

接投资对日本经济影响的分析较少。

综上，现阶段虽然有许多研究就日本对华直接投资对中国经济的影响展开了分析，但对中国经济发展整体影响的分析仍然较少，并且分析对日本经济影响的研究仍然不足。有必要系统分析日本对华直接投资在改革开放过程中对中日两国经济发展的影响，探究其中的逻辑关系，探索分析日本对华直接投资的发展方向。

一　日本对华直接投资发展的阶段划分

自1979年日本对华直接投资开始以来，日本对华直接投资发展可以划分为以下四个阶段：1979～1990年的探索启动阶段，1991～2000年的加速增长阶段，2001～2010年的持续深化阶段，以及2011年以来的调整转型阶段。

（一）1979～1990年的探索启动阶段

1978年中共十一届三中全会确立了改革开放方针，要求各地、各部门公有制企业积极发展同世界各国平等互利的经济合作。1979年，中国颁布《中华人民共和国中外合资经营企业法》，标志着中国吸引外国直接投资的开始。[①] 上海宝山钢铁厂的建设不仅拉开了日本对华直接投资的序幕，而且被誉为中国改革开放的“1号工程”，提升了中国钢铁产业的生产水平，满足了国内对于优质钢材的需要。[②] 首先，从资金总量上看，这一时期日本对华直接投资数量和规模较小，处于探索和尝试阶段。截至1990年，日本企业对华直接投资项目累计1414个，实际利用资金总额累计29.9亿美元。其次，从产业结构上看，20世纪80年代日本对华直接投资以非制造业为主，制造业企业较少。这是因为改革开放之初，中国吸引外资的政策环境、基础

① 吴敬琏：《中国经济改革进程》，中国大百科全书出版社，2018，第87页。

② 张季风：《中日友好交流三十年（1978～2008）·经济卷》，社会科学文献出版社，2008，第158页。

设施建设等仍不完善，日资企业对于中国的投资采取观望态度。最后，从地理位置看，本阶段日本对华直接投资主要集中在沿海开放地区。

（二）1991～2000年的加速增长阶段

20 世纪 90 年代，日本开始重视在华市场，对外直接投资中对北美及欧洲的比例下降，而亚洲及中国所占比重开始增加，日本对华直接投资日趋加速。日本对华直接投资占日本对外直接投资的比重从 1984～1990 年的 1.1% 提升至 1991～2000 年的 3.8%。[①] 其一，从总量上看，日本对华直接投资金额快速增长。1991～2000 年日本对华直接投资金额从 5.3 亿美元增加到了 29.2 亿美元，项目数从 599 件增加到 1614 件。其二，进入 90 年代后，中国的改革开放进程进一步加快，确立了建设社会主义市场经济的目标，财政、金融等领域的经济改革有效推进，日本企业看到了中国经济发展的巨大潜力，加大了在制造业领域的对华直接投资。制造业投资占日本对华直接投资总额的比重从 1984～1990 年的 25.6% 提升到 1991～2000 年的 74.9%，非制造业投资则从 72.3% 下降至 22.5%。[②] 轻工业部门的纺织产业以及重工业部门的机电、运输机械等产业是这一时期日本对华直接投资的主要部门。其三，区域布局开始出现分散化的发展趋势，逐步从环渤海、珠三角等地扩展至长三角地区，显示出集中于中国东部沿海地区的特征。

（三）2001～2010年的持续深化阶段

进入 21 世纪，中国加入世界贸易组织（WTO），主动参与到世界贸易体系之中，改革开放迈上了新的台阶，中国的市场经济改革取得了显著成效，日本对华直接投资数额迅速增加。第一，在投资规模上，这一时期的日本对华直接投资表现出了迅速增加的态势，但是受国际金融危机的影响后期有所减少。2005 年日本对华直接投资金额达到 65.3 亿美元，出现了日本对

① 张青松：《日本对华直接投资研究》，社会科学文献出版社，2007，第 42 页。

② 財務省『財政金融統計月報』、https://www.mof.go.jp/pri/publication/zaikin_geppo/。

华直接投资的第三次高潮。[①] 从2006年开始，日本对华直接投资的增长趋势出现转折，直接投资金额下滑。第二，以机电、运输机械为首的日本制造业企业对华直接投资不断增加。2000～2010年日本对华制造业投资从856亿日元增加至3896亿日元，其中一般机械投资从95亿日元增长至865亿日元，运输机械投资则从101亿日元增加至1137亿日元。[②] 不断增长的日本制造业对华直接投资推动了中国产业升级转型。第三，从投资区位上看，虽然这一时期日本对华直接投资仍然主要集中于长三角、珠三角、环渤海等东部沿海地区，但随着中国西部大开发战略的实施，日本企业在中国中西部地区的投资开始增加，为日资企业的在华发展提供了新空间。

（四）2011年至今的转型调整阶段

2011年以来中国的经济增长出现新的动向，经济结构不断优化升级，经济增长方式从要素驱动、投资驱动逐渐转为创新驱动，改革开放进入全面深化时期，日本对华直接投资也出现了新的变化与调整。2012年日本对华直接投资达到73.8亿美元，同比增长16.3%，创历史新高。但自“购岛”事件发生后，日本对华直接投资开始下滑，这一趋势直到2017年才有所好转。2018年日本对华直接投资出现回升态势，全年实际使用金额达到38.1亿美元，同比增长18.1%。[③] 此外，日本对华直接投资的产业布局也发生了新变化。这一时期，日本的一般机械、电子机械、运输机械等制造业继续加大对华直接投资力度。与此同时，日本的非制造业部门也开始加强对华直接投资。例如，日本的批发零售业和金融保险业对华直接投资金额从2010年的924亿日元和818亿日元，分别增加到了2016年的2399亿日元和957亿日元。这表明，中国市场对日本企业的吸引力不断增强，而且日本非制造业部门的投资增加有助于新时代中国经济结构的转型与升级。同时，日本对华

---

① 中国商务部：《中国商务年鉴》，2018。

② 此处应注意，日方对直接投资的统计除实际投资额外还包括收益再投资、证券投资等，而中方对直接投资的统计仅包括实际使用金额。

③ 中国商务部：《中国商务年鉴》，2018。

直接投资的区域布局也出现了新趋势。虽然日本对华直接投资目前仍然集中于东部沿海地区，但对中国中西部地区的直接投资出现增加趋势。日本国际协力银行调查数据显示，计划在中国中西部地区扩大投资的日本制造业企业比例从2017年的44.4%提升到了2018年的51.4%，另有4.6%的日本制造业企业计划在中西部地区设立新的生产场所，而这一数字在2017年仅为0.9%。①

二　日本对华直接投资推动中国改革开放进程

日本对华直接投资在中国的改革开放过程中发挥了重要作用，体现在以下几个方面：日本对华直接投资推动了中国的技术进步，促进了产业升级，从而提高了就业水平，最终以中国对日出口总额持续增加的形式表现出来。

（一）推动中国技术进步

日本对华直接投资，推动了中国的技术进步与技术创新。首先，日本对华直接投资带来了先进的生产和管理技术，推动了中国的技术进步。改革开放之初，中国的技术水平落后于日本，借由日本对华直接投资，中国从日本转移了大量先进技术，加速缩短了中国和世界先进技术水平之间的差距，表现出了技术溢出效应。其具体表现为，中日两国间技术贸易持续增加。1996年日本对中国技术出口额为2292.3亿日元，到2015年这一数额就增长至4740亿日元，增长了1.1倍。② 与此同时，日本一直是中国重要的技术来源国。中国自日本技术引进合同数，从1991年的63项上升至2011年的2555项，年均增长率达到44.9%；中国自日本技术引进合同金额从1991年的2.69亿美元，上升至2011年的49.5亿美元，年均增长率高达97.8%。③ 日

---

① 日本国際協力銀行『わが国製造業企業の海外事業展開に関する調査報告2018年度』、https://www.jbic.go.jp/ja/information/press/press-2017/1122-58812.html。

② 総務省『科学技術研究調査報告』、http://www.stat.go.jp/data/kagaku/index.html。

③ 中国国家统计局：《中国科技统计年度数据》，http://www.stats.gov.cn/ztjc/ztsj/kjndsj/。

本在中国的技术进步过程中占有重要地位。

其次，近年来随着中国经济的不断发展和创新能力的提升，在华日资企业的技术进步方式逐渐从技术转移走向了自主创新，推动了中国的技术进步。经过长时间的发展，中国的技术水平与国际前沿的科学技术水平的差距日趋缩小，通过技术引进所带来的技术进步效果日趋减弱。在这一背景之下，在华日资企业开始通过自主创新，提升技术水平。例如，昆山阿基里斯公司是由日本阿基里斯公司与昆山协孚公司于1993年共同组建的合资公司，主要生产人造革及合成革制品。随着在华销售市场的不断扩大，昆山阿基里斯公司通过自主创新在聚氯乙烯、聚烯烃、聚氨酯等汽车内饰材料以及塑料材料生产工艺等方面取得了突破，在吸收引进日本企业技术的基础上实现了自主创新，并获得了较好的经济效益。①

（二）促进中国产业结构升级

中国通过引进日本的技术和经验，提高了生产和管理技术水平，为中国的产业发展奠定了技术基础。改革开放过程中，日本对华直接投资促进了中国产业结构升级转型，推动了中国加速实现工业化。

1. 日本对华直接投资促进中国产业升级的理论分析

日本著名学者小岛清使用比较优势的分析方法，总结了日本企业对外直接投资的发展规律，指出日本的对外直接投资发展遵循“边际生产率”的顺序，即从已经丧失比较优势的产业依次实行对外直接投资，被称为直接投资的“雁行模式”。日本对华直接投资的产业布局经历了从“劳动密集型”向“资本密集型”转变，并逐渐向“知识密集型”延伸的发展历程。此外，外商直接投资也能够刺激国内部门增长，因为外商企业发展能够带动前向、后向产业链的形成，形成新的经济需求。日本通过实施对华直接投资也促进了中国的工业发展，加速了中国的产业结构升级转型。② 以下采用实证分析

① 昆山阿基里斯人造皮有限公司网，http：//www.achilleskunshan.com/index.php？m = content&c = index&a = lists&catid = 23。

② 魏后凯：《外商直接投资对中国区域经济增长的影响》，《经济研究》2002年第4期。

的研究方法，具体分析改革开放以来的日本对华直接投资对中国产业升级的推动作用。

2. 日本对华直接投资促进中国产业升级的实证分析

本文采用回归与 ARMA 组合模型（regARIMA）建立时间序列模型，探讨日本对华直接投资对中国产业升级的影响。经深入分析，本文认为日本对华直接投资及技术创新等两个因素有助于中国的产业结构升级，但需要使用实际数据，展开实证分析。

（1）变量选取与数据来源

首先，本文使用第二、第三产业增加值与 GDP 之比作为标示中国产业结构升级的经济指标，并作为模型的被解释变量。该指标越高，说明第二、第三产业在中国国内生产总值中所占比重越高，即产业发展程度越高。其次，分别使用中国实际使用日资金额以及国内研究开发投入两个变量表示日本对华直接投资与技术创新两个经济变量，作为模型的解释变量。其中，中国 GDP 及第二、第三产业增加值数据源自中国国家统计局。[①] 中国实际使用日资金额数据来自《中国商务年鉴》。中国国内研究开发投入数据来自《全国科技经费投入统计公报》。[②] 数据选取的时间范围涵盖 1990～2017 年。此外，为消除经济变量的异方差性，本文使用被解释变量及解释变量的对数值实施检验分析。

（2）经济变量的平稳性分析

为避免虚假回归，需要验证经济变量是否平稳。本文使用 ADF 检验方法，验证各经济变量的平稳性，确保回归模型的准确性。ADF 检验结果如表 1 所示。由 ADF 检验结果可知，本文所使用的 ln*TR*、ln*FDI*、ln*RD* 等经济变量均为一阶单整（I（1））的时间序列变量，在实施时间序列分析时可以避免虚假回归问题。

---

① 中国国家统计局：《国家数据》，http：//data. stats. gov. cn/index. htm。

② 中国国家统计局：《全国科技经费投入统计公报》，http：//www. stats. gov. cn/tjsj/tjgb/rdpcgb/qgkjjftrtjgb/201810/t20181012－1627451. html。

表1 ADF 检验结果

经济变量	ADF 检验式	ADF 值	p 值	结论
ln*TR*	(c,0,7)	-1.6762	0.4330	不平稳
ln*FDI*	(0,0,7)	-0.1291	0.6288	不平稳
ln*RD*	(c,0,6)	-2.3571	0.1627	不平稳
Δln*TR*	(c,0,7)	-4.8505	0.0005	平稳
Δln*FDI*	(0,0,7)	-2.3586	0.0207	平稳
Δln*RD*	(c,0,6)	-2.8315	0.0717	平稳

（3）模型设定与实证分析

采用回归与 ARMA 组合模型的分析方法，可以消除模型残差序列中的自相关问题，增加回归系数估计量的有效性。通过观察模型的残差序列相关图，得知残差序列是一个 MA（3）过程，因此可以构建如下的回归模型：

$$\ln TR_t = \beta_0 + \beta_1 \ln FDI_t + \beta_2 \ln RD_t + \varepsilon_t, \varepsilon_t = \gamma_1 \varepsilon_{t-1} + \gamma_2 \varepsilon_{t-2} + \gamma_3 \varepsilon_{t-3} + \delta_t \quad (1)$$

其中，*TR* 代表中国产业结构升级指数，*FDI* 代表日本对华直接投资，*RD* 代表中国国内研究开发投入，ε_t 代表模型残差。根据式（1）使用实际数据，可以估计得到下式：

$$\ln TR_t = -0.34 + 0.01 \ln FDI_t + 0.03 \ln RD_t + 1.57 \varepsilon_{t-1} + 1.05 \varepsilon_{t-2} + 0.48 \varepsilon_{t-3}$$

$$(-22.58)^* (3.62)^* (9.92)^* (8.82)^* (3.73)^* (2.66)^*$$①

$$R^2 = 0.99, T = 28, D.W. = 2.23 \quad (2)$$

由式（2）可知，在5%的显著性水平下，日本对华直接投资及中国国内研究开发投入对中国产业升级指标的影响都是显著的。其中，日本对华直接投资每提高1%，中国产业升级指标会提高0.01%；而中国国内研究开发投入每提高1%，中国产业升级指标会提升0.03%。这说明日本对华直接投资以及中国的技术创新对产业结构升级产生了正面影响，有利于改革开放时期中国产业结构优化升级。

① ＊指该变量显著。

（三）提升中国的就业水平

日本对华直接投资推动了中国产业结构的升级和转型，同时也提高了中国的就业水平。外商直接投资的增加有助于为东道国提供更多的工作机会，从而在一定程度上产生对东道国的积极的就业创造效应，提升东道国的就业水平。[①] 日本对华直接投资的增加，直接促进了日本在华企业数量的增长，因为生产产品的客观需要，雇用的劳动力人数不断增加，从而改善了中国的就业情况。随着中国改革开放步伐的加快，中国的劳动力就业人数呈现出不断上升的趋势。从 1986 年至 2017 年中国的就业人数从 5.15 亿人增加至 8.06 亿人。[②] 改革开放以来，中国就业情况的改善中是否存在着日本对华直接投资的因素，现阶段针对这一问题的研究较少，需要展开定量分析。

格兰杰因果关系检验能够揭示解释变量对被解释变量影响的显著程度，进而可以得出经济变量之间的因果关系。本文采用格兰杰因果检验的分析方法，分析中国的就业人数和日本对华直接投资额两个经济变量之间的关系。经平稳性分析可知，中国的就业人数和日本对华直接投资两个经济变量均为一阶单整（I（1））的时间序列，可以实施检验。

表 2　格兰杰因果关系检验分析结果

样本容量	滞后阶数	原假设	F 值	p 值	结论
29	2	$\Delta \ln FDI$ 不是 $\Delta \ln LD$ 的格兰杰原因	7.74	0.00	拒绝
29	2	$\Delta \ln LD$ 不是 $\Delta \ln FDI$ 的格兰杰原因	0.13	0.87	接受

由格兰杰因果分析可知，日本对华直接投资是中国就业人数的格兰杰原因。也就是说，日本对华直接投资推动了中国就业人数的增加。因此，日本

① 张少为、王晨佳、吴振磊：《外商直接投资就业效应的经济学分析》，《西安交通大学学报》2012 年第 4 期。

② 中国国家统计局：《国家数据》，http://data.stats.gov.cn/index.htm。

对华直接投资对中国的就业发展具有显著的推动作用，通过引进技术和学习管理经验，推动了中国的产业升级转型，同时改善了中国的就业水平。

（四）增强中国的对日出口贸易

随着中国工业化进程的不断完善，中国对日出口不断增加，成为改革开放以来日本对华直接投资持续发展的一项重要成果。首先，从贸易总额上看，改革开放40年来中日两国的贸易总额不断增加，中国对日出口不断增长。中日贸易总额从1990年的129.3亿美元，增加到2017年的3029.9亿美元。中国对日出口数额也出现了显著增长，从1990年的88.7亿美元增加到了2017年的1373.3亿美元。① 随着中日经贸关系的持续深化，中国逐渐成为日本重要的贸易伙伴和进出口市场。2012～2017年，中国始终是日本的第二大出口贸易伙伴和第一大进口贸易伙伴。② 因此，中国的对日出口在日本的进出口贸易中占据重要地位，日本对华直接投资则是促成这一现象的重要因素。其次，日本对华直接投资推动了中国的产业升级转型，导致中国对日出口的贸易结构出现了质的变化。改革开放以来，中国对日主要出口产品已经从初级原材料产品转变为工业制成品，商品贸易结构有效优化。2015年中国对日出口商品中，制成品出口占货物出口比重达到88%，接近90%。从商品结构上看，机电、音像制品等资本密集型产品取代了纺织品等劳动密集型产品，成为中国对日出口的主要产品。2016年机电、音像制品占中国对日出口额的41.2%，而纺织品则为15.2%。③

三　日本对华直接投资促进了日本经济发展

日本对华直接投资不仅对中国的经济发展起了重要的推动作用，而且促进了日本的经济增长。自20世纪90年代初日本泡沫经济崩溃以来，日本的

① 中国海关总署：《海关统计》，http：//www.customs.gov.cn。
② 刘春生、王力：《中国对外贸易发展报告》，社会科学文献出版社，2018，第305页。
③ 中国海关总署：《海关统计》，http：//www.customs.gov.cn。

经济增长陷入长期低迷，增长率长期处于较低水平。在日本经济处于长期低迷之时，来自中国不断增长的需求成为日本经济增长的重要因素，起了促进日本经济增长的作用。日本对华直接投资是中日经贸关系的一个重要组成部分，其对日本经济发展的作用主要表现在扩大海外收益、增加对华出口贸易、推动日本技术创新等方面。

（一）扩大日本海外资金收益

通过对华直接投资，日本进一步增加了其海外资产，并提高了海外资金收益。20 世纪 90 年代以来，日本的海外资产就一直处于扩张的过程之中。根据日本财务省调查数据，日本的海外资产从 1994 年的 248.3 万亿日元提升至 2017 年的 1012.4 万亿日元，扩大了 3.08 倍。[①] 伴随着日本海外资产扩张的是日本对华直接投资资产的不断提升。2005 年日本对华直接投资资产总额为 3.57 万亿日元，到 2017 年提升为 13.2 万亿日元。[②] 支持日本企业不断扩大在华直接投资的主要动力是，日本对华直接投资具有较高的收益率。如图 1 所示，日本对华直接投资收益率也显示出明显的上升趋势，从 2014 年的 10.6% 上升至 2017 年的 12.9%。日趋提高的日本对华直接投资收益率吸引了越来越多的日本企业来华投资设厂。根据日本国际协力银行的调查，日本对华直接投资收益率满意度为 27.7%，仅次于泰国的 29.7%，在 16 个被调查的国家和地区中位居第二。由此可见，日本对华直接投资为日本带来了较高的投资收益，扩大了日本的海外资金收益。与此同时，日本对华直接投资因其较高的收益率，仍然在不断吸引着日本企业来华投资。

（二）推动日本技术创新

日本对华直接投资有助于提高日本的技术创新水平，从而促进日本经济增

① 財務省『本邦対外資産負債残高』、https：//www.mof.go.jp/international_policy/reference/iip/2017_g.htm。

② 日本銀行『業種別地域別直接投資』、http：//www.boj.or.jp/statistics/br/bop_06/index.htm/。

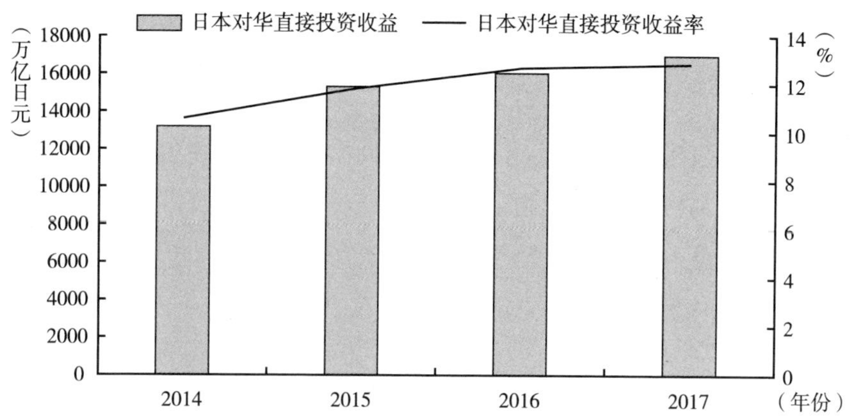

图1　日本对华直接投资收益、收益率变迁

注：日本对华直接投资收益率 = 日本对华直接投资收益/日本对华直接投资资产总额。

资料来源：日本銀行『国際収支統計』、http：//www. boj. or. jp/statistics/br/bop/index. htm/。

长。国际经济学理论指出，实施对外直接投资的企业通常具有较高的生产率。[①]实施对外直接投资的企业具有更大的研究开发和技术创新的动力，从而有更低的生产成本和更高效的管理水平，表现为更高的生产率。深尾京司等研究了日本企业对外直接投资对日本企业生产率的影响，使用日本经济产业省“海外事业活动基本调查”的数据，采用 Tobit 模型的回归方法，通过实证分析发现具有较高生产率的企业有更高的对外直接投资意愿，且实施对外直接投资后企业的全要素生产率水平会提升 2%。[②] 由此可见，日本企业实施对外直接投资有助于提高自身的生产率。近年来，随着中日两国经贸关系的日益紧密，日本加强了在电子机械、运输机械方面的技术研发力度，持续推动技术和生产产品创新。随着日本人口老龄化和资本收益率的持续下降，提高全要素生产率成为促进日本经济增长的重要因素。日本通过对华直接投资，促进了企业提高生产率，有利于日本经济增长。

① HelpmanE.，Melitz M. J.，&YeapleS. R.，“Export Versus FDI with Heterogeneous Firms”，*American Economic Review*，Vol. 94，No. 1，2004.

② 深尾京司・宮川努『生産性と日本の経済成長』、東京大学出版社、2008 年、319～341 頁。

（三）增强日本对华出口贸易

日本对华直接投资的增加同时也扩大了日本对华出口贸易。近年来，中国的产业结构发生深刻变化，中日两国之间的贸易也表现出新特征。此前，中日两国的贸易模式为，中国向日本出口原材料，并从日本进口机械设备、电子机械等工业制成品。但是随着日本对华直接投资的不断增加，中日之间的垂直贸易结构发生了巨大变化，中日两国产业内及企业内的贸易不断增加，并逐渐向水平贸易结构过渡。① 当前，中日两国之间的贸易模式为，中国从日本进口零部件产品，通过加工和组装向日本出口制成品。因此，日本对华中间产品出口数额持续增加。2015～2017 年，日本对华出口从 1426.9 亿美元增加至 1648.6 亿美元，其中集成电路从 127.5 亿美元增加至 138 亿美元，半导体器件从 40 亿美元增加至 69.3 亿美元，汽车从 68.8 亿美元增加至 91.4 亿美元，汽车零部件从 53.5 亿美元增加至 71.4 亿美元。② 日本对华出口增加，促进了日本国内产业的发展，推动了日本经济发展。与此同时，日本对华贸易的依存度也在不断上升。如图 2 所示，日本对华出口占日本 GDP 的比重表现出不断增长的趋势。1991 年日本对华出口仅占日本 GDP 的 0.24%，至 2003 年达到 1.28%，此后不断增加，至 2016 年已经达到了 2.94%。

（四）促进日本经济增长

日本企业通过实施对华直接投资获得了经营利润，扩大了海外收益，促进了日本企业的技术创新，增加了日本对华出口，这些因素有助于推动日本经济增长。为此，需要采用实证分析的方法，验证日本对华直接投资对日本经济的推动作用。

---

① 赵雪梅：《日本对华直接投资与中日贸易关系浅析》，《日本问题研究》2004 年第 2 期。

② 日本貿易振興機構『2017 年の日中貿易』、https://www.jetro.go.jp/world/reports/2018/01/b8f158363e4b63f3.html。

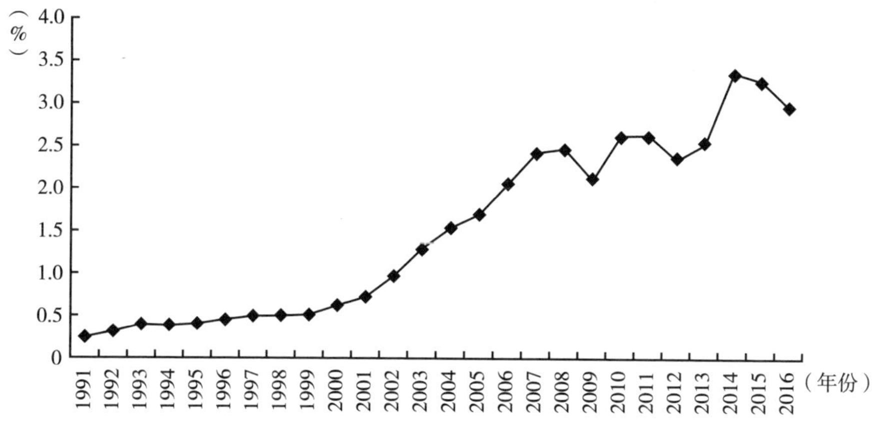

图 2　日本对华出口占日本 GDP 比重变化

资料来源：日本貿易振興機構『日中貿易』。

1. 日本对华直接投资促进日本经济增长的理论分析

日本对华直接投资不仅推动了中国经济增长，也对日本的经济发展做出了贡献。首先，日本通过对华直接投资，获得了海外资金收益，盘活了日本的资金投入，优化了日本的资金收益。其次，日本对华直接投资还推动了日本企业的技术创新，从而有利于日本的经济增长。日本企业通过获得的海外经营利润，重新投入于产品和生产技术的研究开发工作，提高了生产效率，助推日本经济增长。再次，外需是影响经济增长的重要因素，日本对华出口的稳定增加，推动了处于长期低迷之中的日本经济发展。

2. 日本对华直接投资促进日本经济增长的实证分析

为探究日本对华直接投资对日本经济增长的影响，本文选用时间序列的分析方法，验证日本经济增长与日本对华出口及日本国内研究开发投入之间的长期均衡关系，从而阐明日本对华直接投资对日本经济增长的正向作用。

（1）变量的选取与数据来源

首先，本文使用日本实际 GDP 作为被解释变量。其次，作为主要的解释变量，本文选择日本对华出口额以及日本国内研究开发投入两个变量。这两个变量与日本对华直接投资存在紧密联系，因为日本对华直接投资的增加不仅促进了日本对华出口，而且推动了日本国内企业投入更多的研究开发资金，提升生产技术水平。最后，本文还选取了与经济增长关系密切的企业设备投资以及政府支出两个经济变量作为控制变量，分析模型解释变量的稳定性。其中，日本实际 GDP、日本企业设备投资及政府支出的数据源于日本内阁府《国民经济计算》。① 日本对华出口数额的数据来自日本贸易振兴机构《2017 年的日中贸易》。日本研究开发投入数据来自日本总务省《科学技术研究调查报告》。数据选取的时间段涵盖 1987 ~2017 年。

（2）经济变量的长期均衡关系分析

为验证所选取的经济变量之间是否存在长期均衡关系，首先需要分析经济变量的平稳性。为此，本文采用 ADF 检验分析经济变量的平稳性，检验结果如表 3 所示。由检验结果可知本文所使用的各经济变量虽然都是非平稳的经济变量，但其一阶差分都是平稳的经济变量，因此这些经济变量存在着内在规律特征，可能存在长期稳定的均衡关系。

表 3　ADF 检验结果

经济变量	ADF 检验式	ADF 值	p 值	结论
ln*GDP*	(c,0,7)	-0.8692	0.7802	不平稳
ln*CEX*	(c,0,7)	-0.0358	0.9479	不平稳
ln*JRD*	(c,t,7)	-0.8346	0.9463	不平稳
ln*INV*	(0,0,7)	1.0631	0.9210	不平稳
ln*GOV*	(c,t,6)	-1.3549	0.8543	不平稳
Δln*GDP*	(0,0,7)	-3.2174	0.0022	平稳
Δln*CEX*	(0,0,7)	-3.9057	0.0003	平稳
Δln*JRD*	(0,0,7)	-2.5696	0.0120	平稳
Δln*INV*	(0,0,7)	-3.3739	0.0015	平稳
Δln*GOV*	(0,0,6)	-4.7456	0.0000	平稳

以下使用约翰森协整检验方法，检验这些经济变量之间可能存在的长期均衡关系，其检验结果如表 4 所示。根据约翰森检验结果可知，在日本实际

① 内閣府『国民経済計算』、https://www.esri.cao.go.jp/jp/sna/menu.html。

国内生产总值、日本对华出口额、日本国内研究开发投入、日本企业设备投资以及日本政府支出这五个经济变量之间，至少存在着两个协整关系。也就是说，日本实际国内生产总值受到其他两个经济变量的长期影响。

表 4　约翰森协整检验结果

特征值	迹统计量	5% 水平临界值	协整原假设	检验结果
0. 7184	87. 8527	68. 8189	$r=0$	None *
0. 5039	49. 8343	47. 8561	$r\leqslant 1$	At most1 *
0. 4360	28. 8006	29. 7971	$r\leqslant 2$	At most2
0. 2606	11. 6186	15. 4947	$r\leqslant 3$	At most3

注: * 表示在 5% 的显著性水平下显著。

（3）模型设定与回归分析

本文采用时间序列分析的方法，分析影响日本经济增长的主要因素。由上述分析可知，日本的经济增长可能受到来自日本对华出口以及日本国内研究开发投入的影响。为此，构建如下回归模型：

$$\ln GDP_t = \beta_0 + \beta_1 \ln CEX_t + \beta_2 \ln JRD_t + \beta_3 \ln X_t + \theta_t \tag{3}$$

其中，*GDP* 表示日本实际国内生产总值，*CEX* 表示日本对华出口额，*JRD* 表示日本国内研究开发投入，*X* 则表示控制变量。根据式（3）使用实际数据，可以得到估计结果。模型的回归结果如表 5 所示。

从模型回归的估计结果看，日本对华出口额以及日本国内研究开发投入都对日本的经济增长产生了正面影响。其中，日本对华出口额每增加 1%，日本的实际国内生产总值会增加 0. 03%；日本国内研究开发投入每增加 1%，日本的实际国内生产总值会增加 0. 37%。由此可见，日本对华直接投资通过作用于日本对华出口及日本研究开发投入两个变量，对日本的经济增长产生了正向的推动作用。日本对华直接投资也有助于日本的经济增长。此外，通过引入日本企业设备投资以及日本政府支出这两个控制变量，可以发现日本对华出口额以及日本国内研究开发投入这两个解释变量的系数也仍然

表 5　回归分析结果

经济变量	模型一	模型二
c	9. 9189 (10. 8699) ***	6. 5398 (17. 0434) ***
ln*CEX*	0. 0315 (3. 1052) ***	0. 0125 (2. 1883) **
ln*JRD*	0. 3699 (3. 9294) ***	0. 2477 (3. 1768) ***
ln*INV*		0. 2372 (3. 9801) ***
ln*GOV*		0. 1192 (3. 1768) ***
AR(1)	0. 6117 (4. 5895) ***	
MA(1)		0. 1581 (3. 1097) ***
R^2	0. 9868	0. 9921
D. W.	1. 8676	1. 8739
T	31	31

注：*** 表示在 1% 的显著性水平下显著；** 表示在 5% 的显著性水平下显著。

是显著的。如果日本对华出口额增加 1%，则日本的实际国内生产总值会增加 0. 01%。如果日本国内研究开发投入增加 1%，则日本的实际国内生产总值会增加 0. 24%。这说明日本对华出口额以及日本国内研究开发投入这两个变量的系数估计值是稳健的。因此，日本对华直接投资的增加，通过作用于日本对华出口额、日本国内研究开发支出这两个变量，促进了日本的经济增长。

四　日本对华直接投资发展成就与展望

改革开放 40 年来，日本对华直接投资不仅促进了中国的经济发展，而且也推动了日本的经济增长，实现了双向的互利共赢。我们有必要探讨改革开放40年来日本对华直接投资发展的成就与不足，展望未来日本对华直接投资的发展与方向。

（一）日本对华直接投资发展的成就

首先，日本对华直接投资在中国的改革开放40年中发挥了重要作用。日本对华直接投资的发展历程伴随着中国改革开放的全过程，中国的经济发展得到了来自“工业日本”的很多支持。日本对华直接投资缓解了改革开放之初中国的资金压力，通过日本企业在华设厂促进了中国企业管理和生产水平的提高，并通过技术溢出效应改善了中国的生产效率，加快了中国的自主创新进程。中国借助日本对华直接投资所带来的先进生产技术，诱导和催生了新的经济需求，推动了工业化进程，促进了产业转型升级，加速了资本密集型和知识密集型产业的发展。随着中国产业的扩大与升级，日资企业加强了在华的人员雇用力度，改善了中国的就业形势。日本对华直接投资的展开，深化了中日两国的经贸合作关系，加强了两国间的贸易联系，最终以中国对日出口增加的形式体现出来。

其次，日本对华直接投资发展也有利于助推日本经济增长。日本对华直接投资不仅对中国经济起了推动作用，其所发挥的经济效果是互利与双向的，日本通过对华直接投资也获取了诸多收益。日本企业的在华投资活动，降低了其生产成本，优化了企业的资金配置，扩大了产品销售市场，获得了较高的经营收益，从而扩大了日本的海外投资收益。此外，日本对华直接投资的展开，在推动中国产业升级转型的同时，也促进了日本企业实施研究开发，加快了新产品、新技术的创新力度与速度，提升了日本的技术创新水平。日本对华直接投资是连接中日两国的一座桥梁，它加强了中日两国间的经济合作。现阶段中日两国的经贸关系逐渐从“垂直分工”调整为“水平分工”，产业内贸易和中间产品贸易迅速增加，日本对华出口在日本经济中所占的地位愈发重要。

（二）日本对华直接投资发展展望

近年来，贸易保护主义和单边主义再次抬头，世界经济形势的不确定性

增加，对日本对华直接投资的持续稳定发展也造成了一定挑战，需要分析未来日本对华直接投资的发展与走势。

第一，促进日本对华直接投资发展的有利因素。首先，中国不仅是日本重要的出口对象国，而且近年来中国市场对日本企业的重要性愈发凸显。随着中国经济的不断发展，对于日本的电子机械、运输机械等产品的需求将持续上升。中国经济在实现高质量发展的过程中，对于批发零售、金融保险等现代服务业的需求也日趋增加。可见，不论是工业产品还是现代服务，中国市场对日本企业而言都具有极高的重要性。其次，近年来日本对华直接投资的收益率持续攀高，持续吸引日本企业来华投资。日本企业通过在华投资，扩大了产品的销售市场，增进了企业的生产技术研究开发，获得了较好的经济收益，从而促进了日本企业对华直接投资的意愿。根据日本国际协力银行的调查数据，选择中国作为“中期具有业务发展潜力的国家和地区”的企业占比为52.2%，居于第一位。[①] 由此可见，日本企业对于在华业务发展具有较高的认可度，对华直接投资有望进一步发展。

第二，影响日本对华直接投资发展的负面因素。首先，从国际形势来看，当前贸易保护主义和单边主义势力呈现增强态势，给世界范围内的国际贸易造成了负面影响。世界贸易发展的不确定性增强，波及中国的进出口贸易，影响到日本企业在华直接投资决策，增加了日本企业对华直接投资成本。其次，从日本国内经济形势来看，2019 年 10 月日本政府预计将消费税税率从目前的 8% 提升至 10%，消费税增税预计会给日本经济发展带来负面影响。消费税增税，会抑制日本国民的消费行为，造成国内消费需求的下降，从而对电子机械、运输机械等重点对华直接投资企业发展形成不利影响。为应对消费税增税所带来的负面影响，预期日本企业会更加重视日本的国内消费市场，从而不利于对华直接投资的开展。

第三，当前日本对华直接投资发展存在的不足。第一，从日本对华直接

---

① 日本国際協力銀行『わが国製造業企業の海外事業展開に関する調査報告 2018 年度』、https：//www.jbic.go.jp/ja/information/press/press－2017/1122－58812.html。

投资的资金总量上看，仍具有较大的发展空间。2018 年日本对华直接投资金额为38.1 亿美元，连续两年保持了增加态势，但是与2012 年的高点73.8 亿美元仍然有较大差距。此外，2017 年日本对华直接投资占日本对外直接投资的比重为7.6%，与对美直接投资的31.7% 相比仍然较小。[①] 日本对华直接投资存在进一步的发展空间。第二，从日本对华直接投资在华区位布局上看，对中国中西部地区的直接投资仍然较少。虽然近期日本对华直接投资在中西部地区的投资有增加的趋势，但是日本企业在中西部地区的投资仍然存在规模小、数量低等问题，不利于东西部地区的均衡发展。第三，近年来中国的劳动力成本不断攀升，不利于引进日本对华直接投资。不断上升的劳动力成本，降低了中国劳动力的比较优势，阻碍了进一步吸引日本对华直接投资。第四，法治建设有待进一步完善，从而推动日本对华直接投资进一步发展。改革开放以来，中国的法治化进程取得了巨大成就，但是在市场准入及知识产权保护等方面的法制建设仍然需要进一步强化，需要全面深化市场化改革，完善相关法律法规制度。

第四，引导日本对华直接投资发展的建议。日本对华直接投资对中国的经济发展具有重要的推动作用，应继续引导日本对华直接投资发展，助推中国经济高质量发展。其一，积极引导日本对华直接投资，促进中国产业升级转型。当前，中国正处于经济结构调整转型的关键时期，应加大引进日本企业投资力度，吸收日本在智能制造、绿色制造、现代服务产业方面发展的技术和经验，促进中国产业结构优化。其二，加强中西部地区基础设施和人力资源建设，促进日本对华直接投资均衡发展。目前，日本对华直接投资仍然大部分集中于东部沿海地区，在中西部地区的布局较少，其原因可以归结为基础设施建设不完善和人力资源储备不足。为此，要加强中西部地区的基础设施建设，培养产业人才，实现日本对华直接投资的均衡发展。其三，完善法律法规制度，改善企业营商环境。进一步建立健全法律法规制度，加强知识产权保护，消除产业投资壁垒，改善企业的经营环境，促进日本对华直接投资健康发展。

---

① 日本銀行『国際収支統計』、http：//www. boj. or. jp/statistics/br/bop/index. htm/。

B.16

改革开放40年与中国对日直接投资的增长

刘 红　于瑞玲*

摘　要： 改革开放40年来，中国经济取得了举世瞩目的成就。40年间，中国经济实力的提升、对外投资管理政策的优化，以及中国企业的成长壮大，有力支撑了中国对日直接投资的增长。尽管目前中国对日直接投资的规模不大，但对两国经济发展的双赢效应已初步显现。案例分析表明，对日直接投资既是中国企业获取日本先进技术、管理经验以及开拓日本市场的重要路径，同时也是推动日本提升企业竞争力、拓展海外销售市场、提振旅游业发展的重要力量。中国企业对日投资也依然面临着日本营商环境不佳、在日投资遭受不公正待遇、对日本市场适应性差等问题，需要双方共同努力，推动中国企业对日直接投资的平稳增长。

关键词： 改革开放40年　中国对日直接投资　双赢效应

2018年，中国迎来了改革开放40周年。这40年里中国发生了翻天覆

---

* 刘红，经济学博士，辽宁大学转型国家经济政治研究中心、辽宁大学国际关系学院教授，全国日本经济学会常务理事，主要研究领域：东亚经济。于瑞玲，辽宁大学国际关系学院硕士研究生，主要研究领域：日本经济。本文为国家社会科学基金项目“日本新一轮引资政策调整与中国企业对日直接投资增长研究”（17BGJ068）的阶段性成果。

地的变化，创造了举世瞩目的“中国奇迹”。得益于中国改革开放 40 年的支撑，中国企业的对日直接投资也经历了从无到有、从小到大的发展过程。2017 年中国对日直接投资存量达 31.97 亿美元，尽管这一规模在中国对外直接投资以及日本引进外资中的占比均不高，却对中日两国的经济发展带来了双赢效应。进一步促进中国企业对日直接投资的增长，对两国未来的经济发展具有重要的现实意义。

一 改革开放40年来中国企业对日直接投资的历史沿革

改革开放初期，受中国经济实力弱、中国企业缺乏国际竞争力以及日本市场封闭性强等因素影响，中国对日直接投资发展缓慢。进入 21 世纪后，中国经济实力的提升以及日本市场的逐步开放，促进了中国对日直接投资的快速增长。迄今为止的中国企业对日直接投资大体可以划分为四个发展阶段。

（一）初步探索阶段（1978 ~ 1988年）

1979 年“京和株式会社”的成立，拉开了中国对外直接投资的帷幕，同时也打开了中国对日直接投资的大门。但受当时中国对外直接投资管理制度不完善、中国企业缺乏对日本等发达国家投资经验等因素影响，中国对日直接投资的规模极小。直到 20 世纪 80 年代后期，中国对日直接投资基本处于摸索和起步阶段。

（二）缓慢发展阶段（1989 ~ 1999年）

经过多年探索，中国对日直接投资才略见起色（参见图 1）。1989 ~ 1999 年，中国对日投资规模年均为 600 万美元，1993 年最高达 1500 万美元。截至 1999 年，中国对日投资存量达到 9400 万美元，这一投资规模在日本同期吸引外资中的占比可谓微乎其微。从投资行业分布看，这一阶段中国对日直接投资主要集中在非制造业领域，约占对日总投资的 95%，分布在建筑、商贸、服务和运输等行业。

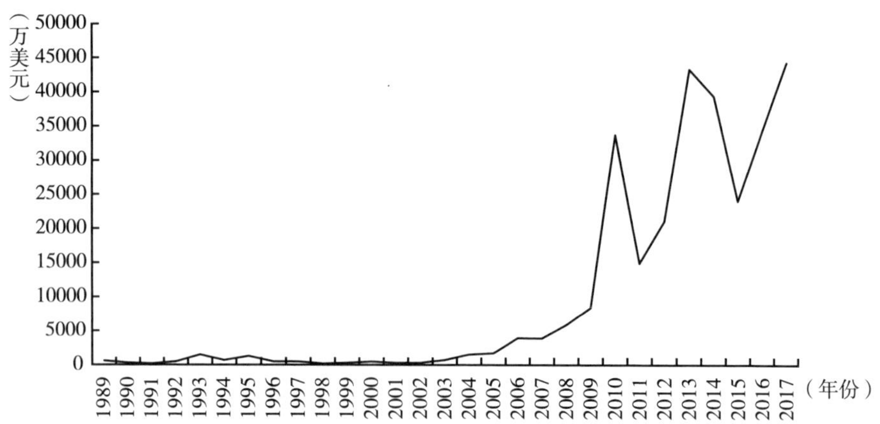

图 1　1989～2017 年中国对日本直接投资流量的变化

资料来源：1989～2002 年的数据来自日本贸易振兴机构，2003～2017 年的数据来自《中国对外直接投资统计公报》。

（三）稳步发展阶段（2000～2008年）

中国对日直接投资伴随着中国改革开放的步伐逐步推进。2001 年中国加入世界贸易组织（WTO），中国企业开始走向国际舞台，参与全球竞争。随着中国经济实力的提升以及企业国际竞争力的增强，中国企业的海外投资获得空前发展，为中国对日直接投资的增长奠定了基础。与此同时，日本在泡沫经济崩溃后，为走出经济长期萧条的困境，也开始重新审视其外资政策，从对外资的排斥转变为积极主动吸引外资。在上述背景下，中国对日直接投资稳步增长。2001 年中国对日直接投资流量为 300 万美元，2008 年迅速增长到 5862 万美元，约为 2001 年的 20 倍（参见图 1）。尽管如此，与同期其他国家的对日直接投资规模相比，中国在日本利用外资中的占比依然较小。截至 2008 年，中国对日直接投资存量仅占日本引进外资的千分之一，美国、新加坡、中国台湾等依然是日本主要的外资来源地。而且中国对日本非制造业投资占压倒性优势的投资格局没有改变。

（四）快速发展阶段（2009年至今）

以2008年国际金融危机为分水岭，亚洲地区对日直接投资额开始迅速增加。以2000年为基点，2017年亚洲对日直接投资存量增长了10.3倍，增长速度远超欧美（北美3.45倍，欧洲4.59倍）。亚洲对日直接投资占日本吸引外资的份额也从8.5%增加到18.6%。[①] 在亚洲对日直接投资的增长中，中国企业对日直接投资的增长格外引人注目，其中有近八成以上的直接投资发生在2008年之后。2009年中国对日直接投资流量为8410万美元，2010年出现小高潮达33799万美元，年增幅高达302%。[②] 其后受东日本大地震以及“钓鱼岛事件”影响，对日直接投资额出现下降。2013年随着两国关系的逐渐回暖，对日投资重拾升势并创下43405万美元的阶段性高峰。经过四年调整，2017年中国对日直接投资再创44405万美元的历史新高（参见图1）。2017年中国对日直接投资额为2009年对日投资额的五倍多。这一期间，对日直接投资主体趋于多元化，民营企业成为对日直接投资的主力军；投资地域也更加广泛，从东京地区逐渐向神奈川县、大阪府、兵库县、埼玉县等其他地区扩展。

从投资行业看，国际金融危机后，中国对日本制造业的投资开始出现飞跃性增长，一改以往对日非制造业投资占绝对优势的格局（参见表1）。2009年中国对日本制造业的投资额仅为12亿日元，2010年快速增长到145亿日元，增幅高达1108%。经过六年调整，2017年投资额创314亿日元的历史新高，约为2009年投资额的26倍。中国对日制造业的直接投资主要集中在化学医药、机械、纺织、有色金属等领域。而从中国对日本非制造业的投资来看，在大多数年份，对日非制造业投资仍然占据相对优势，但2017年两者的投资差距出现了急剧缩小，对非制造业投资额（356亿日元）仅略高于对制造业的投资额（314亿日元）。中国对日非制造业的投资主要集中在服务业、通信业、批发零售业以及不动产业等领域。

---

① 日本貿易振興機構『ジェトロ対日投資報告2018』、2018年、3頁。

② 中国商务部：《2017年中国对外直接投资统计公报》，2018，第45页，http://fec.mofcom.gov.cn/article/tjsj/tjgb/201809/20180902791493.shtml。

表 1　中国对日直接投资的行业分布

单位：亿日元

行业＼年份	2009	2010	2011	2012	2013	2014	2015	2016	2017
制造业	12	145	38	18	28	15	34	33	314
纺织	·	·	·	·	·	8	8	×	8
化学医药	·	·	·	·	·	2	2	11	278
有色金属	·	·	·	·	·	·	10	×	4
机械	14	61	36	17	24	12	14	-3	13
非制造业	-147	130	51	39	111	335	67	271	356
农业和林业	·	·	·	·	·	·	·	·	×
渔业海洋产品	·	·	·	·	·	·	·	·	·
采矿业	·	·	·	·	·	·	·	·	·
建设业	·	·	·	·	·	·	×	·	·
运输业	·	·	·	·	·	×	×	-13	×
通信业	·	12	8	-1	2	81	7	15	26
批发零售业	·	·	·	·	·	137	-34	29	21
金融保险业	·	·	·	·	·	×	×	11	×
不动产业	·	·	·	·	·	·	18	13	10
服务业	·	6	13	3	11	55	1	45	111

注：报告件数未满 3 件的项目用“×”表示；数据不存在的项目用“·”表示。

资料来源：日本银行「国际收支统计」，http：//www. boj. or. jp/statistics/br/bop/index. htm/。

二　改革开放对中国对日直接投资的促进作用

改革开放 40 年来，中国经济以年均 9.5% 的速度持续增长。高速的经济增长带来了中国经济规模的持续扩大。中国经济实力的迅速提升，以及对外投资政策的优化、企业竞争力的增强，使得中国企业对外投资有了长足发展，有力地促进了中国企业对日直接投资的增长。

（一）中国经济实力的不断提升

1978 年改革开放以来，中国取得了巨大的经济成就，经济实力不断提升。1978 年，中国 GDP 仅为 0.1495 万亿美元，排名未进入全球前十，而 2018 年中国的 GDP 已达 13.7 万亿美元，约为 1978 年的 92 倍，位列世界第二。中国经济占世界经济的比重也从改革开放之初的1.8%上升到15.3%，人均GDP从1978年的155美元跃升至现在的8800美元，中国步入中等收入国家行列。[①] 2010年，中国制造业产出占全球的比重达到19.8%，首次超过占19.4%的美国，打破了美国保持一百多年的"制造第一大国"的神话。[②] 进出口总额从1978年的206亿美元增长到2017年的超过4万亿美元，中国成为第一大货物贸易国。外汇储备余额2017年为31399.49亿美元，是1978年（1.67亿美元）的18802倍，中国连续多年成为第一大外汇储备国。对外投资存量截至2017年末达到1.8万亿美元，位列全球第二。[③] 中国经济实力的快速提升，为中国企业扩大对日直接投资奠定了物质基础与资金支持。中日之间逐渐凸显的经济实力差距（参见图2），也为中国企业打开日本市场、推进对日直接投资创造了条件。

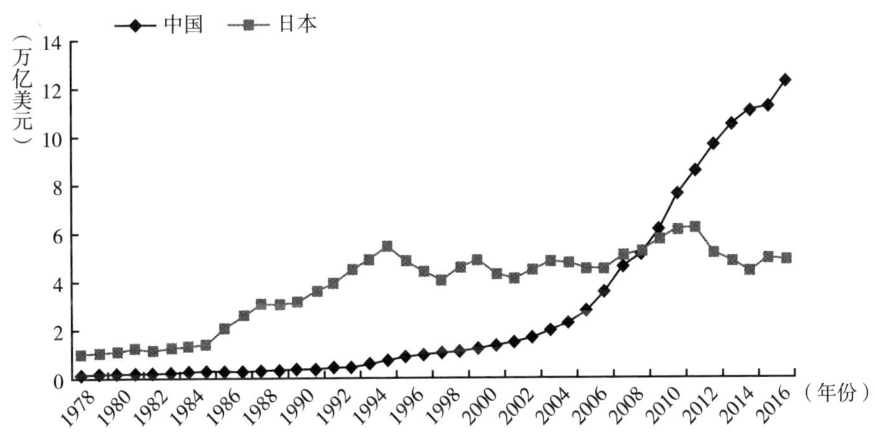

图2　1978～2017年中国和日本GDP的变化

资料来源：世界银行，https：//data.worldbank.org.cn/indicator/NY.GDP.MKTP.CD? locations = CN&view = chart。

---

① 李辉：《中国驻俄大使：愿与包括俄罗斯在内的世界各国分享改革开放经验》，凤凰网，2018年12月20日，http：//news.ifeng.com/a/20181220/60204064_0.shtml。

② 吴晓波：《激荡十年，水大鱼大》，中信出版集团，2017，第93页。

③ 中国商务部：《中国对外投资合作发展报告2018》，2018，第4页，http：//fec.mofcom.gov.cn/article/tzhzcj/tzhz/201901/20190102831043.shtml。

（二）中国对外投资管理政策的不断优化

改革开放以来，中国政府不断优化对外投资管理政策，从鼓励引导、金融支持、提供服务平台等多个维度为中国企业的对外直接投资保驾护航（参见表2），大大促进了中国对外直接投资的增长。2016年，中国对外直接投资流量达1961.5亿美元，是2002年投资额（27亿美元）的73倍（参见图3）。2017年，受中国政府限制资本流入海外房地产、娱乐等领域，以及美国政府以国家安全为由阻止或延迟中国企业对美并购等因素影响，中国对外直接投资下降到1582.9亿美元，居全球第三位。在中国对外直接投资增长的大背景下，中国企业对日直接投资也稳步增长，即便在中国对外直接投资出现下降的2017年，对日直接投资也依然保持了增长态势。

表2 中国对外投资管理政策的变迁

（1）鼓励、引导政策	
年份	相关政策
1984	发布《关于在国外和港澳地区举办非贸易性合资经营企业审批权限和原则的通知》
1999	发布《关于鼓励企业开展境外带料加工装配业务意见的通知》，鼓励企业实施境外加工
2000	《中共中央关于制定国民经济和社会发展第十个五年计划的建议》中，提出中国企业"走出去"战略
2003	发布《商务部、国家外汇管理局关于简化境外加工贸易项目审批程序和下放权限有关问题的通知》的通知，为中国企业对外投资提供便利
2004	发布《国务院关于投资体制改革的决定》，简化企业对外投资的审核流程； 发布《境外投资项目核准暂行管理办法》，将对外投资管理的审批制改为核准制
2007	发布《关于鼓励、支持和引导非公有制企业对外投资合作的若干意见》，为非公有制企业的对外投资提供支持
2013	发布《政府核准的投资项目目录（2013）》，对企业海外投资引入负面清单管理理念，对清单以外企业的对外投资一律实行备案制；提出"一带一路"倡议
2014	发布《境外投资项目核准和备案管理办法》，提出对一般境外投资项目实施备案管理
2015	发布《关于构建开放型经济新体制的若干意见》，建立"走出去"战略的新体制
2016	"十三五"规划重点强调"走出去"和"引进来"处于同等重要的位置
2017	颁布《关于进一步引导和规范境外投资方向的指导意见》和《民营企业境外投资经营行为规范》

续表

(2)金融支持	
年份	相关政策
1989	出台《境外投资外汇管理办法》
2004	发布《国家发展和改革委员会、中国进出口银行关于对国家鼓励的境外投资重点项目给予信贷支持政策的通知》
2007	发布《国家税务总局关于做好我国企业境外投资税收服务与管理工作的意见》
2009	发布《境内机构境外直接投资外汇管理规定》,提高企业使用外汇的便利性
2014	成立亚投行和丝路基金
2015	发布《国家外汇管理局关于进一步简化和改进直接投资外汇管理政策的通知》
2018	出台《关于引导对外投融资基金健康发展的意见》,为企业的跨国并购提供安全、有效的资金保障

(3)服务平台	
年份	相关平台
1984	设立对外经贸部作为境外投资管理部门
2003	国务院成立商务部,负责监督管理中国境外的贸易和投资活动
2015	商务部成立了"走出去"公共服务平台,为中国企业对外投资提供指导

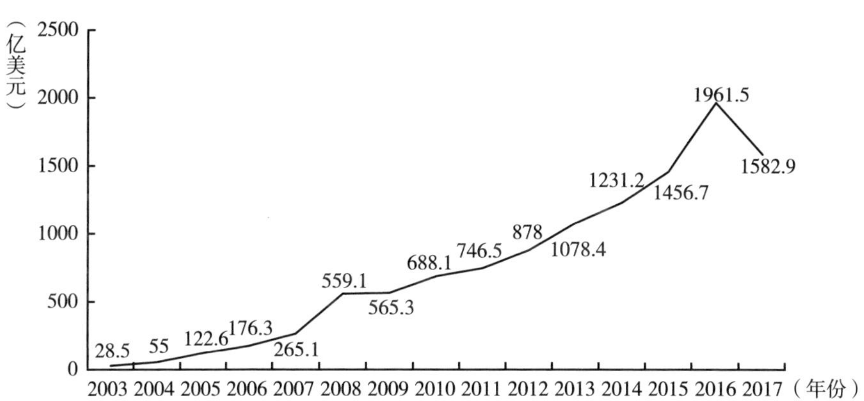

图 3　2003～2017 年中国对外直接投资流量的变化

资料来源：国家统计局《2017 年度中国对外直接投资统计公报》，http：//images. mofcom. gov. cn/hzs/201810/20181029160118046. pdf。

（三）中国企业竞争力的不断增强

改革开放 40 年，也是中国企业不断成长壮大的 40 年。中国企业的体量发生了巨大的变化，在全球的竞争力得以提升。从中日上市公司市值的对比来看（参见图 4），2007 年以前，中国上市公司的市值远不如日本，2007 ~2013 年两国不相上下，而 2013 年以后中国上市公司市值开始迅速上升，并远超日本。上市公司市值的变化在一定程度上可以折射出中日企业综合实力的消长。在“《财富》世界 500 强（2018）”的榜单中，中国公司数量从 2008 年的 35 家增加到 120 家，排在第二位，远超以 52 家排在第三位的日本，其中国家电网、中石化、中石油分别排在第二至第四位；在利润排名中，中国的工商银行、农业银行、中国银行、建设银行四大银行进入前十，腾讯控股高居中国大陆公司利润率的榜首，阿里巴巴、腾讯、美的集团、京东等公司的排名均有大幅度上升。① 中国企业进入全球 500 强数目的增多，表明越来越多的富有竞争力的中国企业成长起来。中国企业竞争实力的不断增强，为其开拓日本市场、对日并购奠定了坚实的基础。

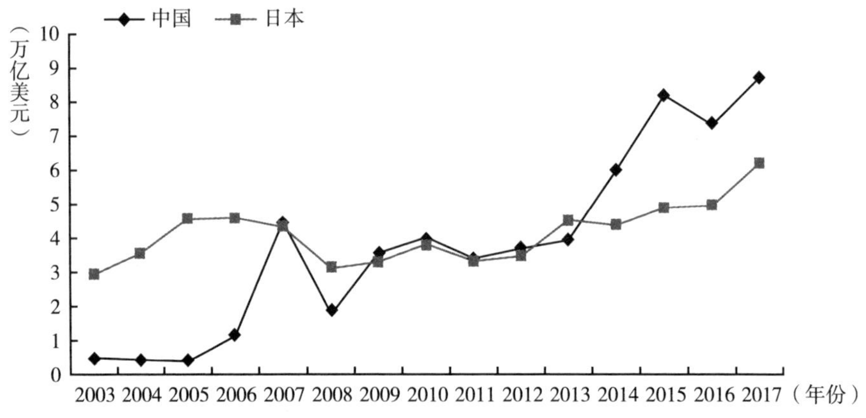

图 4　2003 ~2017 年中国和日本上市公司市值的变化

资料来源：世界银行，https：//data. worldbank. org. cn/indicator/CM. MKT. LCAP. CD? locations = CN&view = chart。

① 《2018 年财富世界 500 强排行榜》，财富中文网，2018 年 7 月 19 日，http：//www. fortunechina. com/fortune500/c/2018 -07/19/content_311046. htm。

三　中国对日直接投资对中日经济发展的双赢效应

尽管中国企业对日直接投资起步较晚、投资规模不大，但为两国经济发展带来的双赢效应已初步显现。

（一）对中国经济发展的促进效应

企业是一国经济的微观主体，其发展活力与竞争力对一国的经济增长至关重要。对中国企业来说，对日直接投资是获取日本先进技术、学习其先进管理经验以及开拓日本乃至全球销售市场的重要途径，也是中国企业实现跨越式增长的重要方式。中国企业对日直接投资的很多成功案例从微观视角见证了其对中国经济发展的促进作用。例如，上海电气集团并购日本的秋山机械及池贝公司，中国三九集团并购日本的东亚制药，中国普华基础软件并购日本的 Turbo Systems 公司等。以下仅以上海电气集团并购日本秋山机械为例，进行说明。

日本秋山印刷机械株式会社成立于 1948 年，是日本三大印刷机械制造企业之一，主营印刷机械、装订、包装机械的研究开发等业务，并拥有双面彩色胶印等世界领先技术。受日本经济萧条带来的市场萎缩，以及企业经营管理上的重大失误等因素影响，秋山机械在连续多年亏损、资不抵债①的情况下，于 2001 年宣布破产。2002 年 1 月，拥有雄厚资金实力的上海电气集团收购了秋山机械，对其重组后更名为秋山国际。上海电气集团收购秋山印刷机械株式会社，可谓开中国国有企业收购日本企业之先河。重组后的秋山国际依托秋山机械世界领先的机械制造技术和研发能力，以及上海电气广泛的销售网络，在并购后的第一年便扭亏为盈，实现税前净利润 1.6 亿日元，盈利 150 万美元；2003 年，秋山国际销售收入为 65 亿日元，增长了 50%。② 2008 年，秋山国际的销售收入已经超过 95 亿日元。

---

① 负债高达 77 亿日元，是资产总额的十倍。

② 项兵等：《中国企业对日并购研究》，长江商学院案例中心，2012 年，第 68 ~ 69 页，http：//cn. ckgsb. com/Article/Detail. aspx？ ArticleId = 11013&ColumnId = 419。

在上海电气集团对秋山机械的并购案中，上海电气集团不仅获得了企业经营利润的增长，更为重要的是其在印刷机械行业突破了国际高科技的封锁，在短时间内实现了技术跨越。[①] 引进秋山国际先进生产技术的光华印机公司[②]，据此研发出具有世界领先水平的单张纸胶印机，将中国印刷机械技术水平与国际先进水平的差距缩短了 18 年。[③] 此外，对日并购也加快了中国企业对国际化人才的培养。秋山国际为来自光华印机公司的技术、管理等专业人才进行业务培训，帮助其消化从日本引进的技术，为其打造了高水平的人才队伍。

（二）对日本经济发展的促进效应

随着中国对日直接投资的增长，因并购而获得重建的日本企业不断增加，中国资本的进入也为日本提升企业竞争力、拓展新的海外市场、提振旅游业起了积极的促进作用。

1. 中资救活日企

中国企业的对日并购，为陷入困境的日本企业注入活力，使日本企业重获新生。最为典型的是美的集团并购日本东芝白色家电业务。2016 年，中国美的集团收购了陷入经营困境的日本东芝白色家电公司 80.1% 的股权。并购后的东芝白色家电，通过与美的集团的资源整合，利用美的集团业已建立的生产和销售网络，相继开拓了中国、东南亚等国际市场，实现了经营业绩的增长。截至 2017 年底，东芝白色家电的营业收入达到 2500 亿日元，与并购前相比增长了 50%，2018 年 12 月终于扭亏为盈[④]，成功实现“复活”。类似的案例还有 2004 年上海电气集团并购日本池贝，2009 年苏宁易购并购日本 LAOX，2012 年海尔公司并购日本三洋电机白色家电业务等。从继续雇用被并

① 项兵等：《中国企业对日并购研究》，长江商学院案例中心，2012 年，第 61 页，http：//cn. ckgsb. com/Article/Detail. aspx？ ArticleId = 11013&ColumnId = 419。

② 上海电气集团和美国晨兴公司是光华印机公司和秋山国际共同的股东。

③ 増田耕太郎「進出事例からみた中国系企業の対日進出戦略」、『国際貿易と投資』2006 年冬季号、72 頁。

④ 《“中资救活日企”剧情重演》，搜狐网，2019 年 1 月 17 日，http：//www. sohu. com/a/289665709_266114。

购企业员工的角度看，中国对日直接投资也为日本经济创造了不菲的就业机会。

2. 提升日本企业竞争力

中国宁波韵升公司于2010年收购了日本神奈川县日兴电机公司79.13%的股权。并购后，宁波韵升公司基于双方的优势互补对日兴电机公司进行了资源整合，并为日兴电机公司提供了更加质优价廉的零部件，大大降低了日兴电机公司的生产成本，提升了企业产品的竞争力。日兴电机公司在被收购后的第二年就开始盈利。

3. 拓展日本的海外销售市场

近年来，中国跨境电商相继在日本成立公司，为日本企业拓展海外市场做出贡献。

中国唯品会公司成立于2008年，专门从事特卖产品的网上销售业务。2012年该公司在美国上市，现为中国第三大电商。2016年1月，唯品会公司在东京成立了VIPSHOP日本株式会社。VIPSHOP日本株式会社瞄准了中国人喜欢购买日本制造的产品的商机，从寻找日本优质的本地供应商和代理商入手，为中国国内电子商务平台唯品会采购商品，构建从采购日本产品、运输到在中国销售的一条龙服务体系，使中国消费者不出国门就能够轻松购买到日本的优质商品，同时也大大拓展了日本产品的海外销售市场，激发了日本地方经济的活力。

作为中国第二大电商巨头的京东公司，2017年8月也在东京成立了京东日本株式会社。该公司的成立同样是为了强化对日本产品的直接采购。京东公司通过扩大与日本生产商的直接合作，强化日本本土化的供应链，为中国消费者提供高品质产品；同时，这也能够大大拓展日本企业在中国的销售市场。此外，豌豆公主（2014）、波罗蜜（2015）等跨境电商，也为日本企业拓展海外销售市场提供了中介服务。2016年中国跨境电商从日本的采购总额达1.036万亿日元，首次超过中国游客赴日旅游的消费额（参见图5）。2017年中国跨境电商的采购额继续增长，据日本经济产业省预测，2020年中国跨境电商从日本的采购额有望达到2万亿日元。

4. 促进日本旅游业发展

中国的携程成立于1999年，是一家在线票务服务公司。为满足中国游

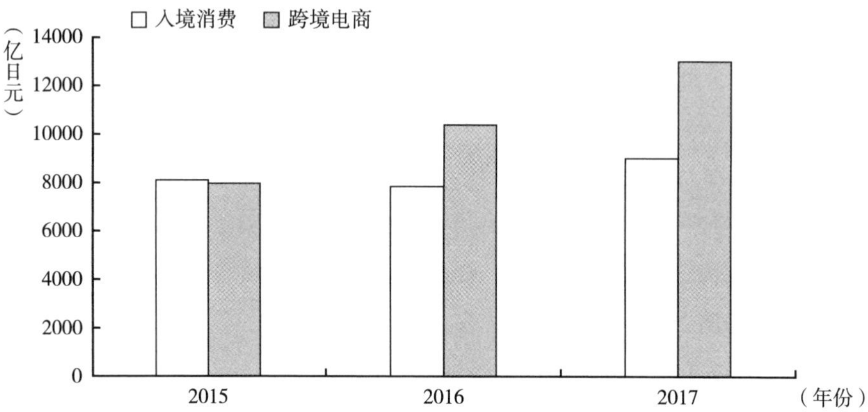

图5　2015～2017年中国游客赴日旅游购买量和跨境电商在日购买量的比较

资料来源：JETRO，*Invest Japan Report 2018*，https：//www.jetro.go.jp/ext_ images/invest/ijre/report2018/pdf/jetro_ invest_ japan_ report_ 2018jp.pdf。

客日益增长的赴日旅游需求，携程于2014年在东京设立了日本法人，并与2017年在日新设的两家公司共同组建了日本携程集团。日本携程集团主要通过互联网及手机客户端为赴日游客提供购买机票、景点门票以及预订酒店等各类旅游服务，除此之外，还致力于结合日本各地域的特点，挖掘更多的特色旅游项目，拉动日本地方经济的发展。其创新举措还包括推出可灵活支付的“虚拟卡”、在部分酒店提供中文服务等。日本携程集团的周到服务，吸引了更多的中国游客赴日旅游及消费，由此也带动了日本零售业、房地产业、餐饮业等其他行业的发展。此外，2012年进入日本的上海春秋国际旅行社，2015年进入日本的行乐JAPAN，2018年进入日本市场的中国银联、途家等企业，也都在促进日本旅游业发展中扮演了重要角色。从2015年开始，中国便成为赴日旅游人数的第一大国。2018年中国游客在日消费达到15370亿日元，占访日游客消费总额的34%①，为疲弱的日本内需注入了新的增长动力。

① 《2018年访日中国游客消费956亿人民币，喜好去哪里打卡?》，搜狐网，2019年1月23日，http：//www.sohu.com/a/291069903_207386。

四 中国企业对日直接投资存在的问题与展望

改革开放 40 年来，中国对日投资的增长促进了中日两国的经济发展。但受多种因素影响，中国企业对日直接投资的增长潜力还没有充分释放出来，主要存在以下突出问题。

（一）日本营商环境有待进一步改善

营商环境是吸引外国直接投资的重要影响因素。从国际金融危机后日本营商环境在全球排名的变化看，日本在全球的名次呈整体下降之势（参见图 6）。2009 年日本在全球排名中列第 13 位，而 2019 年日本的营商环境排名退至第 39 位。其中，拖日本排名后腿的主要是信贷、创业和税收等指标，排名依次为第 85、93 和 97 位。尽管日本营商环境的国际排名不够理想，但自 2013 年以来，其吸引的外国对日直接投资存量却连续四年创新高，2017 年外国对日直接投资额达到 28.6 万亿日元。① 外国对日直接投资的持续增长表明，2012 年底安倍上台后所推出的包括下调法人税、设立国家战略特区、放松规制等一系列改善日本营商环境的举措取得了一定的引资效果。与安倍改革前相比，日本的营商环境获得了一定的改善。但是这种改善在全球引资竞争日益加剧、各国都在致力于改善营商环境的背景下，未能体现在排名的相对跃升上。针对营商环境上存在的问题，今后日本政府还需进一步加大改革力度，培养和引进更多的国际化人才，消除赴日投资的交流障碍，进一步降低企业的租金、工资、税收等经营成本，简化行政手续等，为包括中国在内的外国投资者进入日本提供更多的便利条件。

（二）中国对日投资遭受不公正待遇

中国企业凭借自身的实力，在遵循国际商业规则、遵守日本法律法规的

① 日本貿易振興機構『ジェトロ対日投資報告 2018』、2018 年、2 頁。

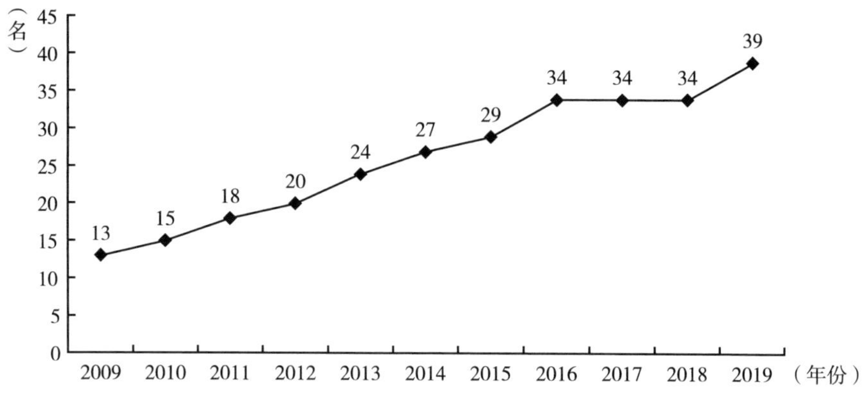

图6　2009～2019年日本营商环境全球排名的变化

资料来源：根据世界银行历年发布的 Doing Business 整理而得。

基础上，基于互利共赢原则在日开展投资活动，却遭到了排挤等不公正待遇。近期，华为公司在日本遭遇的禁售就是一个典型案例。华为公司成立于1987年，是全球领先的ICT和智能终端供应商。2005年华为技术日本公司成立，先后在日本横滨市、千叶县船桥市设有研发基地。2016年，华为公司的产品在日本市场的占有率排名第四。2017年，华为公司在日本通信基站的市场份额占13.2%。[①] 2018年，华为公司与占据日本70%以上销售渠道的三家运营商合作，正式进军日本运营商市场。华为公司在日本长期合法经营，不仅其产品在日本市场拥有良好的口碑，而且雇用了约1000名日本员工，每年从日本零部件生产厂商采购大量产品，2017年的采购额约为4900亿日元，2018年为6700亿日元，占日本对中国出口的4%[②]，为日本经济做出了巨大贡献。

然而，2018年12月10日，在日本政府新修改的政府采购相关规定中，以防范安全风险为由，事实上将中国华为公司和中兴通讯的通信产品排除在

① 《华为在日本的存在感，软银不再使用中国通信设备》，搜狐网，2018年12月15日，http：//www. sohu. com/a/281938919_481520。

② 《华为在日媒登广告强调遵守当地法律法规》，中国商务部网，2019年1月2日，http：//www. mofcom. gov. cn/article/i/dxfw/cj/201901/20190102822194. shtml。

政府采购清单之外，并要求日本承担重要基建的民营企业和团体同样不能采购。政府指示公布后，长期采用华为公司通信基站的日本移动运营商软银公司随即宣布弃用华为公司的设备。日本政府对华为公司的打压和排挤行为，虽然保持了与同盟国美国的步调一致性，却因此使中国企业、中国资本在日正常的经营活动受到歧视性对待，严重打击了中国企业赴日投资的热情与信心，不利于中国企业对日直接投资的增长。而且，日本政府及产业界对华为公司的排挤行为也会损害日本消费者的利益。

（三）中国企业对日本市场的适应力有待提升

近年来，作为新业态的中国共享单车企业相继进入日本。2017 年 6 月，摩拜单车登陆日本市场；2018 年春，ofo 小黄车陆续登陆日本和歌山市、北九州市和大津市。然而，在不到半年的时间里，这些单车企业就相继宣布撤离日本市场，摩拜单车于 2017 年 11 月撤出札幌市，ofo 小黄车也于 2018 年 10 月从日本的三个城市撤出。共享单车投资日本的失败，固然有单车企业自身资本运营的问题，但同时也说明了这些企业对日本市场的不适应。两家单车企业在日本市场的运营表现出极度的“水土不服”。首先，共享单车在日本的使用及停放存在诸多不便。日本的自行车道较窄，停车区域较少，在繁华街道的停车经常会遇到车位已满、无法还车的窘境。其次，日本的公共交通设施非常发达，不存在类似中国“最后一公里”的换乘需要，降低了对共享单车的需求。最后，日本家庭自行车的保有率较高，平均每家自行车保有量为 1.7 辆，也大大降低了日本共享单车的使用率。[①] 面对与中国截然不同的日本市场，这些单车企业未能依据日本市场的特点进行适应性调整，最终不得不从日本黯然离场。

上述问题的存在，将在相当程度上阻碍中国企业对日直接投资的增长。对日本而言，今后需要进一步完善其国内的营商环境，尤其要改变日本市场

① 《红遍中国的共享单车，为什么遭到了日本人嫌弃?》，中华网，2017 年 6 月 7 日，https：//news. china. com/socialgd/10000169/20170607/30666310_2. html。

上对中国资本、中国企业的歧视性行为，避免对中国企业挤压事态的进一步升级甚至殃及中日关系的健康发展。对中国而言，今后需要进一步增进对日本市场、日本企业的了解，提升自身的经营能力，更好地适应日本市场的发展需求。一方面，中国企业可以利用“一带一路”框架下中日合作共同开发第三方市场的良机，进一步加深对日本企业的了解，加强彼此间的磨合，积累更多的海外投资经验，更好地推进对日投资。另一方面，要善于把握日本市场的新机会，促进对日直接投资的增长。2019 年 2 月 1 日，日欧 EPA 生效，使得日本作为生产和出口基地的魅力更加凸显。① 扩大对日直接投资，中国企业就能以更低的关税向欧洲市场出口在日本生产的产品，有利于中国拓展面向欧洲的出口市场。总之，促进中国企业对日直接投资的平稳增长，需要中日双方的共同努力。

① 欧盟将对来自日本 99% 的商品取消关税。

B.17

中国改革开放40年与日本对华 ODA

常思纯*

摘　要： 截至2018年，中国改革开放走过40年发展历程，与此同时，日本对华ODA也宣告全面结束。日本对华ODA对中日两国而言起到了“双赢”的效果。以日元贷款为主的日本对华ODA，与中国改革开放进程相重合，为中国加强基础设施建设、推动生态环境保护和推进现代化进程做出了重要贡献。同时，对华ODA不仅加深了中日经济相互依存关系，还在客观上有助于改善中日政治关系，成为日本修复对华关系的重要手段之一。后ODA时代，中日两国务实合作的领域也将得到不断拓宽。

关键词： ODA　改革开放　经济援助　环境保护

截至2018年，中国改革开放走过40年发展历程。这40年来，中国取得了举世瞩目的经济成就，经济总量跃居世界第二。目前，中国不仅是世界第一货物贸易大国，还是发展中国家中最大的吸收外资国和对外投资国。2017年中国吸收的外资在全球排名中位居第二，仅次于美国。与此同时，2017年中国对外投资全球排名第三，位居美国和日本之后。① 在经济总量持

* 常思纯，法学博士，中国社会科学院日本研究所副研究员，全国日本经济学会理事，主要研究领域：经济外交、日本外交。

① UNCTAD, *World Investment Report 2018 – Investment and New Industrial Policies*, https://unctad.org/en/PublicationsLibrary/wir2018_en.pdf.

续提升的同时，中国的经济质量也明显增强，在改善国计民生、优化生态环境、推动科技创新、传承中国文化、提高国际影响力等各方面都取得了显著进步。

改革开放40年来中国所取得的辉煌成就离不开良好的外部环境，其中，以日元贷款为主的日本对华政府开发援助（ODA），是中国改革开放顺利推进、经济社会快速发展的动力之一。改革开放的前三个十年，可以说以日元贷款为中心的日本对华ODA构成了中日经贸关系的重要组成部分，与中日双边贸易和日本对华投资并称为支撑中日经贸关系的三大支柱。而改革开放的第四个十年则是中国从ODA彻底“毕业”前过渡的十年，在日本对华停止新政府贷款审批、仅余少量无偿资金援助和技术援助的情况下，中日开始积极探索“后ODA”时代的政府间合作如何由“单方面日本对华援助”走向中日“双向合作”与“互利共赢”。2018年10月，日本首相安倍晋三访问中国，正式向中国政府宣告日本对华ODA新项目的审批将全面结束，这意味着在中国各界庆祝改革开放40周年的同时，中国也正式成为一名日本ODA的“毕业生”。

2018年以来，中国领导人已在各种场合多次表示了“改革开放再出发”的坚定决心。2018年11月13日，习近平主席在参观“伟大的变革——庆祝改革开放40周年大型展览”时再次强调中国将“坚定不移全面深化改革、扩大对外开放”。[①] 因此，尽管日本对华ODA正式宣告结束，但我们可以预见到，中日关系的下一个40年将伴随中国进一步扩大改革开放的步伐，双方积极探寻新的“助推器”，努力实现互利双赢乃至多赢。

一　改革开放与日本对华ODA的缘起

2018年不仅是中国改革开放40周年，也是《中日和平友好条约》缔结

① 《习近平：统一思想凝聚共识鼓舞斗志团结奋斗　坚定全国各族人民跟党走中国特色社会主义道路改革开放道路的信心和决心》，《人民日报》2018年11月14日。

40 周年。40 年前的 1978 年 10 月，邓小平开创中国国家领导人访日先河，对日进行正式友好访问，并出席《中日和平友好条约》批准书互换仪式。访日期间，邓小平重在考察日本实现经济奇迹的先进经验，他先后参观了日本新日铁公司、日产汽车公司和松下电器公司等三大企业，还乘坐新干线体验日本的“现代化”。邓小平的日本之行取得圆满成功，他带回的不只是日本对中国经济建设支持的情谊和日本经济建设的经验，更重要的是，他已经下定中国改革开放的战略决心。[①] 邓小平访日后，中国不仅派出多个考察团赴日学习取经，还聘请日本的大来佐武郎、向坂正男等专家担任中国国务院经济顾问，中日官民交流日益活跃。

与此同时，在摸索确立改革开放路线的过程中，中国对接受外来资金和援助的态度也逐渐从消极转向积极。这一方面是由于改革开放初期的中国面临外汇匮乏、资金短缺的困境，不仅缺乏实现“四个现代化”所需的资金和技术，也缺少用于产品出口的铁路和港湾等基础设施。中国领导层已经普遍认识到，“得不到低利息的贷款的话，就难以继续保持基本建设的规模”。[②] 另一方面，日本经济界的积极提议也对中国方面态度的转变起了促进作用。1978 年 9 月，日中经济协会会长、新日铁公司董事长稻山嘉宽访华，向中方提议可以考虑使用日本“海外经济合作基金”的资金，进行以 ODA 为中心、日元贷款为主体的资金合作的构想。中方没有明确表示拒绝，只是表示很有兴趣。[③] 日本经团联会长土光敏夫访华时，也向中方积极解释了日元贷款的作用。日本经济界人士的积极介绍，给中国提供了有关日本 ODA 的基础知识及建设性意见，为推动中日政府间资金合作起了桥梁作用。[④]

1978 年 10 月邓小平访日期间，在日本接受记者提问时，他就接受日本

① 张云方：《小平同志与中日经济交流》，载《溯源眺远：中日友好交流讲座文集》，世界知识出版社，2011，第 135 页。

② 徐显芬：《未走完的历史和解之路——战后日本的战争赔偿与对外援助》，世界知识出版社，2018，第 161 页。

③ 林晓光：《日本政府开发援助与中日关系》，世界知识出版社，2003，第 214 页。

④ 宋志勇、田庆立：《日本近现代对华关系史》，世界知识出版社，2010，第 298 页。

政府贷款表示出初步的肯定姿态。邓小平对日本记者表示，“落后的中国有许多的东西要向日本学习，得到你们的帮助，比如科学技术、资金等。”“没有考虑过政府贷款。今后再研究。”[①] 1978 年 11 月 26 日，邓小平会见了来访的日本民社党委员长佐佐木良作。佐佐木问道：日中两国政治体质不同，中国能否接受政府贷款？邓小平当即回答：能。[②] 这是中国领导人首次就有意接受外国政府贷款做出明确表态。1978 年 12 月 15 日，中国对外贸易部部长李强在香港向世界宣布取消外国政府贷款和外商在中国投资这两个禁区，基本上国际贸易管用的做法都可以干。[③] 这意味着中国利用外资政策出现重大转变，利用日本 ODA 成为中国突破国内偿付能力和资金配套能力不足的重要选项。

如果说中国决定接受日本政府贷款是出于推进改革开放、加强经济建设的需要，那么日本决定对华提供 ODA，也同样有着帮助中国确保改革开放顺利进行的战略意图。这既是出于从中国进口能源和开拓中国市场的经济利益需要，同时也伴随着加强中日友好关系、维持中国政治稳定的政治意图。[④] 在日本看来，中国通过改革开放，推动经济发展，在促进国内政治稳定的同时，加强对外开放，从战略、政治和经济等各层面都符合日本的国家利益。正如前驻华大使宫本熊二所指出的，“当时的日本方面认为，应该通过政治接触、经贸往来和经济援助等手段，使中国保持稳定，并逐步推进改革开放和现代化，促进中国与西方各国的协调行动，进而拉中国融入西方主导的国际社会”。[⑤] 因此，尽管日本政府内部就对华 ODA 的具体问题难以达成一致，日本首相大平正芳却顶住压力，多次表示要大规模推进中日经济合

① 竹内实：《中国改革开放进程追踪》，程麻译，中国文联出版社，2006，第 92 页。

② 张季风主编《中日友好交流三十年（1978 ~ 2008）· 经济卷》，社会科学文献出版社，2008，第 260 页。

③ 董筱丹、薛翠、温铁军：《改革以来中国对外开放历程的演变及其内在逻辑》，《中国经济史研究》2012 年第 2 期，第 148 页。

④ 常思纯：《日本对华官方开发援助40 年回顾与展望》，《东北亚学刊》2018 年第4 期，第 14 页。

⑤ 宮本雄二『これから、中国とどう付き合うか』、日経新聞出版社、2011 年、86 頁。

作，并推动日本内阁会议在其访华前夕正式决定对中国提供包括日元贷款在内的 ODA。1979 年 12 月 5 日，大平首相带着日本政府决定对华提供经济援助的“礼物”，访问了中国。为感谢大平正芳在推动中日邦交正常化和支持中国改革开放中做出的贡献，2018 年 12 月 18 日，在庆祝改革开放 40 周年大会上，中国政府向以大平正芳为首的十名在中国改革开放过程中做出突出贡献的外国友人颁发了“中国改革友谊奖章”。

二　日本对华 ODA 在中国改革开放进程中的贡献

自中国推行改革开放政策后，日本从 1979 年开始，对华累计提供了超过 3.6 万亿日元的经济援助，其中包括 33165 亿日元贷款、1576 亿日元无偿资金援助和 1845 亿日元技术援助。[①] 正如中国外交部发言人华春莹在 2018 年 10 月 23 日回答记者提问时所言，日本对华官方资金合作在中国改革开放和经济建设中发挥了积极作用，日本也从中获得了实实在在的利益，这是中日互利双赢合作的重要组成部分。[②] 可以说，以日元贷款为主的日本对华 ODA，与中国改革开放进程相重合，为中国加强基础设施建设、推动生态环境保护和推进现代化进程做出了重要贡献。

（一）积极配合中国“五年计划”的实施

中国在改革开放的不同发展阶段，将经济发展战略和改革目标、开放政策紧密结合，制定出相应的发展战略，并主要以编制五年计划的方式实施。日本政府对中国提供的前四批日元贷款，都采取了“多年度决定”[③]

① 外務省『日本の国際協力（2017 年版開発協力白書）』、https://www.mofa.go.jp/mofaj/gaiko/oda/files/000336398.pdf。

② 《日本计划结束约 40 年的对华 ODA　外交部回应》，人民网，2018 年 10 月 24 日，http://japan.people.com.cn/n1/2018/1024/c35421-30360112.html。

③ 前三批日元贷款为“一揽子决定方式”，即每次决定未来 5～6 年对华援助额度；第四批日元贷款改为“3+2”方式，即先确定前三年的贷款额度，在三年期满时再与中国协商落实后两年的贷款额度。

方式，基本上就是结合中国改革开放后的第六个至第九个“五年计划”（1980～2000年）来规划和提供的。当时的中国有关部门根据经济五年计划的实施目标和战略，经过综合平衡后选取适合利用日元贷款的项目，与日方就贷款项目和金额进一步协商。双方对上述问题达成框架协议后，再根据中方对项目的实际需求和日方的财政状况，分年度进行具体项目的安排。

这种一次决定多年度贷款金额的方式是日本对中国提供的一种特殊待遇，既适合用于建设工期较长的大型项目，也有利于中国把日元贷款的使用纳入国民经济五年计划的轨道。[①] 中国政府将东部沿海地区视为改革开放的前沿和窗口。“六五”计划将加强东部地区的能源开发和节约，加快港口、铁路的建设和技术改造，逐步缓和能源、交通紧张状况作为重点，并强调内陆地区应加快能源、交通和原材料工业建设，支援沿海地区经济的发展。[②] 第一批日元贷款的六个项目都完全符合“六五”计划的要求，其中五个项目用于建设和改造铁路、港口等交通基础设施，旨在提高沿海港口的煤炭转运能力。第六个项目是修建位于湖南的五强溪水电站，“为的是向东部沿海输送电力”。[③] 第二批日元贷款也紧紧结合“七五”计划继续重点发展东部沿海地区基础设施建设的要求，大量用于港口、铁路等基础设施建设中。“八五”计划期间中国开始强调沿海与内地的协调发展，做出了开发开放浦东新区的决定。以浦东开发开放为龙头，带动长江三角洲和长江流域经济起飞的战略决策开始实施。[④] 第三批日元贷款紧扣“八五”计划，用于电力、铁路、港口、机场道路、通信、城市建设、农业等42个大型项目的建设，其中一半的项目位于中西部地区。“九五”计划期间，中国提出了“坚持区域经济协调发展”的方针，强调应“逐步缩小地区发展

① 金熙德：《21世纪初的日本政治与外交》，世界知识出版社，2006，第247页。

② 全国人大财政经济委员会办公室、国家发展和改革委员会发展规划司编《建国以来国民经济和社会发展五年计划重要文件汇编》，中国民主法制出版社，2008，第421页。

③ 刘伟伟：《日元贷款与“五年计划”》，《南风窗》2008年第1期，第86页。

④ 半月谈杂志社《时事资料手册》编辑部编《简明中共党史辞典1921～2012》，新华出版社，2012，第212页。

差距”。[①] 第四批日元贷款的援助重点也随之从沿海地区转向了中西部内陆地区，高度重视内陆地区经济发展，并开始关注环境保护。从2001年开始，日本对华政府贷款的决定方式改为每年与中国进行协商后签订协议的“单年度方式”，重点投向环境保护、内陆城市开发和增进相互理解等领域。不过，这也正契合了中国“十五”计划提出的“实施西部大开发，促进地区协调发展”、“重视生态建设和环境保护”[②] 和“十一五”计划提出的“逐步缓解和消除贫困”等战略部署。

总的来说，日元贷款项目与中国五年计划高度配合，对中国经济发展起到了积极的促进作用。日本方面的研究显示，截止到2000年，日本 ODA 对中国名义 GDP 的贡献率在1994年达到最高的0.29%，此后尽管有所降低，但是在1998年和1999年也达到0.15%；而同期日本 ODA 对中国名义 GDP 的拉动作用，在1992～1996年达到了0.94%～0.95%，1999年则达到0.84%。[③]

（二）完善中国基础设施建设

日本对华 ODA 在中国改革开放的前20年，为中国的基础设施建设做出了积极贡献。日方向中方承诺的1979～2000年的前四批日元贷款总额达到26509亿日元，其中用于铁路建设5778亿日元、道路和桥梁建设1634亿日元、机场建设1085亿日元、港口建设2726亿日元。全部与交通基础设施建设有关的日元贷款占总数的56.9%。另外，用于电力、燃气等能源项目的日元贷款达到4760亿日元，占比约达18.0%。[④] 另据日本方面统计，1979～1998年，中国铁路电气化设施总长（约13000公里）中的35%（约4600公

① 全国人大财政经济委员会办公室、国家发展和改革委员会发展规划司编《建国以来国民经济和社会发展五年计划重要文件汇编》，中国民主法制出版社，2008，第160页。

② 全国人大财政经济委员会办公室、国家发展和改革委员会发展规划司编《建国以来国民经济和社会发展五年计划重要文件汇编》，中国民主法制出版社，2008，第83、86页。

③ 外務省『対中 ODAの効果調査（2000年度）』、http：//www.mofa.go.jp/mofaj/gaiko/oda/shiryo/hyouka/kunibetu/gai/china/koka/report21.html#gdp。

④ 柯隆「ODA 理念の再考と外交戦略の明確化」、http：//jp.fujitsu.com/group/fri/downloads/report/research/2003/report160.pdf［2018－12－08］。

里）、1 万吨以上级大型港口（约 470 个）中的约 13%（约 60 个）、下水处理厂处理能力（约 1100 万吨/日）中的约 35%（约 400 万吨/日），都是利用 ODA 中的日元贷款修建和实现的。①

总的来说，利用日元贷款修建的北京至秦皇岛铁路、南宁至昆明铁路、石臼港、青岛港、大连大窑港、北京首都机场 2 号航站楼、上海浦东国际机场、辽宁白石水库等项目，大大缓解了改革开放初期中国基础产业和基础设施薄弱的不利局面，提高了各地的货物运输量、旅客吞吐量，解决了城市居民用水、农业灌溉用水和工业用水的难题。这些不断完善的能源、电力、通信等基础设施，为工业生产和人民生活提供了便利。此外，基础设施的不断完善，也为中国吸引包括日本在内的外国直接投资，进而推动对外贸易增长起了积极的促进作用。

（三）在保护环境和改善民生等问题上发挥积极作用

20 世纪 90 年代中期以来，日本更加重视在保护生态环境和改善中西部地区人民生活水平方面，对华提供经济援助。

早在 1988 年日本首相竹下登访华时，日方就向中方提议利用日本政府无偿援助资金 100 亿日元建设“日中友好环境保护中心”，得到中国政府积极响应。日方实际援助到位资金达 105 亿日元，中国政府出资 6603 万元人民币，于 1996 年 5 月 5 日正式建成投入使用。② 目前，该中心已成为中日加强环境合作及中国参与国际环境合作与交流的重要平台。中国是从第四批日元贷款开始大规模利用日元贷款实施环境保护项目的。1997 年，时任日本首相的桥本龙太郎访华，提出“面向 21 世纪的日中环境合作构想”，并选定重庆、大连和贵阳三个城市作为日中环境示范城市，以提供日元贷款和技术合作为主帮助三个城市重点治理大气污染、调整能源结构。在示范城市之一的贵阳，日本不仅提供了超过 144 亿日元的低息贷款，还通过派遣专家指

---

① 外務省「対中国経済協力計画」、http://www.mofa.go.jp/mofaj/gaiko/oda/seisaku/enjyo/china._h.html#3 -1。

② 《中日友好环境保护中心简介》，http://www.edcmep.org.cn/zxgk_14970/zxjj/。

导、支援环保中心和接受访日研修等多种方式，帮助贵阳市治理大气污染、防控城市扬尘源、检测空气质量。2002年贵阳市一跃成为全国首个生态文明示范城市。

2001年日本外务省出台《对华经济合作计划》，确定未来对华ODA的重点进一步集中于环境保护领域。2001~2006年度对华ODA中，与环境保护有关的项目数量最多，达到68个，占总项目数的39.8%。其中，日元贷款项目达到37个（占全部日元贷款项目数的比例约为50%），贷款金额超过4000亿日元（占比约为68%）。[①] 而且合作项目在关注治理大气污染、改善水质和环境的同时，环保措施还进一步扩展到防止沙漠化、防范土壤侵蚀的植树项目及公共卫生建设等方面。2008年后，日本主要通过技术援助对中国环境保护提供帮助。如2013年度，日本与中国开展了大气氮氧化物总量控制技术交流；2014年度，日本在华进行了农村污水处理技术系统及管理体系构建项目合作；2015年度日本为四川省有关部门提供了加强防灾教育和提高防灾减灾能力的培训。

三　日本对华ODA促进日本政治、经济利益的实现

日本对华ODA对中日两国而言起了“双赢”的效果，在为中国经济发展做出贡献的同时，也有利于实现日本自身的经济和政治利益。近40年来，日本对华ODA不仅促进了日本对华直接投资的增长和中日双边贸易的发展，还加深了中日经济相互依存关系。与此同时，日本对华ODA客观上也有助于改善中日政治关系，成为日本修复对华关系的重要手段之一。

（一）经济利益

首先，日本对华进出口都取得了快速增长。第一批对华日元贷款有效缓

① 外務省『中国国別評価報告書（2007年度）』、http://www.mofa.go.jp/mofaj/gaiko/oda/shiryo/hyouka/kunibetu/gai/china/pdfs/kn07_03.pdf。

解了当时中国严重缺乏外汇的困境，为日本的成套设备等工业制品顺利出口中国以及日本企业开拓中国市场做出了贡献。另外，前几批日元贷款主要用于改善中国的基础设施，为日本从中国进口石油、煤炭、稀土、有色金属等本国急需的能源、资源产品提供了道路、交通和物流保障。中日贸易额在1979年仅66.54亿美元，1981年突破100亿美元大关，并在此后基本保持了持续增长的势头。1995年中日贸易总额首次突破500亿美元大关，2002年又突破1000亿美元大关，2007年再次更新历史记录达到2367.04亿美元。①

其次，日本对华直接投资得到大幅提升。1979年11月，第一个中日合资企业京和公司成立。不过，无论从项目数还是投资金额来看，日本对华直接投资都维持在比较低的水平。据统计，1979～1983年度的五年时间里，日本对华直接投资仅有25项，共计0.73亿美元。② 不过，此后中国利用日本ODA兴建道路、发电厂、下水道等各种基础设施，逐渐打造一流的营商环境，为吸引包括日资企业在内的外资创造了良好的氛围。进入20世纪90年代，日本对华直接投资的项目数和金额都连创新高，增速明显。1990～1995年度，日本对华直接投资的项目数从165个增长到770个，投资金额从3.49亿美元增长到44.78亿美元，年均增长分别达到54%和67%。③ 2000年后，在日本的支持下中国成功加入WTO，投资环境得到进一步改善，日本对华直接投资也出现了第三次高潮。从2000年开始，日本对华直接投资连续多年快速增长，到2005年达到65.75亿美元，创下历史新高，占到日本当年全部对外直接投资的14.46%。④

最后，日本对华ODA不仅有利于日本企业打入中国市场，更有利于中日双边经贸关系的长远发展，加深了中日双方在经济上的相互依存关系。中日两国在对方对外贸易中的地位也快速提高。1985年日本首次成为中国最大的对外贸易伙伴国，并从1993年开始，连续11年在中国对外贸易伙伴国

① JETRO「日本の貿易、投資統計」、https://www.jetro.go.jp/world/statistics.html。

② 「国別・年度別・業種別投資額」、『財政金融統計月報』第428号。

③ 「国別・年度別・業種別投資額」、『財政金融統計月報』第452、524号。

④ JETRO「日本の貿易、投資統計」、https://www.jetro.go.jp/world/statistics.html。

中位居第一。中国继2002年成为日本第一大进口来源国，2007年成为日本第一大贸易伙伴国之后，2009年又取代美国成为日本第一大出口对象国，[①]在日本对外贸易中也占据了重要位置。与此同时，中国市场也日益成为日本企业在亚洲最为重视的市场，日本对华投资的战略目标由过去建立在华生产网络向建立在华生产、销售一体化网络转变，并从过去的中小规模投资战略向生产研发一体化的高度化战略转变。

（二）政治利益

日本对华ODA还在政治层面对日本加强对华经济外交、改善中日政治经济关系等方面发挥了积极作用。通过对华提供ODA，日本不仅支援中国改革开放，有助于中国社会稳定，也得以稳定自身的周边安全环境，维护对外经济关系的顺利发展。对日本而言，一个稳定的、开放的中国同样有利于日本自身的发展。

此外，20世纪90年代以来，日本对华ODA将“增进相互理解”“支持民间活动”“推动多边合作”视为重要任务，为消除贫困、保护环境做出了贡献，也在改善中日民众感情、构建信赖关系和推动双边关系发展上发挥了积极的作用。

四　结语

正如中国外交部发言人在回答记者提问时所言：“日本对华官方资金合作在中国改革开放和经济建设中发挥了积极作用，日本也从中获得了实实在在的利益。这是中日互利双赢合作的重要组成部分。中方愿结合新的形势发展，同日方就继续开展有关对话与合作保持沟通。”[②] 可以预见，在中国以

① JETRO「日本の貿易相手国 TOP50」、https：//www. jetro. go. jp/ext_ images/world/japan/stats/trade/excel/rank_ top50_ 99 – 17. xls。

② 《中日将结束约40年的日本政府发展援助　外交部回应》，http：//news. 163. com/18/1023/18/DUQS0MP40001899N. html。

更大力度继续推进改革开放的同时，中日两国经济合作的领域也将不断拓宽。中日双方可以就国际社会发展课题及发展领域中的中日合作新方式进行积极讨论，如进行发展援助政策的对话、中日共同面向第三国开展人才培训等。不仅如此，随着日本对中国“一带一路”倡议的态度逐渐转向积极，中日在全球层面开展第三方市场合作的前景广阔。后 ODA 时代，中日两国的务实合作将通过更多新路径取得新成果。

中日第三方市场合作与物流、制造业合作

The Third-Party Market Cooperation between China and Japan and Sino-Japanese Logistics and Manufacturing Cooperation

B.18

第三方市场合作：中日经贸合作的新平台

宋志勇　刘艺卓*

摘　要： 作为首创的国际合作新模式，中国提出的“第三方市场合作”受到许多发达国家的重视，日本作为全球第三大经济体，对中日第三方合作也表现出了浓厚的兴趣。2017 年以来，中日政治关系逐渐回暖，为起起伏伏的中日经贸关系注入了新的动力。本文通过分析中日经贸关系发展的新形势以及未来

* 宋志勇，商务部国际贸易经济合作研究院亚洲研究所所长、研究员，全国日本经济学会常务理事，主要研究领域：中日、中韩经贸关系与区域经济合作。刘艺卓，商务部国际贸易经济合作研究院研究员，主要研究领域：自贸协定谈判与农业经济。

合作的方向，阐述了两国开展第三方市场合作的重要意义，同时分析了影响中日开展第三方市场合作的主要因素，并提出了中日开展第三方市场合作的思考与建议。

关键词： 中日经贸关系　一带一路　第三方市场合作

中日两国是近邻，各领域的合作和民间交往源远流长。但近年来，两国关系经历了风风雨雨，经贸合作也频繁受到不利影响。自 2017 年以来，随着两国高层会晤增多，双边政治经济关系逐渐回暖，相应的也促进了两国经贸关系的恢复和发展。“第三方市场合作”作为中国首创的国际合作新模式，受到许多国家的重视，中国已经与十多个发达国家签署了第三方合作协议。

目前，这一合作模式呈现良好发展势头，正在成为共建“一带一路”的重要内容。随着中日关系转暖，“第三方市场合作”逐渐成为两国经贸合作的新模式。2018 年 5 月，两国签署了《关于中日第三方市场合作的备忘录》；10 月中日共同举办了第一届中日第三方市场合作论坛，中国国务院总理李克强和日本首相安倍晋三出席本次论坛并致辞，双方企业就基础设施等领域开展“第三方市场合作”签署了 52 份合作备忘录。中日“第三方市场合作”具有良好的发展前景，未来将逐渐成为两国经贸合作与发展的助推器。

一　中日经贸合作发展的新形势

近年来，国际国内形势产生了深刻而复杂的变革，不稳定和不确定性因素逐渐增多。中日两国作为世界主要经济体和地区重要国家，在深化经贸合作方面面临新的形势和重大机遇。

（一）中日关系转暖为双方加强合作带来新机遇

近年来，中日两国政治关系日渐回暖，高层互动增多，各领域的交流不断深化，为两国经贸合作带来了新机遇，两国经贸合作在遭遇政治和经济两个周期低谷叠加的困难期之后，贸易和投资重获增长（参见表1、表2）。货物贸易方面，日本是中国的第四大贸易伙伴、第二大出口国和第三大进口国，中国是日本第一大贸易伙伴和进口来源国，2018年，双边货物进出口额为3276.6亿美元，同比增长8.1%。双向投资方面，目前，中日两国双向投资格局日渐形成，截至2018年，中国实际利用日本外资1119.8亿美元，日本在中国累计利用外资国别中排名第一；虽然中国在日本的投资总体规模较小，但其增长速度相对较快，截至2017年，中国对日本非金融类直接投资存量为34.8亿美元，主要涉及制造业、进出口贸易、能源和矿产等产业。

表1　2013～2018年中国货物贸易情况

单位：亿美元

国家(地区)	中国香港	日本	美国	欧盟	东盟	总额
2013年	4007	3124	5207	5589	4436	41590
2014年	3757	3123	5551	6150	4803	43015
2015年	3432	2785	5570	5646	4718	39530
2016年	3040	2751	5195	5470	4522	36856
2017年	2865	3031	5837	6444.6	5148	41072
2018年	3105.6	3276.6	6335.2	6821.6	5878.7	46230.4

资料来源：根据中国国家统计局网站数据以及中国商务部网站统计数据整理。

表2　2015～2018年日本在华投资情况

年份	新设立企业			实际投资金额		
	数量(家)	同比增长(%)	占中国利用外资比重(%)	金额(亿美元)	同比增长(%)	占中国利用外资比重(%)
2015	643	-1.5	2.4	32.0	-26.1	2.5
2016	576	-10.4	2.1	31.0	-3.1	2.5
2017	590	2.4	1.7	32.6	5.3	2.5
2018	828	40.3		38.0	16.5	2.8
合计	2367	—	—	133.5	—	—

资料来源：2015～2018年数据分别来自《中国外资统计》（2016～2018）和中国商务部网站中国直接利用外资快讯（2018年1～12月）。

（二）中日均面临来自美国的压力，这为经贸合作带来利益契合点

中日两国均存在对美贸易顺差的问题，面临来自美国的压力，两国在应对美国贸易保护主义问题上具有共同利益。扩大双边经贸合作将有利于减少美国单边主义对两国的冲击，实现两国互利共赢。从中美贸易战看，虽然美国对来自中国的产品征收高关税，但事实上，中国对美出口的许多产品均大量采用了来自日本的高端零部件，美国对中国商品征收高关税，不仅会冲击中国产品的出口，还会间接影响日本产品对中国和世界的出口。因此中日两国在应对美国采取的贸易保护措施时，具有相同的利益诉求。此外，日本政府还面临美国要求开放市场的压力。在特朗普上台后，美国退出了 TPP 并持续向日本施加压力，要求与其开展新的贸易谈判，解决日本对美贸易顺差问题。

（三）“一带一路”倡议为两国经贸合作提供了新的平台

此前，日本国内对开展“一带一路”框架下的双方经贸合作的积极性不高，但随着中日经贸关系的回暖，日本政府和企业的合作意愿明显提升。由于两国均已经与东南亚等部分“一带一路”国家建立了较为密切的经济合作，具备在上述国家开展“第三方市场合作”的经济基础，因此两国可以探讨共同在“一带一路”国家开展基础设施建设、金融和互联互通等方面的合作。2017 年 11 月，安倍晋三会见李克强总理时明确表示，日中经济发展对双方互为机遇，两国经济互补性强，希望双方加强经济对话，探索加强在“一带一路”倡议中互联互通建设的合作，扩大金融、环保、节能等新兴领域的合作。与此同时，以丸红株式会社和三菱集团为代表的许多日本企业也对中日开展“一带一路”框架下的“第三方市场合作”展现出浓厚的兴趣。例如，日本综合商社丸红株式会社将于 2019 年与中国的光伏组件厂商合作，在阿联酋开展光伏发电业务。

二　新形势下中日开展经贸合作的方向

中日经贸关系是两国关系的“推进器”，中日应立足互利共赢，积极推进两国贸易投资关系迈上新台阶，推动两国经贸关系升级发展。

（一）加强制度性合作

加快推动亚太自贸区、区域全面经济伙伴关系（RCEP）和中日韩自贸区的建设，有利于推进中日两国的制度性合作，为两国开展经贸合作搭建制度平台。亚太自贸区涉及大多数“一带一路”相关国家和地区，如建设成功，将有利于提高中日进行第三方合作的贸易投资便利化水平，减少贸易摩擦和争端。RCEP 是亚太地区最重要的自贸谈判之一，大部分成员为“一带一路”相关国家，早日达成协议，将为中日经贸合作创造良好的营商环境。中日韩自贸区的商建将为中日经贸合作提供制度平台，有助于降低两国经贸合作的制度性成本。但是，目前有关谈判进展缓慢，始终没有取得实质性进展。因此，中日应该显示灵活和包容的姿态，抓住“一带一路”建设的重要机遇，加快亚太自由贸易协定、RCEP 和中日韩自由贸易协定谈判，争取早日取得实质性突破。同时，双方应在二十国集团、世界贸易组织等框架下加强沟通和协调。

（二）重新并全面推进中日金融合作

目前，中日两国加强财政金融领域的合作，具备强烈的经济发展诉求和有利的合作条件。就日本而言，其是世界上最大的公共债务负担国，要保持财政债务体系的稳定，需要加强与中国在国债互持方面的合作。就中国而言，近年来，人民币国际化步伐加快，但由于加入国际货币基金组织特别提款权（SDR）货币篮子的时间较短，也需要加强与日本在国际货币金融方面的合作。与此同时，两国在金融合作尤其是境外投资方面均形成了各自成熟的融资模式和经验，为开展合作奠定了坚实的基础。例如，日本是仅次于美国的全球第二大境外投资大国，成立了进出口银行、境外直接投资的政府开发援助以及境外经济合作基金等机构，支持企业从事境外投资。① 而中国在“一带一路”推进过程中遵循政府推动、市场主导、商业运作的协同推进模式，企业走在前面，金融服务机构积极提供支持。

（三）加强环保、养老等新领域合作

随着中国经济水平的提高，政府日益重视对环境的保护。党的十九大报告提出了“青山绿水就是金山银山”的理念，中国对环保产业的潜在需求强劲。与此同时，随着中国人口红利减少，老年人占比逐渐增多，对养老和健康等服务的需求也在增加。而日本在环保及养老产业均积累了丰富的经验。未来，中国和日本在相关产业方面的合作会有更广阔的空间。

以环保产业为例，日本是世界节能的典范，可再生能源技术水平处于世界前列。日本一个单位消耗能源所产生的 GDP 相当于美国的 2.8 倍，是英国的 2 倍、法国的 1.6 倍、德国的 1.4 倍。但与此同时，日本的节能技术相对缺乏可利用的空间。因此，中日两国可以考虑将中国丰富的人力资源与日方先进的节能环保技术相结合，加强在太阳能、风能、污水处理、垃圾焚烧、绿化和装备制造等清洁能源开发领域的合作，共同提升双方的绿色化水平。

（四）推动两国“第三方市场合作”

中日两国应规避恶性竞争，共同面向全球，探讨与第三方携手合作。目前，中日两国企业在海外市场扩展上既有相互竞争，也有利益交融，但完全可以做到优势互补、互利共赢，迄今已有良好的合作基础。可以充分利用中国的机械制造优势和日本的技术优势，为发展中国家提供多元的、优质的和低价的产品。未来，两国应抓住“一带一路”这一重大机遇，利用各自的优势，加强在基础设施建设、互联互通、装备制造、节能环保等方面的合作，开辟两国经贸合作的新领域和新渠道。

---

① 寇彬、梁旭、赵俊冬：《日本境外投资保障机制的启示》，《金融时报》2013 年 9 月 16 日。

三 “第三方市场合作”对促进双边经贸合作的重要意义

中日开展“第三方市场合作”，有利于充分发挥互补优势，有利于开辟两国经贸合作的新空间，有利于更好地满足“一带一路”国家和地区的发展需求。这对两国乃至区域经济的健康可持续发展具有重要意义。

（一）有利于开拓中日经贸合作的新空间

近年来，中日间的分工模式逐步从垂直分工转变为水平分工，这导致双边贸易和投资发生了重大的结构性变化，降低了两国贸易额大幅增长的可能性。“一带一路”建设作为开放与包容的合作平台和国际公共产品，为两国进一步加强经贸合作搭建了新的平台，开辟了双方经贸合作的新空间。今后，两国在“一带一路”框架下共同开拓第三方市场，扩大双方在节能环保等优势互补领域的深度合作，既有助于中国企业学习日本的先进技术，也有利于日本充分发挥其资金和技术方面的优势，推动其高技术含量产品出口，促进日本经济复苏。

（二）有利于发挥中日两国各自的优势

部分“一带一路”相关国家和地区发展水平相对落后，在推进工业化中需要引进大量的资金和先进的技术。中国和日本均是世界排名前三的重要经济体，两国在“一带一路”框架下开展“第三方市场合作”既可以更好地发挥各自的优势，也可以更好地满足有关国家的发展需求。一方面，根据经济合作与发展组织（OECD）的数据，“一带一路”国家和地区所需的年度总投资额约为5万亿美元，其中基础设施所需投资额约1.5万亿美元。但是，面对巨大的投资需求，实际的投资量相当有限。2016年，中国对相关国家和地区的投资额为145亿美元，即使将各类金融机构对相关国家和地区的年度新增贷款量纳入其中，中资机构的投融资额也无法满足“一带一路”

建设巨大的资金需求。①

另一方面，“一带一路”相关国家和地区在发展过程中急需技术支持。日本的汽车、钢铁、机床、造船、智能制造、节能环保等产业的技术世界领先；中国企业则具有丰富的管理经验，近年来部分产业的技术水平也有了巨大提升（参见表3）。两国在“一带一路”框架下加强经贸合作，有利于发挥中日两国各自优势，促进第三方国家的产业升级，推动经济的快速发展。

表3　中日两国优势比较

行业	中国	日本
经济总量(市场需求)	★	
资金	★	★
可支撑大型项目的资金	★	
融资领域	★	
融资价格		★
劳动力数量	★	
高端人才数量		★
科技创新能力		★
土地	★	
管理经验		★
货币融资优势		★
标准水平		★
政策透明度		★
重点领域		
基础设施	★	
装备制造	★	
物流通道	★	
节能环保		★
电子商务	★	
服务业		★
非洲	★	
汽车		★

资料来源：根据2017年《财富》评估整理。

① 郑青亭：《美国有望成为中国第一大贸易伙伴，美企看好“一带一路”机遇》，《21世纪经济报道》2017年11月1日。

（三）有利于两国企业实现互利共赢

自“一带一路”倡议提出以来，日通国际物流公司（日本最大的物流公司）等部分日企对参与“一带一路”建设均表示，希望充分利用“一带一路”建设这一契机。对日本企业而言，“一带一路”物流通道建设可以削减运输成本，提高运输效率，促进日本与“一带一路”国家的海外贸易。如果在中国和日本、中国和欧洲之间分别利用海运和铁路，与航空运输相比，总成本将降低50%～60%。[①] 即使是在中日之间采用空运的情况下，也可以降低30%～40%。与此同时，目前，中国的“辽满欧”“渝新欧”等通道也面临赢利的问题，如果日本利用中国现有的物流通道，将增加国际班列返程运量，提高运营效率，降低企业运营成本，可进一步助推“中欧班列”等物流通道的发展。因此，两国企业可以在“一带一路”这个更加广阔的新平台上共同开展“第三方市场合作”，实现在更多领域中的互利共赢。

（四）有利于降低两国对外投资风险和成本

中日两国在对外投资方面具有较强的互补性，两国开展“第三方市场合作”，有利于降低在第三方市场的投资风险和成本。日本拥有非常丰富的境外投资和援助经验，已经对多个发展中国家开展了国际援助。此外，日本在风险评估等方面也具有先进的技术。但是，由于日本的企业管理制度与部分发展中国家市场相去甚远，又存在严重的老龄化以及劳动力成本高等问题，导致日本对外投资尤其是对发展中国家的投资面临较多问题。两国在第三方国家开展经贸合作将有助于避免竞争，降低在第三方市场的投资风险和成本，推动两国经济共同发展。

四　影响中日开展“第三方市场合作”的因素

虽然中日两国产业优势互补性强，开展“第三方市场合作”具有良好

① 徐梅：《“一带一路”：中日互利合作新平台》，《世界知识》2018年第6期。

的发展前景，但也面临日本对华经贸战略摇摆、双方在合作定位和标准方面存在差异以及第三国势力干扰等若干不利因素。上述因素给两国开展“第三方市场合作”带来挑战和风险。

（一）日本对中日关系的摇摆态度给“第三方市场合作”带来变数

日本政府在中国经贸战略上能否步调一致是影响双方开展“第三方市场合作”的关键因素。2016 年 8 月，安倍政府推出“印太战略”，并希望通过推动这一战略来提升日本的国际地位和地区主导权，从而牵制“一带一路”倡议的发展，遏制中国的区域影响力。但除了印度、澳大利亚和美国有回应之外，其他国家并未表示出积极态度。为分享中国的经济发展红利，2017 年底，安倍政府改变态度，表示愿同中国开展“一带一路”框架下的合作。总体而言，虽然近期日本对“一带一路”框架下的双方合作释放了积极信号，但安倍政府对与中国合作的战略始终摇摆不定，既想联合美澳印牵制中国，又不愿放弃分享与中国合作带来的红利。与此同时，日本为参与“一带一路”合作设置了前提条件，日方一直呼吁，只有“一带一路”具备开放性和透明性，才愿意与中国开展相关合作。上述问题都将给两国“第三方市场合作”带来不确定性。

（二）两国关于“第三方市场合作”的定位存在一定偏差

两国在合作的区域和领域等方面持有不同的观点，给未来“第三方市场合作”定位和重点的确定增加了难度。合作区域方面，鉴于中日双方各自已经在泰国、印度尼西亚等周边国家有一定的境外投资基础，中方更倾向于以亚洲等周边国家作为两国“第三方市场合作”的试验田；而日方对双方“第三方市场合作”的区域定位范围更宽，已经提出，希望中国参与此前其在非洲实施的部分工程项目。合作领域方面，目前中方提出的“第三方市场合作”主要以投资为主，而日方在部分“一带一路”不发达国家已开展了若干援助项目，不排除未来将合作拓展到援助领域的可能性。合作领域的拓宽必将增加两国开展“第三方市场合作”的复杂性。

（三）两国技术标准存在统一的难度

目前，中日两国的技术标准和管理服务标准存在一定差异，双方在开展第三方合作时，尤其在基础设施、环保等尚未建立国际统一技术标准的领域，可能会因为标准的不一致，导致工程建设过程中发生冲突和矛盾，进而延误工期，增加成本。例如，在中国铁建公司与日本伊藤忠商事会社进行项目合作过程中，双方在采用何种机车标准方面产生分歧。日方建议采用日方机车标准，中方持反对意见，建议采用中方标准，并发挥日方机电零部件的优势。此外，在双方具有合作潜力的环保技术领域也缺乏全球统一的技术标准，双方在汽车尾气排放、大气污染等方面的标准均不相同，未来在第三方合作中均面临协商。

（四）两国部分行业存在垂直竞争

虽然中日两国加强经贸合作的前景广阔，但双方在重大基础设施项目等部分领域也存在较强的竞争关系，例如在印尼高铁项目上，中日两国曾进行了激烈的竞争。因此，如何在有竞争关系的领域寻求合作空间，是两国开展“第三方市场合作”面临的挑战。以两国对东盟的投资为例，两国在东盟的投资重点行业均为制造业，在制造业领域存在较强的竞争关系。截至 2016 年，中国对东盟的投资存量为 715.5 亿美元，其中对制造业的投资居首位，占比 18.4%；根据日本财务省统计，日本对东盟十国的投资也以制造业为主，2015 年，日本对东盟的投资存量为 1809 亿美元，对制造业的投资占比超过 60%。

（五）美国等他国势力或干涉“第三方市场合作”

长期以来，日本设想的理想区域框架是与美国合作的亚太融合，在国际经贸合作中，日本往往难以摆脱美国干扰。由于美国始终认为，“一带一路”倡议是对其主导的国际秩序的挑战，因此拒绝参与“一带一路”建设。此外，美国还游说日本、英国、德国、澳大利亚、菲律宾等盟国不要加入中国发起的亚投行。虽然近期美国对“一带一路”建设释放了积极信号，但其真正的态度尚不明确，不排除将来美国因自身利益在中日“第三方市场合作”中搅局，影响两国正常合作。未来，日本在与中国开展“第三方市场合作”过程中能否“去美国化”尚待观察。

五　中日“第三方市场合作”的思考与建议

经贸合作是中日关系的助推器，中日双方应发挥经济互补优势，共同努力提升双边务实合作水平，积极推进区域经济一体化，探索“第三方市场合作”这一新的合作模式的创新，共同推进建设开放型世界经济。

（一）采取“以我为主、循序渐进”的推进方式

1. 积极考虑中国利益

建议采取“主动、平等、互利”的合作原则，积极推动两国在“一带一路”框架内的第三方合作。在具体的合作国家选择上，建议优先选择与中国关系密切的国家，使中方与日方开展第三方合作能获得有力的政治保障。

2. 在亚洲周边推动先行项目

鉴于两国均已在亚洲周边国家有一定的境外投资经验和基础，且具备优越的地缘优势，为有效降低合作风险，建议从周边的亚洲国家着手，循序渐进地推进第三方合作。例如，鉴于中泰两国关系良好，且日本是泰国外资第一大来源国，泰国希望吸引中日两国企业共同建设泰国东部经济走廊，因此两国可以以此为契机，将泰国东部经济走廊作为开展合作的试验田，化解两国在基建等项目中的争端。

3. 双边先行，三边跟进

由于日本在基础设施建设标准、项目包装等方面具有成熟的经验，建议优先打造中国与第三方国家务实合作的新亮点，推进中国与第三方国家商签合作项目备忘录，鼓励中国企业积极参与项目建设。而后吸纳日方加入，时机成熟时建立三国政府合作机制，讨论三方诉求和解决方案。

4. 软项目先行，审慎处理敏感领域的融资和标准问题

鉴于软项目合作周期相对较短且投资风险相对较小，因此建议从技术培训等相对容易合作的软项目入手，大型基础设施项目逐步跟进。对于高铁等敏感领域的合作，融资方面，建议参照中日节能环保投资基金，以两国共建基金的方式筹资，也可以参照中日在越南电厂投资模式，采取中日和第三方国家银行平行融资的方式支持企业筹集项目建设资金。标准方面，积极争取中国标准的主导权，同时考虑发挥日本的机电零部件优势。与此同时，务实推进与日本及第三方国家的标准互认。

5. 以企业为主，政府支持

第三方合作对外应以商业项目形式推进，确保中国进退自如。利用中国政策性金融机构参与融资和服务保障，构建与日方以及第三方国家金融机构合作融资新模式，确保中国占有合理比重，同时探讨寻求亚洲基础设施投资银行（亚投行，AIIB）及亚洲开发银行（亚开行，ADB）支持的可能性。

6. 兼顾第三国利益，采取开放态度

开展第三方市场合作应以第三国利益优先为原则，以市场主导为模式，中日以外的其他国家如果有意愿也应以开放的态度欢迎加入。

（二）搭建“第三方市场合作”的平台

1. 推动政府指导下的对话机制

首先，双方政府可以利用现有的高层经济对话和经济伙伴关系磋商等机制，就建立平台、支持企业开展“第三方市场合作”进行商谈，并努力争取签署合作协议或者备忘录。其次，两国政府有关部门建立规范的工作机制，推动建立覆盖政府主管部门、商会协会、金融机构以及驻外使馆的工作机制平台，分享第三国的政策、法律等信息，制定合作路线图，明确合作的关键领域和实施计划。再次，加强相关战略研究合作。两国可以设立联合课题研究，就“一带一路”建设和日方的“基础设施出口战略”等加强沟通，更好地增进互信与理解。

2. 探讨建立第三方重点国家项目信息库和企业数据库

按照双方各自明确的“一带一路”重点区域和领域，通过各自国家的企业、金融机构、行业协会以及地方等多种渠道，重点关注两国政府主管部门和商会协会制定的重点合作区域和重点领域，定期举办第三方市场合作论坛等，建立双向沟通平台，加强重点项目的收集和跟进，开展项目对接，对“第三方市场合作”中可能遇到的常见问题提出建议，为两国“第三方市场合作”提供服务。

（三）重大项目联合融资合作

中国和日本各自对亚投行与亚开行发挥影响力，并借助这两个国际重要的融资平台，在有效管控各种政治、经济、文化风险，稳步提高回报率的前提下，选择一批具有影响力和标志性的基础设施建设项目，通过稳步推进，提供全方位的投融资服务，打破长期受政治因素影响的双边经贸合作的僵局。具体来说，首先是探讨建立中日共同投资合作基金。可参考中法共同投资基金的运营模式，鼓励两国金融机构共同设立第三方投资基金，通过股权和债权等多种形式，为参与“第三方市场合作”的两国企业提供金融支撑。其次，继续推动亚投行和亚开行之间现有的共同融资合作，为两国企业在基础设施等周期较长的项目提供资金支持。再次，两国的出口信用保险机构就第三方合作建立共保、分保合作机制，以分散合作风险，吸引融资和投资进入第三方合作重点领域。

（四）联合开展技术培训

“一带一路”相关国家和地区普遍面临职业技术培训能力不足及技术、技能型劳动力匮乏等问题，发展与建设受到了严重的人力资源制约和限制。中日两国拥有先进的技术和管理经验，应联合开展技术培训，提高当地劳动力素质，为“第三方市场合作”的人力供给提供保障。根据当地项目建设需求，两国可以鼓励优质教育走出去，探索各种形式的海外联合技术培训，合作建立培训中心，开发教学资源和项目。此外，建议两国建立联合创新实验室、国际技术转移中心、科技园区等科技创新合作平台，发挥科技对共建“一带一路”的提升和促进作用。

（五）加强中日供应链合作

加强两国供应链领域的合作，有助于为双方企业开展“第三方市场合作”提供更好的营商环境，降低企业综合运营成本。一方面，两国应逐步创立互认的标准规则系统。两国可以从物流运输和 SPS、TBT 等影响供应链的相对重要的领域入手，研究在已有国内标准的基础上签署互认协议，并进一步加强在新标准制定方面的沟通与交流，尽可能减少标准不统一给合作带来的制约。另一方面，两国应针对贸易成本高等目前存在的问题，加强沟通协作，以海关程序、物流便利化和透明度等方面为重点，进一步提高贸易便利化，改善贸易物流设施，使两国供应链结构更加顺畅和高效。

（六）开展“第三方市场合作”的综合效应评估

引进第三方评估体系，邀请国际知名评估单位和组织，客观评估中日“第三方市场合作”建设项目对中日两国和第三方国家产生的政治效益、经济效益和社会效益，扩大第三方合作的影响力，同时防止其他国家或地区恶意诋毁第三方合作的成果。

B.19
“一带一路”框架下的中日两国物流合作探究

李红梅*

摘　要： 中国改革开放40年来，中日两国物流合作取得了长足发展，特别是中国加入世界贸易组织以来，随着两国之间经贸合作的快速发展，中日国际物流合作也日益紧密。目前，“一带一路”框架下中日双方依据以企业为主体、市场运作、政府引导、互信互利的原则，探讨第三方市场合作的优先区域和重点领域，积极摸索共赢合作的模式。本文回顾改革开放40年来中日两国物流合作的发展历程，分析了合作中存在的一些问题及其表现，展望了今后的合作方向。

关键词： 改革开放40年　中日物流合作　对外开放　经济全球化　一带一路

中日两国物流领域的合作是市场的需求，是促进中日两国经贸合作的强大推动力。2018年10月26日，中国和日本共同主办的第一届中日第三方市场合作论坛在北京召开，52个中日合作项目完成签约。其中，物流领域的合作项目，如中国国际海运集装箱（集团）股份有限公司（以下简称“中集集团”）与日本住友商事株式会社签订战略合作协议。据中集集团有关部门表

---

* 李红梅，经济学博士，吉林大学东北亚研究院世界经济研究所副教授、日本研究所研究员，全国日本经济学会理事，主要研究领域：日本经济、东北亚区域经济。

示，双方根据协议在智能化高速仓库存储系统[①]方面展开深入合作。

物流业是融合运输、仓储、货代、信息等产业的复合型服务业，是支撑国民经济发展的基础性、战略性产业。加快发展现代物流业，对于促进产业结构调整、转变发展方式、提高国民经济竞争力和建设生态文明具有重要意义。[②] 全球物流业的快速发展与三个因素有关：（1）随着经济的全球化发展，物流产业形成了在全球范围内采购、生产、流通、消费的新格局；（2）随着社会分工的精细化，物流产品及服务的交易成本上升，非核心竞争力企业外包的推动，为物流业快速发展创造了有利条件；（3）随着网络信息技术的迅速发展，现代物流业的发展，特别是供应链管理的发展有了重要支撑。[③] 这使物流业发展面临的机遇与挑战并存，物流业发展空间越来越广阔。

一　中日物流合作的回顾

中国改革开放40年来，中日物流合作在相互依赖、优势互补中快速发展，其历史演进可划分为三大阶段：第一阶段为中国对外开放政策下的中日物流合作（1978～2001年），第二阶段为中国加入世界贸易组织下的中日物流合作（2002～2012年），第三阶段为中国“一带一路”倡议下的中日物流合作（2013年至今）。

（一）中国对外开放政策下的中日物流合作（1978～2001年）

1978年12月18日到22日召开的十一届三中全会上，邓小平同志提出

---

① 智能化高速仓库存储系统，是整个智能物流体系中承上启下的关键环节，主要由出入库输送系统、信息识别系统、自动控制系统、计算机监控系统、计算机管理系统以及立体仓储设备、高速分拣设备、自动化输送设备等辅助设备组成。该系统具有节约用地、减轻劳动强度、避免货物损坏或遗失、消除差错、提高仓储自动化水平及管理水平、提高管理和操作人员素质、降低储运损耗、有效地减少流动资金的积压、提高物流效率等诸多优点。参见《今日中集》第224期，2018年12月。

② 《国务院关于印发物流业发展中长期规划（2014～2020年）的通知》，国发〔2014〕42号。

③ 丁俊发：《改革开放40年中国物流业发展与展望》，《中国流通经济》2018年4月第32卷第4期。

了“解放思想，实事求是，团结一致向前看”① 的重要命题，揭开了中国改革开放的序幕，开辟了建设中国特色社会主义的全新事业。此后，中国实施对外开放政策，中日两国物流领域的合作开始进入初步形成与发展阶段。

日本是一个物流发达的国家，日本的物流现代化是随着社会生产力的发展而逐步扩大完善的。日本物流业的发展经历了以下几个阶段。（1）生产主导时期（1953～1963 年）：这时期的物流服务于大量增长的生产、流通、销售；（2）流通主导时期（1963～1973 年）：物流服务于流通系统化和流通现代化，如建设物流基地和高速公路，发展集装箱和集装箱船运输等；（3）生活消费主导时期（1973～1983 年）：物流不仅服务于生产、流通，还服务于居民的生活消费，许多物流企业建立和发展了居民生活服务的新形式，如“宅急便”等；（4）国际化时期（1983～1990 年代末）：这时期是物流转型时期，如企业的各项设施和服务，随着物流产品的生产、消费方式而变化，即“重变轻、厚变薄、长变短、大变小”，“由少品种到多品种、由大批量到小批量、由低频度到高频度”转化②。

在此背景下，中国主要通过与日本之间的学术交流与研究，学习、引进、借鉴日本物流的先进理念、先进技术、先进模式，初步形成了政府主导的中日物流合作模式。直到 1992 年邓小平同志“南方谈话”中提出将中国经济体制改革目标确立为建立社会主义市场经济体制后，中日物流合作逐渐发展为市场（企业）主导的合作模式，日本的知名物流企业开始步入中国市场，如日本通运（1994 年）、日本邮船（1995 年）等纷纷以设立办事处、分公司、合资公司等形式部署物流网络。这些日本物流企业主要立足于沿海经济发达城市，在珠三角、长三角、环渤海三个地区重点城市进行网络布局，对提升中国国内物流业的现代化水平起了示范和带动作用，还推动了中国国内物流市场的发育和成长。当时，上海、天津、深圳等城市开始把物流列入为支柱产业或新兴产业，并开始促进物流业发展。

---

① 邓小平：《邓小平文选》（第 2 卷），人民出版社，1994。

② 中国物流研究会访日代表团：《关于日本物流的考察报告》，1987 年 7 月。

（二）中国加入世界贸易组织下的中日物流合作（2002～2012年）

2001年11月10日正式加入世界贸易组织后，中国全方位融入经济全球化之中，中日两国物流合作取得快速发展。这时期的物流合作，在很大程度上促进了中日两国的经济合作。由于当时，日本的内需经济处于停滞状态，大部分产业出现供过于求的现象，大部分日本企业将投资分散到资本利用率高的海外。而中国加入世界贸易组织以后，在产业、技术水平等方面有了很大的提高，为了有序开放物流市场，从2002年起，江苏、浙江、广东、北京、天津、重庆、上海、深圳等八个省市率先开展外商投资物流业的试点工作。[①] 2004年8月，中国国家发展和改革委员会等九部委发布《关于促进我国现代物流业发展的意见》，2006年3月14日第十届全国人大四次会议通过了《国民经济和社会发展第十一个五年规划纲要》，物流业第一次被列入五年规划。物流业作为中国国民经济一个产业的地位得以确立，这是一个历史性突破。2009年，为了缓解国际金融危机对实体经济的冲击，中国制定了《物流业调整和振兴规划》，指明了物流基本战略，具体表现在以下四个方面：（1）在国际物流方面，强调加快发展国际物流与保税物流，实现跨国物流基础设施间的协调与衔接；（2）在国内物流方面，强调了物流业在区域间优化配置，以此实现资源优化配置及缩小区域间的发展差距；（3）在物流技术方面，推进物流信息化；（4）在物流产业方面，积极开发物流市场，实现物流服务专业化，促进物流企业间合作重组，为国家重要产业发展服务。[②]

在此背景下，首次中日运输高层会议于2004年4月在东京召开，双方针对两国之间运输、物流、安全和环境等领域的合作交换了意见，还为中日韩三国物流合作打下了基础。自2006年建立中日韩三国运输与物流部长会

① 贾晓航等：《关于加强中日韩物流合作振兴东北经济发展的研究》，《哈尔滨工业大学学报》（社会科学版）2007年第2期。

② 《国务院关于印发物流业调整和振兴规划的通知》，国发〔2009〕8号。

议机制以来，主要围绕“建立无缝物流体系、发展环境友好型物流业、实现物流安全与高效的平衡”三大目标，启动了一批交通工程、信息技术、运输装备等合作项目，通过各个项目下全方位、深层次合作，三国物流业相互促进、彼此融合、共同发展，稳步推进了在运输和物流领域的合作，推动了物流基础设施建设，为改善三国间贸易条件、提高区域竞争力发挥了积极作用。[①] 东北亚物流信息服务网络（Northeast Asia Logistics Information Service Network，简称“NEAL-NET”）是2010年5月中国国家交通运输物流公共信息平台（简称“国家物流信息平台”，“LOGINK”）[②] 与日本的Colins、韩国的SP-IDC牵头组建的全球首个区域性物流信息交换和共享合作机制，NEAL-NET致力于统一物流信息互联标准（即制定了集装箱船舶动态、集装箱状态信息共享标准），推动港口物流信息互联，促进东北亚区域物流信息互联共享。截至2018年9月，NEAL-NET已实现27个港口（中国15个，日本7个，韩国5个）的物流信息互联共享。这说明中日两国政府加大力度推动两国之间或多国间的物流合作，力促现代物流业的快速发展。

（三）中国“一带一路”倡议下的中日物流合作（2013年至今）

2013年，中国提出“一带一路”倡议以来，中日两国物流产业在相互依赖、优势互补中高速发展，但面对的竞争更为激烈。2014年9月12日中国出台《物流业发展中长期规划（2014～2020年）》，提出到2020年要基本建立起一个布局合理、技术先进、便捷高效、绿色环保、安全有序的现代物流服务体系。[③] 此外，国务院办公厅2017年8月17日发布《关于进一步推

① 国土交通省、http://www.mlit.go.jp/seisakutokatsu/freight/seisakutokatsu_freight_tk1_000018.html。

② 国家物流信息平台（LOGINK）是国务院《物流业发展中长期规划（2014～2020年）》的主要任务和重点工程之一，是由交通运输部和国家发改委牵头，由职能部门、科研院所、软件开发商、物流企业等多方参与共建的一个公益、开放、共享的公共物流信息服务网络，是一项政府主导的交通基础设施工程和物流信息化推进工程，是互联网时代政府创新服务、企业创造市场的有力实践。

③《国务院关于印发物流业发展中长期规划（2014～2020年）的通知》，国发〔2014〕42号。

进物流降本增效促进实体经济发展的意见》，同年10月13日发布《关于积极推进供应链创新与应用的指导意见》，将供应链提升到国家层面来，这标志着中国物流业进入新时代，现代物流业的发展将对中国的社会经济发展产生不可估量的影响。

在此背景下，2017年11月8日，中国的LOGINK与国际港口社区系统协会（International Port Community Systems Association，"IPCSA"）、马来西亚巴生港、阿联酋阿布扎比港、比利时安特卫普港等签署合作备忘录，并携手西班牙巴塞罗那港、葡萄牙锡尼什港，共同推进"一带一路"沿线港口物流信息互联共享，构建"一带一路"沿线港口命运共同体。[①] 2018年7月16~19日，中日韩三国代表团出席"第七届中日韩运输和物流部长会议"，对该机制下的行动计划进行重新调整，明确了各国的主导领域并将在"一带一路"等各国的重大倡议下开展项目政策合作。此外，还将开展自动驾驶、无人船等第四次科技革命下的交通科技合作。其中，中国主要开展物流信息服务网络的建设、多式联运的信息共享与合作、港口紧密合作关系的促进，日本主要负责建立无缝物流体系和环境友好型物流政策，规范物流设施装备的标准化。由此可见，这时期的中日两国物流合作是在各自倡议的框架下开展合作，将在既有合作的基础上向更深、更广领域发展。2018年10月26日，中日两国首脑就在"一带一路"框架下开展第三方市场合作达成重要共识。经过双方的讨论，中日第三方市场合作首先可以从周边国家开始，加强在基础设施、新兴产业、国际物流、节能环保、医疗保健、地区开发等领域的合作。日本国土交通省港湾统计数据显示，2012~2016年的五年间，中日两国之间港口货运进出口总量占全球港口货运总量的平均比例达9.68%，其中日本向中国出口和自中国进口的货运量分别占全球的

① IPCSA是众多港口社区系统运营商的"国际联盟"，共有来自英国、法国、德国、西班牙、荷兰、乌克兰、以色列、澳大利亚等国家的21位会员，这些会员保证了全球超过100个海港、空港的交通运输和物流作业，每日处理电子信息达数千万，处理货物超过1.5亿标箱、40亿吨。参见《中国将实现全球31个港口国际物流信息互联共享》，中国一带一路网，2017年11月9日，https://www.yidaiyilu.gov.cn/xwzx/gnxw/33749.htm。

16.31%和7.75%，从总量上来看日本从中国进口大于向中国出口（参见图1）。

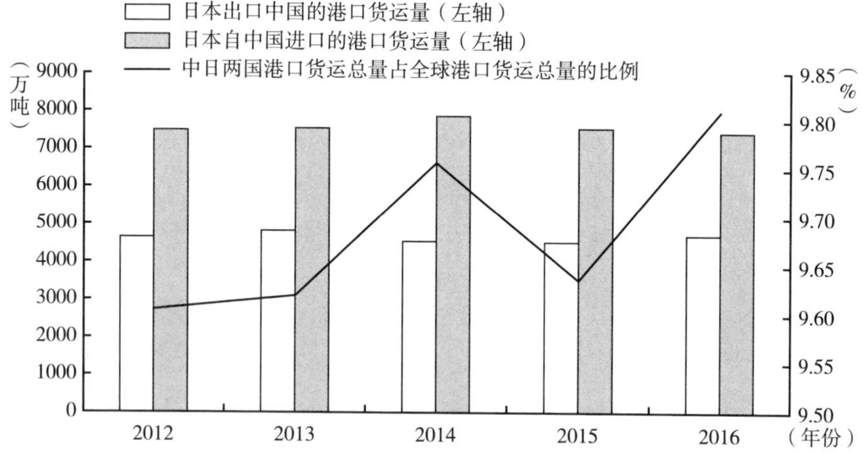

图1　中日两国港口货运量占全球港口货运总量的比例

资料来源：国土交通省『港湾統計』。

总体而言，中国改革开放40年来中日物流合作取得了长足发展，特别是中国加入世界贸易组织以来，随着两国之间经贸合作的快速发展，中日国际物流合作也日益紧密。

随着国际产业转移步伐不断加快和服务贸易快速发展，全球采购、全球生产和全球销售的物流发展模式正在形成。迫切要求形成一批深入参与国际分工、具有国际竞争力的跨国物流企业，畅通与主要贸易伙伴、周边国家便捷高效的国际物流大通道，形成具有全球影响力的国际物流中心，以应对日益激烈的全球物流企业竞争。

二　中日物流合作中存在的问题及其表现

（一）中日两国物流合作中的“差异”问题

一是物流体系标准的差异。物流标准化是物流合作至关重要的基础和关键，主要包括三个内容：物流技术标准（如基础设施、专用工具、机械装备等）、物流业务标准（如物流包装、物流装卸、物流运输、物流存储等）和物流体系统一标准（技术标准与业务标准之间的相互协作）等。具体表现在中日两国托盘规格标准不统一，导致物流体系标准化难以与国际物流标准接轨，增加了中日两国企业间的物流出口成本。近些年来，虽然集装箱运输已经基本实现标准化，但中日两国的运输工具在运输能力、承载量和轨道规范等方面仍然存在巨大差异，导致国际物流运输成本不断增加。

二是物流信息化发展的差异。物流信息化的应用主要体现在三个方面，即信息标准化、信息智能化、信息共享化。中日两国港口物流信息在标准化、智能化和共享化方面存在差异（参见表1）。2016 年全球排名前 20 的港口中，中国占一半，占据第一位的上海其集装箱吞吐量为 3713 万 TEU，且达到自动化程度。但是，深圳、宁波－舟山、广州、大连等港口虽然进入排行榜，却没达到自动化程度。这表明中国港口虽然在水深上有优势，但自动化水平低，亟待进一步加强物流信息化建设。

三是物流服务专业化的差异。物流合作要求物流企业建立社会化、专业化、精益化的服务体系，鼓励物流企业功能整合和业务创新，发展定制化物流服务，满足日益增长的个性化物流需求。中日两国的物流服务在供给结构、供给质量、供给效率方面都存在许多短板。物流资源的优化整合与优化配置是专业化程度的具体表现。

四是物流供应链透明化的差异。一般来说，物流成本过高的原因在于物流活动成本的模糊性和不确定性，这些导致物流成本难以控制。物流合作要求公平公正，加强物流供应链的透明化，有助于供应链上各节点物流企业共同受益。中日两国在物流供应链的衔接与组合运转不够透明。

五是物流合作体制机制合理化的差异。主要表现在政府间政策法规体系不够完善，市场秩序不够规范，信用体系建设滞后，物流从业人员素质低等方面。目前，中日两国物流合作体制机制的合理化有待提高。如深化物流管理体制改革，统筹两国间物流体系建设，建立有利于资源整合和优化配置的物流体制机制。

表1　2016年全球排名前20的港口（水深16m以上）的集装箱吞吐量和自动化程度

排行	港口名称	集装箱吞吐量（万TEU）	自动化	排行	港口名称	集装箱吞吐量（万TEU）	自动化
1	上海（中国）	3713	○	11	巴生（马来西亚）	1316	×
2	新加坡	3039	○	12	鹿特丹（荷兰）	1238	○
3	深圳（中国）	2397	×	13	高雄（中国台湾）	1046	○
4	宁波－舟山（中国）	2156	×	14	安特卫普（比利时）	1003	○
5	釜山（韩国）	1985	○	15	大连（中国）	961	×
6	香港（中国）	1981	○	16	厦门（中国）	961	○
7	广州（中国）	1885	×	17	汉堡（德国）	891	○
8	青岛（中国）	1801	○	18	洛杉矶（美国）	885	○
9	迪拜（阿联酋）	1477	○	19	丹戎帕拉帕斯（马来西亚）	828	○
10	天津（中国）	1449	○	20	林查班（泰国）	722	○

资料来源：日本国土交通省的《港湾统计》和港湾局调查资料。

（二）中日两国物流合作中的“需求”问题

一是中日两国物流市场的需求。近年来，随着中国经济的快速发展，中国的生产成本逐渐上涨，物流生产据点逐渐向东南亚等新兴市场转移，中日两国的大多数企业都在东南亚地区出资建设集装箱港口（中国企业的主要出资项目参见表2）。目前，在“一带一路”框架下中日双方依据以企业为主体、市场运作、政府引导、互信互利的原则，探讨第三方市场合作的优先区域和重点领域，积极探索共赢合作的模式。尤其是，在维护双方共同利益的前提下，在东盟地区、亚太地区和欧盟地区共同推动NEAL－NET的应用等。

二是中日两国物流节能环保的需求。虽然物流业的高速发展带来了繁荣，但同时也带来了交通混杂、事故频发、环境破坏等问题。① 近年来，中日两国在节能减排、绿色环保的原则下，鼓励采用节能环保的技术和装备，提高物流运作的网络化、组织化水平，降低物流业的总体能耗和污染物排放水平。

三是中日两国物流安全高效的需求。近年来，为了应对老龄化社会，日

① 章竟：《日本物流业的发展特点及新趋势》，《日本学刊》2007年第3期。

本物流业积极为女性和老龄劳动者创造了适宜的工作环境，减轻了因劳动力匮乏带来的工作效率低的问题。还在物流产品的质量安全、交通运输和劳动安全等方面强化安全管理措施。

此外，中日两国之间的物流规模对中日双边贸易的推动效应即将达到顶峰（参见图2）①。2007年以后中日两国物流的规模一直处于快速增长状态，据统计，2008年中日双边贸易总额达2667.9亿美元，同比增长13%，占同期中国外贸总值的10.4%，中国继续保持日本第一大贸易伙伴地位，日本继续保持中国第三大贸易伙伴和最大进口来源国地位。中日双边贸易的实现离不开商品在中日两国之间安全、通畅、快捷的流动，因此中日两国物流合作是中日双边贸易必不可少的前提条件。②

表2　中国企业出资建设的集装箱港口

港口	投资内容
高雄港(中国台湾)	东方海外(OOCL)与高雄港务局(Kaohsiung Harbor Bureau)更新15年的贷款合同
汉班托塔港(斯里兰卡)	招商局港口集团股份有限公司(China Merchants Port Holdings)和斯里兰卡港湾局之间成立运营汉班托塔港的两个合资公司(HIPG和HIPS),转让99年的运营权。招商局港口集团股份有限公司持有70%的股份
科伦坡港(斯里兰卡)	招商局港口集团股份有限公司持有科伦坡国际集装箱站85%的股份
哈利法港(阿联酋)	2016年9月,中国远洋运输(集团)总公司(COSCO)与阿布扎比港务局成立合资公司,转让35年的运营权。中国远洋运输(集团)总公司(COSCO)持有90%的股份
比雷埃夫斯港(希腊)	2016年4月,中国远洋运输(集团)总公司(COSCO)取得Piraeus Port Authority(PPA)51%的股份,将在今后的5年里继续收购16%的股份
纳斯港(意大利)	中国远洋运输(集团)总公司(COSCO)与MSC成立JV,运营集装箱站。中国远洋运输(集团)总公司(COSCO)持有50%的股份

① 陈颖杰通过生长曲线函数分析了中日两国物流规模的增长对中日两国贸易的推动规律，并预测出贡献度拐点为1265.28万吨，得出中日两国物流总量的发展即将接近这一拐点，认为深化物流改革、提升物流效率、拓展物流内涵将是未来中日两国物流的发展方向。参见陈颖杰《基于生长曲线算法的中日国际物流规模增长对中日国际贸易推动作用规律研究》，《技术与方法》2017年第2期。

② 崔鸽：《国际物流对国际贸易促进作用的理论分析》，《改革与战略》2015年第7期。

续表

港口	投资内容
洛美港(多哥)	招商局港口集团股份有限公司收购 Lome Container Terminal 在 2012 年持有 35 年开发经营权的 Thesar Maritime Ltd. 50% 的股份
毕尔巴鄂/瓦伦西亚港(西班牙)	2017 年 6 月，中国远洋运输(集团)总公司(COSCO)取得西班牙 Noatum Port Holdings 51% 的股份

资料来源：Drewry Grobal Container Terminal Operators 2017。

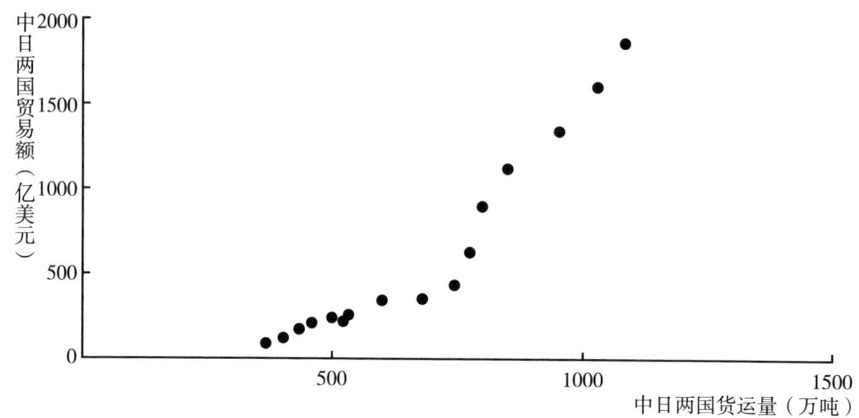

图 2　中日两国贸易额与货运量

资料来源：陈颖杰：《基于生长曲线算法的中日国际物流规模增长对中日国际贸易推动作用规律研究》，《技术与方法》2017 年第 2 期。

三　对中日物流合作的几点思考

“一带一路”框架下的中日两国物流合作的目标是“建立无缝物流体系、发展环境友好型物流业、实现物流安全与高效的平衡”。在目前新的国际、国内形势下，如何解决物流合作中所面临的一系列“问题”，如何选择共创、共赢、共发展的“出路”，如何实现两国物流合作的“三大目标”，是亟待解决的难题。本文通过对中日两国物流合作的回顾，分析了中国改革开放 40 年来中日物流合作的历史演变以及合作中存在的问题，即五个方面的“差异”和三个方面的“需求”。本文基于中日两国发展物流业的主要原则来探索推动中日物流合作的路径，以下提出其路径选择的几点思考。

第一，“建立无缝物流体系”这一目标，要以建设中日韩自由贸易区为契机，充分发挥中日两国比较优势，加快建设统一的物流体系标准，加强多式联运的信息共享与合作，降低物流运输成本，提高物流服务能力，完善合作体制机制。

第二，“发展环境友好型物流业”这一目标，要积极探讨加强绿色物流合作的途径和方法，鼓励使用节能环保技术和清洁能源的运输装备，降低物流业的总体能耗和污染排放水平，加大力度发展交通运输循环经济，促进物流业发展与资源环境的和谐统一。

第三，“实现物流安全与高效的平衡”这一目标，要构建安全稳定的物流系统。加强物流链的安全监管、应急管理方面的交流与合作，不断完善运输安全设施，最大程度减少事故隐患，共同应对公共安全和应急管理方面的新挑战，提升处置重大灾害和突发事件的反应能力。目前，中日两国都处于老龄化社会，物流作为服务业要保障中日两国之间货物、人员的高效、安全、便捷移动，要协调好安全措施实施与货物顺畅流动的关系。

总之，国内外经济学家一致认为物流和供应链是一个国家综合国力与竞争力的重要标志，能够实现降本增效，并能成为新动能和经济新增长点。随着全球物流业的快速发展，有待开发新的物流和供应链，物流合作空间也越来越广阔。因此，中日两国物流合作应依据以物流企业为主体、市场运作、政府引导、互信互利的原则，共创、共赢、协调发展。

B.20
日本制造业企业海外经营视角下的日中经济关系
——兼论国际协力银行与中国的合作

〔日〕越智干文*

摘　要： 2018年不仅是中国改革开放40周年，同时也是《中日和平友好条约》缔结40周年，在中日经贸关系历史上具有重要意义。日本国际协力银行已连续实施“日本制造业企业海外业务发展调查”30年，详细分析了日本企业海外经营收益情况、未来海外业务开展状况、愿意开展海外业务的国家和地区等方面的信息，对理解日本企业的海外业务拓展具有重要参考价值。日本国际协力银行在中国的改革开放进程中发挥了重要作用，从初期的支援中国基础设施建设到促进日本企业实施对华直接投资，近期则注重支持中日两国在第三方市场展开合作，推动中日经贸关系持续健康发展。

关键词： 改革开放　中日经贸关系　海外业务　对华直接投资　能源贷款

2018年是中国改革开放40周年，而且也是《中日和平友好条约》缔结40周年。在这40年间，中日两国的政治及外交关系经历了诸多波折，但两

---

* 越智干文，日本国际协力银行驻华首席代表，主要研究领域：中日经贸合作、国际金融合作。

国的经济关系却取得了长足发展，中日两国的经济依存程度不断上升。改革开放以来，日本对华直接投资以及两国间资金合作对中国的经济发展做出了一定的贡献，而且也促进了日本企业的发展。本文依据日本国际协力银行实施的《日本制造业企业海外业务发展调查报告》，回顾改革开放 40 年来的中日经济关系。

一 《日本制造业企业海外业务发展调查报告》与日本企业海外业务发展分析

为明晰日本企业海外业务开展情况，日本国际协力银行每年负责开展“日本制造业企业海外业务发展调查”，涉及日本企业海外业务经营情况、未来业务开展计划、愿意开展业务的国家和地区等内容，并结合世界经济形势，开展针对保护主义政策及环保业务等专题项目的调查。该项调查是了解日本企业开展海外业务情况的重要信息来源。以下基于 2018 年度的最新调查结果，探讨日本企业海外业务开展情况。

（一）《日本制造业企业海外业务发展调查报告》的基本情况

日本国际协力银行自 1989 年开始持续对日本的制造业企业海外业务的开展情况实施调查，至今已经延续 30 年。本调查的研究对象为具有三家以上海外子公司（包含一家海外生产基地）的日本制造业企业，企业名录源自日本东洋新报社数据库，调查方法为向日本母公司的企划部门寄送调查问卷。2018 年总计向 1012 家企业寄送调查问卷，获得的有效问卷数为 605 件，问卷回收率为 59.8%。[①] 本调查在每年的 7 月寄送调查问卷，并在 9 月收回整理，于每年的 11 月中下旬公布调查结果。本调查详细分析了日本企业的海外投资情况，对于理解日本企业在华投资动向具有参考意义。

---

① 日本国際協力銀行『わが国製造業企業の海外事業展開に関する調査報告 2018 年度』、https：//www. jbic. go. jp/ja/information/press/press－2018/1126－011628. html。

（二）调查对象企业的基本情况

本次调查收到有效问卷605份。调查结果显示，日本企业的海外生产比率、海外营业收入比率以及海外收益比率均在不断升高。由此可见，进入21世纪以后，海外业务在日本企业的经营范围内所占比重日趋提升。从海外子公司的区域布局角度看，78.8%的日本制造业企业具有在华的生产和销售公司，远远高于位居第二位的泰国（49.2%）。中国在日本对外直接投资中占有重要地位。从投资收益满意度看，被调查企业普遍认为海外投资业务收益要高于日本国内业务收益，特别是亚洲地区的投资能够带来较高收益。日本企业当前愈发重视海外业务的开展与实施。

（三）未来海外业务发展计划

如图1所示，有75.6%的日本企业预计在中期（今后三年左右）内扩大海外业务。虽然日本企业始终重视海外业务开展，但是越来越多的企业更加重视整合现有生产资源、强化现有生产线，导致具有扩大海外业务意愿企业的比例有所下降，从2011年的87.2%下降至2017年的72.1%，但2018年这一下降趋势出现缓和，上升至75.6%。造成这一现象的原因主要有：应对亚洲地区不断扩大的产品需求、面向中国富裕阶层的业务扩张、电动汽车（EV）普及所带来的需求增加等。与此相对的是，具有扩大日本国内业务意愿企业的比例则不断上升，2018年达到45.9%，已经恢复到国际金融危机发生以前的水平。这表明日本企业正在积极更新日本国内的生产设备。

虽然调查结果表明日本企业的海外投资热情有所下降，而国内投资的意愿稳步上升，但是这并不意味着日本企业对海外业务的重视程度出现下降。仍有约七成的日本企业认为，今后要继续扩大海外业务，并维持国内业务现状，且具有同样意向的企业比例从2012年以来始终处于增加的趋势之中。今后仍有必要注意日本企业的业务开展计划情况，但是在现阶段对于日本企业而言“海外业务”和“国内业务”并非相互替代的关系。

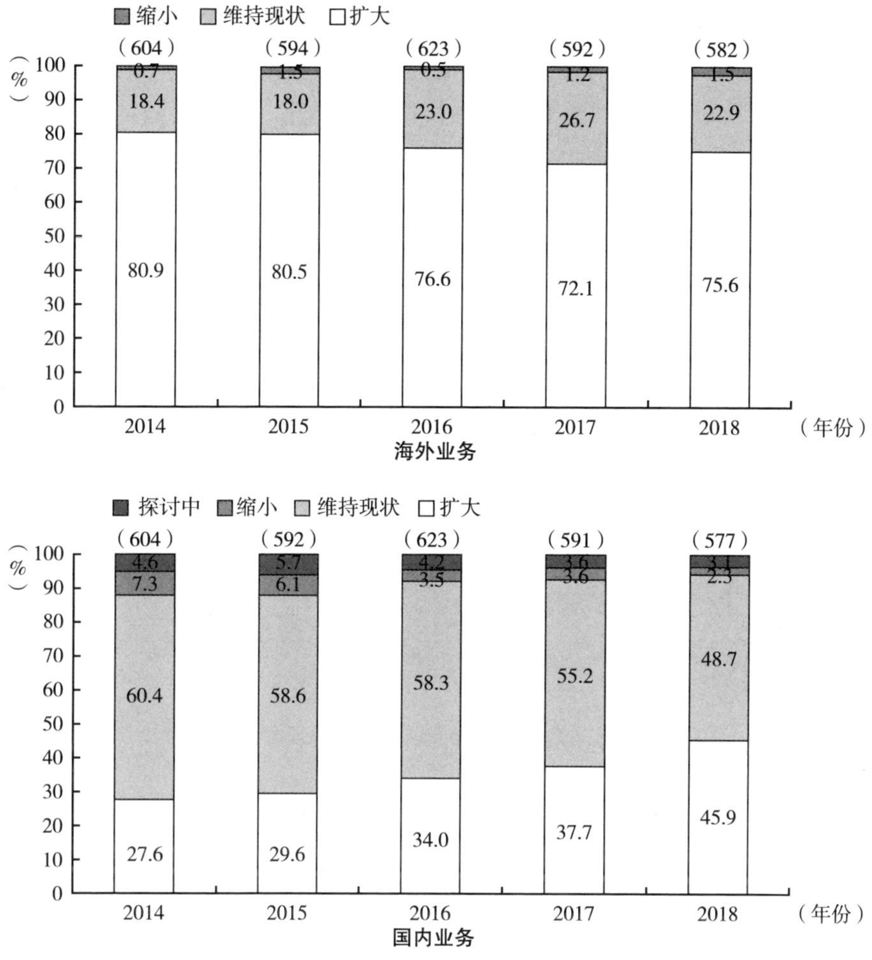

图 1　日本企业的中期海外业务和国内业务发展计划变迁

（四）日本企业愿意开展海外业务的国家和地区分析

日本制造业企业海外业务发展调查还分析了在中长期内日本企业愿意开展海外事业活动的国家和地区。如图 2 所示，2018 年，有 52.2% 的日本企业选择中国作为中长期内愿意开展海外事业的国家，同比提高 6.5 个百分点。其中，一般机械和精密仪器行业的日资企业更愿意开展中国业务。近年来，中国居民收入水平的提高，促进了易耗品以及汽车等耐用品的消费，从而导致日本企业在中国市场的半导体、工作机械等产品的销售日趋增加，其在华设备投资也不断提高。印度在该项调查中位居第二位，2017 年因为受到废止高额纸币等政策的影响，导致其得票率下降，但随着经济制度趋稳，2018 年认为印度具有发展潜力的日本企业所占比例再次提升至 46.2%。

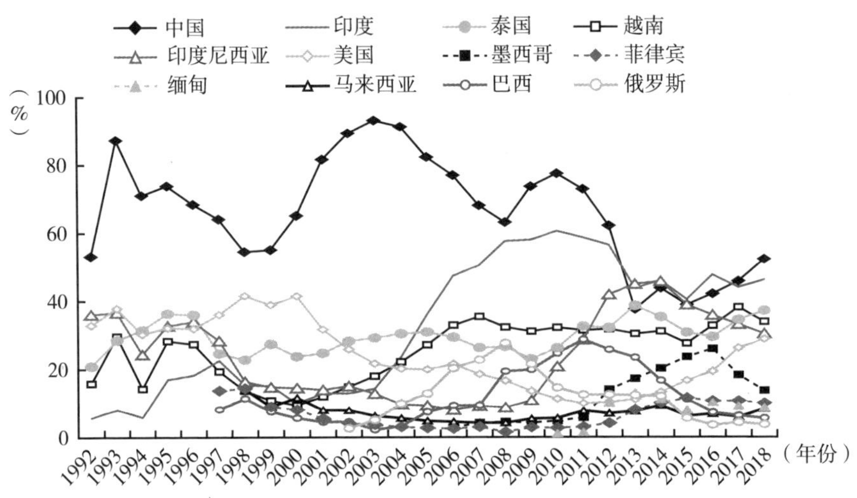

图 2　中期日本企业愿意开展海外业务的国家和地区变化

图 2 表示了自 1992 年以来的日本企业中期内愿意开展海外事业活动的国家和地区所占比例。由图 2 可知，中国一直是日本企业愿意开展海外事业活动的国家，并在 20 世纪 90 年代以及 21 世纪初期处于第一位。进入 21 世纪以后，印度、印度尼西亚、泰国、越南等亚洲国家对日本企业的吸引力开始增加。2013 年中国的排名下降至第四位，而印度、印度尼西亚、泰国等国的排名则不断上升，但没有一个国家像 21 世纪初的中国那样与其他国家拉开了巨大差距。2018 年，中国和印度两国的排名较为靠前，并与其他国家拉开了差距。在亚洲地区以外，美国和墨西哥的动态变化值得关注。特朗普上台后，其经济政策影响了日资企业在墨西哥的投资活动，导致墨西哥的排名下降，而美国的排名出现上升，两国间的差距日趋增大。由此可见，保护主义的经济政策对日本企业的经济决策产生了影响。

图 3 反映了日本企业愿意开展海外业务的国家变化对其实际直接投资金

额的影响。由图3可知，日本企业愿意开展海外业务国家变化与日本对外直接投资额之间存在着一定的相关关系，这一关系在投资活动的初期表现得更为明显。由此可见，本调查中的日本企业愿意开展海外业务国家变化这一指标可以作为预测日本对外直接投资的先行指标。

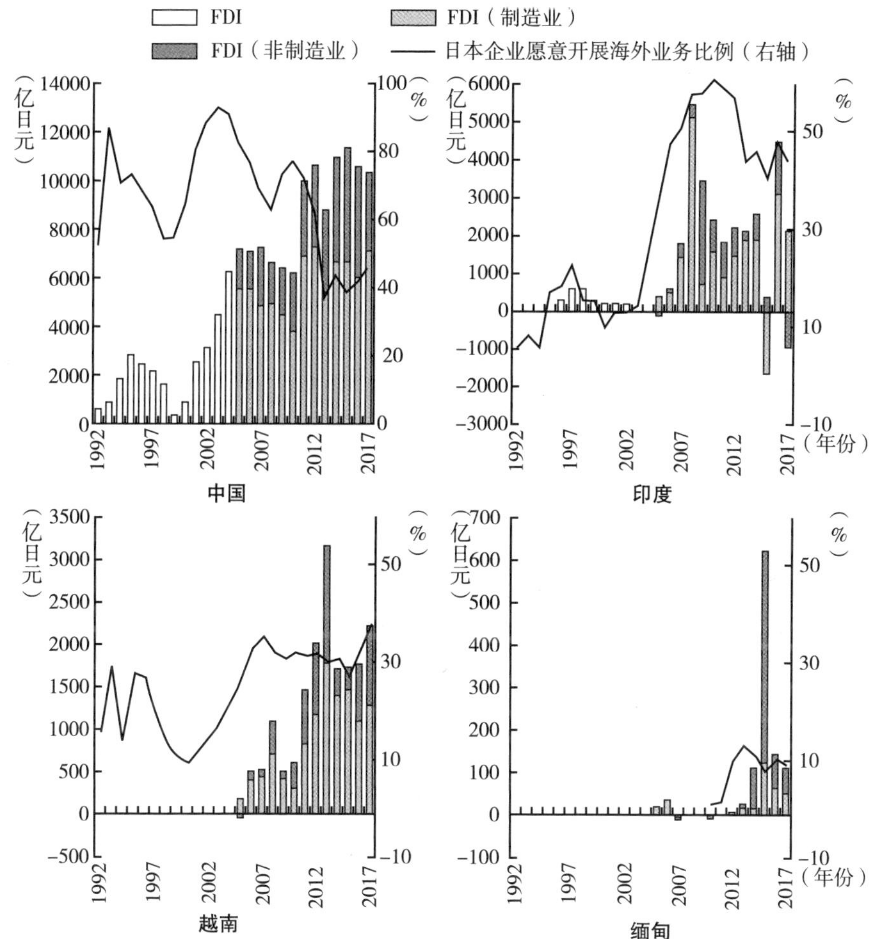

图3　日本企业愿意开展海外业务国家和地区及日本对外直接投资额变化

注：2005年之前因无按产业类别的统计数据，故使用总额表示。

资料来源：財務省『財政金融統計月報（國際收支特集：地域別国際收支統計）』（1992～2004年）、日本銀行「國際收支統計（業種別・地域別直接投資）」（2005～2014年）、日本銀行「國際收支統計（直接投資フロー）」（2015～2017年）。

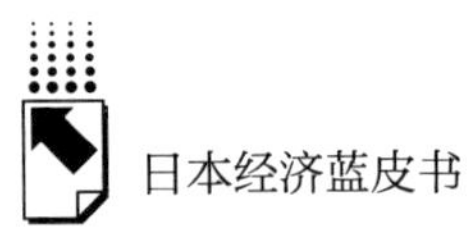

（五）日本企业对于在中国和印度投资的态度比较

本次调查还涉及日本企业对于有潜力国家实施投资的原因，以及在投资过程中遇到的问题。本文比较了日本企业对中印两国的投资态度。日本企业普遍认为中印两国是具有投资潜力的国家，其主要理由为“当地市场未来的成长潜力”。看重中国市场未来成长潜力的企业有72.9%，认为印度市场具有成长潜力的则有82.2%。但是在“当地市场的现有规模”这一问题上，日本企业对于中印两国的评价出现差异，有63.8%的日本企业认为中国市场具有规模优势，而仅有35.5%的企业认为印度有优势。另外，在过去的十年中日本企业对于中国市场规模的评价始终处于上升趋势，但是对印度市场规模的评价却没有发生变化。

值得注意的是，2018年有13.6%的日本企业将“当地的基础设施完善”作为选择中国投资的理由。这一比例与美国和泰国相同，说明日本企业对于中国基础设施的建设情况给予了较高评价。而有35.6%的日本企业认为，印度的基础设施建设程度不高，影响了其投资决策。虽然近十年来这一比例有所下降，但是基础设施建设的不完备始终是影响日本企业投资印度的一个重要方面。从上述分析可以看出，日本企业始终将“市场规模”以及“当地基础设施建设情况”作为投资决策的重要影响因素。

此外，自2010年以后对于“长期（今后十年）中愿意开展海外业务的国家和地区”这一问题，印度获得了日本企业最多的关注，长期处于第一位。2018年的调查结果显示，中国的排名也出现了大幅度上升。如图4所示，日本企业虽然对中国的基础设施建设评价较高，但也指出中国在“法律保障”、“知识产权保护”以及“外汇管制”等方面存在改善的空间。这些问题对于跨国企业的投资决策而言非常重要，加强这些领域的建设有望吸引更多的日本企业来华投资。

（六）保护主义政策的影响

近年来，美国特朗普政府上台后保护主义政策再次抬头，导致世界各地

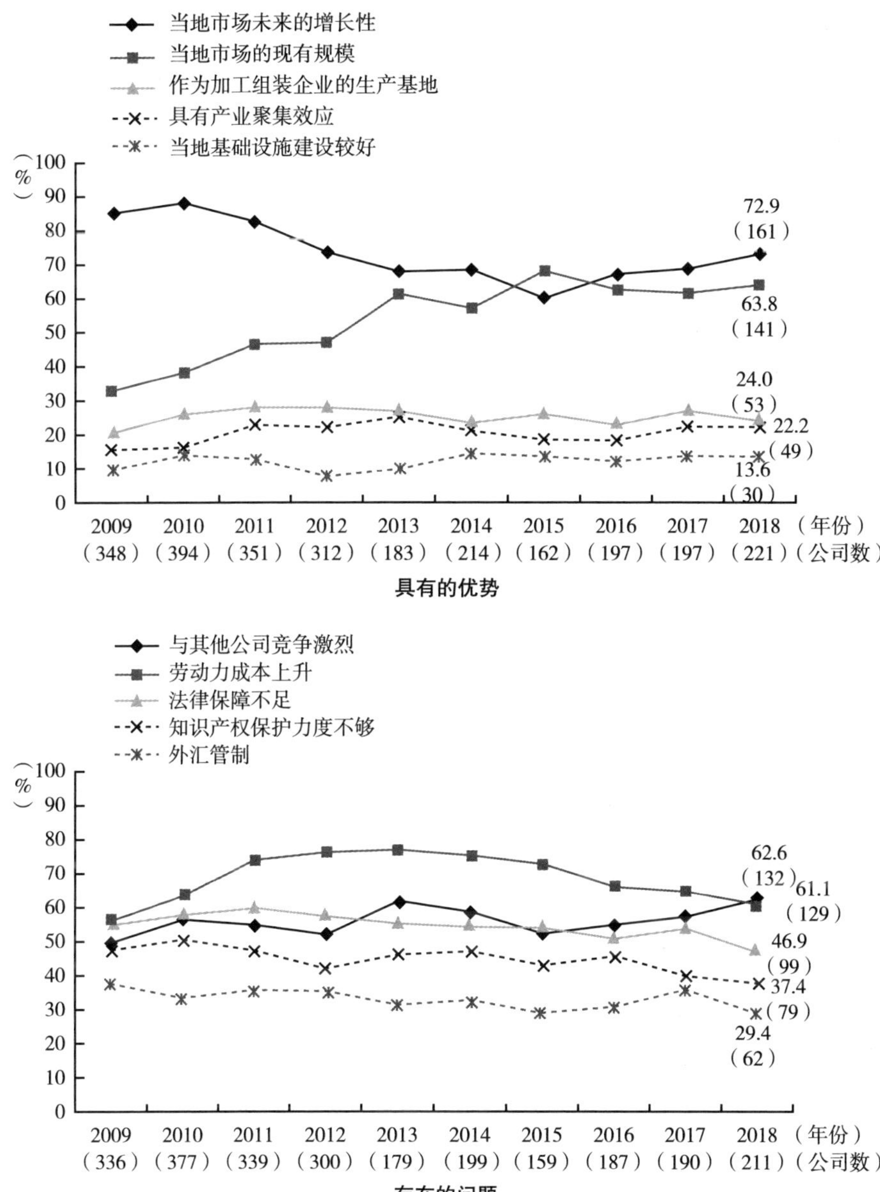

图 4　中国在吸引日本企业投资时的优势与问题

针对特定产品增加关税，从而对日本企业造成了影响。在 2018 年度的调查中，加入了保护主义政策与企业收益、贸易交易、海外直接投资、国内生产

等方面关系的内容。从调查结果来看，日本企业普遍认为保护主义政策对企业收益、贸易交易等产生了一定影响，但是从目前看还没有对日本企业的海外直接投资产生影响。虽然现阶段的调查结果显示保护主义政策对日本企业的海外直接投资决策影响较小，但是有企业反映，随着国际贸易的不确定性增加有可能会减少企业对外直接投资。因此，有必要对此问题保持持续关注。

此外，在接受调查的549家企业中，有33家企业预计将增加海外直接投资，而有28家预计将减少海外直接投资。比较海外直接投资的增减理由后发现，有13家企业选择减少对美投资，而有20家企业选择加强对美投资，增加大于减少。而选择加强或减少对华投资企业的数目均为11家，数量相同。对于中国和美国以外国家的直接投资，共有12家企业选择增加，3家企业选择减少。由此可见，保护主义政策可能对当事国以外的国家和地区的直接投资产生影响。

（七）中国的环保监管及日本企业环保业务的开展

近年来，中国政府重视环境问题，加强了环境管理。习近平主席指出："绿色发展，就其要义来讲，是要解决好人与自然和谐共生问题。"① 中国目前正在推动产业结构绿色转型，推动形成绿色发展方式和生活方式，因而加强了对环境问题的重视程度。因此，有54.1%的日本企业认为中国"环境管制有所加强"，另有54.1%的企业认为EU15② 加强了环境管制，36.3%的企业认为美国加强了环境管理。其中，有51.3%的日本企业认为中国的环境管理会对企业经营业务产生负面影响，另有41.5%的日本企业认为ASEAN10③ 的环境管制会对其业务产生不利影响。与此相对的是，因为美国

① 中共中央宣传部：《习近平新时代中国特色社会主义思想三十讲》，学习出版社，2018，第247页。

② EU15即欧盟15国，包括奥地利、比利时、丹麦、芬兰、法国、德国、希腊、爱尔兰、意大利、卢森堡、荷兰、葡萄牙、西班牙、瑞典和英国等国家。

③ ASEAN10即东盟10国，包括印度尼西亚、马来西亚、菲律宾、新加坡、泰国、文莱、越南、老挝、缅甸、柬埔寨。

和 EU15 等国家和地区对于环保类产品的需求增加，导致日本企业认为其“正面影响”大于“负面影响”。

具体而言，日本企业认为环保措施加强的负面影响在于，会导致设备投资支出增加以及零部件价格上涨等问题，从而导致生产成本提高，这一问题在发达国家和发展中国家间差距不大。但是，日本企业认为在中国比较突出的问题有两点，一是“在当地难以开工，需要转移或关闭工厂”；二是“环境管制措施复杂且不透明导致难以应对”。关于第一点，中国城市化进程的发展以及周围环境的改变，从而导致工厂需要搬迁。而关于第二点，则需要中国加强在政策可预见性等方面的建设。

国际环保意识的增强，会促进企业开展环保业务。调查结果显示，汽车行业（电动汽车、节能汽车）的环保业务开展趋势最为明显，从区域看中国地区的环保业务最具有吸引力。这是因为中国不仅是世界最大的汽车市场，而且中国还将电动车作为未来的发展方向，从而促进了日本企业在这方面的环保业务。除汽车行业以外，电机、电子、化学等行业的日本企业也认为环保业务将会增加。

（八）日本企业海外业务开展情况展望

1985 年“广场协议”签署以后，日元快速升值，从而促进了日本企业的对外直接投资。[①] 2018 年是日本国际协力银行实施本项调查的第 30 年，本项调查实施的时间正好与日本企业开始对外直接投资的时间相吻合。在这期间，日本企业的海外业务获得了快速发展，当前日本企业的收入、生产及收益的 40% 左右都来自海外业务，日本企业开展海外业务的目的及海外业务据点的定位随着外部环境的变化而变化。其中，东道国的发展情况是影响日本企业开展海外业务的重要因素。

图 5 反映了日本企业愿意开展海外业务国家的理由变化。其纵轴表示

① 植村修一『バブルと生きた男ある日銀マンの記録』、日本経済新聞出版社、2017 年、76 頁。

“廉价的劳动力”，而横轴表示“当地市场的现有规模”。从图 5 可以看出，日本企业选择愿意开展海外业务国家[①]的理由逐步从“廉价的劳动力”向“当地市场的现有规模”转换。其中，中国的动态变化最为显著，随着经济快速成长，中国正在从“世界工厂”向“世界市场”发生转变，日本企业选择中国投资的理由也随之变化。此外，调查结果还显示，近年来，将“作为向第三国的出口基地”以及“作为对日出口基地”当作开展海外业务理由的日本企业数量下降。日本企业对投资对象国的定位也在逐渐发生变化。

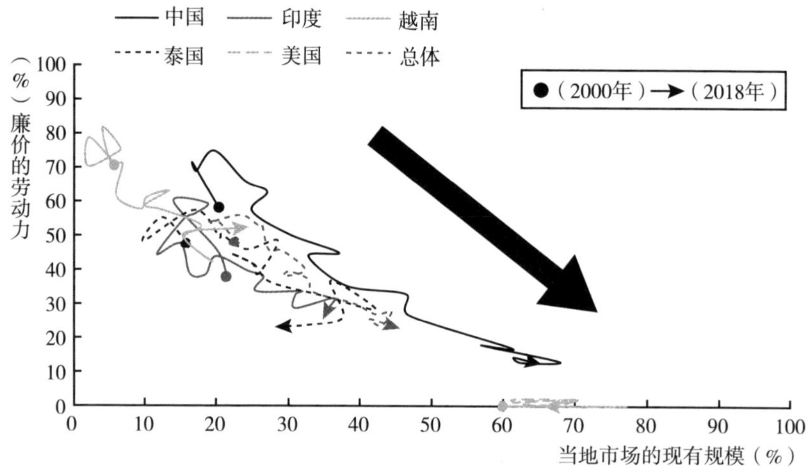

图 5　日本企业愿意开展海外业务国家的理由变化

从东道国的角度看，积极吸引包括日本在内的直接投资，可以促进东道国的经济发展，其成果能够惠及该国国民。随着劳动力成本的上升，东道国国民的购买力也会随之增长，从而彰显出东道国作为消费市场的魅力。这一变化过程已经在很多国家的发展历程中得到确认。受到这种情况的影响，外资企业的投资理由也会产生相应的变化。

① 日本企业愿意开展海外活动的主要国家包括：中国、印度、越南、泰国、印度尼西亚、美国等。

图 6 反映了制约日本企业开展海外业务的主要问题，影响日本企业实施直接投资的因素，逐步从“基础设施的不完善”转向了“与其他公司的激烈竞争”。2018 年度的调查结果显示，只有 5% 的日本企业将“基础设施的不完善”作为制约向中国投资的理由，而这一比例在 2000 年时曾高达 40% 。

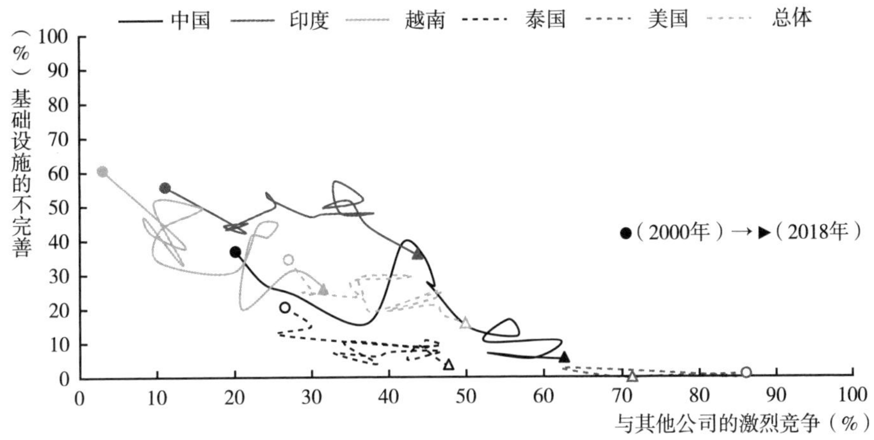

图 6　日本企业认为开展海外业务中存在的课题

2015 年度的调查结果中，包含了日本企业对各投资对象国基础设施建设的评价，包括电力、工业用水、道路、铁路等方面。日本企业普遍对中国的基础设施建设情况给予了很高评价，并与其他国家拉开了差距。由此可见，在东道国经济发展初期，制约日本企业投资的主要因素是东道国的基础设施建设情况。基础设施建设的完备有利于吸引外资，从而促进东道国经济发展。

二　日本国际协力银行在中国的业务发展情况及展望

日本国际协力银行股份有限公司（JBIC）于 2012 年成立，其前身为 1950 年 12 月设立的日本进出口银行，是日本政府的全资国有政策性金融机构，主要负责支持日本企业的贸易、投资等海外业务活动。日本国际协力银行在中国北京等世界各地共设有 16 个事务所，截至 2018 年 3 月日本国际协力银行出资及融资担保金额累计达到 16.3 万亿日元（约合 1.1 万亿人民币）。日本国际协力银行（及其前身日本进出口银行）在中国的业务活动早在中日邦交正常化实现前十年就已经开始，以实施面向中国的出口信贷业务为标志。1980 年日本进出口银行与东京银行（现在的三菱 UFJ 银行）一起，在北京设立了办事处，同时也是第一家在北京设立办事处的外国银行。随着中国的经济发展情况、吸引外资方针、中日外交关系等方面的变化，以及日本在华企业的经营调整，日本国际协力银行也在调整其自身的定位与作用。

如图 7 所示，日本国际协力银行在其组织变迁的过程中，在 1999 ~ 2008 年也承担了政府开发援助的工作，这一时期的日本国际协力银行被称为“原 JBIC”。在日本对华资金支持方面，除对华直接投资外，以政府开发援助（ODA）为代表的有偿资金合作也占据非常重要的部分，但是由于篇幅所限，本文不涉及政府开发援助的探讨。本文以中国的吸引外资政策变化为主线，分析日本国际协力银行的在华业务开展情况。

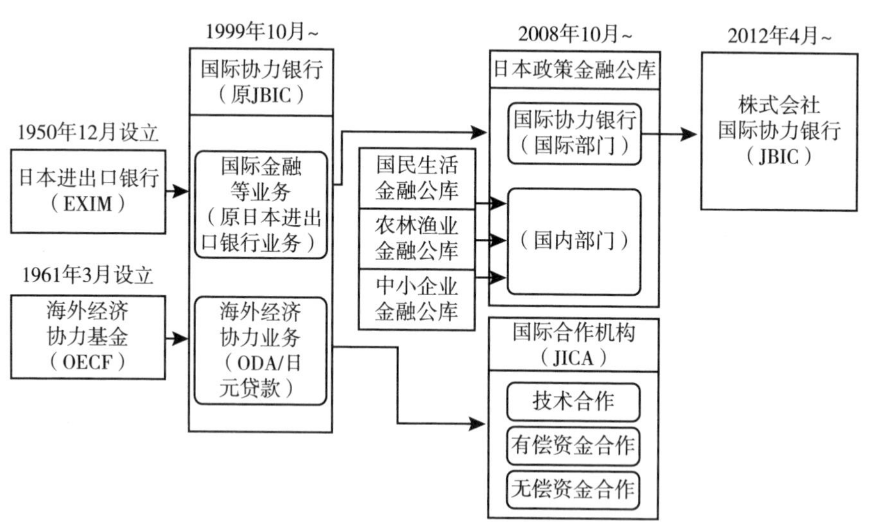

图 7　日本国际协力银行的组织变迁过程

（一）20世纪80～90年代日本国际协力银行在华业务发展情况

改革开放之初，制约中国经济发展的主要问题在于基础设施的建设与完善。中国的第六个五年计划（1981～1985 年）指出，要积极有效利用国外资金，推动中国的生产建设发展，将外资利用的重点置于能源、交通建设及改造企业技术和设备更新等方面。[①] 此外，中国的第七个五年计划（1986～1990 年）中提出，利用外资的重点，一是能源、交通、通信和原材料，特别是电力、港口、石油等方面的建设，以及机械电子等行业的技术改造；二是扩大出口创汇能力和实行进口替代。[②]

进入 20 世纪 90 年代后，中国除了继续重视引进政府开发援助资金外，还开始积极吸引外资企业来华投资，带动了对华直接投资的增加，并加强了对外资的管理。20 世纪 90 年代后期发生了亚洲金融危机，而此时中国也公布了第九个五年计划（1996～2000 年）。第九个五年计划指出，要积极合理有效利用外资，扩大外商直接投资规模，要根据中国的经济发展需要和偿还能力，做到适度和高效。[③]

为了推动中日两国开展石油、煤炭等方面的贸易，两国于 1978 年签订了《中日长期贸易协定》。根据这一协议，当时的日本进出口银行于 1980 年实施了总计 1.7 万亿日元的对华能源贷款，共分三次完成。[④] 这次贷款推动了大庆、胜利等中国主要油田的开发。此外，日本对华政府开发援助则对中国的铁路建设、港口整备等发挥了积极作用。1993 年，日本政府制定了“资金合作计划”，旨在推动发展中国家的市场经济发展。从 1996 年开始，

① 《关于第六个五年计划的报告》，中国政府网，http：//www.gov.cn/test/2008－03/11/content_916744.htm。

② 《中华人民共和国国民经济和社会发展第七个五年计划摘要》，中国共产党新闻网，http：//cpc.people.com.cn/GB/64184/64186/66679/4493897.html。

③ 《第九个五年计划》，中国网，http：//guoqing.china.com.cn/shisanwu/2017－01/17/content_40119604_16.htm。

④ 1979 年实行 4200 亿日元的第一次能源贷款，1984 年实行 5800 亿日元的第二次能源贷款，1992 年实行 7000 亿日元的第三次能源贷款。

日本与中国实施不限定采购国别贷款合作，主要对象为电力、桥梁、港湾、机场等基础设施建设。中日两国的不限定采购国别贷款合作取得了一系列重要成果，包括的项目主要有：深圳机场扩建（1997 年）、杭州萧山机场建设（1998 年）、广州白云机场建设（2001 年）以及上海外环线建设（1998 年）等。此外，日本对华政府开发援助资金还用于北京首都机场第二航站楼、上海浦东机场第一航站楼的建设。这些基础设施项目的建设，推动了日本企业等外资企业的对华直接投资。

日本企业对华直接投资历程，通常认为共有四次高潮。其中第一次高潮（20 世纪 80 年代后期）和第二次高潮（1992 ~ 1998 年）被称为中国投资热潮。[①] 第一次投资高潮的出现，其原因在于，日元的快速升值，加快了日本企业向中国地区的投资。从产业角度看，这一时期的投资产业以纺织业、食品加工业为主，来华投资的主要目的在于利用中国的廉价劳动力。从投资区域方面看，此时的日本对华直接投资集中于深圳等经济特区，以及日语人才较多的大连等渤海湾地区。1992 年邓小平“南方谈话”后，出现了日本对华直接投资的第二个高潮。这一时期，来华投资的产业范围扩展到了电子机械、一般机械等行业，主要目的在于利用中国廉价且高质量的劳动力资源。从区域分布上看，除了加强对华南地区的投资外，随着浦东新区的开发，日本企业开始加强对华东地区的投资。

（二）21世纪以后日本国际协力银行在华业务发展情况

2001 年中国正式加入世界贸易组织（WTO），并正式走上了社会主义市场经济的道路。随着中国市场经济改革步伐的加快，中国在利用民间市场性资金方面的选择不断增加。受此影响，中国吸引外资的重点逐渐转向引进直接投资，为此积极改善投资环境，更有目的性地使用直接投资和政府援助资金。

中国的第十个五年计划（2001 ~ 2005 年）指出：将直接投资融资作为利用外资的重点，改善投资环境，提高利用外资质量；合理利用国际金融机

① 张季风：《中日经贸关系 70 年回顾与思考》，《现代日本经济》2015 年第 6 期。

构和外国政府贷款，积极创造条件吸引外商到中西部地区投资。[①] 此外，中国的第 11 个五年规划（2006～2010 年）提出，要提高利用外资质量，继续利用好国际金融机构和外国政府贷款，引导外资更多地投向高技术产业、基础设施和环境保护，投向中西部地区和东北老工业基地等。[②] 由此可见，这一时期中国政府希望将外国贷款等资金引向中西部、东北地区等吸收外资较少的地区，并期望借助外资解决环境保护等经济发展产生的问题。

这一时期，日本国际协力银行在华开展的不限定采购国别贷款业务，主要致力于节能环保等产业发展领域，这不仅与中国政府所提出的外资政策方向相符，而且发挥了日本企业在节能环保领域所积累的先进科学技术，达到了双赢的效果。代表性的项目有：重庆轻轨三号线一期项目（2000 年）以及热电联产系统改造、CDQ 环境改善项目等。另外，日本国际协力银行还与中国进出口银行合作，成立了中日节能环保投资基金。

此时，日本企业对华直接投资迎来了第三个高潮。随着中国市场经济改革进程加快，加入 WTO 后市场开发程度加深，居民消费能力提升，日本企业认为在华投资会有较高的收益，能够达到较好的经济效果。汽车产业是日本对华直接投资的代表性行业，日本各大汽车生产厂商开始在华设厂生产，从而争夺世界最大规模的销售市场。[③] 与此同时，汽车生产厂商的投资还带来了大规模零部件生产企业的对华投资，加快了中国经济发展。2008 年国际金融危机结束后，日本企业在华投资迎来了第四个高潮。这一时期日本企业投资的显著特点是，零售、批发、金融保险等非制造业对华投资增加，以获取中国国内的广大消费市场，而以获取廉价劳动力为目的的传统制造业企业的投资则有所减少。另外，在 20 世纪 90 年代来华投资的日本企业面临着商业模式调整的问题，其来华投资最初的目的在于利用中国良好且廉价的劳

① 《中共中央关于制定国民经济和社会发展第十个五年计划的建议》，中国共产党新闻网，http：//cpc. people. com. cn/GB/64162/71380/71382/71386/4837946. html。

② 中华人民共和国国家发展和改革委员会：《国民经济和社会发展第十一个五年规划纲要》，http：//ghs. ndrc. gov. cn/zttp/ghjd/quanwen/。

③ 山田光男・木下宗七・武弋『日中経済発展の計量分析』、勁草書房、2012 年、56 頁。

动力开展出口加工业务，但是随着中国城市化进程的加快以及环境保护标准的提高，导致其无法在现有地区开展生产工作。总而言之，在改革开放40年的历程中，日本企业在华投资的发展也出现了许多变化，涉及产业调整、区域布局等诸多方面。

（三）中日两国在第三方市场合作分析

当前，中国在世界上的存在感日渐增强，而中国真正开始实施对外直接投资的时期是在2005年以后。中国的第12个五年规划（2011～2015年）指出：统筹“引进来”与“走出去”，利用外资和对外投资并重，提高安全高效地利用两个市场、两种资源的能力；加快实施“走出去”战略，积极参与全球经济治理和区域合作。[①] 实际上，从2014年起中国的对外投资金额就超过了外国（地区）对华投资金额，并且以很快的速度增长，对世界各国都产生了很大影响。中国进出口银行及中国国家开发银行等中国的政策性金融机构为实施“走出去”战略提供了资金支持。中国进出口银行及中国国家开发银行的国外融资总额于2015年超过了世界银行、亚洲开发银行及欧洲复兴开发银行三个银行的国外融资总额。因此，中国正在从吸引外资大国转变为对外投资大国。

受此影响，在华日资企业在经营业务上也发生了调整，逐步从“向中国投资，在中国生产销售”转变为“从中国出发，与中国展开合作”。以往日本企业主要从日本向中国引进资金和产品，今后日本企业通过与中国企业在第三方市场展开合作，将实现生产成本下降，并共同开辟新的销售市场。此外，通过中日两国企业合作，中国企业可以吸收日本企业的经营经验与技术，并分散投资风险，从而实现有秩序的国际化。对于第三方项目所在国而言，由于有日本企业参与，工程项目的质量会得到提高，并分散依靠单一国家的风险。从这个意义上讲，中日两国在第三方市场开展合作，不仅是一种

① 《国民经济和社会发展第十二个五年规划纲要》，中国政府网，http：//www. gov. cn/2011lh/content_ 1825838_ 13. htm。

“双赢”的结果，甚至会达到包括第三方在内的“三赢”效果。实际上，日本国际协力银行同中国的政策性金融机构，已经对涉及四个国家的五个项目展开了合作。这五个项目均为中日两国合作在第三方实施。

在这种情况下，日本国际协力银行也在加强和中国政策性金融机构的合作。日本国际协力银行与中国进出口银行于2009年6月签署了《关于共同支持第三国出口的业务合作备忘录》，并与中国国家开发银行于2017年3月签订了《关于扩大日本企业对华及第三国出口及投资的业务合作备忘录》。以这些协议为基础，日本国际协力银行还与中国的政策性金融机构积极开展业务交流活动，就项目审查、环境审查、主权信用评级、金融法务等展开了深入探讨。通过开展实际业务方面的沟通和交流，促进双方相互理解对方的风险意识和工作流程，从而有利于两国金融机构开展业务合作。

2018年10月安倍首相访华期间，在第三方市场合作论坛上日本国际协力银行和中国国家开发银行签署了业务合作协议，将在保证透明性、开放性、经济性、财政健全性、合法合规的基础上，共同致力于开展具有国际水准的第三方市场合作。① 近年来，中日两国在第三国项目上经常发生激烈竞争，为了中标甚至不考虑项目经济上的可行性。此外，对于中国的海外业务开展情况，在国际上也出现了一些不和谐的声音。当前，日本也转变了针对中日两国合作的态度，开始认真研究中日两国在第三方市场开展国际水平合作的有关事宜，而日本国际协力银行作为政策性金融机构将从资金层面予以支援。

三　未来中日经济关系展望

2018年不仅是《中日和平友好条约》缔结40周年，而且还是中国改革开放40周年，同时也是中日经济关系迎来重大转变的一年。2018年5月李

① 《日本专家学者谈安倍访华成果 中日关系进入“协调合作”新阶段》，人民网，http://japan.people.com.cn/n1/2018/1029/c35421-30368122.html。

克强总理访日，同年10月日本安倍首相时隔七年再次访华。10月安倍首相在访华时，正式宣布实施40余年的日本政府对华开发援助结束，并出席了中日第三方市场合作论坛，该论坛共有中日两国财经界人士1800人参加。在这40年中，日本对华政府开发援助资金总额达到3.6万亿日元，由日本国际协力银行提供的贷款金额达到2.3万亿日元，日本政府为中国提供了总计6万亿日元左右的政府援助资金。这些资金为改革开放初期的中国经济发展提供了宝贵的资金来源，促进了中国的基础设施建设。

随着中国经济的不断发展，基础设施持续完善，市场经济日趋壮大，越来越多的日本企业来到中国开展经济活动。但是，中日两国的关系随着时间的推移也发生了一些变化，从而影响到了日本企业的经营活动。日本对华政府开发援助的结束和中日两国第三方市场合作论坛的召开标志着中国“走出去”时代的开始。当前提出的“从竞争走向合作”的口号具有深远意义。在这种时代变迁的背景下，日本国际协力银行将顺应需求变化，继续支持日本企业的海外业务活动，发挥应有作用。

（田正译，张季风编校）

比较与借鉴

Comparison and Lessons

B.21

日本企业的海外投资及其启示

赵旭梅*

摘　要： 日本企业的海外投资历经了五次高峰期，呈现出以下特点：第一，以开拓市场为目的的投资增加，而以降低生产成本为动机的投资占比下降。第二，数字领域的海外投资持续增加，其中制造业占比高于世界平均水平，但呈下降趋势。第三，跨国并购金额和件数屡创新高。第四，中小企业投资更加活跃。第五，在亚洲地区的投资收益稳中有升。在世界经济不确定性加大的今天，日本企业以绿地投资方式打开当地市场的做法以及加强跨国并购风险管控的经验，对于中国企业“走出去”具有借鉴意义。

* 赵旭梅，经济学博士，对外经济贸易大学研究员，主要研究领域：日本经济、知识产权与创新管理。本文为国家社会科学基金项目“市场导向下京津冀协同创新的激励机制研究”（15BJL105）的阶段性成果。

关键词： 海外投资动因　日本企业　绿地投资　跨国并购　走出去

发达国家的企业开展海外投资，或是利用其技术优势，达到抢占市场、获取规模经济收益的目的，或是依托其资金优势，实现整合资源、维系企业竞争优势的目标。对于日本企业而言，规避贸易摩擦、降低汇率风险、提高生产率等也曾经是其积极开展海外投资的主要动因。日本企业的海外投资始于20世纪50年代，起初规模较小，随着日本国内经济的发展，投资规模逐年递增。在这一渐进的发展过程中，日本企业积累了丰富的海外运营经验，其做法可以为中国在“一带一路”沿线国家以及其他发展中国家开展海外投资提供参考。

一　日本企业开展海外投资的发展历程

日本企业的海外投资是一个渐进的过程。在1968年以前，日本企业的海外投资规模较小，年均不足3亿美元，并且投资多以获取海外资源为目的。自1968年起，日本开始推行海外投资自由化政策，日本企业的年均海外投资额猛增至30亿美元。日本综合商社在政府取消其对东道国当地法人的投资限制后，逐渐从以从事产品进出口贸易为主的销售实体转型为以协助企业开展海外投资等为主要业务的服务型机构，帮助日本企业开发海外资源、开拓出口市场。到20世纪70年代中期，石油危机的爆发加大了海外投资风险，日本企业开始致力于优化其投资结构，海外投资也进入短暂的调整时期。此后日本企业的海外投资规模持续扩大，其发展趋势可以由以下几个高峰期来描述。

（一）第一次高峰期（1978~1985年）

自1978年起，日本企业的海外投资进入快速增长期，年均投资额达40亿~100亿美元，截至1985年累计约为837亿美元（参见表1）。此次投资高峰出现的原因可以归结为四个方面。第一，日本经济经历高速增长期后，企业的综合实力大幅提升，产品有了明显的竞争优势。第二，日本国内的工资和地价持续上涨，抬高了企业的经营成本。日本企业开始加速向海外转移生产环节，以利用海外大量的低工资劳动力来降低成本、提升产品的价格竞争力。第三，日本家电、汽车等产品的大量出口引发日美贸易摩擦，为了避免以美国为代表的西方发达国家实施更严厉的贸易限制，日本企业采用海外投资生产的方式来替代产品出口，这也是当时日本对北美国家的制造业投资显著增加的主要原因。第四，以获取资源、确保能源资源长期稳定供应为目标而进行的海外投资持续增长。从产业特征和投资动因看，这一时期，日本企业对亚洲、拉美国家和地区的投资主要集中在劳动密集型产业，旨在利用当地廉价劳动力、实现边际产业转移，而对北美和欧洲国家的投资主要集中在资本和知识密集型产业，以获得市场准入、进入当地市场为主要目的。

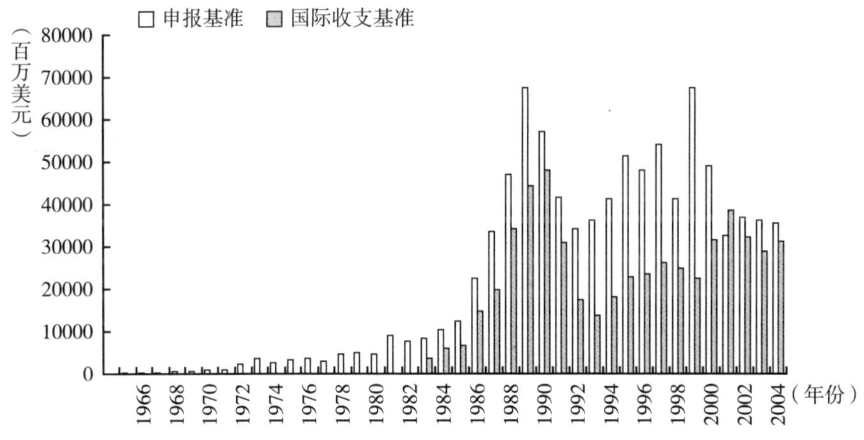

图1　日本企业海外投资额的变迁（2005 年以前）

资料来源：日本貿易振興機構（JETRO）、https：//www. jetro. go. jp/。

（二）第二次高峰期（1986～1989年）

这一时期，日本企业的海外投资额合计达到1703 亿美元，高于历年投资总额一倍以上，年均投资额超过200亿美元。投资猛增的背后有以下几方面原因。（1）日本企业在半导体、汽车等行业的国际竞争力趋强，引致美国对这些行业的出口产品发起反倾销调查，迫使日本加大了在这些领域的海外投资，以东道国生产替代出口贸易。这一时期，日本企业在北美等地建立起大批工厂。（2）日本中小企业的海外投资迅速增加。到1988年末，中小企业的投资在日本对外直接投资项目中的占比超过一半。（3）1985年“广场协议”后，日元对美元大幅升值，推动了日本金融行业的海外投资。银行类金融机构积极在世界各地设立当地法人和事务所，不仅将业务范围从银行业务拓展到包括证券、租赁业务在内的多金融业态，还将服务对象从当地的日资企业，拓展至涵盖非日资企业、东道国政府部门等多元化组织；除银行外，非银行金融机构也纷纷在海外设立分支机构，由此推动了金融性投资不断扩张。（4）20世纪80年代末，日本进入泡沫经济时期，大量的投机活动抬高了日本的土地价格，地价持续高涨与日元大幅升值使得投资海外不动产更具吸引力，日本企业迅速增加了对这一领域的投资。（5）跨国并购的案例数量和并购金额逐年递增。此前，日本企业对并购存在抵触情绪，在海外投资过程中，这一观念逐渐有所改变。一方面，并购因其可以维持原有就业而为东道国政府所青睐；另一方面，对于收购企业而言，较之绿地投资，并购可以获得企业已有的市场份额、相关信息和专业人才，从而缩短正式生产前的准备时间。由此，跨国并购逐渐成为日本企业进行海外投资的重要方式。①

（三）第三次高峰期（1990～2004年）

泡沫经济崩溃后，日本经济陷入长期低迷。但是日本企业的海外投资额除个别年度外，基本维持在年均300亿～500亿美元的水平，加之当地日资法人利用来自东道国金融机构的融资和企业留存收益积极进行设备投资，日

---

① 洞口治夫『日本企業の海外直接投資—アジアへの進出と撤退—』、東京大学出版会、1992年。

本企业在海外的生产投资持续保持高峰状态；其海外投资额在1998年亚洲金融危机前为6171亿美元，到2004年末达到9156亿美元，金融危机后投资金额的激增主要源自大型并购案的增加。并购行为不仅出现在制造业的海外投资中，也出现在非制造业中。[①] 从投资动因看，这一时期，随着中国成为美国的反倾销目标国，日本企业进行海外投资的目的不再是防范反倾销摩擦，而是出于开拓世界市场的需要。

（四）第四次高峰期（2005～2011年）

自2005年起，日本迎来第四次海外投资高峰。如图2所示，日本企业的海外投资额在2008年出现大幅增长，当年达到1300亿美元，尽管在2010年回落到572亿美元，但也高于2005年的水平。这次高峰期的出现与美国次贷危机关系密切。危机再一次为日本企业提供了海外扩张的机会，其对美国的投资额达到历史最高值，其中非制造业的投资激增主要源自大型并购行为。当时日元对欧美货币大幅升值，使得日本企业的海外并购热情空前高涨。此后，由于日本海外子公司[②]在欧洲等地的业绩恶化，引起再投资收益下降，导致2009年投资收缩，但仍高于2007年的水平。这一时期，日本中小企业的对外直接投资日趋活跃，逐渐成为海外投资的生力军。根据日本中小企业政策委员会企业能力强化小组委员会的资料，拥有海外子公司的中小企业数量从2001年的4143家增加到2009年的5663家。制造业的海外生产比例也逐年上升，尽管这一比例曾在2008年显著下降，但此后迅速得到恢复。

图2的折线反映了近年日本企业海外子公司数目持续上升的走势，表明日本企业正在积极拓展海外市场。首先是制造业企业在日本国内人口减少、公司间竞争加剧以及新兴市场需求显著增长的背景下，致力于通过加大海外

---

① 宮島英昭編『日本のM&A 企業統治・組織効率・企業価値へのインパクト』、東洋経済新報社、2007年。

② 海外子公司（Foreign Subsidiaries）是指由母公司投入全部股份资本，依法在东道国设立的独资企业。它虽然受母公司控制，但在法律上具有独立的法人资格。

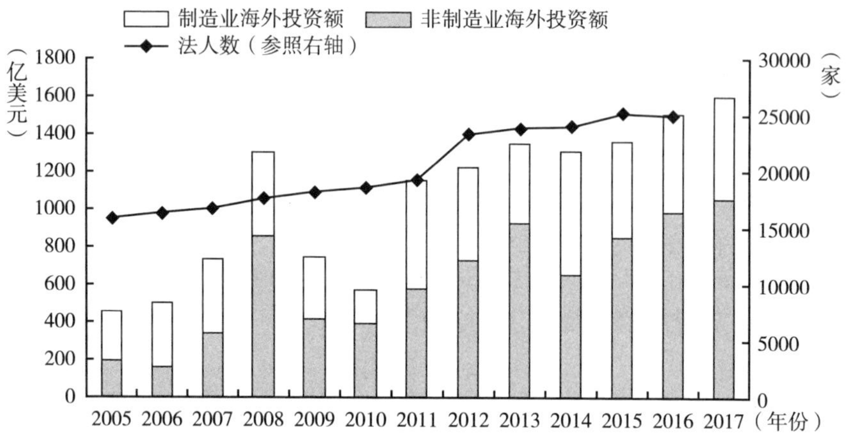

图 2　日本企业海外投资金额和海外子公司数量的变迁（2005～2017 年）

资料来源：日本貿易振興機構（JETRO）、https：//www. jetro. go. jp/。

扩张力度，强化其在全球的生产布局。其次，以零售业为代表的众多非制造业企业由于国内经济持续低迷、需求疲弱，纷纷通过海外投资如在亚洲等海外市场开设分店等方式增加盈利。再次，对天然气等能源资源的海外开发投资迅速增长，这是 2007 年后非制造业法人数量超过制造业的重要原因。

（五）第五次高峰期（2012年至今）

自 2012 年起，日本进入新一轮海外投资高峰期。制造业和非制造业企业的海外投资稳中有升、跨境并购行为延续活跃态势，再加上海外子公司的留存收益也维持一定比例的增长，预计未来日本企业的海外投资仍将继续保持在高位。从日本企业海外投资的区域分布看，北美、欧洲和亚洲三大地区是其主要投资目的地。① 图 3 是近年来日本企业在欧盟、美国、东盟四国（ASEAN4，菲律宾、马来西亚、泰国、印度尼西亚）和中国大陆设置的海外子公司的数量变化情况。从存量看，设在中国的子公司数较其他地区明显偏高。日本贸易振兴机构进行的一项调查显示，拟在中国扩大投资的日本企

① 苏杭、李玉杰：《日本对东亚投资的新动向》，《现代日本经济》2018 年第 6 期。

业占比自2015年起呈上升趋势，在2017年增加了8.2个百分点。从对华投资的行业分布看，在非制造业中，批发和零售行业的投资最多，制造业中，对交通运输设备的投资最多。

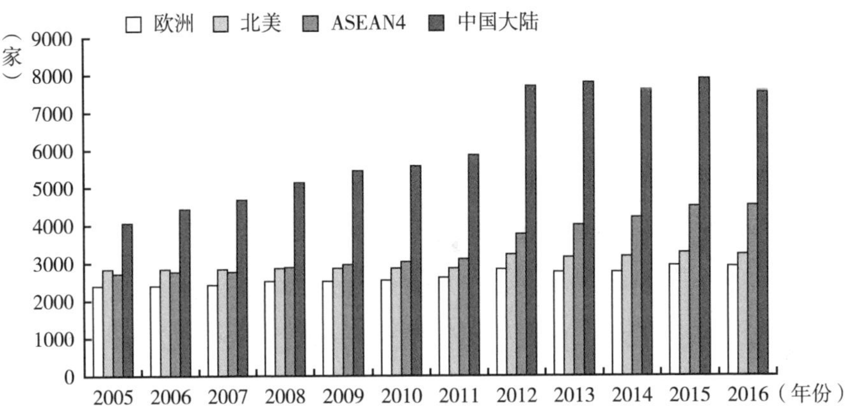

图3　日本企业海外子公司的地区分布特点

资料来源：日本经济产业省：《海外事业活动基本调查》历年版。

这一时期，虽然日本企业整体的海外投资意向上升，但是投资额反映出的区位分布在各年度略有差异。图4是近年来日本企业在不同地区投资额的变化情况。在北美地区，对美国的投资额保持在500亿美元左右，美国已连续多年成为日本最大的投资目的地。在欧洲，投资金额有所起伏，主要是受到对英国投资变动的影响。除英国外，日本对其他国家的投资保持平稳。不过，日本企业在英国的绿地投资和并购数量也只是略有减少，没有因为英国脱欧等因素影响出现大幅下降。在亚洲国家和地区的投资额稳中有升，只是2016年由于对新加坡的投资下降引致投资额缩水，2017年又迅速恢复。对东盟国家的整体投资约为200亿美元，其中对东盟四国的投资在2013年达到峰值165亿美元，此后维持在100亿美元左右。对中国大陆的投资在2012年达到峰值135亿美元，此后虽略有下降，也基本保持在100亿美元的水平。从投资动因看，日本企业选择在亚洲国家和地区设置海外子公司，或者是为获得以廉价劳动力为代表的成本优势，或者是为这一地区旺盛的需求所吸引。

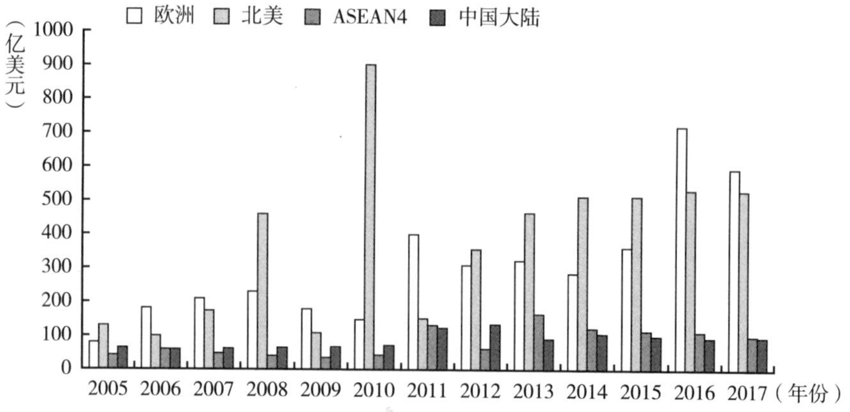

图4　日本企业对不同国家和地区的投资金额

资料来源：经济产业省：《海外事业活动基本调查》历年版。

二　新阶段日本企业开展海外投资的主要特征

自安倍2012年执政以来，日元由升值转入贬值区间，日本企业的海外投资也进入了新阶段，其投资理念和经营模式日臻成熟，表现为以下几方面。

（一）日本企业的海外投资多以开拓世界市场为目的

在不同时期，日本企业的投资动因有所差异。投资动因的变化既与世界市场环境和日本国内宏观经济形势的变动有关，也受到企业营利模式和投资区位选择意向变化的影响。在日本企业进行海外投资的初期，获取资源和规避贸易摩擦是其主要目的。当时日本处于经济赶超阶段，日本企业通过进口工业原料、引进国外先进技术和从银行贷款获得资金进行生产加工，出口成品获利。经过经济高速增长阶段后，日本企业对外遭遇出口阻力和日元大幅升值，对内面临日益严峻的企业运营环境，一些大企业开始通过海外投资生产代替直接产品出口，一方面利用海外的低工资劳动力降低生产成本，另一方面借以达到规避外汇风险的目的。在随后的泡沫经济时期，日本加大了对海外非制造业的投资和并购，并购交易逐渐在其海外投资中占据重要地位。

泡沫经济崩溃后，日本的国内需求陷入长期低迷，加上少子老龄化的影响[①]，拓展海外市场逐渐成为日本企业最重要的投资动因。

东日本大地震后，日本企业面临着日元升值、企业有效税率高、劳动管制趋于严格、温室气体排放受限和电力不足等国内经营困境，这成为阻碍日本企业在其国内投资生产的主要内因。[②] 而海外需求特别是来自新兴经济体的需求增加，使得“寻找海外商机”成为吸引日本企业海外投资的最重要外因。强劲的海外需求和对未来的需求预期成为企业进行投资决策所看重的核心要素，而以保证高质量、廉价劳动力为动机的海外投资占比呈现下降趋势。

（二）日本企业在数字领域的海外投资趋于增加

随着数字经济在全球范围的快速发展，数字领域的绿地投资和跨国并购也持续增加。从世界范围看，绿地投资和跨国并购金额分别从 2003 年和 2008 年的年均 764 亿美元和 1136 亿美元扩大到 2010 年和 2017 年的年均 894 亿美元和 1289 亿美元，其中超过 10 亿美元的大型并购交易增多是近年来全球海外投资增加的主要原因。与之相比，日本数字化企业绿地投资金额在 2010 ~ 2017 年为年均 53 亿美元，比 2003 ~ 2008 年的 71 亿美元有所下降，绿地投资件数为 161 件，比此前的 157 件略有增加。较之 IT 泡沫时期（1999 ~ 2000 年）的均值 87 亿美元和 104 件，2016 ~ 2017 年平均为 267 亿美元和 151 件。可见，日本数字企业的海外投资近年渐趋活跃。从 2010 ~ 2017 年数字领域绿地投资的行业类别看，日本制造业的投资金额和件数占比均为 60%，高于世界平均水平（金额占 30%、件数占 20%）；服务业占比不断扩大，日本电报电话公司（NTT）、互联网广告业务的网络代理商和大数据分析的服务商等都在积极拓展海外业务。跨国并购也是如此。2010 ~ 2017 年，日本数字领域的跨国并购中，制造业占比超过 65%，高于世界

① 池尾和人「経済低迷の結果がデフレ症状 労働規制改革など抜本治療が不可欠」、『週刊エコノミスト』2012 年 11 月号。

② 张季风：《震后日本对外直接投资的新趋势》，《日本学刊》2011 年第 6 期。

40%的平均水平，服务业所占份额持续上升。服务业占比上升可以部分归因于制造业在日本海外投资整体中所占比重的下降。从发展趋势看，除美国外，新兴经济体和发展中国家在数字领域的对外直接投资加速扩张，为日本企业通过与这些国家和地区合作开展新业务提供了可能。①

制造业企业比例偏高，是日本在数字领域海外投资中的重要特征，这可能与日本企业期望通过海外投资提高生产率的投资动机有关。在制造业领域，可以通过向海外转移劳动密集型生产环节、在本国保留技术密集型生产环节和高附加值生产活动来提高本土企业生产率；而在服务业领域，由于日本在语言、文化和制度上所具有的特殊性不利于服务效率的提升，因此海外投资除了使企业在研发和信息服务活动中获益外，很难提升企业的生产率。这与欧美国家的情形有所不同。②

（三）日本企业的并购金额和件数屡创新高

日本企业的海外并购经历过三次高峰期。第一次高峰期出现在1989～1992年，主要受日本泡沫经济的影响。第二次高峰期出现在1995～2000年，正值世界IT泡沫期，以NTT为代表的日本IT企业积极开展海外并购，直至2001年泡沫崩溃。2000年日本海外并购件数达368件之多。第三次高峰期始于2005年，延续至今。自2005年起，作为强化海外投资的重要战略转向，日本开始重视海外并购交易，海外并购规模不断扩大。虽然在2009年受美国次贷危机影响一度收缩，但在2010年迅速恢复。2011年，东日本大地震引发对日本国内市场未来发展不确定性的担忧，由此推动海外并购不断加速，特别是转向新兴市场以寻求增长的并购案和瞄准全球化以抢占市场为目的的大型并购案有所增加。并购件数连续六年超过450例，2014年为557件，2017年更达到672件。从并购金额看，在2011年达到701亿美元后，持续六年年均并购额超过500亿美元。2016年，日本跨国并购在海外

① 日本貿易振興機構「デジタル化がつなぐ国際経済」、2018年10月12日。

② 冨浦英一『アウトソーシングの国際経済学—グローバル貿易の変貌と日本企業のミクロデータ分析—』、日本評論社、2014年。

投资总额中占比首次过半，达到62.5%。[①] 海外并购的增加成为拉动日本企业海外投资额大幅提升的重要因素。

日本企业的海外并购动机可以分为两类。一是作为企业经营战略的一部分实施海外并购，目的包括开拓全球市场（市场渗透）、扩大客户群（市场开发）、取得互补型产品或者生产能力（产品开发）、开展新业务（多元化发展）等。二是作为企业金融行为开展海外并购，旨在获取投资收益。近年来，日本企业的海外并购呈现出不同以往的新特征。从行业分布看，此前食品、机电、制药等制造业大企业的海外并购案较多，而近年来，银行、保险、通信、服务行业等非制造业的大型并购交易越来越普遍。从地区分布看，此前在世界各地的海外并购都在增加，近年来对美国和亚洲地区的并购交易明显高于欧洲及其他地区。从并购对象看，此前，对具有较高企业价值的欧美公司的投资金额较大，近年来随着亚洲公司不断成长，对亚洲地区的投资规模趋于扩大。不过，无论在金额还是数量上，美国依然是目前日本企业最大的并购交易对象国家。

（四）日本中小企业的海外投资更加活跃

较之大企业，日本中小企业的海外投资起步较晚。在20世纪80年代末期，中小企业的海外投资渐趋活跃。这一动向背后的原因，首先是日元升值和新兴工业化国家和地区的崛起，使日本中小企业失去了原有的价格优势，海外投资生产有助于提升这些企业产品的价格竞争力，由此劳动密集型中小企业开始将生产线转移到劳动力工资相对低廉的海外。其次，许多为大企业提供配套产品和服务的中小企业，会跟随大企业到海外投资。再次，部分中小企业为了规避贸易摩擦、维持产品市场份额而开展海外投资。自2005年起，日本中小企业海外投资的动因出现明显变化。开拓海外市场、参与全球竞争，成为很多中小企业海外投资的主要动因。不仅大都市圈的中小企业如

① 日本貿易振興機構「日本の直接投資統計」、https：//www.jetro.go.jp/world/japan/stats/fdi/。

此，地方性的中小企业也纷纷运用其在产品、技术和服务上的独特优势，通过海外投资在世界市场上寻找商机。

数据显示，日本中小企业的海外投资规模在2001～2006年大幅增加，2006～2009年略有下降，此后呈现增长趋势。从行业分布看，制造、零售和批发行业的中小企业数量大幅增加，说明中小企业的海外投资不再是以制造业为中心，零售和服务业等非制造业中小企业开始具有强烈的海外投资意向，即期望通过开拓海外市场弥补因人口减少而萎缩的国内需求。随着拥有海外子公司的中小企业占比上升，中小企业在日本海外投资企业中的比重从2001年的68.2%增加到2014年的72.4%，数量从4143家增加到6346家。①海外投资被认为是与产品或者技术研发、人力资本积累、IT技术引进等相类似的提升中小企业竞争力的企业行为。

（五）日本企业在亚洲地区的投资收益稳中有升

2017年日本企业在亚洲、北美和欧洲地区的海外总资产分别为4273亿美元、5079亿美元、4168亿美元。图5显示了累计余额超过200亿美元的目标国家或地区。在亚洲地区，对中国大陆投资累计达1184亿美元，对泰国为634亿美元、对新加坡为631亿美元。在大洋洲，对澳大利亚的投资累计为697亿美元。欧洲国家中，对英国为1526亿美元，对荷兰为1285亿美元，远超欧洲其他国家。对美国投资累计达4913亿美元，占日本海外投资总资产的约1/3。除美国外，日本在其他国家或地区的海外资产分布相对均衡。

日本企业的海外投资收益，在2017年增长7.3%，达1140亿美元，再创新高。从区域分布看，来自亚洲的收入为477亿美元，占41.9%，来自北美的收入为322亿美元，占28.2%，欧洲为212亿美元。亚洲和北美合计占比约为70%，说明这两个地区是日本企业海外投资的主要收入来源地。从投资收益占资产比重看，来自亚洲的投资回报率近年持续保持在高位，

① 経済産業省『中小企業白書』、2018年、http://www.chusho.meti.go.jp/pamflet/hakusyo/index.html。

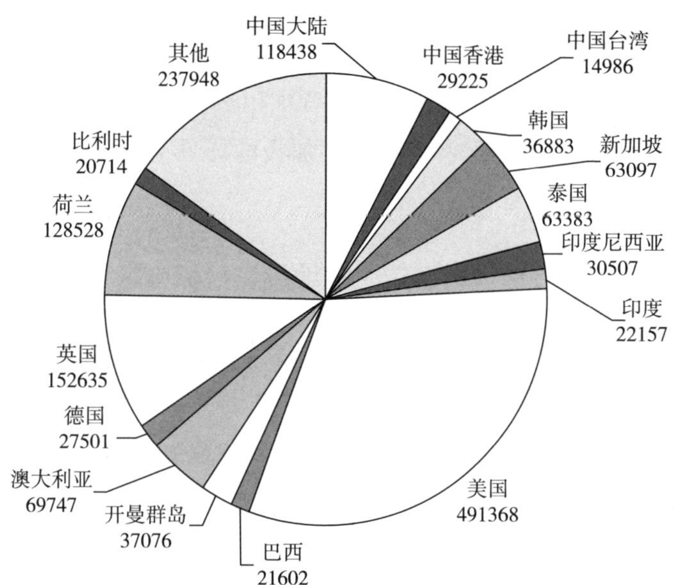

图 5　2017 年日本对外直接投资总资产（单位：百万美元）

资料来源：日本貿易振興機構（JETRO）、https：//www. jetro. go. jp/。

2017 年为 11. 2%，来自北美和欧洲的分别为 6. 3% 和 5. 1%。北美地区的低投资回报率可部分归因于总资产过高所致，但是欧洲地区的回报率明显偏低。日本在欧洲的资产与亚洲相当，而投资收入却不及亚洲地区的一半。一般认为，较大差距的产生与欧洲跟日本之间的地理距离、欧洲的市场管制等因素有关。如欧盟是较早引入环境标准和安全标准等法规的地区，要满足这些标准，就会增加劳动力和成本。随着海外投资收益在国际收支中的重要性与日俱增，提高投资收益特别是提高来自欧洲地区的投资回报率，成为日本企业面临的新课题。

三　对中国企业“走出去”的借鉴与思考

企业开展海外投资，通常采取两种方式，一是进行绿地投资，一是实施跨国并购。选择绿地投资，需要面对市场渗透问题；选择海外并购，虽然能够快速取得市场份额和当地资源，但要面对企业文化的差异，因而难度和复杂性更高。日本企业在长期海外投资过程中积累了丰富经验，这对于中国企业在贸易摩擦加剧、世界经济不确定性加大的背景下实施“走出去”战略具有参考价值。

（一）实施可行性调查，选定绿地投资目标市场

企业开展绿地投资的目的，可以概括为开拓国际市场、优化资源配置、提高生产效率等。虽然投资目的因企业而异，但是这一目标应与企业的经营战略、比较优势和长期利益相契合，还要获得出资方的首肯，以确保海外业务在走上正轨之前有充足的资金保障。因此日本企业在制定海外投资计划时，首先是明确企业的投资目标并反复确认其必要性。投资目标明晰后，再实施可行性调查，收集信息、进行海外实地调研、预估投资效果，直至最终锁定投资目标市场。在选择目标市场时，日本企业既考虑自身状况，如企业的独特优势，拥有的专利、商业秘密、声誉等无形资产以及管理层是否拥有海外经验等，也注重分析目标市场的区位优势，如生产要素价格或者运输成本的高低、是否具备集中的消费市场、贸易壁垒状况等，还会兼顾绿地投资的特点，考察对交易成本、消除市场不确定性因素等的影响。在确定目标市场后，日本企业非常重视事先为进入市场做好充分准备。例如在进入欧洲市场时，日本企业做了以下准备。第一是增强欧洲民众对日本传统文化价值观以及体现这一价值观的产品的认同。第二是了解当地中高收入阶层的分布状况和消费习惯。第三，进行社会政治稳定风险评估。第四，考察当地是否为产业多元化的供应商集聚地。第五，开拓销售渠道。在考虑销售渠道时，不仅面向当地的日资企业，还将欧洲企业和其他外国企业的需求纳入视野。一些成功进入欧洲市场的日本企业认为欧洲市场具有示范效应，成功进入欧洲市场，会对进入其他地区产生示范带动效应。但对于缺乏经验的企业而言，欧洲市场存在进入壁垒问题，要在欧洲赢得商业信任，不仅要有优质的产品、技术和服务，还需要时间。不过，企业只要在一个欧洲国家获得好评，

就容易获得整个欧洲认可。

日本经验表明，选择目标市场是一个长期渐进的过程，不能在缺乏分析和准备的情况下仓促地决定，否则会因为收益恶化而引发撤资，造成损失。企业应采取渐进模式，有计划、有步骤地开展绿地投资。第一步是实现供应链和销售渠道的国际化。企业在将产品的销售渠道从国内市场扩展到海外、开拓更大市场空间的同时，在全球范围搜寻价廉质优的原材料供应商。这一阶段，需要深入开展目标市场调研，并培训海外市场开发人员。第二步，与目标市场国家的企业建立长期业务联系，如委托当地企业作为分包商参与生产、提供服务等。与海外企业形成良好的合作关系需要企业具备品牌优势、突出的研发能力、有效的营销网络和强大的控制能力。第三步，在目标市场国家出资建立合资公司，垂直整合上下游企业。通过与熟悉当地市场信息的企业合作，弥补对目标市场相关信息的缺失，降低投资风险。第四步，在目标市场国家设置独资的海外子公司，实现供应链和销售渠道的内部化。

（二）提升企业全球治理能力，加强海外并购风险管控

与绿地投资相比，实施海外并购，是促使企业在激烈的全球竞争中快速成长的有效工具。海外并购是整合具有不同语言、文化和商业习惯的海外企业的高难度行为，往往面临着各种风险。日本企业通过建立海外风险管理体系，在适当承担必要风险的同时，成功通过海外并购缩短了企业研发技术和建立销售渠道的时间。其风险管理的侧重点可以从海外并购流程的三个环节（计划决策、交易执行和运营整合）中反映出来。

在计划决策环节，制定风险管理方针，并明确职责分工，规避因并购动机不明确而产生的风险。企业开展海外并购的目的多种多样，动因不同，对成功的定义就有所差异，因此成功的并购不能简单地用财务业绩来衡量，而是取决于能否帮助企业实现中长期战略价值。为避免战略决策失误，制定风险管理方针的关键是要使得企业全员参与风险管理、明确风险管控的目的。日本企业的风险管理方针包括以下几方面内容：通过风险管理确保海

外业务持续稳定发展、确保产品和服务的品质和安全性、防范各种风险、督促全体员工遵守法律法规和道德规范等。降低风险的具体做法包括：(1) 按照适合企业自身的方法来恰当地评估和把握被收购企业的价值；(2) 兼顾经营者和投资方的利益；(3) 尽可能设置具有客观性的量化目标；(4) 正确评价项目成果；(5) 运用企业过往经验并参照其他企业的成功经验辅助决策。

在交易执行环节，主要是对并购风险加以识别和控制。交易执行环节包括选择并购的目标企业、开展尽职调查（due diligence）、估值、合同谈判等内容。在调查阶段，应确定优先事项并缩小调查范围，以识别真正的风险因素。由于一些主客观原因，如被收购企业隐瞒对自身不利的信息、竞争法的限制、制度约束、防止上市公司泄密相关规定等的存在，调查阶段所获得的信息相对有限，因此企业并不能掌握全部风险。对于潜在的风险，日本企业倾向于通过调整收购价格、修订交易条款等方式来应对。例如计算出规避相关风险所需追加的投资，从收购价格中扣除，或者在交易条款中规定业绩补偿制度、并购保证与补偿保险（warranty and indemnity insurance）、盈利能力支付计划安排条款（earn-out clause）等。在谈判阶段，日本企业会就调查阶段发现的相关问题和潜在风险向被收购企业求证，根据反馈结果，做出判断。如分析风险性质及其对交易的影响程度、探讨风险控制方法、判断风险应对方式是否恰当等。在必要时，企业会选择退出并购谈判来规避风险。

在运营整合（post-merger integration）环节，需要降低整合过程中的“不协同”风险。在日本企业的并购案例中，较为常见的整合风险如并购后的企业效率低于并购前的水平，一般认为是由于并购加重了员工负担所致。为避免这类风险，应加快企业整合进程。再比如人才流失风险，防范此类风险的措施包括及早锁定企业核心人才、制定保留计划、关注薪酬问题、尽快签订就业协议或者在并购交易合同中加上关键人条款（key man clause）等。

实施海外并购后，企业将与具有不同商业习惯的海外企业融合发展，这就需要双方拥有共同的经营理念和管理方法。日本企业的做法是以并购为契机，通过引进全球通用标准和系统来改进企业管理机制，通过强化企业的全球治理能力打造适应多种文化的企业经营体系。在风险管理上，采用 PDCA 循环模式，即将风险管理分为四个步骤：风险的识别、评估及应对措施探讨（plan），采取管控措施（do），确认进度和实施效果（check），进一步改进相关措施（action）。通过重复上述步骤，控制风险并不断完善海外并购的风险管理体系。

B.22

中日城市青年贫困原因的比较研究

——基于微观调查数据的分析

王玮　孟勇*

摘　要： 处在转型期的中日两国都面临着收入差距拉大、贫困“青年化”等社会问题。本文基于2013年中国居民收入调查数据和2010年日本城镇与家庭健康调查数据探讨现阶段中国和日本城市青年的贫困现象，以及影响青年贫困的重要因素。研究发现，教育背景低下、失业、健康状况是中日两国青年陷入贫困的重要因素。青年女性的贫困原因还表现在婚姻因素上。另外，家庭育儿、就业地位是影响日本青年陷入贫困的主要原因。本文意在揭示中日青年贫困发生原因的差异，以期为两国政府制定青年群体的减贫政策提供一些建议，也为两国青年更好的生活提供一些建议。

关键词： 中日青年　青年贫困　相对贫困

一　引言

转型期的中国和日本都面临着收入差距增大、贫困“青年化”等社会

---

* 王玮，经济学博士，上海工程技术大学管理学院讲师，全国日本经济学会理事，主要研究领域：日本社会保障、社会福祉政策的实证研究。孟勇，经济学博士，上海工程技术大学管理学院教授，全国日本经济学会理事，主要研究领域：日本企业体系、企业成长、东方管理。

问题。日本实现二战后飞速发展后于 20 世纪 90 年代初期经历泡沫经济崩溃，开始出现财富分配不均、贫困阶层增加等深刻的社会问题。近年来，日本政府出台了一系列积极的财政政策，在一定程度上促使经济恢复了景气，然而少子老龄化带来的人口结构变化以及非正式劳动者大量增加等社会结构的变化致使青年群体的相对贫困率居高不下，成为政府和学界关注的热点问题。经济合作与发展组织（OECD）2012 年的统计数据显示，日本的劳动年龄人口相对贫困率达到 14%，在加盟国中列居第六（参加图 1）。

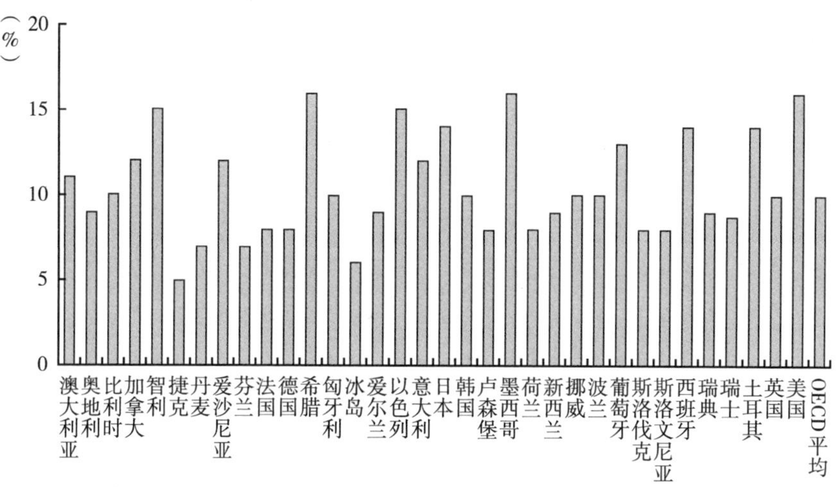

图 1　OECD 加盟国的劳动年龄人口相对贫困率

注：相对贫困线即个人可支配年收入中间值的 50%。

资料来源：*OECD Factbook 2015 - 2016*, p. 57.

与日本相似，中国在实施改革开放以来的 40 年里顺利实现了经济腾飞、城市化快速推进的目标，现阶段也面临着老龄化、收入差距拉大等社会问题。改革开放前，中国人民的生活质量低下，集体处于亟待解决温饱的“绝对贫困”的状态。改革开放后的短短数十年，中国贫困人口大幅减少，脱贫成果显著。在过去的几十年里，中国政府在制定反贫困政策时主要着力解决农村的贫困问题，因为如果按照每天 1.9 美元的绝对贫困线衡量，城市中的贫困群体只占极少数，容易被忽略。然而，随着城市化的不断深入，贫

困向城市发展已成为不可逆转的趋势。20 世纪 90 年代后期国有企业“减员增效”所带来的大量工人下岗失业，21 世纪头十年后期大量农民工涌入城市参与建设等，体制变迁和经济增长都是近些年城市收入差距扩大的原因。亚洲银行专家在《中国城镇贫困问题研究》中曾指出，中国城镇中的新贫困群体已经超过旧贫困群体，与之相伴的就是城镇地区收入差距不断扩大。城市收入差距的扩大危及社会稳定，在一定程度上也反映出经济增长的负效应，是不容忽视的问题。国务院扶贫开发领导小组在“2018 我国扶贫国际论坛”上指出，在 2020 年全面消除极端贫困后，政府将进行“从主要消除绝对贫困向缓解相对贫困转变”的新扶贫任务。在此背景和政策导向基础上，研究中国城市的相对贫困十分有意义。

日本是发达国家，城市化程度高且较早进入少子老龄化社会，因此，自 20 世纪 90 年代开始日本国内学术界就开展了丰富的社会研究，用于解决经济发展和保障民生之间的平衡关系。橘木俊诏指出，90 年代末期，摆在日本政府面前的首要任务不是如何实现从低增长重返高增长，而是如何正视差距社会的问题。[①] 此后，许多学者开始深入研究日本社会的贫困问题，发现有“女性贫困”、“工薪阶层贫困”以及“高学历贫困”等特殊贫困群体，并指出单身青年和单亲家庭的贫困问题更需要政府关注。[②] 这些研究成果被日本政府采纳并在近五年出台了相应的政策措施，如在“男女共同参与”计划中的女性支援、提高最低工资、增加单亲家庭的育儿补贴等，力求缓解社会家庭中的“燃眉之急”。然而，冰冻三尺非一日之寒，劳动年龄人口相对贫困率、儿童贫困率居高不下仍是困扰日本政府的难题。降低相对贫困率、缩小收入差距，是日本学术界和政界未来需要长期努力的方向。

基于上述背景，本文利用中国居民收入调查数据（CHIP 2013）和日本城镇与家庭健康调查数据（JSHINE 2010）来探讨中日城市青年的贫困现状以及形成原因，以期为今后两国政府制定反贫困政策提供一些建议。研究生

---

① 橘木俊詔『日本の経済格差—所得と資産から考える—』、岩波書店、1998 年。

② 橘木俊昭・浦川邦夫『日本の貧困研究』、東京大学出版会、2006 年。

活在转型期的中日城市青年的贫困问题，对稀释和缓和两国现阶段的社会矛盾都具有实际的参考价值。通过比较研究，借鉴日本的研究成果与经验，有助于中国在反贫困事业中未雨绸缪，防患于未然。同样，中国的贫困问题研究成果也可以帮助日本了解现阶段的中国社会，有助于两国青年互相理解，加深交流，从而促进未来互相繁荣，对实现两国长期友好发展大有裨益。

二　中日贫困问题研究回顾

（一）日本贫困问题研究回顾

同大多数发达国家一样，日本是一个富裕国家，同时也是一个收入差距明显的社会。20 世纪 90 年代的泡沫经济崩溃后，日本面临着老龄化、少子化、非正式劳动者大量增加等社会结构的急剧变化，这些都是日本社会收入差距拉大的起始原因。“工薪阶层贫困”（working poor）是近些年被频繁使用的一个新词语，主要被用于描绘占日本就业群体 1/3 的非正式劳动者中的贫困阶层。在“工薪阶层贫困”的年龄划分里，青年群体（40 岁以下）占据了很大比例。[①] 其中，女性非正式劳动者的贫困与结婚后选择做家庭主妇或兼职工作、离婚、抚育多个小孩以及丈夫社会地位较低等相关；男性工薪阶层的贫困者则主要存在于非正式劳动者、低学历者以及单身青年里。针对青年的贫困和健康等问题，许多学者提出日本青年中，有相当比例的人群不仅处于收入层面的被剥夺状态，还面临着“社会排除”等社会层面的剥夺。[②] 物质和精神上的贫乏严重影响着日本青年的身心健康和生活质量，成为妨碍日本社会激发活力、可持续发展的壁垒。帮助青年群体摆脱贫困，要从确保稳定就业、确保加入社会保险等方面入手，从根本上杜绝青年陷入贫

---

① 橘木俊昭・浦川邦夫『日本の貧困研究』、東京大学出版会、2006 年。

② 阿部彩「貧困から社会的排除へ—指標の開発と現状—」、『海外社会保障研究』第 141 号、2002 年、70 頁。阿部彩「日本における社会的排除の実態とその要因」、『季刊社会保障研究』第 43 巻第 1 号、2007 年、30 頁。

困的风险。近年来，中国也有学者介绍日本青年的贫困问题，但数量甚微且是定性研究，利用微观数据的定量研究不足。

（二）中国贫困问题研究回顾

随着经济发展，中国的贫困问题也衍生出城市化、相对化等新形态。不少国内学者已经注意到研究相对贫困越发重要，关注城市中的贫困问题也成为一种趋势。20 世纪 90 年代末期，中国部分城市出现贫困人口，是体制改革和经济贸易对外开放双重冲击的结果。① 国有体制深化改革、外资企业进驻国内市场、对外开放力度不断加大，熟练劳动者和非熟练劳动者之间的收入差距必然拉大，生活在城市中的青年面临着就业困难、组建家庭困难等一系列工作生活难题。一些研究发现教育程度、工作状况②、住房成本等都是影响青年陷入贫困的重要因素，且中国的青年贫困还逐渐呈现出高学历化、代际遗传的特点。以上研究说明，青年群体的贫困问题不仅是日本等发达国家的重要课题，也是我国亟须关注的问题。然而，我国青年问题与国外青年问题的对比研究相对较缺乏。在当前国际经济背景形势下，对青年贫困问题进行深入探讨和实证对比研究，对处在转型期的中日两国都具有时代意义和现实意义。

三　中日青年贫困原因分析

（一）数据来源

本文选用的数据来自中国居民收入调查数据（CHIP 2013）和日本城镇

① 胡永和、蒋永穆：《基于脆弱性上升的中国城镇贫困现象解析》，《经济体制改革》2009 年第 4 期，第 45 页。

② 阿部彩「貧困から社会的排除へ—指標の開発と現状—」、『海外社会保障研究』第 141 号、2002 年、70 頁。阿部彩「日本における社会的排除の実態とその要因」、『季刊社会保障研究』第 43 巻第 1 号、2007 年、30 頁。

与家庭健康调查（JSHINE 2010）。中国居民收入调查是涵盖农村住户、城市住户、流动住户的全国范围调查数据，内容包括住户个人层面的基本信息、收入信息、就业信息以及家庭信息，适宜用于研究中国城市青年的贫困问题。日本城镇与家庭健康调查（2010 年）的数据以居住在东京圈的 25 ~ 50 岁的居民为调查对象，内容涵盖个人及家庭的基本信息，以及生活环境及健康状态的微观调查数据，亦可以用于研究日本城市青年的贫困问题。

为有效对比两国城市青年的贫困状况，本文选择了 2013 年度的中国居民收入调查数据（CHIP 2013）和 2010 年度的日本城镇与家庭健康调查（JSHINE 2010）的城市样本数据，且两组数据的分析对象都设定在 25 ~ 45 岁的非学生青年群体。通过对数据进行筛选和整理，得到：CHIP 2013 的样本 2616 人，其中女性 720 人，占样本总量的 27.5%，男性 1896 人，占 72.5%；JSHINE 2010 的样本 3599 人，其中女性 1932 人，占 53.7%，男性 1667 人，占 46.3%。

本文选取的被解释变量和解释变量均设定为虚拟变量。被解释变量为收入贫困。收入贫困线的定义采用 OECD 对相对贫困线的定义方法：将人均可分配收入中位数的 50% 定义为相对贫困线。考虑到我国东部、中部、西部的地区差异，相对贫困线也按照不同地区划分为三类：东部地区的相对贫困线为 24597 元/年，中部地区的相对贫困线为 17321 元/年，西部地区的相对贫困线为 18300 元/年。日本的相对贫困线为 180 万日元/年（约合人民币 14 万元，按 2010 年的汇率计算）。被解释变量为 1 代表收入贫困，为 0 则代表非收入贫困。解释变量分为三大类：个人因素、家庭因素和就业状况。第一，个人因素，包括年龄、教育背景和健康状况。按照年龄可分为四组，即 25 ~ 29 岁（1 代表该年龄段，0 代表非该年龄段），30 ~ 34 岁（1 代表该年龄段，0 代表非该年龄段），35 ~ 39 岁（1 代表该年龄段，0 代表非该年龄段），40 ~ 45 岁（1 代表该年龄段，0 代表非该年龄段，为参照组）。教育程度包括初中及以下（1 代表教育程度为初中或以下，0 代表其他），大专及高中（1 代表教育程度为大专及高中，0 代表其他），大学本科及以上（1 代表教育程度为大学本科及以上，0 代表其他，为参照组）。至于健康状况，

1代表健康状况好或者非常好，0代表一般或者不好（为参照组）。第二，家庭因素，包括婚姻状况和孩子状况。关于婚姻状况，1代表有配偶，0代表无配偶；就孩子状况而言，包括无孩子（1代表家庭无小孩，0代表其他，为参照组），一个孩子（1代表家庭有1个小孩，0代表其他），两个及以上小孩（1代表家庭有两个及以上小孩，0代表其他）。第三，就业状况，包括就业形态和雇人企业规模。因两组数据中的归类不同，就业形态按两个国家的特征分别进行归类，日本的青年就业形态归类为正式劳动者、非正式劳动者、无业人员和自营业者，中国的青年就业形态归类为雇用者、被雇用者、无业人员和自营业者。每个变量均为虚拟变量，即1代表该属别，0代表非该属别。雇人企业规模分为大企业、中等规模企业和小企业：大企业为雇用人数超过500人的企业；中等规模企业代表雇用人数在100～500人的企业；小企业代表雇用人数在100人以下的企业，为参照组。（参见表1）

表1　变量定义

分类	名称	代码	变量的定义
因变量			
经济状况	收入贫困	P	家庭人均可支配收入
自变量			
个人因素	年龄	I1	按年龄分组
	教育背景	I2	最终学历
	健康状况	I3	你认为自己的健康状况怎么样
家庭因素	婚姻状况	F1	有无配偶
	孩子状况	F2	孩子人数
就业因素	就业形态	E1	被雇用的形态
	企业规模	E2	雇人企业的劳动者人数规模

（二）模型设定

为了研究个人因素、家庭因素和就业因素对青年贫困的影响，本文构建以下Logit模型进行分析。Logit模型适用于以虚拟变量作为被解释变量和解释变量的情况。设定的Logit模型为：

$$\text{logit}(p) = \log\left(\frac{p}{1-p}\right) = \beta_0 + \beta_1 I + \beta_2 F + \beta_3 E \qquad (1)$$

式（1）中，P 代表收入贫困（income poverty），为因变量；收入贫困的解释变量分为个人因素 I（individual factor），家庭结构因素 F（family structure）和就业因素 E（employment）。β 为待估参数。

（三）描述统计

表 2 对两组样本数据里的贫困发生率进行了描述性统计。从总体来看，中国青年的贫困发生率高于日本青年的贫困发生率。从性别来看，中日两国的女性青年的贫困发生率均高于男性。其中，中国的女性青年贫困发生率为 13.8%，高于男性青年 2.4 个百分点；日本女性青年的贫困发生率为 9.4%，男性青年则为 7.6%。从婚姻状况来看，两国无配偶的青年贫困发生率均高于有配偶的青年。中国有配偶和无配偶的青年贫困发生率差为 1.2 个百分点，日本为 3.8 个百分点，差异更加明显。从年龄来看，中国贫困发生率最高的是 40~45 岁年龄段的青年，贫困率达到 14.8%，贫困发生率最低的是 30~34 岁的青年，仅为 6.9%；35 岁以下青年的贫困率低于 35 岁以上的青年。日本则相反，35 岁以下的青年群体的贫困发生率普遍高于 35 岁以上的青年群体，青年群体的贫困现象呈现年轻化趋势，贫困发生率最高的年龄段为 30~34 岁，达到 11%。这可能是处在 30~34 岁的已婚女性青年大多选择离开职场开始育儿，因为家庭儿童年龄较小（学前年龄）只能选择全职家庭主妇和兼职工作，家庭收入整体降低。从教育程度来看，两国青年的教育程度越高，贫困发生率越低。中国初中及以下学历的青年贫困发生率高达 23.1%，而大学本科及以上学历的青年贫困率仅为 3.5%，差距显著。在日本，拥有大学本科及以上学历青年的贫困率为 7.1%，初中及以下学历的青年贫困率则达到 18.6%。从健康状况来看，不好的健康状况都会导致两国青年贫困发生率较良好健康状况时更高。这个差异在中国青年中更加显著。

表 2　中日青年的贫困发生率

单位：%

		中国	日本
总计		10.8	8.6
性别	男性	11.4	7.6
	女性	13.8	9.4
婚姻	有配偶	11.4	7.3
	无配偶	12.6	11.1
年龄	25～29 岁	8.1	8.4
	30～34 岁	6.9	11.0
	35～39 岁	10.7	7.6
	40～45 岁	14.8	7.7
教育	初中及以下	23.1	18.6
	高中及大专	14.0	12.9
	大学本科及以上	3.5	7.1
健康	好	10.3	7.0
	差	18.6	10.5

（四）Logit 模型估计

本文采用逻辑模型（1）式对中日两国青年的贫困发生原因分别进行了分析。表 3 显示的是中国男女青年发生贫困现象的原因。男性青年的有效观察值为 1896，LR chi2（15）=167.55，Prob > chi2 = 0.0000，女性青年的有效观察值为 720，LR chi2（13）=108.85，Prob > chi2 = 0.0000，模型整体显著。结果说明，年龄对中国男性青年陷入贫困并无明显的影响，而 25～29 岁的女性青年的系数为负且 P 值小于 0.05，结果显著，即比起 40～45 岁的青年，30 岁以下的中国女性青年不易陷入收入贫困。

男女青年教育的系数均为正，即比起大学本科及以上学历的青年群体，低学历青年群体陷入收入贫困的风险更大，受教育程度不足仍然是阻碍中国青年脱离贫困的重要原因。健康状况的系数为负，且显著，说明良好的健康

表 3　中国城市青年贫困发生的原因（Logit 模型估计结果）

	男性			女性		
	系数	z	P>z	系数	z	P>z
年龄						
25～29 岁	0.300	0.95	0.344	-2.242	-2.14	0.032
30～34 岁	-0.316	-1.28	0.201	-0.264	-0.63	0.532
35～39 岁	-0.017	-0.1	0.924	-0.325	-1.02	0.310
40～45 岁	…	…	…	…	…	…
教育						
初中及以下	1.658	7.38	0.000	1.879	4.38	0.000
高中及大专	1.266	5.66	0.000	1.358	3.23	0.001
大学本科及以上	…	…	…	…	…	…
健康						
好	-0.370	-1.94	0.052	-0.888	-3.07	0.002
差	…	…	…	…	…	…
婚姻						
有配偶	0.299	0.69	0.493	-1.647	-2.42	0.016
无配偶	…	…	…	…	…	…
孩子						
一个	-0.051	-0.17	0.868	0.370	0.56	0.576
两个及以上	0.340	1.01	0.311	0.914	1.28	0.200
无	…	…	…	…	…	…
就业类型						
雇主	-0.791	-1.67	0.094	omitted	omitted	omitted
雇员	0.273	1.24	0.217	0.183	0.39	0.696
家庭从业	1.194	0.82	0.414	omitted	omitted	omitted
无业	1.174	3.17	0.002	1.092	2.15	0.032
个体经营	…	…	…	…	…	…
企业规模						
大企业	-0.619	-2.59	0.010	-0.838	-1.46	0.146
中等规模企业	-0.982	-3.79	0.000	-0.474	-1.06	0.290
小企业	…	…	…	…	…	…
N	1896			720		
Log likelihood	-610.88			-190.22		

状况可以有效防止中国青年陷入贫困。配偶的系数为负，说明比起无配偶的女性青年，有配偶的女性青年的贫困发生率较低。失业或者无业的系数为正，说明失业青年的贫困发生概率十分大，就业对中国青年摆脱贫困十分重要。对男性青年而言，大企业和中等规模企业的系数为负，说明男性青年工作的企业规模越大，其陷入贫困的风险越低。

表 4 显示的是日本青年的贫困发生原因。男性青年的有效观察值为 1667，LR chi2（14） = 107.65，Prob > chi2 = 0.0000，女性青年的有效观察值为 1932，LR chi2（14） = 126.91，Prob > chi2 = 0.0000，模型整体显著。25 ~ 29 岁的日本男性青年的系数为正且 P 值小于 0.05，结果显著，即 30 岁以下的男性青年容易陷入贫困。30 ~ 34 岁的日本女性青年的系数为正，即该年龄段的女性青年的贫困发生率更高。高中及大专学历的青年系数为正，即与大学本科及以上学历的青年相比，高中及大专学历的青年陷入贫困的概率要大得多。需要说明的是，具有初中及初中以下学历的日本青年因为占比很低（在样本数据中仅占总数的 1.19%），因此高中及大专学历在日本已经相当于低学历。同中国一样，低学历是致使青年陷入贫困陷阱的重要因素。男性青年良好的健康状况的系数为负，说明亚健康是制约日本男性摆脱贫困的原因。有配偶的日本女性青年的系数为负，可以说结婚或者有配偶帮助女性青年降低了陷入贫困的风险，特别是对于非正式就业的女性劳动者和不参与社会劳动的家庭职业主妇而言。有两个及两个以上孩子的日本青年家庭的系数为正，可以理解为育儿负担过重仍是日本社会存在的问题。从就业情况而言，非正式男性劳动者、失业男青年的系数为正，说明了社会从业地位对男性青年的重要性；女性正式劳动者的系数为负，说明正式劳动就业状态可以有效帮助女性摆脱贫困。需要注意的是，无业或者失业状态并不是日本女性青年陷入贫困的原因，这是因为日本社会中有相当比例的女性在结婚后变为家庭主妇，丈夫的社会从业地位较高使得这些女性不愿继续参与劳动市场。因此，无业状态对这些女性是自发失业的结果，自发失业并不是影响女性陷入贫困的因素。

表 4　日本都市男女青年贫困发生的原因（Logit 模型估计结果）

	男性			女性		
	系数	z	P > z	系数	z	P > z
年龄						
25 ~ 29 岁	0. 635	2. 20	0. 028	0. 198	0. 75	0. 456
30 ~ 34 岁	0. 428	1. 53	0. 127	0. 738	3. 30	0. 001
35 ~ 39 岁	0. 072	0. 26	0. 792	0. 055	0. 24	0. 811
40 ~ 45 岁	…	…	…	…	…	…
教育						
初中及以下	-0. 028	-0. 04	0. 967	0. 558	0. 94	0. 346
高中及大专	0. 697	3. 43	0. 001	0. 386	2. 10	0. 036
大学本科及以上	…	…	…	…	…	…
健康						
好	-0. 399	-2. 01	0. 045	-0. 089	-0. 52	0. 602
差	…	…	…	…	…	…
婚姻						
有配偶	-0. 340	-1. 08	0. 278	-2. 037	-7. 75	0. 000
无配偶	…	…	…	…	…	…
孩子						
一个	0. 255	0. 70	0. 487	1. 514	5. 11	0. 000
两个及以上	1. 161	3. 55	0. 000	1. 803	6. 25	0. 000
无	…	…	…	…	…	…
就业类型						
正式劳动者	-0. 249	-0. 85	0. 394	-0. 751	-1. 88	0. 060
非正式劳动者	0. 887	2. 70	0. 007	0. 341	1. 03	0. 302
无业	0. 738	2. 11	0. 035	0. 367	1. 12	0. 263
个体经营	…	…	…	…	…	…
企业规模						
大企业	-1. 098	-4. 08	0. 000	-0. 358	-1. 32	0. 186
中等规模企业	-1. 040	-3. 01	0. 003	-0. 108	-0. 36	0. 717
小企业	…	…	…	…	…	…
N	1667			1932		
Log likelihood	-395. 18			-537. 36		

四　中日青年发生贫困的原因

利用中日两国的微观数据进行实证分析，本文发现两国青年发生贫困的原因有同有异。相同之处可以概括为以下几点。首先，学历较低都是妨碍两国青年摆脱贫困的重要因素。相比大学本科及本科以上学历的青年，大专、高中、初中及以下学历的青年，都存在较高的陷入贫困的风险。中国在普及高等教育后，大部分城市劳动力都具备大学本科及以上学历，低学历的劳动者在市场中明显处于劣势，收入普遍低下。日本社会自20世纪90年代出现正式劳动者和非正式劳动者、熟练劳动者和非熟练劳动者的分化后，收入差距逐渐拉大。具有大学本科以上学历的青年正常参加面向应届生的就业说明会，在劳动力市场成为正式劳动者的可能性很大。然而，大学本科学历以下的青年更容易做兼职、派遣劳务、小时工等非正式劳动，成为贫困阶层的概率增加。

其次，是否有配偶是影响两国女性青年贫困的原因。女性从事的职业范围有限，且进入管理层难度较大，工资待遇较男性偏低，日本劳动力市场上的男女待遇差距更为明显。双职工（正式劳动者）家庭，“夫——正式劳动者，妻——家庭主妇”模式的家庭收入普遍较高，因此，结婚对于女性特别是日本女性而言，可以说是摆脱收入贫困的一种途径。

再次，失业以及就业企业的规模是男性青年贫困发生的重要原因。相比女性而言，男性的社会地位对于其摆脱贫困效果更加显著。除了性别分工外，社会分工也赋予男性从事更多职业甚至从事经营管理职业的可能性。终身雇佣制、年功序列制等日本企业的制度也造成了企业中性别不平等的现象。[①] 近年来虽然日本政府开始倡导“男女共同参与社会”、鼓励给予男女平等就业机会，但是在就业和晋升中男性和女性仍然存在着较大差异。

中国两国青年贫困发生原因的不同之处可以概括为以下几点。首先，年

① 胡澎：《日本在鼓励生育与促进妇女就业上的政策与措施》，《日本学刊》2004年第6期，第135页。

龄对于中国男女青年的贫困没有明显规律特征，但日本男性却存在着贫困“青年化”的特征。这与刚毕业就业的日本青年工资水平较资深员工普遍低下有关。另外，30～34岁中有相当比例的女性处于结婚后育儿的人生阶段，且大多有学龄前儿童，因此退出职场选择做家庭主妇或者兼职临时工的概率较大，收入下降。此外，日本青年的育儿负担较重①，特别是有两个及以上孩子的家庭的贫困问题②，也多次被日本学者提及。

五　中日青年脱贫的政策建议

无论是经济发达国家还是发展中国家，都经历了经济增长的繁荣期。现阶段摆在中日两国面前的一个难题是，如何化解或者缓和经济高速发展所附带的差距拉大等社会矛盾。作为全球第二大经济体，中国面临着结构性改革的宏观战略转型问题，如何在转型中解决收入差距拉大、贫困“青年化”等深刻的社会问题是重中之重。借鉴日本的社会问题研究经验，可以帮助中国化解社会矛盾，防患于未然。青年是国家发展的中坚力量，是国家兴旺的支柱。越来越多的国家和地区政府乃至学者开始关注青年的贫困、健康等问题，因为解决了青年的问题，才有助于改革中社会的稳定和繁荣。本文通过探讨中日两国青年贫困的现状，并对比青年贫困发生的原因，力求为中日两国的青年脱贫提供一些政策建议。

第一，继续加大对青年的知识和技能培养，帮助青年实现顺利就业。“授人以鱼不如授人以渔”，全球化带来的进一步社会分化和社会分工需要青年提高知识水准和技能水准。这是日本社会面临和亟须解决的问题，也是中国需要借鉴和解决的问题。提高教育水平，可以提升人力资本，有效提高贫困青年的自我救助和发展能力。

---

① 田宮遊子・四方理人「母子世帯の仕事と育児—生活時間の国際比較から—」、『季刊社会保障研究』第43巻第3号、2007年、219～231頁。

② 石井加代子・浦川邦夫「生活時間を考慮した貧困分析」、『三田商学研究』第57巻第4号、2014年、97～121頁。

第二，继续加大支援育儿的力度。20 世纪 90 年代初日本厚生劳动省就为支援日本家庭育儿设立了“兼顾工作与家庭的特别援助事业中心”。截至 2000 年，已有超过 100 所的支援中心建成，对于有孩子的家庭给予照看孩子等帮助。近些年，日本政府加大了对育儿的补贴，特别对于单亲家庭给予更大的援助，希望可以缓解工作与家庭生活之间的冲突，帮助年轻人更好地生活。

如何保证经济持续健康发展，如何公平地实现财富和公共资源共享，如何摆脱贫困实现人类的价值，是全球经济学者探讨的永恒话题。这些课题不仅关系到我们的祖辈、我们自身，也关系到我们的下一代。处在转型关键时期的中日两国只有帮助青年摆脱贫困，实现自我价值，社会才会迸发新的活力，国家才可持续久安。

B.23

浅析日本高铁海外输出战略中的“官民联合”机制

戴秋娟*

摘　要： 中国于2009年正式提出高铁海外输出战略，规划了泛亚高铁、中亚高铁和欧亚高铁三大布局，计划建成以中国为起点，贯穿欧亚大陆、串联东南亚的三条跨国高铁走廊。随后提出的“一带一路”倡议为中国高铁输出提供了新的契机。随着中国经济快速发展和对外投资力度加大，分列全球第二、第三大经济体的中日两国在海外投资市场的竞争日趋白热化，高铁输出被日本政府视为“经济成长战略”的重要支撑，中日两国在东南亚的高铁建设市场上展开了激烈的竞争，日本针对中国的高铁海外输出采取了种种竞争措施，中国高铁的输出虽有所得也难言全胜。为了化解和规避海外投资风险，我们有必要加强对日本高铁输出市场及战略的研究，以期妥善应对来自日方的影响和竞争，进而从中寻求两国在第三方市场的高铁领域开展合作的可能。

关键词： 日本　高铁输出　官民联合　第三方海外投资

---

* 戴秋娟，经济学博士，北京外国语大学全球史研究院副教授，全国日本经济学会理事，主要研究领域：日本经济、日本经营史。本文得到北京外国语大学2017年度卓越人才支援计划基本科研业务费（2017QZ001）的资助。

中国于2009年正式提出高铁输出战略，希望通过“建造以中国为起点的跨境高铁”以及“帮助他国建造海外高铁”两种形式，打造以中国为起点，贯穿欧亚大陆、串联东南亚的三条高速铁路主干线。随着2013年共建“丝绸之路经济带”以及“21世纪海上丝绸之路”（统称“一带一路”）倡议的先后提出，中国的高铁输出迎来了新的契机。“一带一路”把促进沿线国家间互联互通的基础设施建设定位为战略推进的优先领域，而高铁的输出无疑是“一带一路”大布局的重要部分。东南亚国家是中国“一带一路”倡议中“21世纪海上丝绸之路”的重要枢纽，是中国对外贸易重要的出口和进口地区，在高铁等大型基建领域，东南亚国家的铁路基础设施建设仍然比较落后，蕴藏着巨大的基础设施建设投资需求，东南亚国家是中国高铁输出的重要目的地国家。日本的新干线技术以安全、高速而闻名，日本是全世界最先实现高速铁路商业运营的国家。安倍政府把高铁输出视为“经济成长战略”① 的重要支柱之一。日本自20世纪70年代开始进军东南亚市场，东南亚国家既是重要的商品销售市场，也是重要的原材料产地。日本在东南亚市场耕耘已久，积累了丰富的投资经验，东南亚国家同时也是日本高铁输出的重要市场。

由于东南亚市场是中国“一带一路”和日本“经济成长战略”的重叠发展区域②，两国成为该地区高铁建设市场的主要竞争者，在印尼的雅万高铁、新马高铁、印度高铁以及泰国高铁项目中均展开了激烈的交锋和博弈，虽然各有所获，但是来自日本方面的竞争和影响是中国高铁输出进程中一个不可回避的重要因素。尽管两国是海外投资市场的竞争对手，但是不可否认日本的海外直接投资起步早于中国，在海外投资领域，日本注重国家和企业之间的协调配合，积累了丰富的运作经验。中国高铁企业的海外投资也获得了政府的支持，在这点上与日本企业有共同之处。随着“一带一路”倡议

---

① 首相官邸『成長のカギを握る重要なテーマ』、http://www.kantei.go.jp/jp/headline/seichosenryaku/nihonjirushi.html。

② 丁梦：《从高铁外交审视中日两国在东南亚的竞争》，《学术探索》2017年第10期，第46~51页。

的提出，大批中国企业开始进军海外市场，这些企业在投资对象国可能遇到一些政治风险、经济风险和市场风险，仅靠一家企业的力量难以应对并化解这些风险，需要从国家战略的角度整合资源、为企业提供保障。本文主要聚焦日本高铁海外投资中的“官民联合”机制，分析日本企业在高铁输出过程中的运作模式和特点，以期为中国企业提供借鉴。

二　日本高铁输出的情况

（一）日本铁路市场的动向

首先，我们通过一组数据了解日本铁路市场的整体情况。图 1 反映了日本铁道车辆及相关产品的生产动态指标。从生产总值来看，车辆零部件居首位，而车辆以及信号安保装置分列第二、三位。在产品出口方面，车辆零部件、车辆、信号安保装置的占比分别为 25%、11%、9%，可以说在铁道输出领域零部件出口占比高于车辆本身。

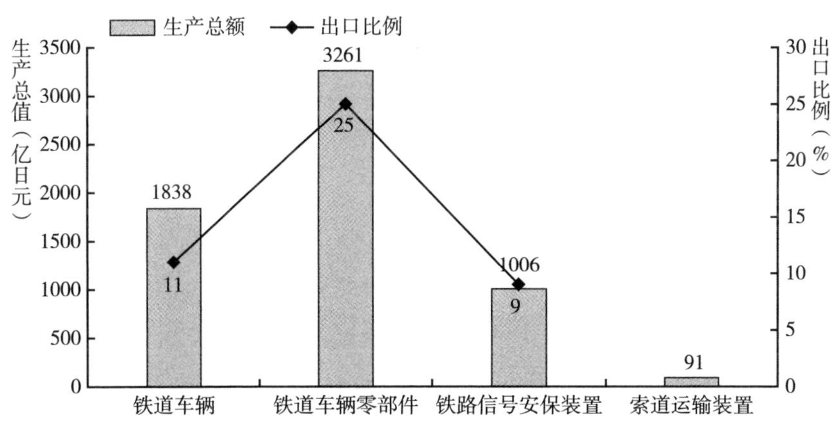

图 1　日本铁道车辆生产动态

资料来源：国土交通省『鉄道車両など生産動態統計調査』、http://www.mlit.go.jp/k-toukei/index.html。

具体到铁道车辆而言，包括新生产车辆、改造车辆和修理三部分。为了准确把握日本铁路生产市场，我们首先了解新生产车辆的情况。如图2所示，2007~2012年，新生产的车辆呈现减少的趋势，2012~2016年基本维持原状，而日本铁道车辆中JR和民营铁路等国内市场的需求量虽有起伏但是相对稳定，因此新生产车辆减少的原因主要是出口车辆的减少。对于铁道车辆生产企业来说，在国内需求增长趋缓的情况下，扩大车辆出口势在必行。

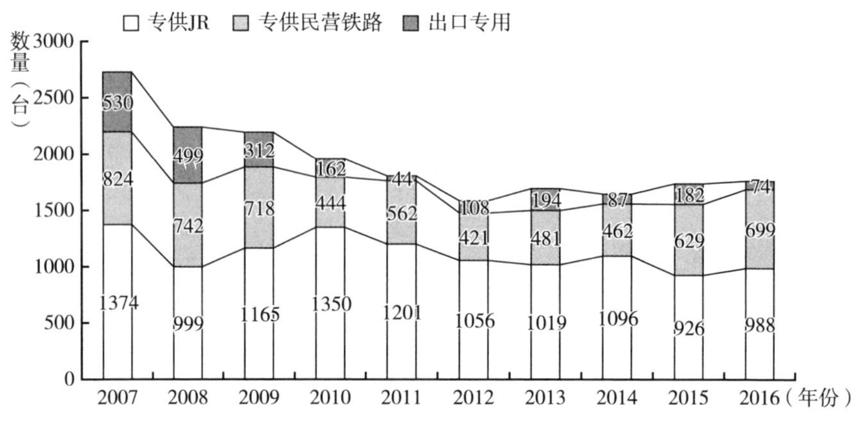

图2　新生产车辆数量变化

资料来源：国土交通省『鉄道車両など生産動態統計調査』、http：//www. mlit. go. jp/k－toukei/index. html。

图3是2007~2016年新生产车辆的生产总值及出口比例。日本新车的生产总值变化不大，而出口比例则起伏较大，新车生产总值在2016年达到1600亿日元，其中出口总值为180亿日元，占整体的11.3%。而同为运输机械产业的汽车出口比例在20世纪90年代以后一直保持40%以上的增长。可以说日本铁路相关产业主要是依托国内需求发展起来的，因此安倍政府的“经济成长战略”特别关注基础设施领域的建设，希望拥有雄厚技术力量的日本铁路企业能够参与到世界范围的基础设施建设中，从而带动日本经济的发展。①

① 首相官邸『世界経済とのさらなる統合』、http：//www. kantei. go. jp/jp/headline/seichosenryaku/nihonjirushi. html。

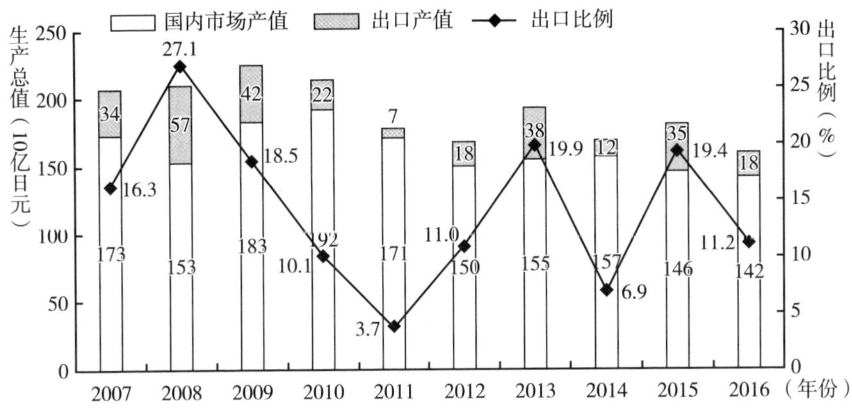

图 3　新生产车辆的生产总值以及出口比例

资料来源：国土交通省『鉄道車両など生産動態統計調査』、http：//www. mlit. go. jp/k－toukei/index. html。

（二）主要车辆厂商分布

表 1 列出了日本铁道车辆的生产企业，川崎重工、日立、日本车辆、近畿车辆是日本主要的车辆生产商，各车辆公司的侧重地区略有不同。日本的车辆公司近年来主要面向亚洲特别是东南亚地区出口，对日本来讲东南亚地区是不能失败的主战场，为此各家公司均使出浑身解数。除了亚洲，日本企业还面向南美、北美、欧洲、中东和非洲地区出口铁道车辆及相关产品。

表 1　日本铁路车辆公司面向海外出口的情况

地区	国家和地区	车辆公司
东亚	中国	川崎重工(2000 年)、日立(2002 年)、日本车辆(2012 年)
	韩国	日立(2007 年)
	中国香港	近畿车辆(2014 年)、川崎重工(2014 年)
	中国台湾	川崎重工(高速鉄道車両)(2012 年)、日本车辆(2014 年)、日立(2016 年)

续表

地区	国家和地区	车辆公司
东南亚	越南	日立(2013 年)
	泰国	综合车辆制作所(2013 年)
	马来西亚	日立(1983 年)、川崎重工(1987 年)
	新加坡	川崎重工(2015 年)、日本车辆(2000 年)、三菱重工(2013 年)、日立(2014 年)
	印尼	日本车辆(2015 年)
	菲律宾	日本车辆(2006 年)
南亚	孟加拉国	川崎重工(2017 年)
美洲	美国	川崎重工(2016 年)、近畿车辆(2013 年)、日本车辆(2012 年)
	加拿大	日本车辆(2011 年)
	阿根廷	日本车辆(1983 年)
	巴西	日本车辆(1984 年)
	委内瑞拉	日本车辆(2001 年)
欧洲	英国	日立(2016 年)
	意大利	日立(2016 年)
中东、非洲	卡塔尔	近畿车辆(2015 年)
	阿联酋	近畿车辆(2005 年)
	埃及	近畿车辆(2010 年)

注：(　) 中的年份表示实际出口年。

资料来源：根据日本国土交通省及各公司统计资料整理而成。

（三）高铁出口的形式

日本高铁产品出口主要有两种形式。第一种形式是仅限于车辆以及零部件出口，不包括运营部分，日本与英国及意大利的合作多属于此类模式。第二种形式则是由车辆公司、运营公司和咨询公司共同负责的一揽子高铁出口项目，目前在运营的只有中国台湾高铁属于此种类型，中国台湾高铁也是新干线技术的首次出口。近年来，日本的高铁海外投资更倾向于采用这种形式，与中国在东南亚竞争的项目也多属于这种一揽子项目。①

① 国土交通省『我が国鉄道システムの海外展開』、http：//pari. u - tokyo. ac. jp/event/policy_discussion/pari110610_ rail. pdf#。

在高铁出口的地区分布方面，除中国台湾项目已经完成外，其他项目尚处于计划或者筹建阶段，美洲包括美国和巴西，欧洲包括瑞典和英国，印度、缅甸、越南、泰国、马来西亚、印尼以及菲律宾等东南亚国家的项目数量所占比例最高。[①]

二　日本高铁输出中的官民联合机制

（一）日本独特的官民联合机制

日本在推动铁路事业进军国外市场的过程中，政府与民间企业携手对项目的可行性调查、设计、招标以及施工监理等业务开展综合咨询。日本国土交通省对官民联合机制是这样定义的，“在严峻的财政状况中，政府的任务是发挥来自民间的资金与智慧，切实推动社会资本的维持、运营和管理，通过为企业创造发展机会推动经济增长”。[②] 在国土交通省内特设“综合政策局官民合作政策课”，负责处理与地方公共团体、民营企业合作的相关事务。政府一方面通过与民营企业签订 PPP（Public-Private-Partnership）官民连携协定，对企业开展事业咨询、各种讲座以及信息数据提供等服务，帮助企业做好投资准备与规划。另一方面，通过制定对外输出政策、签订协议、搭建与对象国交流协商平台，为企业在海外投资创造良好的环境。企业在政府搭建的框架下，负责投资项目的具体运作。

为了提高日本企业在国外市场的竞争力，日本政府还于 2014 年成立了“海外交通和城市开发事业支援机构”（JOIN），该机构由政府和民间企业共同出资成立，其中政府出资达到 87% 以上。该机构通过为企业提供资金、

① 国土交通省『日本の鉄道技術の海外展開』、https://www.ntsel.go.jp/forum/2015files/11119_invited1.pdf#。

② 国土交通省『官民連携』、http://www.mlit.go.jp/sogoseisaku/kanminrenkei/sosei_kanminrenkei_tk1_000012.html。

人才等方面的支持，降低事业风险，从而推动企业在国际市场参与铁路项目竞争（参见图4）。①

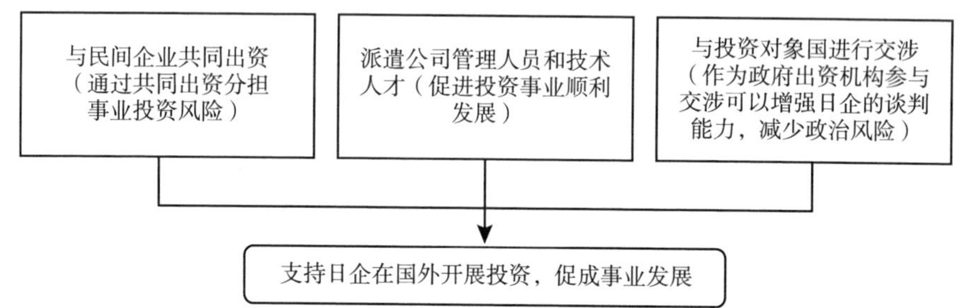

图4　海外交通和城市开发事业支援机构的主要支援内容

资料来源：海外交通和城市开发事业支援机构，http：//www. join - future. co. jp/。

与欧洲公司一般由一家公司统筹负责铁路修建、运营全部事宜不同，日本是根据车辆、器材、设备以及外部条件等要素的不同进行细分，由不同主体负责。通过表2可以看出，一个高铁建设项目在准备阶段，由车辆生产企业、商社以及政府负责收集相关信息，铁路咨询公司负责进行可行性分析；在建设阶段，由车辆生产企业、商社和铁路咨询公司负责项目整合，车辆生产企业、信号生产厂、电器厂负责设备统筹；而建成后的运营阶段，由车辆生产企业负责保全维修，铁路经营则与当地国铁合作运营。企业之间配合默契，协同合作。例如，东日本旅客铁道、住友商事、三菱商事、日立制作所和三菱重工五家日本企业组成企业联盟，一起争取新马高铁订单，组团合作、资源共享、风险共担，形成了一股对外输出高铁的合力。日本企业在选取投资项目时，发挥精益求精的特点，注重同一目标下的全面质量管理，加上获得了政府、海外交通和城市开发事业支援机构（JOIN）等相关机构的大力支持，提高了海外投资项目的成功率。②

① 海外交通・都市開発事業支援機構、http：//www. join-future. co. jp/。

② 翁鸣：《中日海外投资差异分析和对策建议》，《国际经济合作》2015年第10期，第26～29页。

表 2　企业在修建高铁过程中的分工

项目准备阶段	信息咨询	车辆生产企业、商社、政府
	咨询	铁路咨询公司
项目建设阶段	项目整合	车辆生产企业、商社、铁路咨询公司
	设备统筹	车辆生产企业、信号生产厂、电器厂
运营阶段	保全维修	车辆生产企业
	铁路经营	与当地国铁合作运营

资料来源：国土交通省『海外展開戦略（鉄道）平成 29 年 10 月』、http：//www. mlit. go. jp/tetudo/tetudo_ tk6_ 000041. html。

通过表 3 可以看到在高铁对外营销过程中日本政府、民间企业以及对象国政府的职能。在项目准备阶段，由日本政府打头阵，与对象国政府进行洽谈，商定下一步计划。进入项目形成期及相关标准确定期以后，政府通过人才培养、举办各种讲座以及法律制度支援等进行推广宣传，并进行需求预测与调查，就打包方案与对象国进行磋商。同时，铁路运营企业、各大商社及生产厂家组成日本企业联合体，在政府宣传、调查及打包方案的基础之上进行营销活动。在招标决定期，对象国开展招标活动，民企进行竞标，中标企业联合体开始建设铁路。进入运营阶段后，对象国政府、日本政府及民营企业均参与其中，进行协作。

（二）官民联合机制中政府的作用

1. 提供综合金融支持

由于贷款是在海外投资建设高铁的重要手段之一，日本政府对于贷款支持力度很大。在竞标印尼雅万高铁项目时，日方提出了 0. 1% 的低息贷款方案。除了贷款，日本还充分利用政府开发援助（ODA）。2015 年 6 月，安倍首相表示，为了支持亚洲各国的基础设施建设，日本今后五年要向亚洲提供约 1100 亿美元的基础设施建设资金。亚洲各国有发展高铁等基础设施建设的需求，但是缺乏资金。如果能得到国外的资金援助，就容易推动高铁项目的建设。因此日本政府在资金方面的支持有助于日本企业提高其在亚洲高铁市场的份额，并增强竞争力。此外，日本在 20 世纪大规模向亚洲各国提供

表 3　高铁营销活动流程

	对象国政府	日本政府		民企
项目准备期	制定可行性计划	对可行性计划制定提供支援		
项目形成期		可行性调查（需求预测、事业规模等）	通过人才培养、举办各种讲座以及法律制度支援等进行推销	形成日本企业联合体（铁路运营企业，商社、生产厂家）经济团体的配合（经团联、日本商工会议所等）
事业规模及标准决定期		对事业规模、支援对策等进行一揽子提案		
	与对象国商议			
	对象国政府的意见			
招标/决定期	制作设计图、招标文书			中标 建设/采购
运营	开始运营			

资料来源：国土交通省「日本の鉄道技術の海外展開」、https：//www. ntsel. go. jp/forum/2015files/11119_ invited1. pdf#。

日元贷款，其中还有尚未完成还款的项目，日本政府通过免除对象国债务，密切与对象国的联系，获得对方政府及大众舆论的支持，为本国企业顺利进军国外市场打下了良好的基础。

为了推动海外的基础设施建设，日本政府通过海外交通和城市开发事业支援机构（JOIN）、国际协力银行（JBIC）、国际协力机构（JICA）、日本贸易保险（NEXI）等政府相关机构，对日本企业的海外投资事业进行强有力的支持。其中 JOIN 隶属于国土交通省，对于获得国土交通省认可的项目（主要包括交通及城市建设等事业），由 JOIN 对相关企业提供资金支持、专家指导及谈判支援。JBIC 隶属于财务省，对日本在当地的企事业单位及出口产品提供融资。JICA 隶属于财务省、外务省和经济产业省，对发展中国家的经济、社会、复兴及经济稳定提供技术合作、有偿资金援助和无偿自建援助。NEXI 隶属经济产业省，针对日本企业在海外投资中产生的、民间保险不能救助的部分开展保险业务，从而降低企业进行海外投资和贸易可能发生的风险。可以说日本政府为企业在海外进行基础设施建设所提供的金融保障是全方位的，日本政府和相关机构为企业提供的各种信息有助于企业了解当地情况，可以帮助企业在一定程度上规避在海外投资中可能出现的风险。这些都极大地鼓励了日本企业前往海外进行基础设施建设投资。

2. 对企业的海外投资给予立法支持

针对民营企业参与的海外基础设施建设，特别是交通、城市开发等项目，由于需要大量前期投资、建设周期长、运营阶段存在一定供求风险，单靠民营资本参与投资存在实际困难。为了对在国外从事这些事业的企业进行资金支持和派遣专家等支援活动，日本政府成立了海外交通和城市开发事业支援机构，通过立法对该机构的设立、财政等措施进行了明确规定。机构的成立需要获得国土交通大臣的许可，政府持有机构 80% 以上的股份；机构的主要业务是向民营企业进行出资或者共同出资，派遣技术人员和管理干部到项目所在国，就合作事业与对象国进行磋商。作为股份制公司，公司法规定的企业治理制度对机构同样适用，同时在国土交通大臣的监督之下制定支援标准、认可支援决定并

履行监督命令。[①] 日本政府出资成立的这种支援机构，在一定程度上解决了民营企业在海外从事基础设施建设开发的后顾之忧，分担了风险。

（三）官民联合机制中的民间力量

1. 财阀与企业的联合

财阀在日本有着悠久的历史，是通过同族、同门的家族关系结合起来的资本家多角经营体，三井集团、三菱集团和住友集团等均属此类范畴，财阀也被称为日本的经济支柱，对经济政策有着巨大的影响力。各大财阀通常以企业联合体的形式进行竞标。例如以争取中国台湾高铁为目标成立的三井物产系的“台湾新干线日本企业联合体”[②]，为争取京沪高铁项目形成的以三菱商事为核心的“中国高铁日本企业联合体”[③] 均属此类。其中属于同一企业集团的企业较多，配合默契，分工协作，注重横向联合，在项目的建设、运作中有助于确保质量并提高效率。

2. 民间组织

日本经团联、商工会议所等综合经济团体对于推动企业的海外投资也起到了积极的作用。例如，2000 年朱镕基总理访问日本时，时任日本经团联会长奥田硕对新干线进行了大力宣传，他在 2003 年率领日本代表团访问中国前夕，还对日本国内反对出口新干线的势力进行了批评。

三菱商事以及川崎重工还发起成立了“日中铁路友好推进协议会”，由日本国土交通省指导，成员包括各 JR 铁路公司、铁道综合研究所、铁道运输机构、东京地铁、铁道相关团体、铁道相关制造公司及综合商社等。该组织是中日两国铁路领域友好交流的桥梁，其通过开展一系列的友好活动获得舆论支持，推动了中日两国在铁路输出领域的合作。应该说，中日两国在铁路输出领域是有合作基础的。

---

① 国土交通省「株式会社海外交通・都市開発事業支援機構法案について」、http：//www. mlit. go. jp/report/press/sogo05_ hh_ 000098. html。

② 包括三井物产、川崎重工、东芝、日本车辆制造、日立制作所、三菱重工等公司。

③ 包括川崎重工、三菱商事、日立制作所、东日本旅客铁路、三菱重工、伊藤忠商事等公司。

3. 协议会

2010 年成立的海外铁路推进协议会对日本高铁的海外推广起了重要作用。铁路运营企业、生产企业以及商社等积极参与协议会活动，企业之间进行信息交换，同时还与国土交通省等相关省厅、机构分享信息。协议会为相关企业、组织提供了信息交流的平台，有利于提高海外高铁项目的工作效率，对日本新干线在海外的推广起着重要作用。协议会现任会长为 JR 东日本的富田昌孝社长，副会长为大桥忠晴（川崎重工）和大森一夫（住友商事）。

（四）官民联合机制中的问题

1. 不同利益相关者之间存在分歧

在高铁进军海外的过程中，日本政府与企业以及企业之间也会存在意见分歧。日本政府重视的是日本经济的发展，而企业更多关注利益所在。例如围绕京沪高铁的竞争，JR 东海的葛西敬之社长就与国土交通省唱反调，担心向中国出口新干线技术会导致未来中国和日本的新干线形成竞争局面，影响企业的利润，反对向中国出口高铁。而日本政府则基于振兴国内经济的考量，积极推动面向中国的高铁输出，在中日双方领导人互访期间多次对新干线技术进行宣传和推广，主张只要中方支付技术转移费用日方就可以向中方输出高铁技术。最终，日方同意向中方提供技术转移，获得了京沪高铁的千亿大单。

除了政府与企业之间的意见分歧，企业联盟内部也存在意见分歧，这种分歧政府难以调停。京沪高铁立项前夕，日本主要车辆厂商川崎重工经营困难，处在破产边缘，迫切需要来自中国的高铁订单对企业进行输血。因此，即使 JR 东海、日立和日本车辆等公司对技术转移持反对意见，川崎重工依然应中国政府的要求提供了技术转移，2003 年 10 月川崎重工等六家企业联合体①获得了中国普通线路高速化铁路车体的订单，这次成功的海外投资也挽救了川崎重工。

① 除了川崎重工，还包括日立、三菱电机、三菱商事、伊藤忠商事、丸红等公司。

2. 政府的债务担保

高铁项目属于基础设施建设，一般工期比较长，建筑周期长、费用高且工程复杂。这种大型贷款一般是需要对象国政府对债务进行担保的。由政府对贷款进行担保是项目失败时的保障，投资方所承担的风险较小，另外对象国政府提供债务担保还可以督促政府推动高铁项目建设。以印尼雅万高铁的日本方案为例，日方提供的贷款利率很低（0.1%），但是要求印尼政府进行债务担保。这与日本当时的经济形势有关，日本国内经济持续低迷，如果对象国政府不对债务进行担保，万一贷款未能全部偿还，对项目投入大量资金的日本政府的财政可能会因此受到影响，因此日本在对象国政府债务担保这点上坚决不让步。应该说政府的债务担保虽然有必要，但有时也会成为掣肘。最终，由于中国方面提出了利率2%且不需要印尼政府对债务进行担保的贷款方案，印尼政府选择了中国方案。

三　中日两国在高铁输出领域的竞争状况

如前所述，中日两国围绕高铁输出的竞争舞台主要在东南亚国家。表4列出了近年来东南亚地区主要高铁项目的进展情况。在四个高铁项目中，中国获得了印尼雅万高铁的订单，这是中国高铁在海外获得的第一个订单，也是中国高铁第一次全系统、全要素、全产业链地走出国门。目前项目已经进入施工阶段，预计2019年完工。虽然中国赢得了雅万高铁的竞标，但是在日本高铁的冲击下不得不做出更大让步，甚至放弃了印尼政府对贷款的担保，致使中国为建设雅万高铁承担了更多风险。① 至于印度和泰国的高铁项目，均以日本的胜出告一段落，日本为了获得这两个项目在外交层面和民间层面做了大量工作，并且给出了极低的日元贷款优惠政策。可以说，为了中标，日本不惜零利润竞争，但是这两个项目中仍然存在多种不确定因素。除此之外的新马高铁作为泛亚铁路的终端，其战略意义和经济效益对中日两国

① 刘丹：《中日竞投印尼高铁的焦点和启示》，《国际融资》2015年第11期，第37～40页。

均有巨大吸引力，两国为了在竞争中胜出，针对对方的提案不断给出更为优惠的条件，这也严重压缩了利润空间，导致恶性竞争，经济上增加了高铁输出的成本和风险。但是2018年5月马哈蒂尔重新执政后，考虑政府负担因素，暂时取消了新马高铁项目。

表4　东南亚地区主要高铁项目进展情况

国家	高铁起始点	预计投资总额（亿美元）	总长度（公里）	签约时间及合作国家	现状
印尼	雅加达－万隆	52.9	142	2015年10月 中国	开工，预计2019年完工
印度	孟买－艾哈迈达孟德	120	505	2015年底 日本	原先预计2017年开工，（尚未开工），2023年竣工
泰国	曼谷－清迈	120	680	2015年5月27日 日本	完成可行性调查
新加拔 马来西亚	吉隆坡－新加坡城	170	350	未签约	2018年5月马哈蒂尔上台后取消

资料来源：根据中日两国发布的信息整理而成。

日本对中国高铁输出采取竞争立场，既有经济方面的考量，也有政治方面对中国地区影响力不断扩大的防范。鉴于日本长期对中国高铁输出采取竞争立场，中国应该以竞争为契机，积极学习和借鉴日本高铁输出的经验，这也是应对日方竞争和影响，推进中国“一带一路”建设的重要前提。①

四　政策与建议

（一）借鉴日本经验

日本自20世纪70年代开始进行海外投资，积累了丰富的经验。官民联合的投资机制有效地整合了投资资源，加强了国家和企业之间的协调配合；

① 李毅、李梦生：《日本在中国高铁海外输出进程中的影响》，《东北亚论坛》2016年第5期，第16~27页。

对东道国进行全面可行性分析，依据国际通行规则并参考对象国的实际状况，对投资项目进行科学的分析与判断，可以最大限度地避免决策失误，从而提高海外投资的成功率。

另外，随着“一带一路”倡议的实施，大批中国企业将在短时间内进入复杂多变的海外市场，如何应对并化解投资过程中可能存在的各种风险已成为海外投资企业的重要任务之一。这已经不是某一个企业可以单独应对的挑战，应该从国家战略的角度，参考日本的官民联合机制，整合资源，为企业“出海”提供更为有效的保障。政府应在政策法规、情报信息、金融服务、人才培训等方面建成立体性、多层次、全方位的支持体系，发挥政策引导、机构咨询的作用，形成一种更为开放的合作机制，避免闭门造车。

从之前的分析可以看出，日本的商社在企业的海外投资中发挥着重要的作用，商社利用遍布世界的信息网，对海外市场投资进行风险分析，为制造企业提供可行性报告。而中国企业则存在对海外市场风险估计不足、缺乏应对预案等问题，一旦对象国出现大的政治变动，企业可能蒙受巨大损失。因此中国企业进行高铁输出时，有必要通过咨询机构、研究机构进行全面而充分的可行性分析，避免临时抱佛脚的心理。

（二）寻求中日在高铁领域开展合作的可能

2013 年中国提出“一带一路”倡议后，日本政界、学术界和舆论界普遍持质疑态度。出于长期的对华对抗性思维惯性，日方担忧中国通过“一带一路”构建中国主导的地缘政治经济圈，冲击日本在亚洲的既得利益。然而近年来，日本一边对大洋彼岸高举“美国优先”的盟友深感不安，一边又生怕错过“一带一路”带来的良机。安倍晋三本人多次称赞中国的“一带一路”倡议，并表示“日本也要参加合作”。日媒表示，中日在“一带一路”的合作有利于日企的发展。特别是在基建项目上，日本称自己虽然有高品质的环保技术，但由于零部件生产的价格高，面对国际竞争处于弱势。基于这个条件，日本政府认为，若能与中国合作，“日本可利用中方相对便宜的原材料和零件，在中亚、南亚国家的基建建设中占领市场”。此外，日本针对“一带一路”议题，有意和中国成立“官民协议会”，专门磋商双方的合作项目，这也为两国在高铁领域实现合作提供了可能。日本在泰国承建的高铁项目已完成可行性调查，但是泰国方面考虑费用问题，希望将高铁最高时速由300公里降到180～200公里，这是日方难以接受的，由于中国在基建项目上有造价优势，据悉日本已向中方寻求合作。

高铁项目耗资巨大且收益周期长，世界范围内不断增长的高铁需求对中日两国来讲都是重要的商业契机，在高铁项目上坚持全面竞争、否定合作必将发展为恶性竞争，不符合两国的利益。中日高铁可以说各有所长，中国在早期吸收日本、法国以及德国的高铁技术后开展自主创新，目前已经掌握了高铁全套核心技术，并以成本管理和丰富的运营经验见长。而日本的强项在于技术创新，如果中日两国能在高铁输出领域尝试强强联合，将最大限度地挖掘出高铁作为高新技术产品的附加价值。

2018年是中日两国缔结和平友好条约40周年，两国关系呈回暖趋势，同年10月在北京召开了第一届中日第三方市场合作论坛，李克强总理和安倍首相出席论坛，来自中日两国政府、经济团体、企业代表1000多人在交通物流、能源环保、产业升级和金融支持、地区开发等四个分论坛上开展了专题讨论，积极推动企业间务实合作与项目对接。论坛期间，双方共签署了52项合作协议，其中涉及基础设施、金融、物流、信息技术等多个领域。未来中日两国在第三方市场的高铁输出领域存在合作共赢的空间，日方明确表示不希望继续扩大同中国在基础设施建设领域的竞争，并提出可以先从泰国高铁项目开始合作。从竞争走向合作，可以说由双方共同摸索出符合两国利益的高铁合作之路是一种理性的选择。同时，在第三方市场开展高铁领域的合作也将助力双边关系的改善。

附　　录

Appendix

B.24

日本经济与中日经贸关系主要数据变化

附表 1－1　中日贸易额变化

单位：亿美元，%

年　份	中日贸易总额	增减率	出口额	增减率	进口额	增减率	贸易平衡
1989	146.63	81.47	81.47	1.80	65.16	－11.21	16.31
1990	129.27	－11.84	88.71	8.89	40.55	－37.77	48.16
1991	202.83	22.30	102.52	13.9	100.31	32.2	2.21
1992	235.80	25.1	116.99	14.4	136.8	36.3	－19.81
1993	390.30	53.80	157.80	35.1	232.5	69.9	－74.70
1994	478.90	22.70	215.70	36.70	263.20	13.20	－47.50
1995	574.60	17.99	284.60	31.90	290.05	10.20	－7.20
1996	600.58	4.50	308.70	8.4	291.80	0.60	16.9
1997	608.58	1.20	318.20	3.0	289.93	－0.60	28.27
1998	578.99	－4.80	296.62	－6.70	282.07	－2.70	14.85
1999	661.67	14.20	323.99	9.2	337.68	19.40	－13.69
2000	831.70	25.70	416.5	28.5	415.10	22.90	1.40
2001	877.54	5.50	449.58	7.9	427.97	3.1	21.6
2002	1018.89	16.1	484.32	7.73	534.57	27.24	－51.0
2003	1335.74	31.1	594.26	22.7	741.51	38.7	－147.0
2004	1678.86	25.7	735.14	23.7	943.72	27.3	－208.58
2005	1844.43	9.9	839.92	14.3	1004.52	6.5	－164.6
2006	2073.56	12.5	916.39	9.1	1157.17	15.2	－240.8
2007	2360.22	13.8	1020.71	11.4	1339.51	15.8	－318.79
2008	2667.9	13.0	1161.3	13.8	1506.5	12.5	－345.2
2009	2288.5	－14.2	979.1	－15.7	1309.4	－13.1	－330.3
2010	2977.7	30.2	1210.6	23.7	1767.1	35.0	－556.5
2011	3428.9	15.2	1483.0	22.5	1945.9	10.1	－462.9
2012	3294.5	－3.9	1516.4	2.3	1778.1	－8.6	－261.7
2013	3125.5	－5.1	1502.8	－0.9	1622.7	－8.7	－119.9
2014	3124.38	－0.03	1494.42	－0.5	1629.96	0.4	－135.54
2015	2786.7	－10.8	1356.8	－9.2	1429.9	－12.2	－73.1
2016	2747.9	－1.3	1292.6	－4.7	1455.25	1.8	－162.65
2017	3029.9	10.1	1373.3	6.1	1656.5	13.7	－283.2
2018	3276.6	8.1	1470.8	7.2	1805.8	8.9	－398.0

资料来源：中国《海关统计》各年第 12 期。

附表 1－2 日中贸易额变化

单位：百万美元，%

年度	日本对华出口		日本从华进口		贸易总额	
	金额	增长率	金额	增长率	金额	增长率
1991	8593	40.2	14216	17.9	22809	25.4
1992	11949	39.1	16953	19.3	28902	26.7
1993	17273	44.6	20565	21.3	37838	30.9
1994	18682	8.2	27566	34.0	46248	22.2
1995	21931	17.4	35922	30.3	57853	25.1
1996	21890	－0.2	40550	12.9	62440	7.9
1997	21785	－0.5	42066	3.7	63851	2.3
1998	20022	－8.1	36896	－12.3	56917	－10.9
1999	23336	16.6	42880	16.2	66216	16.3
2000	30428	30.4	55303	29.0	85731	29.5
2001	31091	2.2	58105	5.1	89195	4.0
2002	39866	28.2	61692	6.2	101557	13.9
2003	57219	43.5	75193	21.9	132412	30.4
2004	73818	29.0	94227	25.3	168045	26.9
2005	80340	8.8	109105	15.8	189445	12.7
2006	115811	15.3	118437	9.1	234248	12.1
2007	133951	15.8	127844	7.9	261794	11.8
2008	150682	12.5	143657	12.4	294339	12.4
2009	130758	－13.2	122515	－14.7	253273	－14.0
2010	176225	34.8	153425	25.2	329650	30.2
2011	194296	10.3	184129	20.0	378425	14.8
2012	177650	－8.6	188450	2.4	366100	－3.3
2013	162114	－8.8	180841	－4.0	342955	－6.3
2014	162512	0.3	181039	0.1	343551	0.2
2015	142690	－12.2	160625	－11.3	303314	－11.7
2016	144996	1.6	156632	－2.5	301628	－0.6
2017	164866	13.7	164542	5.1	329408	9.2
2018	180234	9.3	173539	5.5	353773	7.4
2018 年 1 月	13853	37.5	15691	0.2	29544	14.8
2 月	11046	－10.4	13944	45.6	24991	14.1
3 月	16340	16.2	12726	－11.4	29066	2.3
4 月	15331	17.6	13600	4.6	28931	11.1
5 月	15676	22.8	14163	11.2	29840	17.0
6 月	14715	0.7	13212	0.3	27928	0.5
7 月	16690	23.1	14061	7.6	30751	15.5
8 月	15775	11.0	13951	4.9	29726	8.1
9 月	16239	3.9	14583	3.1	30822	3.5
10 月	15245	12.3	16707	16.4	31952	14.4
11 月	15305	－0.6	16664	3.8	31970	1.7
12 月	14018	－11.1	14236	－5.8	28254	－8.5

资料来源：日本貿易振興機構（JETRO）「2018 年の日中貿易」。

附表 1－3　日本对华直接投资

年　份	项目数		协议金额		实际使用金额	
	件	增长率(%)	亿美元	增长率(%)	亿美元	增长率(%)
1979～1985	211	—	12.3	—	8.3	—
1986	94	—	2.1	—	2.0	—
1987	113	20.2	3.0	42.9	2.2	10
1988	237	109.7	2.8	－6.7	5.2	136
1989	294	24.1	4.4	57.1	3.4	－35
1990	341	16.0	4.6	4.5	5.0	47
1991	599	75.7	8.1	77.7	5.3	6.0
1992	1805	201.3	21.7	167.9	7.1	34.0
1993	3488	93.2	29.6	36.4	13.2	85.9
1994	3018	－13.5	44.4	50.0	20.8	57.6
1995	2945	－2.4	75.9	70.9	31.1	49.5
1996	1742	－40.9	51.3	－32.4	36.8	18.3
1997	1402	－19.5	34.0	－33.7	43.3	17.7
1998	1188	－15.3	27.0	－20.6	31.6	－27.0
1999	1167	－1.8	25.9	－4.1	29.7	－6.0
2000	1614	38.3	36.8	42.1	29.2	－1.7
2001	2019	25.1	54.2	47.3	43.5	49.0
2002	2745	37.0	53.0	－1.9	41.9	－8.9
2003	3254	18.5	79.6	50.2	50.5	20.6
2004	3454	6.1	91.6	15.2	54.5	7.9
2005	3269	－5.4	119.2	30.1	65.3	19.8
2006	2590	－20.8	99.1	－16.9	46.0	－29.6
2007	1974	－23.8	–	–	35.9	－22.0
2008	1438	－27.2	–	–	36.5	1.7
2009	1275	－11.3	–	–	41.1	12.4
2010	–	–	–	–	42.4	3.0
2011	–	–	–	–	63.5	49.7
2012	–	–	–	–	73.5	16.3
2013	–	–	–	–	70.6	－4.3
2014	–	–	–	–	43.3	－38.8
2015	–	–	–	–	31.9	－26.2
2016	–	–	–	–	31.1	－3.1
2017	–	–	–	–	32.7	5.1
2018	–	–	–	–	38.1	16.5

资料来源：中国商务部《中国商务年鉴》。

附表1-4　国民经济统计（1）

年度	国内生产总值（GDP）			国民总收入（GNI）		国民收入					
	名义		实际	名义	实际	名义国民收入		雇员名义报酬		人均GDP	人均雇员报酬年增长率
	金额	年增长率	年增长率	年增长率	年增长率	金额	年增长率	金额	年增长率		
	十亿日元	%	%	%	%	十亿日元	%	十亿日元	%	千日元	%
1955	8,969.3	—	—	—	—	6,973.3	–	3,548.9	–	98	–
1956	10,064.4	12.2	6.8	12.1	6.7	7,896.2	13.2	4,082.5	15.0	109	–
1957	11,542.0	14.7	8.1	14.5	8.0	8,868.1	12.3	4,573.0	12.0	123	–
1958	12,356.7	7.1	6.6	7.0	6.5	9,382.9	5.8	5,039.2	10.2	131	–
1959	14,497.3	17.3	11.2	17.2	11.1	11,042.1	17.7	5,761.2	14.3	152	–
1960	17,401.1	20.0	12.0	19.9	11.9	13,496.7	22.2	6,702.0	16.3	181	–
1961	21,042.1	20.9	11.7	20.9	11.7	16,081.9	19.2	7,988.7	19.2	217	–
1962	23,293.3	10.7	7.5	10.6	7.5	17,893.3	11.3	9,425.6	18.0	238	–
1963	27,361.5	17.5	10.4	17.4	10.4	21,099.3	17.9	11,027.3	17.0	277	–
1964	31,712.8	15.9	9.5	15.8	9.4	24,051.4	14.0	12,961.2	17.5	317	–
1965	35,223.8	11.1	6.2	11.1	6.2	26,827.0	11.5	14,980.6	15.6	349	–
1966	41,413.7	17.6	11.0	17.6	11.1	31,644.8	18.0	17,208.9	14.9	406	–
1967	48,451.6	17.0	11.0	17.0	11.0	37,547.7	18.7	19,964.5	16.0	471	–
1968	57,320.4	18.3	12.4	18.3	12.3	43,720.9	16.4	23,157.7	16.0	550	–
1969	67,871.7	18.4	12.0	18.4	12.0	52,117.8	19.2	27,488.7	18.7	644	–
1970	78,551.0	15.7	8.2	15.8	8.3	61,029.7	17.1	33,293.9	21.1	735	–
1971	86,480.1	10.1	5.0	10.2	5.1	65,910.5	8.0	38,896.6	16.8	794	13.8
1972	100,654.0	16.4	9.1	16.6	9.3	77,936.9	18.2	45,702.0	17.5	911	14.9
1973	121,756.5	21.0	5.1	20.9	5.0	95,839.6	23.0	57,402.8	25.6	1,087	21.7
1974	144,431.5	18.6	-0.5	18.4	-0.7	112,471.6	17.4	73,752.4	28.5	1,272	27.7
1975	158,942.9	10.0	4.0	10.2	4.1	123,990.7	10.2	83,851.8	13.7	1,382	12.8
1976	178,692.4	12.4	3.8	12.4	3.8	140,397.2	13.2	94,328.6	12.5	1,537	11.0
1977	198,305.6	11.0	4.5	11.0	4.6	155,703.2	10.9	104,997.8	11.3	1,689	10.0
1978	217,612.8	9.7	5.4	9.9	5.5	171,778.5	10.3	112,800.6	7.4	1,837	6.6
1979	234,966.3	8.0	5.1	8.0	5.1	182,206.6	6.1	122,126.2	8.3	1,967	6.1
1980	256,153.0	9.0	2.6	8.9	2.4	203,878.7	9.5	131,850.4	8.7	2,123	5.6
1981	272,556.9	6.4	4.0	6.3	4.1	211,615.1	3.8	142,097.7	7.8	2,246	6.4
1982	285,246.4	4.7	3.2	4.9	3.1	220,131.4	4.0	150,232.9	5.7	2,328	3.8
1983	299,017.0	4.8	3.8	4.9	4.1	231,290.0	5.1	157,301.3	4.7	2,417	2.3
1984	317,792.1	6.3	4.5	6.4	4.8	243,117.2	5.1	166,017.3	5.5	2,564	4.1
1985	338,999.2	6.7	5.5	6.8	5.7	260,559.9	7.2	173,977.0	4.8	2,731	3.7
1986	353,082.1	4.2	2.7	4.1	4.7	267,941.5	2.8	180,189.4	3.6	2,815	2.3
1987	374,417.0	6.0	6.1	6.3	6.1	281,099.8	4.9	187,098.9	3.8	2,965	2.2
1988	400,429.7	6.9	6.2	6.9	6.7	302,710.1	7.7	198,486.5	6.1	3,160	3.3
1989	427,271.5	6.7	4.0	7.0	4.2	320,802.0	6.0	213,309.1	7.5	3,378	4.3
1990	462,963.8	8.4	5.6	8.1	5.0	346,892.9	8.1	231,261.5	8.4	3,655	4.6
1991	487,342.8	5.3	2.4	5.2	2.8	368,931.6	6.4	248,310.9	7.4	3,818	4.1
1992	496,681.7	1.9	0.5	2.2	0.8	366,007.2	-0.8	254,844.4	2.6	3,883	0.5
1993	494,916.1	-0.4	-0.9	-0.4	-0.7	365,376.0	-0.2	260,704.4	2.3	3,865	0.9
1994	502,636.2	1.6	1.6	1.6	1.7	368,350.6	1.3	262,296.2	1.8	4,014	0.0
1995	516,406.5	2.7	3.4	2.8	3.8	378,479.6	2.7	266,599.7	1.6	4,115	0.9
1996	528,766.4	2.4	2.8	2.7	2.6	391,360.5	3.4	272,460.4	2.2	4,204	0.9
1997	533,338.2	0.9	0.0	0.9	0.1	388,483.7	-0.7	278,548.6	2.2	4,229	1.4
1998	526,013.4	-1.4	-0.9	-1.5	-0.9	378,239.6	-2.6	272,888.9	-2.0	4,161	-1.3
1999	521,988.3	-0.8	0.7	-0.6	0.8	377,003.2	-0.3	268,738.8	-1.5	4,121	-1.0
2000	528,512.7	1.2	2.5	1.5	2.6	385,968.5	2.4	270,336.4	0.6	4,165	-0.3
2001	519,073.5	-1.8	-0.6	-1.8	-0.7	374,307.8	-3.0	264,262.6	-2.2	4,080	-1.9
2002	514,764.4	-0.8	0.9	-1.0	0.8	372,648.7	-0.4	256,407.8	-3.0	4,039	-2.5
2003	517,930.6	0.6	2.0	0.9	2.2	377,952.1	1.4	253,127.2	-1.3	4,056	-1.5
2004	521,180.2	0.6	1.6	0.9	1.6	382,681.9	1.3	253,951.6	0.3	4,080	0.0
2005	525,692.2	0.9	2.0	1.3	1.5	387,355.7	1.2	257,956.2	1.6	4,115	0.3
2006	529,076.6	0.6	1.4	1.0	1.2	392,351.3	1.3	260,787.4	1.1	4,137	-0.2
2007	530,997.3	0.4	1.2	0.6	0.6	392,297.9	0.0	262,934.7	0.8	4,148	0.0
2008	509,465.8	-4.1	-3.4	-4.6	-4.8	363,991.3	-7.2	262,626.2	-0.1	3,979	-0.2
2009	492,070.4	-3.4	-2.2	-3.3	-1.1	353,422.2	-2.9	251,072.9	-4.4	3,843	-3.4
2010	499,281.0	1.5	3.2	1.6	2.7	361,924.1	2.4	252,199.9	0.4	3,900	0.1
2011	494,017.2	-1.1	0.5	-1.0	-0.6	358,402.9	-1.0	253,919.3	0.7	3,866	0.7
2012	494,478.0	0.1	0.8	0.1	0.9	359,826.7	0.4	253,102.5	-0.3	3,876	-0.6
2013	507,246.0	2.6	2.6	3.2	3.0	374,218.9	4.0	254,872.7	0.7	3,982	-0.4
2014	518,468.5	2.2	-0.3	2.5	0.3	379,186.8	1.3	259,558.5	1.8	4,075	1.0
2015	533,897.3	3.0	1.4	3.1	3.0	390,305.0	2.9	263,524.2	1.5	4,201	0.5
2016	539,351.1	1.0	1.2	0.6	1.1	391,715.6	0.4	269,912.4	2.4	4,249	1.0
2017	548,696.1	1.7	1.6	1.9	1.3	–	–	276,154.4	2.3	–	0.8
2017年4-6月	134,659.2	1.2	1.6	1.3	0.9	–	–	70,802.5	2.2	–	1.0
2017年7-9月	134,199.6	2.1	2.0	2.5	1.9	–	–	65,637.6	2.2	–	0.6
2017年10-12月	143,070.5	2.0	1.9	2.3	1.7	–	–	79,790.2	1.9	–	0.8
2018年1-3月	136,766.8	1.6	1.1	1.5	0.6	–	–	59,924.1	3.1	–	1.1

资料来源：内閣府『平成30年度年次経済財政報告—「白書」：今. Society 5.0の経済へ—』（長期経済統計）、2018年8月。

附表1-5 国民经济统计（2）

年度	民间最终消费支出（实际）		民间住宅投资（实际）		民间企业设备投资（实际）		民间库存增加（实际）	政府最终消费支出（实际）		公共固定资本形成（实际）		商品服务出口（实际）		商品服务进口（实际）	
	年增长率（%）	贡献度	年增长率（%）	贡献度	年增长率（%）	贡献度	贡献度	年增长率（%）	贡献度	年增长率（%）	贡献度	年增长率（%）	贡献度	年增长率（%）	贡献度
1955	—	—	—	—	—	—	—	—	—	—	—	—	—	—	—
1956	8.2	5.4	11.1	0.4	39.1	1.9	0.7	-0.4	-0.1	1.0	0.1	14.6	0.5	34.3	-1.3
1957	8.2	5.4	7.9	0.3	21.5	1.3	0.5	-0.2	0.0	17.4	0.8	11.4	0.4	8.1	-0.4
1958	6.4	4.2	12.3	0.4	-0.4	0.0	-0.7	6.3	1.2	17.3	0.9	3.0	0.1	-7.9	0.4
1959	9.6	6.3	19.7	0.7	32.6	2.1	0.6	7.7	1.4	10.8	0.6	15.3	0.5	28.0	-1.2
1960	10.3	6.7	22.3	0.8	39.6	3.1	0.5	3.3	0.6	15.0	0.9	11.8	0.4	20.3	-1.0
1961	10.2	6.6	10.6	0.4	23.5	2.3	1.1	6.5	1.1	27.4	1.6	6.5	0.2	24.4	-1.3
1962	7.1	4.5	14.1	0.6	3.5	0.4	-1.4	7.6	1.2	23.5	1.6	15.4	0.5	-3.1	0.2
1963	9.9	6.2	26.3	1.1	12.4	1.3	0.9	7.4	1.1	11.6	0.9	9.0	0.3	26.5	-1.4
1964	9.5	6.0	20.5	1.0	14.4	1.5	-0.5	2.0	0.3	5.7	0.4	26.1	0.9	7.2	-0.4
1965	6.5	4.1	18.9	1.0	-8.4	-0.9	0.1	3.3	0.5	13.9	1.0	19.6	0.8	6.6	-0.4
1966	10.3	6.5	7.5	0.5	24.7	2.3	0.2	4.5	0.6	13.3	1.1	15.0	0.7	15.5	-0.9
1967	9.8	6.1	21.5	1.3	27.3	2.9	0.2	3.6	0.5	9.6	0.8	8.4	0.4	21.9	-1.3
1968	9.4	5.8	15.9	1.0	21.0	2.6	0.7	4.9	0.6	13.2	1.1	26.1	1.2	10.5	-0.7
1969	9.8	5.9	19.8	1.3	30.0	3.9	-0.1	3.9	0.4	9.5	0.8	19.7	1.0	17.0	-1.1
1970	6.6	3.9	9.2	0.7	11.7	1.8	1.0	5.0	0.5	15.2	1.2	17.3	1.0	22.3	-1.5
1971	5.9	3.4	5.6	0.4	-4.2	-0.7	-0.8	4.8	0.5	22.2	1.9	12.5	0.8	2.3	-0.2
1972	9.8	5.7	20.3	1.5	5.8	0.8	0.0	4.8	0.5	12.0	1.2	5.6	0.4	15.1	-1.1
1973	6.0	3.5	11.6	0.9	13.6	1.9	0.4	4.3	0.4	-7.3	-0.7	5.5	0.3	22.7	-1.8
1974	1.5	0.9	-17.3	-1.5	-8.6	-1.3	-0.6	2.6	0.3	0.1	0.0	22.8	1.5	-1.6	0.1
1975	3.5	2.1	12.3	0.9	-3.8	-0.5	-0.8	10.8	1.1	5.6	0.5	-0.1	0.0	-7.4	0.7
1976	3.4	2.0	3.3	0.2	0.6	0.1	0.4	4.0	0.4	-0.4	0.0	17.3	1.3	7.9	-0.7
1977	4.1	2.5	1.8	0.1	-0.8	-0.1	-0.2	4.2	0.4	13.5	1.2	9.6	0.8	3.3	-0.3
1978	5.9	3.5	2.3	0.2	8.5	1.0	0.1	5.4	0.6	13.0	1.2	-3.3	-0.3	10.8	-0.9
1979	5.4	3.2	0.4	0.0	10.7	1.3	0.2	3.6	0.4	-1.8	-0.2	10.6	0.9	6.1	-0.5
1980	0.7	0.4	-9.9	-0.7	7.5	1.0	0.0	3.3	0.3	-1.7	-0.2	14.4	1.2	-6.3	0.6
1981	3.1	1.6	-2.0	-0.1	3.1	0.5	-0.1	5.7	0.8	0.7	0.1	12.7	1.7	4.2	-0.6
1982	4.5	2.4	0.9	0.1	1.5	0.2	-0.5	3.9	0.6	-0.9	-0.1	-0.4	-0.1	-4.7	0.6
1983	3.2	1.7	-7.6	-0.4	3.9	0.7	0.2	4.3	0.6	0.1	0.0	8.7	1.2	1.9	-0.2
1984	3.2	1.7	0.4	0.0	9.7	1.6	0.0	2.4	0.4	-2.1	-0.2	13.6	1.8	8.1	-1.0
1985	4.3	2.3	4.2	0.2	7.7	1.3	0.3	1.7	0.2	3.3	0.3	2.5	0.4	-4.2	0.5
1986	3.6	1.9	10.1	0.5	6.4	1.1	-0.5	3.5	0.5	6.5	0.5	-4.1	-0.5	7.6	-0.7
1987	4.7	2.5	24.5	1.2	8.9	1.5	0.5	3.7	0.5	10.4	0.8	1.2	0.1	12.7	-0.9
1988	5.4	2.8	5.7	0.3	19.3	3.4	-0.1	3.4	0.5	-0.2	0.0	8.7	0.9	19.1	-1.4
1989	4.1	2.1	-2.2	-0.1	7.7	1.5	0.2	2.6	0.3	3.8	0.3	8.7	0.8	14.9	-1.2
1990	5.0	2.6	1.5	0.1	11.2	2.2	-0.2	4.0	0.5	2.8	0.2	6.9	0.7	5.4	-0.5
1991	2.4	1.2	-8.8	-0.5	0.4	0.1	0.3	3.5	0.5	4.0	0.3	5.4	0.5	-0.5	0.0
1992	1.4	0.7	-3.3	-0.2	-7.4	-1.5	-0.6	2.9	0.4	14.5	1.1	4.0	0.4	-1.8	0.1
1993	1.6	0.8	2.4	0.1	-14.3	-2.6	0.0	3.2	0.4	5.8	0.5	-0.1	0.0	0.6	0.0
1994	2.1	1.1	5.9	0.3	-0.4	-0.1	0.0	4.3	0.6	-3.6	-0.3	5.4	0.5	9.4	-0.7
1995	2.7	1.4	-5.7	-0.3	8.9	1.3	0.4	3.4	0.5	7.1	0.6	4.2	0.4	14.4	-1.0
1996	2.4	1.3	12.6	0.6	5.5	0.9	0.0	2.1	0.3	-1.6	-0.1	6.5	0.6	8.5	-0.7
1997	-0.9	-0.5	-18.1	-1.0	2.9	0.5	0.4	1.1	0.2	-6.6	-0.6	8.9	0.9	-2.1	0.2
1998	0.4	0.2	-10.0	-0.4	-3.5	-0.6	-0.7	1.9	0.3	2.2	0.2	-3.8	-0.4	-6.5	0.6
1999	1.5	0.8	3.2	0.1	-1.4	-0.2	-0.6	3.6	0.6	-0.6	-0.1	6.0	0.6	6.6	-0.6
2000	1.4	0.7	-0.5	-0.0	6.3	1.0	0.7	3.6	0.6	-7.3	-0.6	9.5	1.0	10.0	-0.9
2001	1.8	1.0	-6.6	-0.3	-4.2	-0.7	-0.3	3.7	0.6	-5.4	-0.4	-7.7	-0.8	-3.3	0.3
2002	1.2	0.6	-1.8	-0.1	-3.2	-0.5	-0.0	2.0	0.4	-4.8	-0.3	12.1	1.2	4.7	-0.4
2003	0.8	0.4	-0.3	-0.0	3.5	0.5	0.4	2.0	0.4	-7.4	-0.5	9.9	1.1	2.3	-0.2
2004	1.1	0.6	1.6	0.1	4.4	0.6	0.1	0.9	0.2	-8.2	-0.5	11.7	1.4	8.7	-0.9
2005	1.6	0.9	-0.4	-0.0	7.7	1.1	-0.2	0.4	0.1	-7.8	-0.4	9.5	1.2	6.2	-0.7
2006	0.7	0.4	0.3	0.0	2.5	0.4	0.1	0.4	0.1	-6.4	-0.3	8.7	1.3	3.6	-0.5
2007	0.8	0.5	-14.1	-0.5	-0.6	-0.1	0.2	1.3	0.2	-4.2	-0.2	9.5	1.5	2.4	-0.4
2008	-2.1	-1.1	-1.5	-0.0	-6.0	-0.9	0.1	-0.6	-0.1	-4.1	-0.2	-10.2	-1.8	-4.4	0.7
2009	0.9	0.5	-20.3	-0.7	-11.8	-1.8	-1.4	2.8	0.5	9.4	0.5	-9.0	-1.4	-10.7	1.7
2010	1.4	0.8	2.5	0.1	2.0	0.3	1.2	2.1	0.4	-7.1	-0.4	17.9	2.4	12.1	-1.5
2011	0.8	0.5	2.9	0.1	4.3	0.6	0.0	1.7	0.3	-1.9	-0.1	-1.6	-0.2	5.2	-0.7
2012	1.6	1.0	5.1	0.1	2.4	0.3	-0.1	1.3	0.3	1.3	0.1	-1.6	-0.2	3.8	-0.6
2013	2.7	1.6	8.3	0.3	7.0	1.0	-0.5	1.7	0.4	8.6	0.4	4.4	0.7	7.1	-1.2
2014	-2.5	-1.5	-9.9	-0.3	3.3	0.5	0.4	0.4	0.1	-2.0	-0.1	8.7	1.4	4.2	-0.8
2015	0.8	0.5	3.7	0.1	2.3	0.4	0.2	1.9	0.4	-1.6	-0.1	0.8	0.1	0.4	-0.1
2016	0.3	0.1	6.2	0.2	1.2	0.2	-0.3	0.5	0.1	0.9	0.0	3.6	0.6	-0.8	0.1
2017	0.9	0.5	-0.3	-0.0	3.2	0.5	0.1	0.7	0.1	1.4	1.0	6.2	1.0	4.0	-0.6
2017年4-6月	1.8	1.0	5.7	0.2	2.7	0.4	-0.7	0.9	0.2	3.7	0.2	6.8	1.1	4.3	-0.7
2017年7-9月	0.6	0.3	1.4	0.0	3.8	0.6	0.2	0.5	0.1	0.4	0.0	6.9	1.1	2.7	-0.4
2017年10-12月	0.9	0.5	-2.4	-0.1	3.2	0.5	0.5	0.8	1.0	1.2	1.0	6.5	1.1	5.3	-0.8
2018年1-3月	0.2	0.1	-5.4	-0.2	3.0	0.5	0.3	0.6	2.0	1.0	2.0	4.8	0.8	3.8	-0.6

资料来源：内閣府『平成30年度年次経済財政報告―「白書」：今．Society 5.0の経済へ―』（長期経済統計）、2018年8月。

附表1-6 国民经济统计（3）

年份	国内生产总值（GDP）			国民总收入（GNI）		国民收入					
	名义		实际	名义	实际	名义国民收入		雇员名义报酬		人均GDP	人均雇员报酬年增长率
	金额	年增长率	年增长率	年增长率	年增长率	金额	年增长率	金额	年增长率		
	十亿日元	%	%	%	%	十亿日元	%	十亿日元	%	千日元	%
1955	8,734.0	—	—	—	—	6,772.0	—	3,456.0	—	94	—
1956	9,832.6	12.6	7.5	12.5	7.4	7,587.4	12.0	3,973.5	15.0	105	7.5
1957	11,331.2	15.2	7.8	15.1	7.7	8,790.1	15.9	4,480.9	12.8	120	5.8
1958	12,040.8	6.3	6.2	6.2	6.1	9,188.0	4.5	4,952.1	10.5	126	6.2
1959	13,764.8	14.3	9.4	14.2	9.3	10,528.7	14.6	5,590.8	12.9	143	7.8
1960	16,707.0	21.4	13.1	21.3	13.0	12,912.0	22.6	6,483.1	16.0	172	10.5
1961	20,178.6	20.8	11.9	20.7	11.8	15,572.3	20.6	7,670.2	18.3	206	13.4
1962	22,898.4	13.5	8.6	13.4	8.6	17,499.2	12.4	9,151.7	19.3	231	13.9
1963	26,206.9	14.4	8.8	14.4	8.7	20,191.9	15.4	10,672.5	16.6	262	12.9
1964	30,827.9	17.6	11.2	17.5	11.1	23,377.0	15.8	12,475.8	16.9	305	12.8
1965	34,297.4	11.3	5.7	11.3	5.7	26,065.4	11.5	14,528.2	16.5	336	11.0
1966	39,832.4	16.1	10.2	16.2	10.3	30,396.1	16.6	16,811.9	15.7	386	11.2
1967	46,678.6	17.2	11.1	17.2	11.1	36,005.3	18.5	19,320.1	14.9	448	11.6
1968	55,282.1	18.4	11.9	18.4	11.9	42,479.3	18.0	22,514.0	16.5	525	14.5
1969	64,939.1	17.5	12.0	17.5	12.0	49,938.3	17.6	26,500.7	17.7	609	15.0
1970	76,539.2	17.9	10.3	17.9	10.3	59,152.7	18.5	31,942.2	20.5	708	15.9
1971	84,216.0	10.0	4.4	10.1	4.5	64,645.1	9.3	37,867.7	18.6	764	14.6
1972	96,418.4	14.5	8.4	14.7	8.6	74,601.0	15.4	44,069.3	16.4	862	14.2
1973	117,397.6	21.8	8.0	21.8	8.1	91,823.1	23.1	55,235.8	25.3	1,035	21.0
1974	140,090.4	19.3	-1.2	19.1	-1.4	109,060.8	18.8	70,087.7	26.9	1,219	25.7
1975	154,787.1	10.5	3.1	10.6	3.2	121,025.9	11.0	81,678.2	16.5	1,330	16.2
1976	173,827.9	12.3	4.0	12.3	4.0	137,119.6	13.3	92,120.9	12.8	1,478	11.1
1977	193,706.3	11.4	4.4	11.5	4.4	151,395.2	10.4	102,896.8	11.7	1,631	10.1
1978	213,306.4	10.1	5.3	10.2	5.4	167,571.7	10.7	111,163.6	8.0	1,780	7.4
1979	231,195.5	8.4	5.5	8.5	5.6	180,707.3	7.8	120,120.3	8.1	1,912	6.0
1980	250,636.1	8.4	2.8	8.2	2.7	196,750.2	8.0	129,497.8	8.5	2,079	5.7
1981	268,830.7	7.3	4.2	7.1	4.2	209,047.2	6.3	140,219.9	8.3	2,219	-1.6
1982	282,582.0	5.1	3.3	5.3	3.3	219,327.2	4.9	148,172.1	5.7	2,314	6.7
1983	295,303.9	4.5	3.5	4.6	3.6	227,666.8	3.8	155,782.0	5.1	2,390	2.9
1984	313,145.3	6.0	4.5	6.1	4.9	240,786.9	5.8	164,342.6	5.5	2,524	3.7
1985	333,686.0	6.6	5.2	6.7	5.3	256,338.4	6.5	171,887.9	4.6	2,693	4.3
1986	350,344.8	5.0	3.3	5.0	5.0	267,217.4	4.2	179,163.3	4.2	2,805	3.0
1987	366,339.1	4.6	4.7	4.8	5.0	276,729.3	3.6	185,400.9	3.5	2,901	3.1
1988	393,641.4	7.5	6.8	7.5	7.2	296,228.2	7.0	196,182.1	5.8	3,107	1.0
1989	421,469.4	7.1	4.9	7.2	5.2	316,002.5	6.7	210,203.2	7.1	3,333	2.6
1990	453,608.5	7.6	4.9	7.6	4.5	339,441.1	7.4	227,342.6	8.2	3,587	3.7
1991	482,845.4	6.4	3.4	6.4	3.5	363,375.7	7.1	245,595.0	8.0	3,787	4.5
1992	495,055.8	2.5	0.8	2.7	1.2	366,179.6	0.8	253,578.4	3.3	3,866	5.6
1993	495,291.0	0.0	-0.5	0.1	-0.4	366,975.1	0.2	259,075.4	2.2	3,877	1.6
1994	501,537.7	1.3	1.0	1.2	1.2	366,018.8	0.1	261,089.8	2.0	4,009	1.5
1995	512,541.7	2.2	2.7	2.2	3.0	374,438.9	2.3	265,508.6	1.7	4,086	0.3
1996	525,806.9	2.6	3.1	2.9	3.2	387,379.9	3.5	270,191.0	1.8	4,183	0.6
1997	534,142.5	1.6	1.1	1.7	0.9	391,805.3	1.1	278,242.6	3.0	4,239	0.5
1998	527,876.9	-1.2	-1.1	-1.2	-1.0	381,886.4	-2.5	274,078.8	-1.5	4,178	3.4
1999	519,651.8	-1.6	-0.3	-1.6	-0.2	375,561.1	-1.7	268,806.2	-1.9	4,105	-0.8
2000	526,706.0	1.4	2.8	1.6	2.7	383,337.4	2.1	269,479.0	0.3	4,153	-2.4
2001	523,005.0	-0.7	0.4	-0.6	0.4	377,513.0	-1.5	266,242.7	-1.2	4,114	0.0
2002	515,986.2	-1.3	0.1	-1.4	0.1	373,380.5	-1.1	257,116.9	-3.4	4,050	-0.5
2003	515,400.7	-0.1	1.5	0.0	1.5	376,487.4	0.8	254,888.1	-0.9	4,038	-3.5
2004	520,965.4	1.1	2.2	1.4	2.3	382,397.8	1.6	253,731.7	-0.5	4,079	-1.2
2005	524,132.8	0.6	1.7	0.9	1.3	387,155.0	1.2	257,137.5	1.3	4,103	-1.2
2006	526,879.7	0.5	1.4	1.0	1.0	388,658.1	0.4	260,407.8	1.3	4,121	-0.2
2007	531,688.2	0.9	1.7	1.3	1.5	393,642.1	1.3	261,956.9	0.6	4,154	0.2
2008	520,715.7	-2.1	-1.1	-2.4	-2.9	377,190.9	-4.2	263,749.3	0.7	4,067	0.4
2009	489,501.0	-6.0	-5.4	-6.2	-4.2	348,888.9	-7.5	251,560.9	-4.6	3,823	1.7
2010	500,353.9	2.2	4.2	2.4	3.7	362,465.2	3.9	252,126.4	0.2	3,908	-4.8
2011	491,408.5	-1.8	-0.1	-1.5	-1.0	356,365.4	-1.7	253,449.5	0.5	3,844	0.0
2012	494,957.2	0.7	1.5	0.6	1.2	360,215.8	1.1	253,403.9	0.0	3,878	0.5
2013	503,175.6	1.7	2.0	2.3	2.5	371,174.8	3.0	254,535.3	0.4	3,948	-1.0
2014	513,876.0	2.1	0.4	2.4	0.5	375,961.6	1.3	258,546.9	1.6	4,038	-0.4
2015	531,985.8	3.5	1.4	3.8	3.1	389,191.5	3.5	262,059.4	1.4	4,185	0.7
2016	538,521.0	1.2	1.0	0.7	1.3	391,519.5	0.6	269,084.2	2.7	4,241	-0.2
2017	546,561.2	1.5	1.7	1.7	1.3	-	-	274,329.2	1.9	-	1.5

资料来源：内閣府『平成 30 年度年次経済財政報告—「白書」：今．Society 5.0の経済へ—』（長期経済統計）、2018 年 8 月。

附表1-7 国民经济统计（4）

年份	民间最终消费支出（实际）		民间住宅投资（实际）		民间企业设备投资（实际）		民间库存增加（实际）	政府最终消费支出（实际）		公共固定资本形成（实际）		商品服务出口（实际）		商品服务进口（实际）	
	年增长率（%）	贡献度	年增长率（%）	贡献度	年增长率（%）	贡献度	贡献度	年增长率（%）	贡献度	年增长率（%）	贡献度	年增长率（%）	贡献度	年增长率（%）	贡献度
1955	—	—	—	—	—	—	—	—	—	—	—	—	—	—	—
1956	8.9	5.8	11.4	0.4	37.9	1.7	0.7	-0.2	0.0	-1.5	-0.1	17.4	0.5	26.9	-1.0
1957	8.1	5.4	6.8	0.2	27.5	1.6	1.2	-0.4	-0.1	10.3	0.5	11.4	0.4	22.8	-1.0
1958	6.3	4.2	14.0	0.5	-0.6	0.0	-1.3	4.6	0.9	17.7	0.9	5.2	0.2	-13.4	0.7
1959	8.4	5.5	9.9	0.4	23.1	1.5	0.5	7.5	1.4	11.8	0.7	13.0	0.5	22.8	-1.0
1960	11.0	7.3	27.9	1.0	44.4	3.2	0.5	4.4	0.8	15.0	0.8	12.8	0.5	23.1	-1.1
1961	10.4	6.7	12.8	0.5	27.8	2.6	1.2	5.4	0.9	22.8	1.3	5.3	0.2	26.4	-1.4
1962	7.5	4.8	15.6	0.6	6.2	0.7	-1.0	7.5	1.2	28.2	1.8	17.2	0.6	-1.2	0.1
1963	8.8	5.5	18.3	0.8	8.3	0.9	0.2	7.6	1.2	13.9	1.0	7.0	0.3	19.6	-1.0
1964	10.8	6.8	25.6	1.2	17.9	1.9	0.3	3.0	0.5	6.3	0.5	21.6	0.8	13.6	-0.8
1965	5.8	3.6	20.7	1.1	-5.7	-0.6	-0.4	3.1	0.4	10.0	0.7	23.8	0.9	5.6	-0.3
1966	10.0	6.3	6.0	0.4	14.5	1.4	-0.1	4.5	0.6	19.2	1.5	16.9	0.8	12.2	-0.7
1967	10.4	6.5	19.2	1.1	28.6	2.9	0.6	3.4	0.4	3.8	0.3	6.8	0.3	22.7	-1.4
1968	8.5	5.3	19.5	1.2	23.4	2.8	0.4	4.7	0.6	16.3	1.3	23.9	1.1	12.1	-0.8
1969	10.3	6.3	16.7	1.1	25.6	3.3	0.0	4.1	0.5	9.6	0.8	20.8	1.1	13.7	-0.9
1970	7.4	4.4	13.3	0.9	19.3	2.8	1.3	4.8	0.5	13.8	1.1	17.5	1.0	22.6	-1.5
1971	5.5	3.2	4.7	0.3	-2.5	-0.4	-0.8	4.9	0.5	18.6	1.5	16.0	1.0	7.0	-0.5
1972	9.0	5.3	18.0	1.3	2.3	0.3	-0.1	5.0	0.5	16.2	1.5	4.1	0.3	10.5	-0.8
1973	8.8	5.2	15.3	1.2	14.2	2.0	0.2	5.4	0.5	4.9	0.5	5.2	0.3	24.3	-1.9
1974	-0.1	0.0	-12.3	-1.0	-4.2	-0.6	0.5	-0.4	0.0	-11.8	-1.1	23.1	1.4	4.2	-0.4
1975	4.4	2.6	1.2	0.1	-6.0	-0.9	-1.6	12.6	1.2	6.4	0.6	-1.0	-0.1	-10.3	1.0
1976	2.9	1.8	8.7	0.6	-0.1	0.0	0.2	4.2	0.4	2.5	0.2	16.6	1.2	6.7	-0.6
1977	4.0	2.4	0.5	0.0	-0.5	-0.1	0.0	4.2	0.4	9.5	0.8	11.7	1.0	4.1	-0.3
1978	5.3	3.2	5.6	0.4	4.5	0.5	-0.1	5.2	0.5	14.2	1.3	-0.3	0.0	6.9	-0.6
1979	6.5	3.9	-0.9	-0.1	12.8	1.5	0.3	4.2	0.4	2.7	0.3	4.3	0.4	12.9	-1.1
1980	1.1	0.6	-9.2	-0.6	7.9	1.0	0.0	3.1	0.3	-4.8	-0.5	17.0	1.4	-7.8	0.7
1981	2.5	1.3	-2.7	-0.2	3.8	0.7	-0.1	5.4	0.8	2.8	0.3	13.4	1.8	2.4	-0.3
1982	4.7	2.4	-1.3	-0.1	1.2	0.2	0.1	4.2	0.6	-1.7	-0.2	1.5	0.2	-0.6	0.1
1983	3.4	1.8	-4.1	-0.2	2.6	0.4	-0.3	4.6	0.7	0.3	0.0	5.0	0.7	-3.2	0.4
1984	3.1	1.7	-2.0	-0.1	8.7	1.4	0.2	3.0	0.4	-1.2	-0.1	15.4	2.0	10.6	-1.2
1985	4.1	2.2	3.6	0.2	9.2	1.5	0.2	1.3	0.2	-1.1	-0.1	5.3	0.8	-2.6	0.3
1986	3.7	1.9	7.1	0.3	6.2	1.1	0.1	3.2	0.5	7.6	0.6	-5.0	-0.7	4.3	-0.5
1987	4.4	2.3	21.8	1.0	6.8	1.2	-0.2	3.6	0.5	9.0	0.7	0.1	0.0	9.4	-0.7
1988	5.2	2.7	12.2	0.7	17.4	3.0	0.4	3.8	0.5	3.3	0.3	6.8	0.7	19.0	-1.4
1989	4.9	2.5	-0.8	0.0	11.7	2.2	0.0	2.5	0.3	2.4	0.2	9.6	0.9	17.8	-1.4
1990	4.8	2.5	-0.7	0.0	9.2	1.8	-0.2	3.5	0.5	4.1	0.3	7.4	0.8	8.2	-0.7
1991	2.2	1.1	-5.0	-0.3	5.5	1.1	0.2	4.0	0.5	1.9	0.1	5.4	0.6	-1.1	0.1
1992	2.3	1.2	-5.8	-0.3	-7.5	-1.6	-0.4	2.7	0.4	13.3	1.0	4.6	0.5	-0.7	0.1
1993	1.1	0.6	0.5	0.0	-12.3	-2.3	-0.1	3.5	0.5	8.3	0.7	0.8	0.1	-1.2	0.1
1994	2.3	1.2	5.9	0.3	-5.4	-0.9	0.0	3.8	0.6	-1.1	-0.1	4.4	0.4	8.3	-0.6
1995	2.5	1.3	-4.8	-0.3	8.3	1.2	0.4	3.9	0.6	0.4	0.0	4.2	0.4	12.9	-0.9
1996	2.1	1.1	11.1	0.5	5.5	0.9	0.1	2.3	0.4	5.7	0.5	4.8	0.4	11.0	-0.8
1997	0.7	0.4	-11.6	-0.6	4.0	0.6	0.1	1.4	0.2	-6.8	-0.6	11.1	1.0	0.3	-0.0
1998	-0.6	-0.3	-13.4	-0.6	-1.2	-0.2	-0.2	1.2	0.2	-4.1	-0.4	-2.4	-0.3	-6.7	0.6
1999	1.2	0.6	0.1	0.0	-4.9	-0.8	-1.0	3.5	0.6	6.2	0.5	1.9	0.2	3.6	-0.3
2000	1.6	0.9	0.1	0.0	6.4	1.0	0.6	3.9	0.6	-9.7	-0.8	12.7	1.3	9.3	-0.8
2001	1.9	1.0	-4.4	-0.2	-0.0	-0.0	0.1	3.4	0.6	-3.7	-0.3	-6.7	-0.7	1.0	-0.1
2002	1.2	0.7	-3.1	-0.1	-5.8	-0.9	-0.4	2.7	0.5	-4.7	-0.3	7.8	0.8	0.7	-0.1
2003	0.7	0.4	-1.3	-0.0	2.4	0.3	0.3	1.8	0.3	-7.0	-0.5	9.5	1.0	3.4	-0.3
2004	1.3	0.7	1.7	0.1	3.8	0.5	0.4	1.2	0.2	-9.0	-0.6	14.3	1.7	8.1	-0.8
2005	1.2	0.7	-0.5	-0.0	8.5	1.2	-0.2	0.8	0.1	-8.2	-0.5	7.2	0.9	6.1	-0.7
2006	1.0	0.6	0.7	0.0	2.1	0.3	-0.1	0.1	0.0	-4.9	-0.3	10.3	1.4	4.7	-0.6
2007	0.9	0.5	-9.5	-0.4	1.0	0.2	0.3	1.2	0.2	-5.4	-0.3	8.7	1.4	2.2	-0.3
2008	-1.0	-0.6	-6.6	-0.2	-2.8	-0.4	0.2	-0.1	-0.0	-4.9	-0.2	1.6	0.3	0.7	-0.1
2009	-0.7	-0.4	-16.4	-0.6	-13.4	-2.1	-1.6	2.0	0.4	6.8	0.3	-23.4	-4.1	-15.7	2.7
2010	2.4	1.4	-3.7	-0.1	-0.9	-0.1	1.0	1.9	0.4	-2.2	-0.1	24.9	3.1	11.2	-1.3
2011	-0.4	-0.2	4.9	0.1	4.0	0.5	0.2	1.9	0.4	-6.3	-0.3	-0.2	-0.0	5.8	-0.8
2012	2.0	1.2	2.5	0.1	4.1	0.6	0.0	1.7	0.3	2.7	0.1	-0.1	-0.0	5.4	-0.8
2013	2.4	1.4	8.0	0.2	3.7	0.5	-0.4	1.5	0.3	6.7	0.3	0.8	0.1	3.3	-0.5
2014	-0.9	-0.5	-4.3	-0.1	5.4	0.8	0.1	0.5	0.1	0.7	0.0	9.3	1.5	8.3	-1.5
2015	-0.0	-0.0	-1.0	-0.0	3.4	0.5	0.3	1.5	0.3	-1.7	-0.1	2.9	0.5	0.8	-0.2
2016	0.1	0.0	5.7	0.2	0.6	0.1	-0.2	1.3	0.3	-0.1	-0.0	1.7	0.3	-1.6	0.3
2017	1.0	1.0	2.7	0.1	2.9	0.4	-0.1	0.4	0.1	1.2	0.1	6.7	1.1	3.4	-0.5

资料来源：内閣府『平成30年度年次経済財政報告—「白書」：今.Society 5.0の経済へ—』（長期経済統計）、2018年8月。

附表1-8 国民经济统计（5）

年 末	国民总资产					国民财富	
	金额（十亿日元）	与名义GDP之比（%）	占比（%）			金额（十亿日元）	与名义GDP之比（%）
			实物资产（土地等除外）	土地等	金融资产		
1955	51,422.0	5.89	32.6	30.6	36.8	32,704.7	3.74
1956	60,322.2	6.13	31.8	29.8	38.4	37,103.0	3.77
1957	68,244.2	6.02	29.8	29.9	40.3	40,481.3	3.57
1958	76,193.1	6.33	27.0	30.6	42.4	43,752.0	3.63
1959	89,131.9	6.48	25.5	30.2	44.4	49,584.9	3.60
1960	107,840.0	6.45	23.7	31.7	44.6	59,819.6	3.58
1961	133,283.4	6.61	23.5	31.0	45.6	72,297.0	3.58
1962	156,357.7	6.83	22.3	31.3	46.4	83,461.1	3.64
1963	183,270.6	6.99	21.8	29.3	48.9	92,923.6	3.55
1964	213,870.8	6.94	21.5	29.1	49.4	107,292.4	3.48
1965	241,570.7	7.04	21.2	27.9	50.9	118,028.4	3.44
1966	280,648.7	7.05	21.2	27.8	51.0	137,212.2	3.44
1967	333,694.7	7.15	21.0	28.2	50.8	163,842.2	3.51
1968	394,566.2	7.14	20.7	29.4	49.9	197,671.5	3.58
1969	476,211.0	7.33	20.6	30.0	49.4	241,579.4	3.72
	499,408.6	7.69	19.6	28.6	51.7	241,682.8	3.72
1970	590,573.4	7.72	20.5	29.4	50.1	296,467.3	3.87
1971	702,445.3	8.34	20.0	29.8	50.2	352,859.8	4.19
1972	932,810.6	9.67	18.8	31.5	49.7	473,379.9	4.91
1973	1,178,254.6	10.04	20.6	32.0	47.4	624,072.1	5.32
1974	1,300,905.2	9.29	23.4	29.1	47.5	685,723.9	4.89
1975	1,438,800.4	9.30	23.1	28.1	48.7	739,585.8	4.78
1976	1,627,933.8	9.37	23.3	26.6	50.1	814,906.7	4.69
1977	1,781,916.0	9.20	23.2	26.0	50.8	883,505.2	4.56
1978	2,031,898.0	9.53	22.3	25.9	51.7	989,289.6	4.64
1979	2,335,455.9	10.10	22.7	27.0	50.3	1,166,035.8	5.04
1980	2,642,194.0	10.54	22.4	28.2	49.4	1,339,614.4	5.34
	2,864,276.8	11.43	21.2	26.1	52.7	1,363,008.4	5.44
1981	3,160,372.8	11.76	20.0	26.7	53.3	1,484,720.7	5.52
1982	3,416,324.6	12.09	19.3	26.5	54.2	1,575,452.3	5.58
1983	3,699,899.5	12.53	18.2	25.5	56.3	1,629,378.0	5.52
1984	4,006,993.9	12.80	17.5	24.4	58.1	1,699,381.1	5.43
1985	4,377,491.7	13.12	16.5	24.3	59.2	1,811,019.5	5.43
1986	5,094,260.6	14.54	14.4	26.3	59.3	2,113,913.1	6.03
1987	5,962,689.6	16.28	13.0	29.4	57.6	2,579,662.1	7.04
1988	6,716,329.3	17.06	12.2	28.9	58.9	2,836,726.9	7.21
1989	7,710,418.9	18.29	11.9	29.4	58.7	3,231,062.4	7.67
1990	7,936,547.0	17.50	12.6	31.2	56.1	3,531,467.2	7.79
1991	7,987,085.8	16.54	13.4	28.7	57.8	3,422,746.4	7.09
1992	7,804,398.3	15.76	14.3	26.6	59.1	3,265,515.1	6.60
1993	7,903,074.8	15.96	14.3	25.1	60.6	3,192,859.5	6.45
1994	8,044,314.4	16.04	14.3	23.9	61.8	3,150,014.4	6.28
	8,507,542.5	16.96	18.0	23.2	58.9	3,578,668.8	7.14
1995	8,650,025.0	16.88	17.9	21.8	60.3	3,521,329.1	6.87
1996	8,813,933.3	16.76	18.3	21.0	60.7	3,567,258.6	6.78
1997	8,956,277.9	16.77	18.4	20.2	61.4	3,585,675.7	6.71
1998	8,997,460.5	17.04	18.3	19.4	62.3	3,523,195.8	6.67
1999	9,195,140.2	17.69	17.9	18.1	63.9	3,400,952.9	6.54
2000	9,091,106.4	17.26	18.4	17.4	64.2	3,387,428.0	6.43
2001	8,929,836.8	17.07	18.6	16.7	64.7	3,331,814.9	6.37
2002	8,807,400.2	17.07	18.7	16.0	65.2	3,236,619.8	6.27
2003	8,793,974.6	17.06	18.9	15.2	65.9	3,175,142.3	6.16
2004	8,875,966.0	17.04	19.0	14.4	66.6	3,146,539.2	6.04
2005	9,241,216.1	17.63	18.5	13.6	67.9	3,151,024.2	6.01
2006	9,288,605.6	17.63	18.8	13.7	67.5	3,237,566.2	6.14
2007	9,168,249.5	17.24	19.5	14.3	66.2	3,347,868.7	6.30
2008	8,795,350.1	16.89	20.5	14.7	64.8	3,322,619.2	6.38
2009	8,692,636.5	17.76	20.0	14.2	65.7	3,248,372.0	6.64
2010	8,707,951.3	17.40	19.9	13.9	66.2	3,196,527.0	6.39
2011	8,692,635.0	17.69	19.8	13.5	66.6	3,166,000.9	6.44
2012	8,905,663.8	17.99	19.3	13.0	67.8	3,170,660.7	6.41
2013	9,458,153.5	18.80	18.6	12.1	69.3	3,226,460.2	6.41
2014	9,918,733.2	19.30	18.1	11.6	70.3	3,304,407.6	6.43
2015	10,204,211.2	19.18	17.6	11.3	71.0	3,296,924.4	6.20
2016	10,496,667.5	19.49	17.3	11.3	71.4	3,350,655.5	6.22

资料来源：内閣府『平成30年度年次経済財政報告—「白書」：今. Society 5.0の経済へ—』（長期経済統計）、2018年8月。

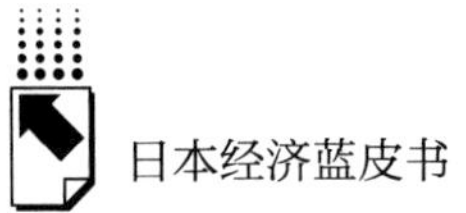

附表1-9　居民消费、工资、住宅统计

年　份	个人消费			工资		住宅	
	家庭储蓄率	新车初次登记、申报台数（轿车）	轿车持有台数（平均每100户）（年度末值）	春季工资上涨率	现金工资总额增长率	新房开工户数 数量	新房开工户数 年增长率
	%	台	台	%	%	千户	%
1955	11.9	–	–	–	–	257	3.1
1956	12.9	–	–	–	–	309	19.9
1957	12.6	–	–	–	–	321	4.0
1958	12.3	49,236	–	–	–	338	5.3
1959	13.7	73,050	–	–	–	381	12.6
1960	14.5	145,227	–	–	–	424	11.5
1961	15.9	229,057	–	–	–	536	26.4
1962	15.6	259,269	–	–	–	586	9.4
1963	14.9	371,076	–	–	–	689	17.5
1964	15.4	493,536	–	–	–	751	9.1
1965	15.8	586,287	–	10.6	–	843	12.1
1966	15.0	740,259	9.8	10.6	–	857	1.7
1967	14.1	1,131,337	13.3	12.5	–	991	15.7
1968	16.9	1,569,404	17.6	13.6	–	1,202	21.2
1969	17.1	2,036,677	22.6	15.8	–	1,347	12.1
1970	17.7	2,379,137	26.8	18.5	–	1,485	10.2
1971	17.8	2,402,757	32.0	16.9	14.6	1,464	-1.4
1972	18.2	2,627,087	38.8	15.3	16.0	1,808	23.5
1973	20.4	2,953,026	42.3	20.1	21.5	1,905	5.4
1974	23.2	2,286,795	45.0	32.9	27.2	1,316	-30.9
1975	22.8	2,737,641	47.2	13.1	14.8	1,356	3.1
1976	23.2	2,449,429	55.0	8.8	12.5	1,524	12.4
1977	21.8	2,500,095	55.6	8.8	8.5	1,508	-1.0
1978	20.8	2,856,710	60.8	5.9	6.4	1,549	2.7
1979	18.2	3,036,873	64.1	6.0	6.0	1,493	-3.6
1980	17.7	2,854,175	64.9	6.74	6.3	1,269	-15.0
1981	18.6	2,866,695	71.7	7.68	5.3	1,152	-9.2
1982	17.3	3,038,272	76.4	7.01	4.1	1,146	-0.5
1983	16.8	3,135,611	79.2	4.40	2.7	1,137	-0.8
1984	16.7	3,095,554	83.6	4.46	3.6	1,187	4.4
1985	16.2	3,252,299	84.5	5.03	2.8	1,236	4.1
1986	15.4	3,322,888	91.3	4.55	2.7	1,365	10.4
1987	13.7	3,477,770	94.5	3.56	1.9	1,674	22.7
1988	14.2	3,980,958	104.1	4.43	3.5	1,685	0.6
1989	14.1	4,760,094	108.0	5.17	4.2	1,663	-1.3
1990	13.5	5,575,234	112.3	5.94	4.7	1,707	2.7
1991	15.1	5,416,437	114.2	5.65	3.5	1,370	-19.7
1992	14.7	5,097,467	116.1	4.95	1.7	1,403	2.4
1993	14.2	4,805,543	116.2	3.89	0.6	1,486	5.9
1994	12.9	4,860,586	118.6	3.13	1.8	1,570	5.7
1995	11.8	5,119,052	121.0	2.83	1.8	1,470	-6.4
1996	10.3	5,394,616	125.1	2.86	1.6	1,643	11.8
1997	10.4	5,182,296	127.8	2.90	2.0	1,387	-15.6
1998	11.8	4,647,978	126.7	2.66	-1.4	1,198	-13.6
1999	10.5	4,656,901	130.7	2.21	-1.4	1,215	1.4
2000	8.8	4,803,573	132.7	2.06	-0.3	1,230	1.3
2001	5.6	4,790,044	137.3	2.01	-0.9	1,174	-4.6
2002	4.8	4,790,493	143.8	1.66	-2.9	1,151	-1.9
2003	4.3	4,707,766	142.3	1.63	-0.1	1,160	0.8
2004	3.4	4,760,735	134.3	1.67	-0.8	1,189	2.5
2005	3.4	4,740,679	139.1	1.71	1.0	1,236	4.0
2006	2.4	4,633,871	140.2	1.79	1.0	1,290	4.4
2007	2.4	4,392,814	140.3	1.87	-0.9	1,061	-17.8
2008	2.5	4,220,654	137.0	1.99	-0.5	1,094	3.1
2009	4.2	3,917,514	139.4	1.83	-5.0	788	-27.9
2010	3.7	4,205,229	136.9	1.82	1.1	813	3.1
2011	4.0	3,519,891	141.8	1.83	0.2	834	2.6
2012	2.6	4,566,334	138.4	1.78	-0.9	883	5.8
2013	0.2	4,555,623	128.6	1.80	-0.3	980	11.0
2014	-0.7	4,693,326	129.2	2.19	0.9	892	-9.0
2015	0.4	4,209,434	131.1	2.38	0.0	909	1.9
2016	2.2	4,140,336	125.2	2.14	1.0	967	6.4
2017	–	4,381,222	128.4	2.11	0.5	965	-0.3
2016年7－9月	–	1,040,324	–	–	0.7	978	7.1
2016年10－12月	–	1,099,738	–	–	0.9	968	7.9
2017年1－3月	–	1,087,566	–	–	0.4	972	3.2
2017年4－6月	–	1,132,718	–	–	0.5	987	1.1
2017年7－9月	–	1,089,268	–	–	0.3	955	-2.4
2017年10－12月	–	1,082,945	–	–	0.7	948	-2.5
2018年1－3月	–	1,058,968	–	–	0.9	892	-8.2
2018年4－6月	–	1,113,303	–	–	–	–	–

资料来源：内閣府『平成30年度年次経済財政報告—「白書」：今. Society 5.0の経済へ—』（長期経済統計）、2018年8月。

附表1-10 设备投资、工矿业生产统计

年份	设备投资	工矿业生产					
	设备投资与名义GDP之比	生产指数		出厂指数		生产者商品库存指数	
	%	2010年=100	年增长率(%)	2010年=100	年增长率(%)	2010年=100	年增长率(%)
1955	9.4	6.4	8.5	6.4	8.5	7.4	-3.9
1956	12.8	7.7	20.3	7.8	21.9	7.7	4.1
1957	15.4	9.1	18.2	8.9	14.1	11.4	48.1
1958	14.0	9.0	-1.1	9.0	1.1	11.1	-2.6
1959	14.9	10.8	20.0	10.7	18.9	11.6	4.5
1960	18.2	13.4	24.1	13.2	23.4	14.4	24.1
1961	20.2	16.1	20.1	15.6	18.2	18.8	30.6
1962	19.2	17.4	8.1	16.9	8.3	22.5	19.7
1963	18.1	19.4	11.5	18.7	10.7	23.4	4.0
1964	18.3	22.4	15.5	21.5	15.0	27.9	19.2
1965	15.7	23.3	4.0	22.4	4.2	29.9	7.2
1966	15.8	26.4	13.3	25.5	13.8	30.5	2.0
1967	17.8	31.5	19.3	30.0	17.6	36.0	18.0
1968	18.7	36.3	15.2	34.7	15.7	43.8	21.7
1969	20.2	42.1	16.0	40.5	16.7	51.2	16.9
1970	21.0	48.0	14.0	45.7	12.8	62.6	22.3
1971	19.0	49.2	2.5	47.1	3.1	68.5	9.4
1972	17.5	52.8	7.3	51.2	8.7	65.1	-5.0
1973	18.5	60.6	14.8	58.5	14.3	67.2	3.2
1974	18.4	58.2	-4.0	55.3	-5.5	96.3	43.3
1975	16.4	51.8	-11.0	51.2	-7.4	87.8	-8.8
1976	15.1	57.7	11.4	56.5	10.4	94.1	7.2
1977	14.1	60.0	4.0	58.7	3.9	97.1	3.2
1978	13.7	63.8	6.3	62.1	5.8	94.5	-2.7
1979	14.9	68.5	7.4	66.3	6.8	97.6	3.3
1980	16.0	71.7	4.7	68.2	2.9	105.8	8.4
1981	15.7	72.4	1.0	68.6	0.6	102.0	-3.6
1982	15.3	72.7	0.4	68.2	-0.6	100.3	-1.7
1983	14.6	74.8	2.9	70.5	3.4	94.6	-5.7
1984	15.0	81.9	9.5	76.2	8.1	101.9	7.7
1985	16.5	84.9	3.7	78.9	3.5	105.5	3.5
1986	16.5	84.7	-0.2	79.3	0.5	104.2	-1.2
1987	16.4	87.6	3.4	82.4	3.9	101.1	-3.0
1988	17.7	96.1	9.7	89.8	9.0	106.5	5.3
1989	19.3	101.7	5.8	95.0	5.8	115.4	8.4
1990	20.0	105.8	4.0	99.7	4.9	114.6	-0.7
1991	20.1	107.6	1.7	101.1	1.4	130.0	13.4
1992	18.3	101.0	-6.1	96.0	-5.0	128.8	-0.9
1993	16.3	97.1	-3.9	93.2	-2.9	126.3	-1.9
1994	15.1	98.1	1.0	94.1	1.0	120.4	-4.7
1995	15.7	101.2	3.2	96.5	2.6	127.1	5.6
1996	15.9	103.5	2.3	99.1	2.7	126.7	-0.3
1997	16.2	107.3	3.7	103.1	4.0	134.3	6.0
1998	16.0	99.9	-6.9	97.3	-5.6	123.5	-8.0
1999	15.2	100.1	0.2	98.3	1.0	115.0	-6.9
2000	15.7	105.9	5.8	104.1	5.9	117.4	2.1
2001	15.4	98.7	-6.8	97.5	-6.3	116.5	-0.8
2002	14.4	97.5	-1.2	97.3	-0.2	107.2	-8.0
2003	14.4	100.4	3.0	100.6	3.4	104.1	-2.9
2004	14.5	105.2	4.8	105.5	4.9	104.0	-0.1
2005	15.6	106.7	1.4	107.0	1.4	108.9	4.7
2006	15.8	111.4	4.4	111.9	4.6	112.8	3.6
2007	15.8	112.4	0.9	112.9	0.9	113.8	0.9
2008	15.8	110.7	-1.5	110.6	-2.0	121.9	7.1
2009	14.1	86.5	-21.9	86.6	-21.7	100.5	-17.6
2010	13.5	100.0	15.6	100.0	15.5	102.9	2.4
2011	14.1	97.2	-2.8	96.3	-3.7	105.0	2.0
2012	14.5	97.8	0.6	97.5	1.2	110.5	5.2
2013	14.9	97.0	-0.8	96.9	-0.6	105.7	-4.3
2014	15.6	99.0	2.1	98.2	1.3	112.3	6.2
2015	15.7	97.8	-1.2	96.9	-1.3	112.3	0.0
2016	15.4	97.7	-0.1	96.3	-0.6	106.4	-5.3
2017	15.7	102.1	4.5	100.0	3.8	108.6	2.1
2011年10-12月	14.2	100.5	-0.2	100.2	0.1	104.5	2.5
2012年1-3月	13.6	101.3	6.6	101.9	5.9	109.6	12.1
2012年4-6月	13.9	99.1	6.8	98.8	10.3	110.2	5.3
2012年7-9月	13.7	95.9	-3.9	94.6	-3.6	112.2	5.3
2013年4-6月	14.9	96.1	-3.0	95.5	-3.5	107.6	-2.9
2013年7-9月	15.1	97.8	2.3	96.6	1.5	107.5	-3.5
2013年10-12月	15.4	99.6	5.8	99.1	6.5	105.5	-4.3
2014年1-3月	15.6	101.9	8.2	101.7	7.4	106.8	-1.2
2014年4-6月	15.4	98.8	2.7	97.1	0.9	110.1	3.1
2014年7-9月	15.6	97.4	-0.8	96.6	-0.8	111.3	4.1
2014年10-12月	15.6	98.2	-1.5	97.5	-1.9	112.3	6.2
2015年1-3月	15.8	99.3	-2.3	98.2	-2.9	113.3	6.1
2015年4-6月	15.6	98	-0.8	96.9	-0.5	113.9	3.9
2015年7-9月	15.7	97	-0.9	96.2	-0.8	113.3	2.0
2015年10-12月	15.7	97.1	-0.8	96.6	-0.8	112.7	0.0
2016年1-3月	15.4	96.2	-1.4	94.8	-2.1	114.2	1.1
2016年4-6月	15.4	96.5	-1.8	95.3	-1.9	112.4	-0.5
2016年7-9月	15.3	98	0.4	96.3	-0.5	109.9	-2.7
2016年10-12月	15.6	99.8	2.1	98.6	1.8	107.3	-5.3
2017年1-3月	15.7	100	3.8	98.5	3.6	109.2	-4.0
2017年4-6月	15.7	101.8	5.8	99.9	5.2	108.9	-2.8
2017年7-9月	15.8	102.3	4.2	100.5	3.8	107.4	-2.5
2017年10-12月	15.9	103.9	4.6	101.3	3.1	109.8	1.9
2018年1-3月	16.0	102.5	2.4	100.2	1.5	113.5	3.9

资料来源：内閣府『平成30年度年次経済財政報告—「白書」：今．Society 5.0の経済へ—』（長期経済統計）、2018年8月。

附表1-11　工矿业指数、第三产业活动指数、企业收益、企业统计

年份	工矿业指数		第三产业活动指数	企业收益		企业破产
	生产者商品库存率指数	制造业开工率指数		经常收益	销售额与经常收益比率	银行停止与其往来的处分者件数
	2010年=100	2010年=100	2010年=100	年增长率(%)	%	件
1955	–	–	–	32.5	2.8	–
1956	–	–	–	59.3	3.4	–
1957	–	–	–	9.6	3.1	–
1958	–	–	–	-22.7	2.4	–
1959	–	–	–	76.8	3.5	–
1960	–	–	–	40.7	3.8	–
1961	–	–	–	20.2	3.6	–
1962	–	–	–	-1.9	3.2	–
1963	–	–	–	25.5	3.3	–
1964	–	–	–	10.6	2.9	–
1965	–	–	–	-4.5	2.5	10,152
1966	–	–	–	42.2	3.0	11,058
1967	–	–	–	39.4	3.3	13,683
1968	76.4	–	–	19.5	3.4	13,240
1969	77.4	–	–	30.2	3.6	10,658
1970	81.5	–	–	13.7	3.4	11,589
1971	94.0	–	–	-17.4	2.6	11,489
1972	86.8	–	–	30.3	2.9	9,544
1973	73.2	–	–	78.9	3.8	10,862
1974	101.2	–	–	-27.3	2.2	13,605
1975	114.3	–	–	-32.6	1.4	14,477
1976	101.7	–	–	72.9	2.1	16,842
1977	103.1	–	–	8.0	2.1	18,741
1978	94.9	113.4	–	34.3	2.6	15,526
1979	87.6	120.1	–	31.9	3.0	14,926
1980	95.3	120.3	–	10.0	2.8	16,635
1981	99.9	114.8	–	-8.2	2.4	15,683
1982	100.3	111.4	–	-4.4	2.2	14,824
1983	95.4	112.9	–	12.3	2.4	15,848
1984	92.8	119.4	–	17.9	2.6	16,976
1985	96.8	119.6	–	3.9	2.6	15,337
1986	98.6	114.2	–	-1.6	2.5	13,578
1987	92.8	114.2	–	27.6	3.0	9,040
1988	87.9	120.8	75.9	25.6	3.4	7,819
1989	90.2	123.2	80.6	14.7	3.7	5,550
1990	89.1	124.5	84.8	-6.9	3.1	5,292
1991	95.2	121.9	88.0	-8.8	2.7	9,066
1992	104.5	111.9	88.5	-26.2	2.0	10,728
1993	105.7	106.2	89.1	-12.1	1.8	10,352
1994	101.5	105.8	90.5	11.9	1.9	10,246
1995	103.2	108.5	92.1	10.9	2.0	10,742
1996	104.3	109.6	94.5	21.9	2.4	10,722
1997	103.3	113.3	95.5	4.8	2.5	12,048
1998	114.0	104.8	95.1	-26.4	1.9	13,356
1999	104.3	104.5	95.2	17.7	2.3	10,249
2000	101.1	109.1	97.0	33.7	3.0	12,160
2001	111.5	100.8	98.0	-15.5	2.5	11,693
2002	103.0	101.9	98.0	-0.7	2.7	10,730
2003	98.0	106.4	98.9	12.6	3.0	8,189
2004	93.8	111.3	100.6	27.7	3.6	6,374
2005	96.2	112.7	102.5	11.8	3.9	5,489
2006	96.3	115.8	104.4	9.1	4.0	5,227
2007	97.3	116.8	105.4	3.6	4.0	5,257
2008	105.7	111.5	103.8	-26.3	3.0	5,687
2009	127.2	83.6	98.9	-35.3	2.3	4,568
2010	100.0	100.0	100.0	68.1	3.5	3,134
2011	108.1	95.7	100.1	-6.0	3.4	2,609
2012	113.2	97.8	101.9	8.8	3.8	2,390
2013	109.0	97.3	102.7	19.7	4.6	1,820
2014	109.8	101.3	102.3	10.9	5.0	1,465
2015	114.2	98.7	103.2	7.5	5.4	1,236
2016	114.2	97.7	103.9	1.5	5.5	1,062
2017	111.5	101.5	104.7	13.2	5.9	899
2015年1-3月	113.0	101.4	103.1	0.4	4.9	313
2015年4-6月	113.8	98.0	103.3	23.8	5.2	348
2015年7-9月	114.7	97.6	103.4	9.0	4.9	279
2015年10-12月	114.9	97.9	103.3	-1.7	5.1	296
2016年1-3月	116.8	96.1	103.7	-9.3	5.0	275
2016年4-6月	116.0	96.3	103.7	-10.0	5.1	275
2016年7-9月	114.3	98.0	104.0	11.5	5.9	272
2016年10-12月	109.7	100.1	104.1	16.9	5.5	239
2017年1-3月	111.1	100.1	104.0	26.6	5.3	237
2017年4-6月	111.8	101.8	104.8	22.6	5.4	242
2017年7-9月	111.1	101.6	104.8	5.5	5.2	219
2017年10-12月	112.1	102.7	105.3	0.9	5.2	201
2018年1-3月	114.9	101.0	105.2	0.2	5.3	195

资料来源：内閣府『平成 30 年度年次経済財政報告—「白書」：今 . Society 5. 0の経済へ—』（長期経済統計）、2018 年 8 月。

附表1-12　人口、就业、劳动时间统计（1）

年份	人口			就业	
	总人口	平均家庭人数	合计特殊出生率	劳动力人口	劳动力参与率
	万人	人	%	万人	%
1959	9,264	4.23	2.04	4,433	69.0
1960	9,342	4.13	2.00	4,511	69.2
1961	9,429	3.97	1.96	4,562	69.1
1962	9,518	3.95	1.98	4,614	68.3
1963	9,616	3.81	2.00	4,652	67.1
1964	9,718	3.83	2.05	4,710	66.1
1965	9,828	3.75	2.14	4,787	65.7
1966	9,904	3.68	1.58	4,891	65.8
1967	10,020	3.53	2.23	4,983	65.9
1968	10,133	3.50	2.13	5,061	65.9
1969	10,254	3.50	2.13	5,098	65.5
1970	10,372	3.45	2.13	5,153	65.4
1971	10,515	3.38	2.16	5,186	65.0
1972	10,760	3.32	2.14	5,199	64.4
1973	10,910	3.33	2.14	5,289	64.7
1974	11,057	3.33	2.05	5,310	63.7
1975	11,194	3.35	1.91	5,323	63.0
1976	11,309	3.27	1.85	5,378	63.0
1977	11,417	3.29	1.80	5,452	63.2
1978	11,519	3.31	1.79	5,532	63.4
1979	11,616	3.30	1.70	5,596	63.4
1980	11,706	3.28	1.75	5,650	63.3
1981	11,790	3.24	1.74	5,707	63.3
1982	11,873	3.25	1.77	5,774	63.3
1983	11,954	3.25	1.80	5,889	63.8
1984	12,031	3.19	1.81	5,927	63.4
1985	12,105	3.22	1.76	5,963	63.0
1986	12,166	3.22	1.72	6,020	62.8
1987	12,224	3.19	1.69	6,084	62.6
1988	12,275	3.12	1.66	6,166	62.6
1989	12,321	3.10	1.57	6,270	62.9
1990	12,361	3.05	1.54	6,384	63.3
1991	12,410	3.04	1.53	6,505	63.8
1992	12,457	2.99	1.50	6,578	64.0
1993	12,494	2.96	1.46	6,615	63.8
1994	12,527	2.95	1.50	6,645	63.6
1995	12,557	2.91	1.42	6,666	63.4
1996	12,586	2.85	1.43	6,711	63.5
1997	12,616	2.79	1.39	6,787	63.7
1998	12,647	2.81	1.38	6,793	63.3
1999	12,667	2.79	1.34	6,779	62.9
2000	12,693	2.76	1.36	6,766	62.4
2001	12,732	2.75	1.33	6,752	62.0
2002	12,749	2.74	1.32	6,689	61.2
2003	12,769	2.76	1.29	6,666	60.8
2004	12,779	2.72	1.29	6,642	60.4
2005	12,777	2.68	1.26	6,651	60.4
2006	12,790	2.65	1.32	6,664	60.4
2007	12,803	2.63	1.34	6,684	60.4
2008	12,808	2.63	1.37	6,674	60.2
2009	12,803	2.62	1.37	6,650	59.9
2010	12,806	2.59	1.39	6,632	59.6
2011	12,780	2.58	1.39	6,596	59.3
2012	12,752	2.57	1.41	6,565	59.1
2013	12,730	2.51	1.43	6,593	59.3
2014	12,708	2.49	1.42	6,609	59.4
2015	12,711	2.49	1.45	6,625	59.6
2016	12,693	2.47	1.44	6,673	60.0
2017	12,671	–	–	6,720	60.5
2017年4-6月	12,676	–	–	6,743	60.7
2017年7-9月	12,679	–	–	6,767	60.9
2017年10-12月	12,671	–	–	6,736	60.6
2018年1-3月	P 12,659	–	–	6,753	60.8
2018年4-6月	P 12,652	–	–	–	–

资料来源：内閣府『平成30年度年次経済財政報告—「白書」：今. Society 5. 0の経済へ—』（長期経済統計）、2018年8月。

附表1-13 人口、就业、劳动时间统计（2）

年份	就业						劳动时间
	就业人数	雇佣者人数	雇佣者占比	完全失业人数	完全失业率	有效求人倍率	总实际劳动时间
	万人	万人	%	万人	%	倍	小时
1957	4,281	2,053	48.0	82	1.9	–	–
1958	4,298	2,139	49.8	90	2.1	–	–
1959	4,335	2,250	51.9	98	2.2	–	–
1960	4,436	2,370	53.4	75	1.7	–	–
1961	4,498	2,478	55.1	66	1.4	–	–
1962	4,556	2,593	56.9	59	1.3	–	–
1963	4,595	2,672	58.2	59	1.3	0.70	–
1964	4,655	2,763	59.4	54	1.1	0.80	–
1965	4,730	2,876	60.8	57	1.2	0.64	–
1966	4,827	2,994	62.0	65	1.3	0.74	–
1967	4,920	3,071	62.4	63	1.3	1.00	–
1968	5,002	3,148	62.9	59	1.2	1.12	–
1969	5,040	3,199	63.5	57	1.1	1.30	–
1970	5,094	3,306	64.9	59	1.1	1.41	2,239.2
1971	5,121	3,412	66.6	64	1.2	1.12	2,217.6
1972	5,126	3,465	67.6	73	1.4	1.16	2,205.6
1973	5,259	3,615	68.7	68	1.3	1.76	2,184.0
1974	5,237	3,637	69.4	73	1.4	1.20	2,106.0
1975	5,223	3,646	69.8	100	1.9	0.61	2,064.0
1976	5,271	3,712	70.4	108	2.0	0.64	2,094.0
1977	5,342	3,769	70.6	110	2.0	0.56	2,096.4
1978	5,408	3,799	70.2	124	2.2	0.56	2,102.4
1979	5,479	3,876	70.7	117	2.1	0.71	2,114.4
1980	5,536	3,971	71.7	114	2.0	0.75	2,108.4
1981	5,581	4,037	72.3	126	2.2	0.68	2,101.2
1982	5,638	4,098	72.7	136	2.4	0.61	2,096.4
1983	5,733	4,208	73.4	156	2.6	0.60	2,097.6
1984	5,766	4,265	74.0	161	2.7	0.65	2,115.6
1985	5,807	4,313	74.3	156	2.6	0.68	2,109.6
1986	5,853	4,379	74.8	167	2.8	0.62	2,102.4
1987	5,911	4,428	74.9	173	2.8	0.70	2,110.8
1988	6,011	4,538	75.5	155	2.5	1.01	2,110.8
1989	6,128	4,679	76.4	142	2.3	1.25	2,088.0
1990	6,249	4,835	77.4	134	2.1	1.40	2,052.0
1991	6,369	5,002	78.5	136	2.1	1.40	2,016.0
1992	6,436	5,119	79.5	142	2.2	1.08	1,971.6
1993	6,450	5,202	80.7	166	2.5	0.76	1,912.8
1994	6,453	5,236	81.1	192	2.9	0.64	1,904.4
1995	6,457	5,263	81.5	210	3.2	0.63	1,909.2
1996	6,486	5,322	82.1	225	3.4	0.70	1,918.8
1997	6,557	5,391	82.2	230	3.4	0.72	1,899.6
1998	6,514	5,368	82.4	279	4.1	0.53	1,879.2
1999	6,462	5,331	82.5	317	4.7	0.48	1,842.0
2000	6,446	5,356	83.1	320	4.7	0.59	1,858.8
2001	6,412	5,369	83.7	340	5.0	0.59	1,848.0
2002	6,330	5,331	84.2	359	5.4	0.54	1,837.2
2003	6,316	5,335	84.5	350	5.3	0.64	1,845.6
2004	6,329	5,355	84.6	313	4.7	0.83	1,839.6
2005	6,356	5,393	84.8	294	4.4	0.95	1,828.8
2006	6,389	5,478	85.7	275	4.1	1.06	1,842.0
2007	6,427	5,537	86.2	257	3.9	1.04	1,850.4
2008	6,409	5,546	86.5	265	4.0	0.88	1,836.0
2009	6,314	5,489	86.9	336	5.1	0.47	1,767.6
2010	6,298	5,500	87.3	334	5.1	0.52	1,797.6
2011	6,293	5,512	87.6	302	4.6	0.65	1,788.0
2012	6,280	5,513	87.8	285	4.3	0.80	1,808.4
2013	6,326	5,567	88.0	265	4.0	0.93	1,791.6
2014	6,371	5,613	88.1	236	3.6	1.09	1,788.0
2015	6,401	5,663	88.5	222	3.4	1.20	1,784.4
2016	6,465	5,750	88.9	208	3.1	1.36	1,783.2
2017	6,530	5,819	89.1	190	2.8	1.50	1,780.8
2017年1-3月	6,500	5,787	89.0	192	2.9	1.44	–
2017年4-6月	6,524	5,808	89.0	193	2.9	1.49	–
2017年7-9月	6,547	5,839	89.2	188	2.8	1.52	–
2017年10-12月	6,551	5,841	89.2	184	2.7	1.57	–
2018年1-3月	6,645	5,905	88.9	167	2.5	1.59	–

资料来源：内閣府『平成30年度年次経済財政報告—「白書」：今．Society 5.0の経済へ—』（長期経済統計）、2018年8月。

附表1-14 物价统计

年份	物价等					
	国内企业价格指数		消费者价格指数		市街地价格指数	
	2015年=100	年增长率（%）	2015年=100	年增长率（%）	2000年=100	年增长率（%）
1955	–	–	16.9	-1.1	2.2	–
1956	–	–	17.0	0.3	2.5	14.0
1957	–	–	17.5	3.1	3.2	28.1
1958	–	–	17.4	-0.4	3.9	21.9
1959	–	–	17.6	1.0	4.8	23.6
1960	48.1	–	18.3	3.6	6.1	27.3
1961	48.7	1.2	19.3	5.3	8.7	42.5
1962	47.8	-1.8	20.6	6.8	11.1	27.1
1963	48.6	1.7	22.1	7.6	13.0	17.2
1964	48.6	0.0	23.0	3.9	14.8	14.0
1965	49.2	1.2	24.4	6.6	16.8	13.4
1966	50.3	2.2	25.7	5.1	17.7	5.2
1967	51.7	2.8	26.7	4.0	19.2	8.3
1968	52.2	1.0	28.2	5.3	21.8	13.6
1969	53.1	1.7	29.7	5.2	25.5	17.2
1970	54.9	3.4	31.5	7.7	30.5	19.7
1971	54.4	-0.9	33.5	6.3	35.3	15.7
1972	55.3	1.7	35.2	4.9	40.0	13.2
1973	64.0	15.7	39.3	11.7	50.1	25.1
1974	81.6	27.5	48.4	23.2	61.6	23.0
1975	83.9	2.8	54.0	11.7	58.9	-4.3
1976	88.6	5.6	59.1	9.4	59.4	0.8
1977	91.5	3.3	63.9	8.1	60.7	2.1
1978	91.0	-0.5	66.7	4.2	62.3	2.8
1979	95.6	5.1	69.1	3.7	65.2	4.6
1980	109.9	15.0	74.5	7.7	70.7	8.5
1981	111.4	1.4	78.1	4.9	76.9	8.7
1982	111.9	0.4	80.3	2.8	82.3	7.1
1983	111.2	-0.6	81.8	1.9	86.2	4.7
1984	111.3	0.1	83.6	2.3	89.0	3.2
1985	110.5	-0.7	85.4	2.0	91.5	2.8
1986	105.3	-4.7	85.9	0.6	94.1	2.8
1987	102.0	-3.1	85.9	0.1	99.2	5.4
1988	101.5	-0.5	86.5	0.7	109.1	10.0
1989	103.3	1.8	88.5	2.3	117.4	7.6
1990	104.9	1.5	91.2	3.1	133.9	14.1
1991	106.0	1.0	94.3	3.3	147.8	10.4
1992	105.0	-0.9	95.8	1.6	145.2	-1.8
1993	103.4	-1.5	97.1	1.3	137.2	-5.5
1994	101.7	-1.6	97.7	0.7	130.9	-4.6
1995	100.8	-0.9	97.6	-0.1	126.1	-3.7
1996	99.2	-1.6	97.7	0.1	120.5	-4.4
1997	99.8	0.6	99.5	1.8	115.6	-4.1
1998	98.3	-1.5	100.1	0.6	111.5	-3.5
1999	96.9	-1.4	99.8	-0.3	106.1	-4.8
2000	96.9	0.0	99.1	-0.7	100.0	-5.8
2001	94.7	-2.3	98.4	-0.7	93.7	-6.3
2002	92.8	-2.0	97.5	-0.9	87.4	-6.7
2003	91.9	-1.0	97.2	-0.3	81.2	-7.1
2004	93.1	1.3	97.2	0.0	74.4	-8.4
2005	94.6	1.6	96.9	-0.3	69.1	-7.1
2006	96.7	2.2	97.2	0.3	65.7	-4.8
2007	98.4	1.8	97.2	0.0	64.4	-2.1
2008	102.9	4.6	98.6	1.4	63.9	-0.8
2009	97.5	-5.2	97.2	-1.4	61.4	-3.9
2010	97.4	-0.1	96.5	-0.7	58.5	-4.6
2011	98.8	1.4	96.3	-0.3	55.1	-4.1
2012	98.0	-0.8	96.2	0.0	53.2	-3.4
2013	99.2	1.2	96.6	0.4	51.8	-2.7
2014	102.4	3.2	99.2	2.7	50.9	-1.6
2015	100.0	-2.3	100.0	0.8	50.5	-0.9
2016	96.5	-3.5	99.9	-0.1	50.2	-0.5
2017	98.7	2.3	100.4	0.5	50.1	-0.1
2017年4-6月	98.4	2.1	100.3	0.4	–	–
7-9月	98.8	2.8	100.3	0.6	–	–
10-12月	99.7	3.3	100.9	0.6	–	–
2018年1-3月	100.3	2.5	101.2	1.3	–	–

资料来源：内閣府『平成 30 年度年次経済財政報告—「白書」：今．Society 5.0の経済へ—』（長期経済統計）、2018 年 8 月。

附表1-15　国际经济统计（1）

年份	进出口通关				
	出口数量指数		进口数量指数		进口商品比例
	2010年=100	年增长率（%）	2010年=100	年增长率（%）	%
1955	–	–	–	–	11.9
1956	–	–	–	–	15.9
1957	–	–	–	–	22.9
1958	–	–	–	–	21.7
1959	–	–	–	–	21.5
1960	3.5	–	4.8	–	22.1
1961	3.7	5.7	6.2	29.2	24.5
1962	4.4	18.9	6.1	-1.6	25.9
1963	4.9	11.4	7.2	18.0	24.5
1964	6.1	24.5	8.2	13.9	25.8
1965	7.8	27.9	8.3	1.2	22.7
1966	9.1	16.7	9.7	16.9	22.8
1967	9.3	2.2	11.8	21.6	26.8
1968	11.5	23.7	13.3	12.7	27.5
1969	13.6	18.3	15.4	15.8	29.5
1970	15.7	15.4	18.6	20.8	30.3
1971	18.8	19.7	18.6	0.0	28.6
1972	20.1	6.9	20.9	12.4	29.6
1973	21.1	5.0	26.9	28.7	30.6
1974	24.8	17.5	26.3	-2.2	23.7
1975	25.3	2.0	23.0	-12.5	20.3
1976	30.8	21.7	24.8	7.8	21.5
1977	33.5	8.8	25.5	2.8	21.5
1978	33.9	1.2	27.3	7.1	26.7
1979	33.5	-1.2	30.2	10.6	26.0
1980	39.2	17.0	28.5	-5.6	22.8
1981	43.3	10.5	27.8	-2.5	24.3
1982	42.3	-2.3	27.6	-0.7	24.9
1983	46.1	9.0	28.1	1.8	27.2
1984	53.4	15.8	31.0	10.3	29.8
1985	55.7	4.3	31.1	0.3	31.0
1986	55.4	-0.5	34.1	9.6	41.8
1987	55.5	0.2	37.3	9.4	44.1
1988	58.4	5.2	43.5	16.6	49.0
1989	68.6	17.5	76.3	75.4	50.3
1990	64.0	-6.7	49.6	-35.0	50.3
1991	65.6	2.5	51.5	3.8	50.8
1992	66.6	1.5	51.3	-0.4	50.2
1993	65.5	-1.7	53.5	4.3	52.0
1994	66.6	1.7	60.7	13.5	55.2
1995	69.1	3.8	68.3	12.5	59.1
1996	70.0	1.3	72.1	5.6	59.4
1997	78.2	11.7	73.3	1.7	59.3
1998	77.2	-1.3	69.4	-5.3	62.1
1999	78.8	2.1	76.1	9.7	62.5
2000	86.2	9.4	84.4	10.9	61.1
2001	78.1	-9.4	82.8	-1.9	61.4
2002	84.3	7.9	84.4	1.9	62.2
2003	88.4	4.9	90.4	7.1	61.4
2004	97.8	10.6	96.7	7.0	61.3
2005	98.6	0.8	99.5	2.9	58.5
2006	106.3	7.8	103.3	3.8	56.8
2007	111.4	4.8	103.2	-0.1	56.4
2008	109.7	-1.5	102.5	-0.7	50.1
2009	80.5	-26.6	87.8	-14.3	56.1
2010	100.0	24.2	100.0	13.9	55.0
2011	96.2	-3.8	102.6	2.6	51.6
2012	91.6	-4.8	105.0	2.3	50.9
2013	90.2	-1.6	105.3	0.3	51.7
2014	90.7	0.6	106.0	0.6	53.4
2015	89.8	-1.0	103.0	-2.8	61.6
2016	90.0	0.3	102.6	-0.3	66.0
2017	94.7	5.2	105.9	3.2	63.4
2017年1～3月	94.1	2.5	103.9	-0.3	62.3
2017年4～6月	93.7	-0.4	106.3	2.3	63.3
2017年7～9月	94.6	0.9	105.5	-0.7	64.4
2017年10～12月	96.2	1.7	107.7	2.0	63.7
2018年1～3月	96.4	0.2	107.5	-0.2	61.7

资料来源：内閣府『平成 30 年度年次経済財政報告—「白書」：今. Society 5. 0の経済へ—』（長期経済統計）、2018 年 8 月。

附表1-16　国际经济统计（2）

年份	进出口通关		国际收支等			
	关税负担率	出口中日元结算占通货比例	贸易收支	出口额	进口额	日元汇率
	%	%	亿日元	亿日元	亿日元	日元/美元
1955	–	–	–	–	–	360.00
1956	–	–	–	–	–	360.00
1957	–	–	–	–	–	360.00
1958	–	–	–	–	–	360.00
1959	–	–	–	–	–	360.00
1960	–	–	–	–	–	360.00
1961	–	–	–	–	–	360.00
1962	–	–		–	–	360.00
1963	–	–	–	–	–	360.00
1964	–	–	–	–	–	360.00
1965	–	–	–	–	–	360.00
1966	–	–	8,247	34,939	26,692	360.00
1967	–	–	4,200	37,049	32,849	360.00
1968	–	–	9,096	45,948	36,851	360.00
1969	–	–	13,257	56,190	42,933	360.00
1970	6.9	–	14,188	67,916	53,728	360.00
1971	6.6	–	26,857	81,717	54,860	347.83
1972	6.3	–	27,124	84,870	57,747	303.08
1973	5.0	–	10,018	98,258	88,240	272.18
1974	2.7	–	4,604	159,322	154,718	292.06
1975	2.9	–	14,933	162,503	147,570	296.84
1976	3.3	–	29,173	195,510	166,337	296.49
1977	3.8	–	45,647	211,833	166,187	268.32
1978	4.1	–	51,633	199,863	148,230	210.11
1979	3.1	–	3,598	222,958	219,360	219.47
1980	2.5	–	3,447	285,612	282,165	226.45
1981	2.5	–	44,983	330,329	285,346	220.83
1982	2.6	–	45,572	342,568	296,996	249.26
1983	2.5	–	74,890	345,553	270,663	237.61
1984	2.5	–	105,468	399,936	294,468	237.61
1985	2.6	–	129,517	415,719	286,202	238.05
1986	3.3	–	151,249	345,997	194,747	168.03
1987	3.4	–	132,319	325,233	192,915	144.52
1988	3.4	–	118,144	334,258	216,113	128.20
1989	2.9	–	110,412	373,977	263,567	138.11
1990	2.7	–	100,529	406,879	306,350	144.88
1991	3.3	–	129,231	414,651	285,423	134.59
1992	3.4	–	157,764	420,816	263,055	126.62
1993	3.6	–	154,816	391,640	236,823	111.06
1994	3.4	–	147,322	393,485	246,166	102.18
1995	3.1	–	123,445	402,596	279,153	93.97
1996	2.8	–	90,346	430,153	339,807	108.81
1997	2.5	–	123,709	488,801	365,091	120.92
1998	2.6	–	160,782	482,899	322,117	131.02
1999	2.4	–	141,370	452,547	311,176	113.94
2000	2.1	36.1	126,983	489,635	362,652	107.79
2001	2.2	34.9	88,469	460,367	371,898	121.58
2002	1.9	35.8	121,211	489,029	367,817	125.17
2003	1.9	38.9	124,631	513,292	388,660	115.94
2004	1.7	40.1	144,235	577,036	432,801	108.17
2005	1.5	38.9	117,712	630,094	512,382	110.21
2006	1.4	37.8	110,701	720,268	609,567	116.31
2007	1.3	38.3	141,873	800,236	658,364	117.77
2008	1.2	39.9	58,031	776,111	718,081	103.39
2009	1.4	39.9	53,876	511,216	457,340	93.61
2010	1.3	41.0	95,160	643,914	548,754	87.76
2011	1.3	41.3	-3,302	629,653	632,955	79.77
2012	1.2	39.4	-42,719	619,568	662,287	79.80
2013	–	35.6	-87,734	678,290	766,024	97.71
2014	–	36.1	-104,653	740,747	845,400	105.79
2015	–	35.5	-8,862	752,742	761,604	121.09
2016	–	37.1	55,176	690,927	635,751	108.77
2017	–	36.1	49,554	772,855	723,301	112.13
2017年1-3月	–	–	12,940	188,352	175,411	113.56
2017年4-6月	–	–	8,190	186,861	178,670	111.06
2017年7-9月	–	–	15,783	194,867	179,084	110.97
2017年10-12月	–	–	12,906	201,457	188,551	112.95
2018年1-3月(P)	–	–	7,169	199,279	192,110	108.12

资料来源：内閣府『平成30年度年次経済財政報告—「白書」：今．Society 5.0の経済へ—』（長期経済統計）、2018年8月。

附表1-17　国际经济统计（3）

年　份	国际收支等						
	经常收支	经常收支与名义GDP之比	贸易服务收支	资本收支	投资收支	外汇储备	对外纯资产
	亿日元	%	亿日元	亿日元	亿日元	百万美元	10亿日元
1955	–	–	–	–	–	–	–
1956	–	–	–	–	–	467	–
1957	–	–	–	–	–	524	–
1958	–	–	–	–	–	861	–
1959	–	–	–	–	–	1,322	–
1960	–	–	–	–	–	1,824	–
1961	–	–	–	–	–	1,486	–
1962	–	–	–	–	–	1,841	–
1963	–	–	–	–	–	1,878	–
1964	–	–	–	–	–	1,999	–
1965	–	–	–	–	–	2,107	–
1966	4,545	1.2	–	–	–	2,074	–
1967	-693	0.2	–	–	–	2,005	–
1968	3,757	0.7	–	–	–	2,891	–
1969	7,595	1.2	–	–	–	3,496	–
1970	7,052	1.0	–	–	–	4,399	–
1971	19,935	2.5	–	–	–	15,235	–
1972	19,999	2.2	–	–	–	18,365	–
1973	-341	0.0	–	–	–	12,246	–
1974	-13,301	-1.0	–	–	–	13,518	–
1975	-2,001	-0.1	–	–	–	12,815	–
1976	10,776	0.6	–	–	–	16,604	–
1977	28,404	1.5	–	–	–	22,848	–
1978	34,793	1.7	–	–	–	33,019	–
1979	-19,722	-0.9	–	–	–	20,327	–
1980	-25,763	-1.1	–	–	–	25,232	–
1981	11,491	0.4	–	–	–	28,403	–
1982	17,759	0.6	–	–	–	23,262	–
1983	49,591	1.7	–	–	–	24,496	–
1984	83,489	2.7	–	–	–	26,313	–
1985	119,698	3.7	106,736	–	–	26,510	–
1986	142,437	4.2	129,607	–	–	42,239	28,865
1987	121,862	3.4	102,931	–	–	81,479	30,199
1988	101,461	2.7	79,349	–	–	97,662	36,745
1989	87,113	2.1	59,695	–	–	84,895	42,543
1990	64,736	1.5	38,628	–	–	77,053	44,016
1991	91,757	2.0	72,919	–	–	68,980	47,498
1992	142,349	3.0	102,054	–	–	68,685	64,153
1993	146,690	3.0	107,013	–	–	95,589	68,823
1994	133,425	2.7	98,345	–	–	122,845	66,813
1995	103,862	2.0	69,545	–	–	182,820	84,072
1996	74,943	1.4	23,174	72,723	-3,537	217,867	103,359
1997	115,700	2.2	57,680	152,467	-4,879	220,792	124,587
1998	149,981	2.8	95,299	136,226	-19,313	215,949	133,273
1999	129,734	2.5	78,650	130,830	-19,088	288,080	84,735
2000	140,616	2.7	74,298	148,757	-9,947	361,638	133,047
2001	104,524	2.0	32,120	105,629	-3,462	401,959	179,257
2002	136,837	2.7	64,690	133,968	-4,217	469,728	175,308
2003	161,254	3.1	83,553	136,860	-4,672	673,529	172,818
2004	196,941	3.8	101,961	160,928	-5,134	844,543	185,797
2005	187,277	3.6	76,930	163,444	-5,490	846,897	180,699
2006	203,307	3.9	73,460	160,494	-5,533	895,320	215,081
2007	249,490	4.7	98,253	263,775	-4,731	973,365	250,221
2008	148,786	2.9	18,899	186,502	-5,583	1,030,647	225,908
2009	135,925	2.8	21,249	156,292	-4,653	1,049,397	268,246
2010	193,828	3.9	68,571	217,099	-4,341	1,096,185	255,906
2011	104,013	2.1	-31,101	126,294	282	1,295,841	265,741
2012	47,640	1.0	-80,829	41,925	-804	1,268,125	299,302
2013	44,566	0.9	-122,521	-4,087	-7,436	1,266,815	325,732
2014	39,215	0.8	-134,988	62,782	-2,089	1,260,548	363,409
2015	165,194	3.1	-28,169	218,764	-2,714	1,233,214	339,217
2016	210,615	3.9	43,888	282,764	-7,433	1,216,903	336,306
2017	219,514	4.0	42,297	176,642	-2,872	1,264,283	328,447
2017年1-3月	53,600	4.5	8,968	56,091	-671	1,230,330	–
2017年4-6月	49,936	3.4	6,618	43,982	-1,424	1,249,847	–
2017年7-9月	58,056	5.2	13,201	45,817	-203	1,266,310	–
2017年10-12月	58,948	3.0	13,867	30,753	-574	1,264,283	–
2018年1-3月(P)	46,110	4.3	4,388	73,592	-873	1,268,287	–

资料来源：内閣府『平成30年度年次経済財政報告—「白書」：今.Society 5.0の経済へ—』（長期経済統計）、2018年8月。

附表1-18 金融

年份	金融						
	货币存量（M2）平均余额		国内银行贷款约定平均利率	流通国债收益率	东证股价指数	东证股价时价总额（第一部）	股价收益率（PER）（第一部）
	亿日元	%	%	%		亿日元	
1957	–	–	8.62	–	43.40	16,748	–
1958	–	–	8.27	–	60.95	23,226	–
1959	–	–	8.11	–	80.00	37,770	–
1960	–	–	8.08	–	109.18	54,113	–
1961	–	–	8.20	–	101.66	54,627	–
1962	–	–	8.09	–	99.67	67,039	–
1963	–	–	7.67	–	92.87	66,693	–
1964	–	–	7.99	–	90.68	68,280	–
1965	–	–	7.61	–	105.68	79,013	–
1966	–	–	7.37	6.86	111.41	87,187	–
1967	297,970	–	7.35	6.96	100.89	85,901	–
1968	344,456	15.6	7.38	7.00	131.31	116,506	–
1969	403,883	17.3	7.61	7.01	179.30	167,167	–
1970	477,718	18.3	7.69	7.07	148.35	150,913	–
1971	575,437	20.5	7.46	7.09	199.45	214,998	–
1972	728,126	26.5	6.72	6.71	401.70	459,502	25.5
1973	893,370	22.7	7.93	8.19	306.44	365,071	13.3
1974	999,819	11.9	9.37	8.42	278.34	344,195	13.0
1975	1,130,832	13.1	8.51	8.53	323.43	414,682	27.0
1976	1,301,739	15.1	8.18	8.61	383.88	507,510	46.3
1977	1,449,873	11.4	6.81	6.40	364.08	493,502	24.2
1978	1,620,195	11.7	5.95	6.40	449.55	627,038	34.3
1979	1,812,232	11.9	7.06	9.15	459.61	659,093	23.3
1980	1,978,716	9.2	8.27	8.86	494.10	732,207	20.4
1981	2,155,266	8.9	7.56	8.12	570.31	879,775	21.1
1982	2,353,360	9.2	7.15	7.67	593.72	936,046	25.8
1983	2,526,400	7.4	6.81	7.36	731.82	1,195,052	34.7
1984	2,723,601	7.8	6.57	6.65	913.37	1,548,424	37.9
1985	2,951,827	8.4	6.47	5.87	1,049.40	1,826,967	35.2
1986	3,207,324	8.7	5.51	5.82	1,556.37	2,770,563	47.3
1987	3,540,364	10.4	4.94	5.61	1,725.83	3,254,779	58.3
1988	3,936,668	11.2	4.93	4.57	2,357.03	4,628,963	58.4
1989	4,326,710	9.9	5.78	5.75	2,881.37	5,909,087	70.6
1990	4,831,186	11.7	7.70	6.41	1,733.83	3,651,548	39.8
1991	5,006,817	3.6	6.99	5.51	1,714.68	3,659,387	37.8
1992	5,036,241	0.6	5.55	4.77	1,307.66	2,810,056	36.7
1993	5,089,787	1.1	4.41	3.32	1,439.31	3,135,633	64.9
1994	5,194,212	2.1	4.04	4.57	1,559.09	3,421,409	79.5
1995	5,351,367	3.0	2.78	3.19	1,577.70	3,502,375	86.5
1996	5,525,715	3.3	2.53	2.76	1,470.94	3,363,851	79.3
1997	5,694,907	3.1	2.36	1.91	1,175.03	2,739,079	37.6
1998	5,923,528	4.0	2.25	1.97	1,086.99	2,677,835	103.1
1999	6,162,653	3.2	2.10	1.64	1,722.20	4,424,433	–
2000	6,292,840	2.1	2.11	1.64	1,283.67	3,527,846	170.8
2001	6,468,026	2.8	1.88	1.36	1,032.14	2,906,685	240.9
2002	6,681,972	3.3	1.83	0.90	843.29	2,429,391	–
2003	6,782,578	1.7	1.79	1.36	1,043.69	3,092,900	614.1
2004	6,889,343	1.6	1.73	1.43	1,149.63	3,535,582	39.0
2005	7,013,739	1.8	1.62	1.47	1,649.76	5,220,681	45.8
2006	7,084,273	1.0	1.76	1.67	1,681.07	5,386,295	36.0
2007	7,195,822	1.6	1.94	1.50	1,475.68	4,756,290	26.7
2008	7,346,008	2.1	1.86	1.16	859.24	2,789,888	20.0
2009	7,544,922	2.7	1.65	1.28	907.59	3,027,121	–
2010	7,753,911	2.8	1.55	1.11	898.80	3,056,930	45.0
2011	7,966,101	2.7	1.45	0.98	728.61	2,513,957	21.0
2012	8,165,213	2.5	1.36	0.79	859.80	2,964,429	24.9
2013	8,459,714	3.6	1.25	0.73	1,302.29	4,584,842	31.8
2014	8,748,358	3.4	1.18	0.33	1,407.51	5,058,973	23.8
2015	9,064,391	3.6	1.11	0.27	1,547.30	5,718,328	23.8
2016	9,368,846	3.4	0.99	0.04	1,518.61	5,602,469	26.4
2017	9,740,167	3.9	0.94	0.04	1,817.56	6,741,992	29.3
2017年7-9月	9,782,246	4.0	0.95	0.06	1,674.75	6,175,956	27.1
2017年10-12月	9,864,695	3.9	0.94	0.04	1,817.56	6,741,992	29.3
2018年1-3月	9,897,158	3.3	0.93	0.05	1,716.30	6,385,656	27.1
2018年4-6月	–	–	–	0.03	1,730.89	6,439,382	23.8

资料来源：内閣府『平成30年度年次経済財政報告—「白書」：今．Society 5.0の経済へ—』（長期経済統計）、2018年8月。

附表1-19 财政（1）

年度	财政					
	一般政府财政平衡（与GDP之比）	中央政府财政平衡（与GDP之比）	地方政府财政平衡（与GDP之比）	社会保障基金财政平衡（与GDP之比）	租税负担率	国民负担率
	%	%	%	%	%	%
1955	-0.7	–	–	–	18.9	22.2
1956	1.4	–	–	–	19.5	22.8
1957	1.3	–	–	–	19.5	23.0
1958	-0.1	–	–	–	18.5	22.1
1959	1.0	–	–	–	18.0	21.5
1960	2.2	–	–	–	18.9	22.4
1961	2.4	–	–	–	19.5	23.3
1962	1.3	–	–	–	19.3	23.3
1963	1.0	–	–	–	18.7	22.9
1964	1.0	–	–	–	19.0	23.4
1965	0.4	–	–	–	18.0	23.0
1966	-0.4	–	–	–	17.2	22.3
1967	0.8	–	–	–	17.4	22.5
1968	1.2	–	–	–	18.1	23.2
1969	1.8	–	–	–	18.3	23.5
1970	1.8	0.0	-0.4	2.2	18.9	24.3
1971	0.5	-1.0	-1.0	2.5	19.2	25.2
1972	0.2	-1.1	-1.1	2.4	19.8	25.6
1973	2.0	0.4	-1.0	2.6	21.4	27.4
1974	0.0	-1.4	-1.3	2.6	21.3	28.3
1975	-3.7	-4.0	-2.1	2.4	18.3	25.7
1976	-3.6	-4.3	-1.6	2.3	18.8	26.6
1977	-4.2	-5.0	-1.8	2.7	18.9	27.3
1978	-4.2	-4.8	-1.7	2.4	20.6	29.2
1979	-4.4	-5.7	-1.4	2.6	21.4	30.2
1980	-4.0	-5.4	-1.3	2.6	21.7	30.5
1981	-3.7	-5.2	-1.2	2.8	22.6	32.2
1982	-3.4	-5.2	-0.9	2.7	23.0	32.8
1983	-2.9	-4.9	-0.8	2.7	23.3	33.1
1984	-1.8	-4.0	-0.6	2.8	24.0	33.7
1985	-0.8	-3.6	-0.3	3.1	24.0	33.9
1986	-0.3	-3.0	-0.4	3.1	25.2	35.3
1987	0.7	-1.9	-0.2	2.8	26.7	36.8
1988	2.2	-1.1	0.1	3.2	27.2	37.1
1989	2.6	-1.2	0.6	3.2	27.7	37.9
1990	2.6	-0.5	0.5	2.6	27.7	38.4
1991	2.4	-0.4	0.1	2.7	26.6	37.4
1992	-0.8	-2.4	-0.9	2.4	25.1	36.3
1993	-2.8	-3.6	-1.4	2.2	24.8	36.3
1994	-4.1	-4.3	-1.8	1.9	23.5	35.4
1995	-4.9	-4.4	-2.4	1.9	23.4	35.8
1996	-4.8	-4.0	-2.5	1.7	23.1	35.5
1997	-4.0	-3.5	-2.3	1.8	23.6	36.5
1998	-11.9	-10.7	-2.4	1.2	23.0	36.3
1999	-7.9	-7.3	-1.6	1.0	22.3	35.5
2000	-6.8	-6.4	-0.9	0.5	22.9	36.0
2001	-6.5	-5.7	-0.9	0.2	22.8	36.7
2002	-8.1	-6.6	-1.3	-0.2	21.3	35.2
2003	-7.4	-6.4	-1.3	0.3	20.6	34.4
2004	-5.3	-5.1	-0.7	0.5	21.3	35.0
2005	-4.1	-4.0	-0.2	0.1	22.5	36.3
2006	-3.0	-3.1	0.1	0.0	23.1	37.2
2007	-2.7	-2.5	0.0	-0.2	23.7	38.2
2008	-5.5	-5.2	0.3	-0.6	23.5	39.3
2009	-10.2	-8.8	-0.2	-1.2	21.3	37.2
2010	-9.0	-7.5	-0.5	-1.0	21.6	37.2
2011	-8.9	-8.3	0.1	-0.7	22.1	38.8
2012	-8.3	-7.5	-0.1	-0.7	22.7	39.7
2013	-7.2	-6.8	0.0	-0.4	23.1	39.9
2014	-4.9	-5.2	-0.3	0.6	25.0	42.1
2015	-3.3	-4.4	0.0	1.1	25.4	42.6
2016	-3.4	-4.6	0.0	1.2	25.1	42.8
2017	–	–	–	–	25.0	42.7
2018	–	–	–	–	24.9	42.5

资料来源：内閣府『平成30年度年次経済財政報告—「白書」：今．Society 5.0の経済へ—』（長期経済統計）、2018年8月。

附表1-20　财政（2）

年度	财政				
	国债发行额		国债依存度（%）	国债余额	
	总额（亿日元）	赤字国债（亿日元）		金额（亿日元）	与名义GDP之比（%）
1956	0	0	0	0	0
1957	0	0	0	0	0
1958	0	0	0	0	0
1959	0	0	0	0	0
1960	0	0	0	0	0
1961	0	0	0	0	0
1962	0	0	0	0	0
1963	0	0	0	0	0
1964	0	0	0	0	0
1965	1,972	1,972	5.3	2,000	0.6
1966	6,656	0	14.9	8,750	2.2
1967	7,094	0	13.9	15,950	3.4
1968	4,621	0	7.8	20,544	3.7
1969	4,126	0	6.0	24,634	3.8
1970	3,472	0	4.2	28,112	3.7
1971	11,871	0	12.4	39,521	4.8
1972	19,500	0	16.3	58,186	6.0
1973	17,662	0	12.0	75,504	6.5
1974	21,600	0	11.3	96,584	7.0
1975	52,805	20,905	25.3	149,731	9.8
1976	71,982	34,732	29.4	220,767	12.9
1977	95,612	45,333	32.9	319,024	16.8
1978	106,740	43,440	31.3	426,158	20.4
1979	134,720	63,390	34.7	562,513	25.0
1980	141,702	72,152	32.6	705,098	28.4
1981	128,999	58,600	27.5	822,734	31.1
1982	140,447	70,087	29.7	964,822	34.9
1983	134,863	66,765	26.6	1,096,947	38.0
1984	127,813	63,714	24.8	1,216,936	39.5
1985	123,080	60,050	23.2	1,344,314	40.7
1986	112,549	50,060	21.0	1,451,267	42.4
1987	94,181	25,382	16.3	1,518,093	41.9
1988	71,525	9,565	11.6	1,567,803	40.4
1989	66,385	2,085	10.1	1,609,100	38.7
1990	73,120	9,689	10.6	1,663,379	36.8
1991	67,300	0	9.5	1,716,473	36.2
1992	95,360	0	13.5	1,783,681	36.9
1993	161,740	0	21.5	1,925,393	39.9
1994	164,900	41,443	22.4	2,066,046	41.1
1995	212,470	48,069	28.0	2,251,847	43.6
1996	217,483	110,413	27.6	2,446,581	46.3
1997	184,580	85,180	23.5	2,579,875	48.4
1998	340,000	169,500	40.3	2,952,491	56.1
1999	375,136	243,476	42.1	3,316,687	63.5
2000	330,040	218,660	36.9	3,675,547	69.5
2001	300,000	209,240	35.4	3,924,341	75.6
2002	349,680	258,200	41.8	4,210,991	81.8
2003	353,450	286,520	42.9	4,569,736	88.2
2004	354,900	267,860	41.8	4,990,137	95.8
2005	312,690	235,070	36.6	5,269,279	100.2
2006	274,700	210,550	33.7	5,317,015	100.5
2007	253,820	193,380	31.0	5,414,584	102.0
2008	331,680	261,930	39.2	5,459,356	107.2
2009	519,550	369,440	51.5	5,939,717	120.7
2010	423,030	347,000	44.4	6,363,117	127.5
2011	427,980	344,300	42.5	6,698,674	135.6
2012	474,650	360,360	48.9	7,050,072	142.6
2013	408,510	338,370	40.8	7,438,676	146.6
2014	384,929	319,159	39.0	7,740,831	149.3
2015	349,183	284,393	35.5	8,054,182	150.9
2016	380,346	291,332	39.0	8,305,733	154.0
2017	355,546	282,728	35.9	8,638,678	157.0
2018	336,922	275,982	34.5	8,827,525	156.4

资料来源：内閣府『平成 30 年度年次経済財政報告―「白書」：今．Society 5.0の経済へ―』(長期経済統計)、2018 年 8 月。

Abstract

Japanese economy continued to recover in 2018, but the momentum slowed down. Japan's domestic and external demand improved steadily, the unemployment rate kept declining, and the momentum of equipment investment recovery was strong. In 2019, world economic conditions become more complex and uncertain, and there are also many risks in Japan's economy. Japan's economic recovery will slow down, and even fall back into recession. The exchange of visits between Chinese Premier and Japanese Prime Minister in 2018 has brought breakthroughs to bilateral political relations. Sino-Japanese trade and Japan's direct investment to China grew robustly, and the trend of "warming politics, warming economy" is more evident. With further improvement of Sino-Japanese relations, Sino-Japanese economic and trade cooperation will keep rebounding in 2019.

2018 marks the 40th anniversary of China's reform and opening up policy. China's economy has made great achievements in past 40 years, which brings about opportunities to Japan's economy and stimulates Japan's economic recovery as well. At the same time, Sino-Japanese economic and trade cooperation has also contributed to China's reform and opening up. With the theme of "40 years of China's reform and opening up and Japan", this book explains Japan's contribution, especially Japanese enterprises, to China's reform and opening up from the perspective of economic cooperation, and conducive role of China's rapid economic growth to Japan's economic recovery. The win-win and multi-win effects of Sino-Japanese economic and trade cooperation are analyzed in depth.

Although this book is based on the theme of "40 years of China's reform and opening up and Japan", in order to maintain the consistency of this blue book, analysis of current situation, problems and trends of Japan's economy and Sino-Japanese economic and trade relations is retained in the general report. We have five columns, which are "hot issues tracking", "40 years of China's reform and opening up and Japan", "Sino-Japanese trade and investment cooperation's impact on both China's and Japan's economy", "the third-party market cooperation between China and Japan and Sino-Japanese logistics and manufacturing cooperation" and "comparison and reference". Based on the general report, the book deeply analyses the current situation, problems and future trends of Japanese economy and Sino-Japanese economic and trade cooperation. Based on an overall analysis of the win-win effects of economic exchanges between China and Japan in the past 40 years of China's reform and opening up, this book focuses on bilateral trade and investment between China and Japan in the past 40 years and the cooperation between China and Japan in the third-party market in the background of Trump's trade protection policy. We also conduct a comprehensive analysis of cooperation and competition between China and Japan under the framework of Belt and Road Initiative.

Keywords: Japan's Economy; Sino-Japanese Economic and Trade Relations; 40 Years of Reform and Opening-up; Investment and Trade Cooperation; Third-Party Market Cooperation between China and Japan

Contents

I General Report

Abstract: Japanese economy continued to recover in 2018, but the momentum slowed down. The domestic and external demand continued to improve, the unemployment rate continued to decline, and the recovery momentum of equipment investment was strong. In 2019, the world economic environments become more complex and uncertain, and there are also many risks in Japan's domestic economy. Japan's economic recovery will slow down. The exchange of visits between Chinese and Japanese Prime Ministers in 2018 has brought breakthroughs to bilateral political relations. Sino-Japanese trade and Japan's direct investment to China continued to grow, and the trend of "warming politics, warming economy" is becoming more obvious. With further improvement of Sino-Japanese relations, Sino-Japanese economic and trade cooperation will continue to rebound in 2019.

Keywords: Japanese Economy; 40 Years of Reform and Opening-up; Sino-Japanese Economic and Trade Relations

Ⅱ Hot Issues Tracking

B. 2 Japan's Monetary Policy Operation and Prospect

Liu Rui / 029

Abstract: In 2018, the Bank of Japan (BOJ) continued the ultra-loose monetary policy. In April, BOJ deleted the deadline of 2% inflation target, and launched a policy framework for strengthening the ultra-loose monetary policy in July. Under increasingly uncertain international economic situation, Japan is facing issues such as increasing downward expectation of economic cycle and rising consumption tax. In the context of ECB、FED change monetary policy directing to be loose, BOJ policy is characterized by a long-term easing policy. The aim is to raise the inflation expectation and support the economic self-disciplined growth. In the future, the loose monetary policy will face issues such as inadequate liquidity in the public debt market, lower profitability of financial institutions, and policy exit risk.

Keywords: QQE Policy; Inflation Target; Exit Mechanism; Financial System Risk

B. 3 Outline of Japanese Tax Reform in 2019 and Its Impact on Japanese Economy

Li Qingru / 042

Abstract: Japan's 2019 tax reform consists of sales tax, personal income tax, corporate tax and other taxes. Sales tax rate increase is the core issue of tax reform in Japan. In order to alleviate possible impact of sales tax hike on Japan's economy in October 2019, the government has formulated a series of countermeasures, including introduction of preferential tax rate, substantial reduction of automobile tax, and further expansion of individual tax deduction for residential loans.

Meanwhile, corporate tax and international tax are also important aspects of Japan's tax reform in 2019.

Keywords: Outline of Japanese Tax Reform; Sales Tax; Corporate Tax; International Tax

B. 4 Study on the Evolution and Motivation of US-Japan TPP Strategy and China's Countermeasures

Abstract: After financial crisis, the United States participated in TPP in a high profile way and Japan followed closely, in attempts for common leading in hampering China's development. The exit from the TPP of the US after Trump came to power does not signify that the US abandons its dominance of the Asia-Pacific economy. Instead, it is a roundabout strategy for the US to regain the world hegemony that forces relevant countries to formulate new trade and economic rules in favor of the US. On the one hand, Japan is promoting the Japanese-led CPTPP; on the other hand, Japan is also expecting that the US will return, so that it can continue to implement the strategy of joining hands with the United States to suppress China. The evolution of the Japan-US TPP strategy shows conflicts and contradictions among China, America and Japan, but the economic and trade relations between China and the US, as well as between China and Japan, lay a foundation for easing competition and strengthening cooperation. China should seek common ground while reserving differences in the competition, break through the containment of the US and Japan, and promote a fair, just, and reciprocal new international relations.

Keywords: TPP; CPTPP; US-Japan Strategy; China; New International Relations

Abstract: This paper reviews China's 40 years of reform and opening-up and Sino-Japanese economic cooperation, and focuses on Sino-Japanese economic and trade relations in 2018. Along with China's reform and opening-up, exchanges and cooperation between the two countries in various fields continue to deepen, promoting mutually beneficial and win-win development between the two countries. The Prime Ministers of the two countries successfully exchanged visits, Sino-Japanese relations got on the normal development track, and the friendship between China and Japan restarted. The exchanges and interactions between the two countries at all levels have increased, bilateral trade and investment have increased steadily, and mutually beneficial cooperation has further expanded. However, with the escalation of global trade protectionism and the uncertainties in the global economic recovery, we are still facing complex internal and external environment and uncertainties. Looking forward to 2019, it will be the 70th anniversary of the founding of the People's Republic of China and the key year for building a well-off society in an all-round way. China will host the second Belt and Road Forum for International Cooperation and the second China International Import Expo. Japan will host the G20 summit and prepare for the 2020 Tokyo Olympic Games. The two countries should continue to promote and deepen cooperation and exchanges in various fields and promote the continuous improvement and development of Sino-Japanese relations.

Keywords: Sino-Japanese Economic and Trade Relations; Sino-Japanese Economic Cooperation; Trade; Investment; Third-Party Market Cooperation

B. 6 Dynamic Analysis of Japan-China Economic and Trade Relations from the Perspective of Japan

Donoue Takeo, Fujihara Tomoki / 087

Abstract: In 2018, the trade between China and Japan increased by 7. 4% to 353. 8 billion dollars. After six years, China surpassed the United States to become the largest export destination of Japan, and China and Japan remain important trading partners. Japan's direct investment in China also continued to grow, increasing by 16. 5% to 3. 8 billion dollars over the previous year. As a result, the manufacturing industry has increased its willingness to invest in China. Japanese-funded enterprises in China still hold a positive attitude of their business in China, and hope that Chinese government will further improve business environment. After 40 years of reform and opening-up, the economic and trade relations between Japan and China have become increasingly close and achieved common development. In the future, opportunities for Japanese-funded enterprises to participate in China's high-quality economic development will be broadening.

Keywords: Sino-Japanese Trade; Japan's Investment in China; Japanese-funded Enterprises in China; Reform and Opening-up

Ⅲ 40 Years of China's Reform and Opening up and Japan

B. 7 40 Years of Reform and Opening-up and Sino-Japanese Economic and Trade Cooperation

Song Yaoming / 112

Abstract: 2018 marks the 40th anniversary of the conclusion of the Treaty of Peace and Friendship between China and Japan, and the 40th anniversary of China's reform and opening up. The economic and trade cooperation between China and Japan is closely linking with China's reform and opening up process, and benefits each other. The two sides have realized mutually beneficial cooperation in many fields such as trade, investment, and cooperation of government funds, as well as energy conservation and environmental protection, local cooperation, and the development of third party markets over the past decade. At present, bilateral relations have shown positive momentum, exchanges in various fields have been continuously strengthened, and Sino-Japanese economic and trade cooperation has entered a new period. Both sides should seize the opportunity to play the role of "ballast stone" and "propeller" of economic and trade cooperation, and lead the upgrading of bilateral economic and trade relations.

Keywords: Reform and Opening-up; Economic and Trade Cooperation; Sino-Japanese Trade; Two-way Investment; ODA to China

Abstract: This paper first reviews China's achievements in economic development, foreign trade, foreign investment and integration into world economic system in the past 40 years of reform and opening up, focusing on the contribution of Shanghai as a pioneer of reform and opening up. Then, this paper reviews the development process of Sino-Japanese economic and trade relations in the past 40 years, focusing on Baoshan Iron and Steel Sino-Japanese Cooperation Project, Shanghai World Expo, the first China International Import Expo and other examples that witness the important historical moments of Sino-Japanese economic and trade relations. Finally, this paper analyses the latest developments of Sino-Japanese economic and trade relations since 2018, and points out that win-win cooperation is the only choice in fundamental interests of China and Japan. Both sides should continue to deepen pragmatic cooperation in economic and trade fields, share new opportunities of China's economic development in the new era, and create a new pattern of Sino-Japanese economic and trade cooperation.

Keywords: Reform and Opening-up; Sino-Japanese Economic and Trade Relations; Shanghai

Abstract: The establishment of various types of development zones and the attraction of foreign direct investment are both based on the background of China's reform and opening-up. Over the past 40 years of reform and opening-up, foreign direct investment in China, including Japan, has strongly promoted China's economic development in terms of capital, technology, talent and management. As the "pioneer" and "window" of attracting foreign investment and opening up to the outside world, development zones play an important role in promoting regional economic development and expanding opening up. Taking Tianjin Economic-Technological Development Area (TEDA) as an example, this paper analyses the regional distribution characteristics of Japan's direct investment in China and the status of Tianjin, as well as the main characteristics of Japan's direct investment in TEDA.

Keywords: Reform and Opening-up; Japan; Japanese Direct Investment in China; Development Area; Tianjin Economic-Technology Development Area

Abstract: Over the past 40 years of reform and opening up, China's economic development has made great achievements. With China's economic development changing from high-speed growth to medium-to-high-speed growth, China needs to implement structural reforms in the issues of urban and rural income inequality, government debt management, and state-owned enterprise reforms to promote high-quality development. During the post-war Japanese economic development process, the Japanese government has accumulated a lot of experiences and lessons in dealing with the income gap of residents, the issuance of government bonds, and the reform of state-owned enterprises. China could learn from the experience of Japan's economy development, strengthen the economic cooperation between China and Japan, and properly handle the problems in the process of reform and opening up.

Keywords: China's Reform and Opening-up; Income Inequality of Residents; Government Debt; Reform of State-owned Enterprises; Sino-Japanese Economic Cooperation

Abstract: For the past 40 years, China has achieved great performance in economic and social development. And the economic cooperation between China and Japan has experienced unprecedented development and challenges. The rapid economic development of China reconstructed Asian economic order, set new background of the economic cooperation between China and Japan and promoted the economic cooperation between China and Japan to a new stage. With the development of the economic cooperation between China and Japan, the competitiveness of bilateral cooperation is coming, the cooperation fields are widening and the third-party market cooperation is coming to fame. In 2017, the economic cooperation between China and Japan showed signs of an upturn. Up to now, China has reached agreements on the third-party market cooperation with Japan, which provides opportunities for the economic cooperation between China and Japan by strengthening regime design and cooperation on funds and projects.

Keywords: Asian Economic Order; Sino-Japanese Economic Cooperation; The Third-Party Market Cooperation

Abstract: In the four decades of China's reform and opening-up, the Chinese economy has made astonishing accomplishment, with China-Japan economic and trade relations continue rising to a new level, it also has an important impact on Japan's economy. On the one hand, bilateral trade between China and Japan not only directly affects Japanese economy, but also indirectly promotes Japan's export growth by stimulating world economic growth. To a certain extent Japanese imports from China also promote Japan's stable economic and social development. On the other hand, Japanese enterprises' direct investment in China not only shift domestic overproduction, but also upgrades industrial structure in Japan. Many Japanese enterprises invest in China to avoid trade barrier, and indirectly expand Japanese exports to China and exports to European and American countries by a circuitous route, and earn substantial economic profits. With steady development of China's economy and the world economy, Japan depending even more on Chinese economy and trade, in the future, China-Japanese Economic and Trade Ties will play an increasingly influential part in Japanese economy.

Keywords: 40 Years of China's Reform and Opening-up; China; Japan; Direct Investment; Bilateral Trade

Ⅳ Sino-Japanese Trade and Investment Cooperation's Impact on Both China's and Japan's Economy

Abstract: 2018 marks the 40th anniversary of China's reform and opening up and the 40th anniversary of the signing of China-Japan Peace and Friendship Treaty. It is of great historical significance to review the process of Sino-Japanese bilateral trade at this historical moment. The bilateral trade between China and Japan has formed unique feature during the passing 40 years, with trade scale growing rapidly, product structure constantly optimizing, interdependent role switching and political factors influencing greatly. Over the past 40 years, Sino-Japanese trade has not only directly affected China's economic growth, but also played an indirect role in the continuous optimization and upgrading of China's industrial structure. Nowadays, Sino-Japanese trade has entered a new historical starting point. Looking forward to the future, China and Japan would have deeper cooperation in many new fields.

Keywords: Sino-Japanese Bilateral Trade; 40-Years Retrospection; China's Economy

Abstract: This paper uses WIOD World Input-Output Table data to calculate the value-added of Chinese manufacturing industry's export trade to Japan from 1995 to 2014. Based on the comparison of the manufacturing industry as a whole, the difference between the traditional trade statistics and the value-added of export is analyzed. Then, the trade value-added situation of 13 manufacturing industry subdivisions is further demonstrated, and the profit of Chinese manufacturing industry in Japan's export is explored. The results show that the traditional trade statistics method exaggerates the export scale of Chinese manufacturing industry to Japan, and the proportion of value added obtained by Chinese manufacturing industry from it is small. According to latest data, the value added of Chinese manufacturing industry to Japan's exports accounted for 28. 25% of the total export trade in 2014. Although this ratio is increasing year by year, it can be seen that the statue of Chinese manufacturing industry export to Japan is still at the bottom of the value chain, although participating in the production of products, but obtaining less benefit.

Keywords: Export Value Added; Manufacturing Industry; Sino-Japanese Trade

B. 15 The Impact of Japan's Direct Investment in China on China's and Japan's Economy in the Past 40 Years of Reform and Opening-up

Tian Zheng / 231

Abstract: The development of Japanese direct investment in China has already passed over 40 years, running through the entire process of Chinese reform and opening up and playing an important role in promoting Chinese economy development. At the same time, Japanese direct investment in China promoted Japanese economy development and achieved mutual benefit and win-win results. Japanese direct investment in China can be divided into four stages, which are the exploration stage, accelerated growth stage, continuous deepening stage, and transformation and adjustment stage. Through the use of regression and ARMA combination model and Granger causality test, it shows that Japanese direct investment in China promotes China's technological progress, industrial upgrading and transformation, improves the employment situation, and enhances exports to Japan. Japanese direct investment in China also expanded Japanese overseas capital gains. By the method of time-series analysis, we confirmed that it has indirectly promoted Japanese technological innovation and export trade with China and promoted Japan's economic growth. We should continue to guide Japanese direct investment in China and boost the high-quality development of Chinese economy.

Keywords: Japanese Direct Investment in China; Technological Progress; Industrial Upgrading and Transformation; Sino-Japanese Import and Export Trade; Overseas Capital Gains

Abstract: During the 40 years of reform and opening-up, China's economy has made remarkable achievements. Over the past 40 years, China's OFDI in Japan has been strongly supported by the improvement of China's economic power, the optimization of its foreign investment management policies and the growth of Chinese enterprises. Although the scale of China's OFDI in Japan is small at present, the win-win effect on the economic development of the two countries is revealing. Some case studies show that investing in Japan is not only an important way for Chinese enterprises to acquire advanced technology and management experience and exploration of Japanese market, but also an important force for Japan to promote the competitiveness of enterprises, expand overseas sales market and boost the development of tourism. However, Chinese enterprises are still facing challenges during the investment in Japan such as the poor business environment, unfair treatment and poor adaptability to the market. China and Japan need to make joint efforts to promote the steady growth of China's OFDI in Japan.

Keywords: 40 Years of Reform and Opening-up; China's OFDI in Japan; The Win-Win Effect

Abstract: In 2018, China's reform and opening-up has passed 40 years. At the same time, Japan's ODA to China has also come to an end. Japan's ODA to China, mostly in the form of Japanese yen loans, has contributed to a "win-win" situation for China and Japan. It coincided with China's reform and opening-up process and has made significant contributions to China's infrastructure construction, ecological environmental protection, and modernization. Meanwhile, the ODA to China not only deepened the economic interdependence between China and Japan, but also objectively helped improve Sino-Japanese political relations, becoming one of the important means for Japan to repair relations with China. In the post-ODA era, the areas of pragmatic cooperation between China and Japan will also continuously expand.

Keywords: ODA; Reform and Opening-up; Economic Aid; Environmental Protection

V The Third-Party Market Cooperation between China and Japan and Sino-Japanese Logistics and Manufacturing Cooperation

Abstract: As the new mode of international cooperation, the third-party market cooperation which was first proposed by China has attracted the attention of many developed countries. As the second largest developed economy in the world, Japan has also shown strong interest. Since 2017, the political relations between China and Japan have gradually warmed up, which inject new impetus into the ups and downs of bilateral economic and trade relations. By analyzing the new situation of the development of bilateral economic and trade relations, researching the direction of future cooperation, this paper expounds the significance of developing the third-party market cooperation between the two countries, at the same time, it analyses the main factors affecting the development of the third-party market cooperation between China and Japan, and puts forward some suggestions to develop the third-party market cooperation between China and Japan.

Keywords: Sino-Japanese Economic and Trade Relations; The Belt and Road; The Third-Party Market Cooperation

Abstract: Since China's reform and opening up 40 years ago, China-Japanese logistics cooperation has made great progress. Especially since China's accession to the World Trade Organization, with the rapid development of economic and trade cooperation between the two countries, China-Japanese international logistics cooperation is becoming increasingly closer. At present, under the framework of the Belt and Road Initiative, China and Japan discuss the priority areas and key field of third-party market cooperation, and actively explore the model of win-win cooperation, with the principle of enterprise-oriented policy, market operation, government guidance, mutual trust and benefit. This paper reviews the development history of logistics cooperation between China and Japan in the past 40 years of reform and opening up, analyzes some problems and constraints in cooperation, and also looks forward to future cooperation direction.

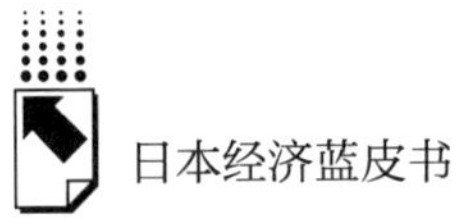

Keywords: 40 Years of Reform and Opening up; Sino-Japanese Logistics Cooperation; Opening up to the Outside World; Economic Globalization; The Belt and Road

Abstract: The year of 2018 is not only the 40th anniversary of China's reform and opening up, but also the 40th anniversary of the China-Japan Treaty of Peace and Friendship, which has great significance in the history of Sino-Japanese economic and trade relations. Japan Bank for International Cooperation has continuously implemented the Japan Manufacturing Enterprise Overseas Business Development Survey for 30 years, which analyzed the information on the overseas business income of Japanese companies, the future development of overseas business of Japanese companies, and the countries and regions that are willing to conduct overseas business in detail. It has important reference value for understanding the overseas business development of Japanese companies. Japan Bank for International Cooperation has played an important role in China's reform and opening up process, from initial support for China's infrastructure construction to promotion of Japanese companies' direct investment in China, and recently focusing on supporting the cooperation projects between China and Japan in third countries. Japan Bank for International Cooperation will continue to develop the Sino-Japanese economic and trade relations.

Keywords: Reform and Opening up; Sino-Japanese Economic and Trade Relations; Overseas Business; Direct Investment in China; Energy Loan

Ⅵ Comparison and Lessons

Abstract: OFDI of Japanese enterprises, which has experienced five peak periods, shows the following characteristics. First, OFDI in the purpose of access to new markets have increased, while the proportion of investment motivated by lowering production costs has declined. Second, OFDI in the digital realm continues to increase, of which manufacturing's share is higher than the global average, but keeping a downward trend. Third, the amount and number of cross-border M&A have hit record highs. Fourth, OFDI of SME is more active. Fifth, return on investment in Asia rises steadily. As macroeconomic uncertainty increases, the Japanese experiences of accessing new markets with green field investment and managing risks in cross-border M&A can be available for reference for Chinese enterprises going global.

Keywords: Motivation of OFDI (Outward Foreign Direct Investment); Japanese Enterprises; Green Field Investment; Cross-Border M&A; Going Out

Abstract: Previous studies have shown the rising relative poverty level in China and Japan, but few of them have considered a comparative study of poverty among young people. This article aims to investigate income poverty of young people in urban cities in China and Japan. Using data from 2013 China Household Income Project (CHIP) and Japanese Study of Stratification, Health, Income, and Neighborhood (J-SHINE2010), we measured the socio-economic factors of young people's poverty in two countries. Estimation results showed that workers who have low educational background, workers who have bad health situation, and unemployed workers, and female who are living without spouses are more likely to become income poor. In addition, irregular young workers, couple who have two or more children are particularly prone to income poverty. This study contributes to reveal poverty situations in China and Japan, and provides several support policies for young poor people.

Keywords: Chinese and Japanese Youth; Youth Poverty; Relative Poverty

Abstract: In 2009, China officially proposed the high-speed rail export strategy, planning to build three transnational high-speed rail corridors that start from China, run through Eurasia and connect Southeast Asian countries together. The "Belt and Road Initiative" proposed later provided further development opportunities for China's high-speed rail export Japan has accumulated rich experience in the field of high-speed rail construction. High-speed rail export is also an important support for Japan's economic growth. China and Japan, which are the second and third largest economies in the world, have launched intense competition in overseas high-speed rail construction investment markets, especially in Southeast Asia. It can be said that both sides have achieved some gains, but vicious competition does exist and have caused both sides to bear additional economic risks. In order to eliminate and avoid overseas investment risks, it is necessary to strengthen the study on Japan's high-speed rail export strategy, properly respond to the influence and competition from Japan, and seek the possibility of establishing high-speed rail development cooperation between the two countries in third-party market, so as to achieve a win-win situation.

Keywords: Japan; High-speed Rail Export; Governmental and Non-governmental Collaboration; Third-party Market; Overseas Investment

Ⅶ Appendix

皮书起源

“皮书”起源于十七、十八世纪的英国，主要指官方或社会组织正式发表的重要文件或报告,多以“白皮书”命名。在中国,“皮书”这一概念被社会广泛接受，并被成功运作、发展成为一种全新的出版形态，则源于中国社会科学院社会科学文献出版社。

皮书定义

皮书是对中国与世界发展状况和热点问题进行年度监测，以专业的角度、专家的视野和实证研究方法，针对某一领域或区域现状与发展态势展开分析和预测，具备原创性、实证性、专业性、连续性、前沿性、时效性等特点的公开出版物，由一系列权威研究报告组成。

皮书作者

皮书系列的作者以中国社会科学院、著名高校、地方社会科学院的研究人员为主，多为国内一流研究机构的权威专家学者，他们的看法和观点代表了学界对中国与世界的现实和未来最高水平的解读与分析。

皮书荣誉

皮书系列已成为社会科学文献出版社的著名图书品牌和中国社会科学院的知名学术品牌。2016 年，皮书系列正式列入“十三五”国家重点出版规划项目；2013~2019 年，重点皮书列入中国社会科学院承担的国家哲学社会科学创新工程项目;2019 年,64 种院外皮书使用“中国社会科学院创新工程学术出版项目”标识。

中国皮书网

（网址：www.pishu.cn）

发布皮书研创资讯，传播皮书精彩内容
引领皮书出版潮流，打造皮书服务平台

栏目设置

关于皮书：何谓皮书、皮书分类、皮书大事记、皮书荣誉、
皮书出版第一人、皮书编辑部

最新资讯：通知公告、新闻动态、媒体聚焦、网站专题、视频直播、下载专区

皮书研创：皮书规范、皮书选题、皮书出版、皮书研究、研创团队

皮书评奖评价：指标体系、皮书评价、皮书评奖

互动专区：皮书说、社科数托邦、皮书微博、留言板

所获荣誉

2008 年、2011 年，中国皮书网均在全国新闻出版业网站荣誉评选中获得“最具商业价值网站”称号；

2012 年,获得“出版业网站百强”称号。

网库合一

2014 年，中国皮书网与皮书数据库端口合一，实现资源共享。

S 基本子库
UB DATABASE

中国社会发展数据库（下设 12 个子库）

全面整合国内外中国社会发展研究成果，汇聚独家统计数据、深度分析报告，涉及社会、人口、政治、教育、法律等 12 个领域，为了解中国社会发展动态、跟踪社会核心热点、分析社会发展趋势提供一站式资源搜索和数据分析与挖掘服务。

中国经济发展数据库（下设 12 个子库）

基于"皮书系列"中涉及中国经济发展的研究资料构建，内容涵盖宏观经济、农业经济、工业经济、产业经济等 12 个重点经济领域，为实时掌控经济运行态势、把握经济发展规律、洞察经济形势、进行经济决策提供参考和依据。

中国行业发展数据库（下设 17 个子库）

以中国国民经济行业分类为依据，覆盖金融业、旅游、医疗卫生、交通运输、能源矿产等 100 多个行业，跟踪分析国民经济相关行业市场运行状况和政策导向，汇集行业发展前沿资讯，为投资、从业及各种经济决策提供理论基础和实践指导。

中国区域发展数据库（下设 6 个子库）

对中国特定区域内的经济、社会、文化等领域现状与发展情况进行深度分析和预测，研究层级至县及县以下行政区，涉及地区、区域经济体、城市、农村等不同维度。为地方经济社会宏观态势研究、发展经验研究、案例分析提供数据服务。

中国文化传媒数据库（下设 18 个子库）

汇聚文化传媒领域专家观点、热点资讯，梳理国内外中国文化发展相关学术研究成果、一手统计数据，涵盖文化产业、新闻传播、电影娱乐、文学艺术、群众文化等 18 个重点研究领域。为文化传媒研究提供相关数据、研究报告和综合分析服务。

世界经济与国际关系数据库（下设 6 个子库）

立足"皮书系列"世界经济、国际关系相关学术资源，整合世界经济、国际政治、世界文化与科技、全球性问题、国际组织与国际法、区域研究 6 大领域研究成果，为世界经济与国际关系研究提供全方位数据分析，为决策和形势研判提供参考。

法律声明